U0678493

WILEY

人口统计学

人口过程的测量与建模

Demography

Measuring and
Modeling Population Processes

〔美〕塞缪尔·普雷斯顿（Samuel H. Preston）

〔美〕帕特里克·霍伊维兰（Patrick Heuveline）/ 著

〔美〕米歇尔·吉略特（Michel Guillot）

郑真真 等 / 译

社会科学文献出版社
SOCIAL SCIENCES ACADEMIC PRESS (CHINA)

Samuel H. Preston, Patrick Heuveline, and Michel Guillot

Demography: Measuring and Modeling Population Processes

Copyright© 2011 by Samuel H. Preston, Patrick Heuveline, and Michel Guillot

All Rights Reserved. Authorised translation from the English language edition published by Blackwell Publishing Limited. Responsibility for the accuracy of the translation rests solely with Social Sciences Academic Press and is not the responsibility of Blackwell Publishing Limited. No part of this book may be reproduced in any form without the written permission of the original copyright holder, Blackwell Publishing Limited.

本书根据 Blackwell Publishing Limited 2001 年版译出

目 录

专栏目录

表 目 录

图 目 录

自　　序

　　本书旨在介绍对人口过程的研究。书中详细介绍了由几代人口学家发明的基本测量、模型和观测步骤，从而传播理解人口行为的知识。

　　我们向 20 世纪的 5 位人口学巨匠致以最高谢意，他们是：布拉斯（William Brass）、寇尔（Ansley Coale）、亨利（Louis Henry）、凯菲茨（Nathan Keyfitz）和洛特卡（Alfred Lotka）。他们对人口学的影响在本书中处处可见。在发明大量分析工具的同时，他们最伟大的、富有实用价值的贡献恐怕在于创造了一个学科，这个学科在其巅峰状态洋溢着不可置疑的规范性和优雅性。我们更要感谢令我们直接受益的良师，他们是：Nicolas Brouard, Ansley Coale, Thomas Espenshade, Douglas Ewbank, Henri Leridon, Roland Pressat, James Trussell。

　　撰写一本涵盖多个领域的教材，难免会有遗漏，虽然作者希望尽量避免，但似乎仍有所偏重。所以，无论一种方法有什么长处，作者还是对某些方法更熟悉，他们最熟悉的无疑还是自己的工作。需要了解本领域更多内容，读者可以参阅 Shryock and Siegel（1973），关于最初方法的全面汇编可参阅 Bogue 等（1993）。史密斯和凯菲茨（Smith and Keyfitz，1977）的著作包括更多关于人口分析技术起源的详细内容。

　　本书中的大部分内容曾在宾夕法尼亚大学的人口统计学研究生课程中使用。我们感谢上过本课的数百名学生，他们对教材中的论点和解释的提问帮助我们进一步完善了这些内容。我们还要感谢 George Alter, Tom Burch, Irma Elo, Herbert Smith, James Vaupel, John Wilmoth 的评论意见。Ken Hill 对整本书稿的审阅帮助我们避免了作者和读者的很多困惑。本书的写作得到美国国家老龄研究所（National Institute of Aging）项目 AG10168 的资助。

　　欢迎读者向本书的网页提出评论，贡献注释参考、习题或其他材料，网址是 www. demographytext. upenn. edu。

Samuel H. Preston

Patrick Heuveline

Michel Guillot

致　　谢

感谢以下出版社和作者允许本书引用他们的成果：

The Population Association of America, for *Demography* vol. 3, no. 2 (1966), table 10. 1, "Accuracy of stated age in years, 1963 Ghana registration system", by J. C. Caldwell; vol. 25, no. 3 (1988), figure 8. 4, "Age-specific growth rates by years since mortality decline began", by S. Horiuchi and S. H. Preston; vol. 28, no. 1 (1991), figure 7. 9, "Momentum and evolution of age-groups", by Y. J. Kim, R. Schoen, and P. Sarma; vol. 31, no. 3 (1994), figure 10. 2, "1930 census and extinct generation estimates, African-American females", by I. T. Elo, and S. H. Preston.

Oxford University Press, for tables 3. 1 and 3. 4 from J. Bongaarts, T. Burch, and K. Wachter, *Family Demography*: *Methods and their Applications*, Oxford, 1987, by permission.

The United Nations, for material from *Model Life Tables for Developing Countries*, 1982; *Manual X*: *Indirect Techniques for Demographic Estimation*, 1983; G. A. Condran, C. Himes, and S. H. Preston, *Population Bulletin of the United Nations*, 1991; *World Population Prospects*, 1999.

The London School of Hygiene and Tropical Medicine, University of London, for material from CPS Research Paper no. 88 – 1, "Indirect estimation of maternal mortality: the sisterhood method", by W. Graham, W. Brass, and R. Snow.

The Academic Press, Inc. for material from A. J. Coale and P. Demeny, *Regional Model Life Tables and Stable Populations*, 1983.

The Office of Population Research, Princeton University and *Population Index* for material from *Population Index* vol. 44, no. 2 (1978), "Technical note: finding two parameters", by A. J. Coale and J. Trussell.

Princeton University Press for material from A. J. Coale, *The Growth and Structure of Human Populations*. Copyright © 1972 by Princeton University Press. Reprinted by permission of Princeton University Press.

The International Institute for Applied Systems Analysis, Laxenburg, Austria for material from A. Rogers and L. J. Castro, *Model Migration Schedules*, 1981.

我们在写作时尽最大努力找到相应的版权所有者，如果仍有遗漏敬请联系我们。

1

基本概念和测量

1.1 "人口"的含义

对统计学者而言，"总体"①是指很多物体的集合，例如一个瓮中的很多球。人口学者同样用这个词指某个时点符合某种条件的一群人。这个词可以是指"1995 年 4 月 1 日的印度人口"，或"1900 年 6 月 1 日东北地区的美国黑人妇女人口"。以上两例的条件还需要进一步细化：是包括当天的"合法居民"还是该区域内能找到的所有人？"黑人"或"东北地区"是什么意思？我们指的是这一天的午夜还是中午？显然，"1995 年 4 月 1 日的印度人口"只是简化的描述，原应是一组相当多的可操作选项，用以尽可能清楚地定义这个人群。

不过，人口学者也用"人口"指另一类集合，这类集合由于成员的退出和死亡不断变化，但仍然长期存在。这样，可以把"印度人口"定义为印度地域内曾存活者的总和，甚至还可能包括未来出生在此地域内的人。即使至少每个世纪这个人口的成员实际上全部更新，但是这个集合始终存在。

---

① population 可译为"人口"，在统计学中可译为"总体"。——译者注

人口研究所关注的就是这种持久的集合，尤其是其数量、增长率和结构的变化。不过在注重研究总量变化进程的同时，人口学还关注这些变化对个体的影响。许多人口学中常用的指数，都是把总体层面的进程转化为描述平均人或随机个体所面临的人口情况，如出生时预期寿命和总和生育率。另外，人口学中最常关注的是勾画出个体层面的行为改变对总体进程的影响。人口学可能是社会科学领域中能够将微观层面和宏观层面分析最完整、最令人满意地结合起来的学科之一。

1.2　人口变动的平衡方程

无论对人口如何定义，进入一个人口的途径只有两条：出生或迁入。如果人口的定义中除了普遍使用的地理/时间要素，还包括社会要素，那么"流动"也包括社会标记的改变，即通常所说的"社层流动"过程。例如，获得高中毕业证书的可以进入美国高中毕业生人口，这就是社会迁移或社层流动的一种形式。需要注意，在这个例子中，不能通过出生进入这个人口，因为获得高中毕业证书需要人生中多年的投入。同理，也不能以出生的方式进入以婚姻状态或职业定义的人口（除非未婚和无业是默认选项）。另外，对于以出生时即被固定特征定义的人口，如性别、种族、出生地等，则只能以出生的方式进入，不能迁入。因此，进入一个人口最多只有两种方式：出生和迁入。

同理，离开一个人口也只有两种方式，即死亡和迁出。任何人口都能够以死亡方式退出，但只有以非出生特征定义的人口可以通过迁移方式退出。如果某人出生在美国，这个人就不能以迁移方式退出美国出生人口，但显然可以通过迁移退出在美国居住的人口。

由于进入或退出人口只有四条途径，因此可以确定人口总量变化必然取决于这些人员变动的幅度，即：

$$N(T) = N(0) + B[0,T] - D[0,T] + I[0,T] - O[0,T] \qquad (1.1)$$

其中：

$N(T)$ = 时间 T 该人口中的存活人数；

$N(0)$ = 时间 0 该人口中的存活人数；

$B[0,T]$ = 时间 0 和 T 之间该人口中的出生数；

$D[0,T]$ = 时间 0 和 T 之间该人口中的死亡数；

$I[0,T]$ = 时间 0 和 T 之间的迁入人数；

$O[0,T]$ = 时间 0 和 T 之间从该人口迁出的人数。

这个方程的时间单位是年（如果没有特别说明，本书中的时间单位都是年）。于是，发生出生、死亡、迁移的时期长度为 T 年。T 不一定为整数，也可以是分数。

波定（Kenneth Boulding）称这个方程为社会科学中最基本的方程。该方程显然是个等式，而不是近似或假设关系。不过，在应用数据估计该方程中的各项时，不一定要求两边相等。任一项的测量误差会导致方程两边不等，除非两个或更多误差恰好相互抵消。方程的失衡有时被称为"闭合误差"。专栏 1.1 展示了将该方程应用于瑞典的数据，这是世界上最可靠的数据之一。

专栏 1.1　人口变动的平衡方程

$$N(T) = N(0) + B[0,T] - D[0,T] + I[0,T] - O[0,T]$$

例：1988 年瑞典人口变动

期末人口 (1989.1.1)	期初人口 (1988.1.1)	1988.1.1 至 1989.1.1 出生人数	1988.1.1 至 1989.1.1 死亡人数	1988.1.1 至 1989.1.1 迁入人数	1988.1.1 至 1989.1.1 迁出人数
$N(1989.0) =$	$N(1988.0)$	$+ B[1988.0, 1989.0]$	$- D[1988.0, 1989.0]$	$+ I[1988.0, 1989.0]$	$- O[1988.0, 1989.0]$
$8,461,554 =$	$8,416,599$	$+ 112,080$	$- 96,756$	$+ 51,092$	$- 21,461$

注：时间 = 1981.1.1 表示的日期为 1981 年 1 月 1 日，全书同。
资料来源：United Nations, *Demographic Yearbook*（various years）。

1.3　人口率的结构

人口变动的平衡方程把人口总量变化分解为四个部分，各部分都是发生于个体的事件或变化的总和。四类事件中的三类于事件发生前即与在该人口中的个体有关联。死亡和迁出与一个人相关，假设新生儿的父母都属于该人口，则出生与父母两人有关。一种分析视角是将变动规模（发生事件数）与产生这些变动的人口规模相关联，这往往要通过构造一个人口的"率"来操作。

很多领域都使用"率"，但含义并不一样。例如，失业率只是某个时点的失业人数与劳动力人数之比。在人口学中，率往往（并不总是）指统计术语中的"发生/风险率"。典型的人口率形式反映了预期较大规模人口中发生事件数会相对较多，并预期该人口成员中暴露于发生事件"风险"的时间越长，发生该事件的总数就越大。发生/风险率分母中的风险暴露总量综合了这两种特征，即包括了该人口的数量和时间长度。人口学中最常用的发生/风险率形式如下：

$$率 = \frac{发生事件数}{暴露于发生风险的人年数}$$

从上式可见，人口学中的率在分子上是一定时期内事件发生的数量，分母是同期人口中存活的"人年数"估计。人年数的作用在一定程度上是一个人口暴露于该事件风险的指标，因此使用了发生/风险率这个词。当分母是人年数时，这个率称为"年度化"率。

存活人年数与事件发生不同，很难对其直接观察或计数。然而这就是人口学的中心概念。将这个概念应用于个体成员不断变化的人口中，最好用"生命线"代表个体的风险暴露。生命线从一个人的出生(A)延伸到其经历某种终止事件(B)，往往是死亡。可以如下图所示，将这个事件的发生θ_i标到生命线上。

有时为了将事件和暴露于该事件的风险更密切关联，要对生命线附加条件。例如，在研究生育风险时，将生命线限制在一定的年龄范围内。为简化起见，我们在举例时分别把事件A和B定义为出生和死亡，不过这个概念可以延伸到其他形式的起始和终止事件。

对于一个人群来说，无论该人群如何定义，都可以用一组生命线说明该人群G组中每个成员的发生/风险率概念：

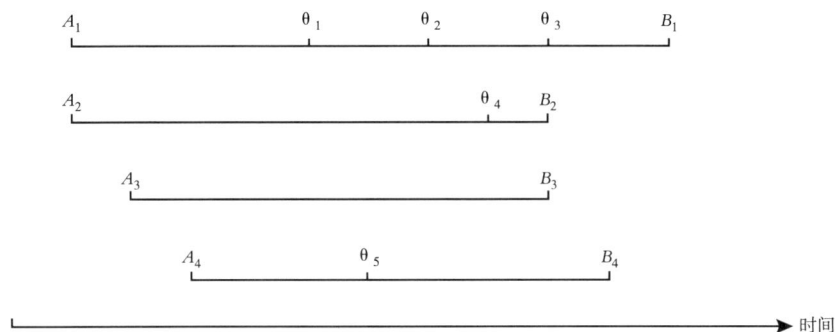

其中θ_j是G组中的事件发生，A_i和B_i表示组中个体i的出生与死亡，组中成员终身的率定义为：

$$Rate^G = \frac{\sum_{i \in G} N_i}{\sum_{i \in G} T_i}$$

其中N_i是个体i一生中的事件发生总数，T_i是A_i和B_i之间的时间长度，而$\sum_{i \in G}$是对G组全体成员的求和。

1.4 时期率和人年数

人口的时期率是根据某特定时期人口成员中的事件发生数和风险暴露时间构成的：

$$率[0, T] = \frac{时间\ 0\ 和\ T\ 之间的事件发生数}{同期该人口的存活人年数}$$

若某人在时间 0 和 T 之间存活 1 年，其对该时期率中分母的贡献为 1 人年。若某人在时间 0 和 T 之间存活 24 小时，其贡献为 1/365 人年。将该人口中在时间 0 和 T 之间所有存活者的贡献简单相加，就得到率中的分母。

同样的方法也可应用于生命线。如果研究的时期为 0 和 T 之间，就不需要计算发生在该时期以外的事件，可以用 0 和 T 之间这个"窗口"截取所有生命线。图 1.1 显示了从 1981 年 1 月 1 日零点到 1982 年 1 月 1 日零点期间一个假想的小规模人口中 7 个人的生命线。

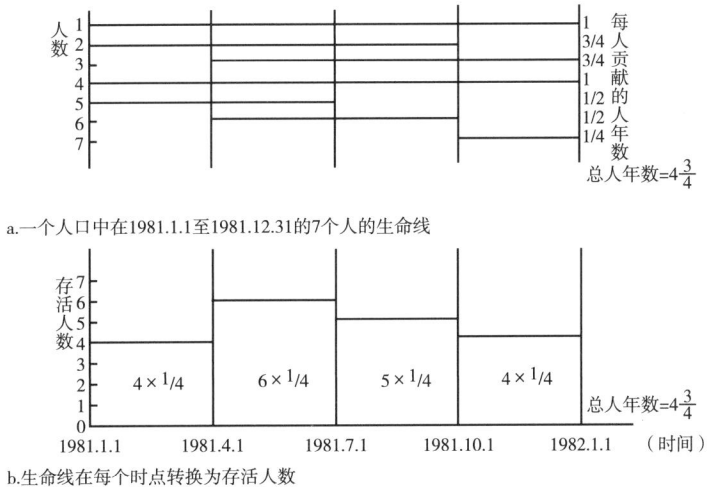

a. 一个人口中在 1981.1.1 至 1981.12.31 的 7 个人的生命线

b. 生命线在每个时点转换为存活人数

图 1.1　记录人年数的两种方法

例如，个体 1 在全年都是该人口中的一员，而个体 6 出生于 4 月 1 日，死于 10 月 1 日，其对总人年的贡献只有 6 个月或半个人年。如果一个国家有人口登记，即记录有每个人的出生、死亡、迁移的确切日期，估计人年数的简便方法是对所有个体的风险暴露求和。

计算时期人年数的另一种方法是忽略个体的历史，例如，不用人口登记提供的信息，而是简单地记录一年中各时点的存活人数。上例中，在 1981 年 1 月 1 日至 4 月 1 日有 4 人存活，于是这个季度贡献了 4(1/4)＝1 人年。下季度的贡献是 6(1/4)＝1.5 人年，依此类推，1981 年的总人年数为 4.75。如图 1.1 所示，用这两种方法计算的结果当然是相同的。

第二种计算方法实际上是估算 $N(t)$ 曲线在 1981 年 1 月 1 日至 1982 年 1 月 1 日之间的面积。$N(t)$ 为时间 t 存活的人数，面积为图中的高乘以宽。本例中，高度为 $N(t)$，宽度为该年与 $N(t)$ 相应的时期。由于高度代表的是人数，宽度代表了一年中的时段，两者乘积的单位自然就是人年数。

本例中的人年数为：

$$PY[1981.00, 1982.00] = 4(0.25) + 6(0.25) + 5(0.25) + 4(0.25) = 4.75$$

可应用求和符号将上式改写为：

$$PY[1981.00, 1982.00] = \sum_{i=1}^{4} N_i \cdot \Delta_i$$

其中 N_i 是季度 i 的存活人数，Δ_i 是以该季度表示的一年中的时段。如果每日而非每季度测量人口规模，上式就应写为：

$$PY[1981.00, 1982.00] = N(1981.1.1) \cdot \frac{1}{365} + N(1981.1.2) \cdot \frac{1}{365} + \cdots + N(1981.12.31) \cdot \frac{1}{365}$$

$$= \sum_{i=1}^{365} N_i \cdot \Delta_i$$

如果能测量极短时间间隔宽度 dt 的高度 $N(t)$，就可以将曲线以下的面积更精确地表示为：

$$PY[1981.00, 1982.00] = \int_{1981.00}^{1982.00} N(t) \cdot dt$$

上式用积分符号替换了求和符号，用时间间隔 dt 替换了 Δ_i 来表示一年中的时段。

如上所述，一条曲线下的面积既可以用代数方式，也可以用微积分方式表达。人口学中，时间间隔为离散时，代数方式即可满足实际需求。不过微积分方式较为常用，因其符号简洁，也由于其理论上的延伸意义可直接应用于人口过程。本书中将交替使用代数和微积分表达方式。微积分表达方式最常见的应用之一，就是上文已介绍的表示曲线下的面积。

1.5　人口学中的主要时期率

时期率的概念可应用于人口事件的研究，尤其是人口平衡方程中的四个组成部分。用人口平衡方程（式1.1）中的每个部分除以时间 0 和 T 之间存活的人年数，就得到四个率。

时间 0 和 T 之间的粗出生率：

$$CBR[0, T] = \frac{\text{时间 0 和 } T \text{ 之间人口中的出生人数}}{\text{时间 0 和 } T \text{ 之间该人口的存活人年数}}$$

时间 0 和 T 之间的粗死亡率：

$$CDR[0, T] = \frac{\text{时间 0 和 } T \text{ 之间人口中的死亡人数}}{\text{时间 0 和 } T \text{ 之间该人口的存活人年数}}$$

时间 0 和 T 之间的粗迁入率：

$$CRIM[0, T] = \frac{\text{时间 0 和 } T \text{ 之间迁入该人口的人数}}{\text{时间 0 和 } T \text{ 之间该人口的存活人年数}}$$

时间 0 和 T 之间的粗迁出率：

$$CROM[0,T] = \frac{\text{时间 0 和 } T \text{ 之间人口中的迁出人数}}{\text{时间 0 和 } T \text{ 之间该人口的存活人年数}}$$

可以将以上定义的粗出生率标记为"真实"粗出生率，因为式中分子和分母分别包括实际出生人数和实际人年数。本书中的"率"都是指人口中发生的真实的或实际的率。应当将这种率与"登记的"或"估计的"率区分开，后者来自应用数据对真实率的估计。

某人如果在时期 0 和 T 之间跨过定义该区域"人口"的行政边界，改变了原居住地，一般就算作在这个时期内发生了迁移。

从粗迁入率的定义中可以明显看出，在人口学中，风险暴露和事件之间的关联有时并不是非常准确。一个人口中的成员不会有迁入同一人口的风险，暴露于风险的个体都在这个人口以外。如同其他定义一样，这些定义含有任意性的部分，分母上也有可能是其他内容。粗迁入率所表达的，是迁入导致人口增长的率。其他率也是表示人口由于出生、死亡或迁出而发生变化的率。人口学所有主要的率都使用人年数作为分母，为推导和综合与人口增长有关的各种函数和公式打下了坚实的基础。随着本书内容的展开，这种优势会越来越明显。

需要特别注意区分与率相对应的参照时期（即计算数值的时期）和测量风险暴露时期的单位。上文提到，常用的方法是以存活人年数的方式计算风险暴露，于是得到"年"率。这类率表达的是风险暴露的年均事件发生数。不过，时期率并不一定指一年中的人口经历。例如，定义 1990 ~ 1991 年的粗死亡率，分子的事件数是 1990 年和 1991 年两个日历年当中发生的死亡数，分母则包括 1990 年以及 1991 年的所有存活人年数。因为分子和分母的数量都是约两倍于一年的数量，所以定义时期为两年的率不影响其结果，这依然是一个年率，表达了每人年的事件发生数。同理，也可以定义 1992 年 5 月的死亡率，其中分子和分母都约为两者 1992 年全年数值的 1/12。率的大小及其年度化的性质不会改变。

尽管人口学的时期率显然可以用任何时期长度作为参照，不过应注意每个率都应当有特定参照时期。"美国的粗出生率"毫无意义，也无从计算。我们必须知道分子的出生数和分母的人年数是在什么时期统计的。

1.6 人口学中的增长率

1.6.1 粗增长率

从人口变动平衡方程的两端减去 $N(0)$，再除以时间 0 和 T 之间的存活人年数 $PY[0,T]$，就得到方程(1.1)的另一种形式：

$$\frac{N(T) - N(0)}{PY[0,T]} = \frac{B[0,T]}{PY[0,T]} - \frac{D[0,T]}{PY[0,T]} + \frac{I[0,T]}{PY[0,T]} - \frac{O[0,T]}{PY[0,T]}$$

$$CGR[0,T] = CBR[0,T] - CDR[0,T] + CRIM[0,T] - CROM[0,T] \qquad (1.2)$$

$$= CRNI[0,T] + CRNM[0,T]$$

上式中定义时间 0 和 T 之间的粗增长率 $CGR[0,T]$ 为该时期的人口数量变化除以同期存活人年数。如果 $N(T)$ 大于 $N(0)$，增长率为正；如果 $N(0)$ 大于 $N(T)$，则增长率为负。显然，此处定义的粗增长率等于粗出生率减去粗死亡率，再加上粗迁入率减去粗迁出率。

粗出生率和粗死亡率之差通常称为粗自然增长率（$CRNI$）；粗迁入率和粗迁出率之差通常称为粗净迁移率（$CRNM$）。于是，粗增长率就等于粗自然增长率加粗净迁移率。专栏 1.2 再次应用专栏 1.1 中的瑞典数据，展示了粗人口率的计算，并根据 1988 年 7 月 1 日的人口规模估计了 1988 年的存活人年数。表 1.1 列出了全球主要区域的人口率估计值。

专栏 1.2 主要的人口时期率

$$\frac{N(T) - N(0)}{PY[0,T]} = \frac{B[0,T]}{PY[0,T]} - \frac{D[0,T]}{PY[0,T]} + \frac{I[0,T]}{PY[0,T]} - \frac{O[0,T]}{PY[0,T]}$$

$$CGR[0,T] = CBR[0,T] - CDR[0,T] + CRIM[0,T] - CROM[0,T]$$

$$= CRNI[0,T] + CRNM[0,T]$$

例：1988 年瑞典的人口时期率

1988.1.1 至 1989.1.1 之间瑞典的存活人年数 = 8,438,477（年中人口）

$$\frac{N(1989.0) - N(1988.0)}{PY[1988.0,1989.0]} = \frac{B[1988.0,1989.0]}{PY[1988.0,1989.0]} - \frac{D[1988.0,1989.0]}{PY[1988.0,1989.0]} + \frac{I[1988.0,1989.0]}{PY[1988.0,1989.0]} - \frac{O[1988.0,1989.0]}{PY[1988.0,1989.0]}$$

$$CGR[1988.0,1989.0] = CBR[1988.0,1989.0] - CDR[1988.0,1989.0] + CRIM[1988.0,1989.0] - CROM[1988.0,1989.0]$$

$$\frac{8,461,554 - 8,416,599}{8,438,477} = \frac{112,080}{8,438,477} - \frac{96,756}{8,438,477} + \frac{51,092}{8,438,477} - \frac{21,461}{8,438,477}$$

$$0.00533 = 0.01328 - 0.01147 + 0.00605 - 0.00254$$

$$CGR[1988.0, 1989.0] = CRNI[1988.0,1989.0] + CRNM[1988.0, 1989.0]$$

$$0.00533 = 0.00182 + 0.00351$$

资料来源：United Nations, *Demographic Yearbook* (various years)。

粗增长率仅是人口学所用的几种增长率之一。增长率这个词也用于其他测量，所以特别需要注意区分不同的形式。

表 1.1　1995～2000 年世界主要地区的人口规模与变动

地　区	人口规模（千人）		出生（千人）	死亡（千人）	净国际迁移（千人）	粗增长率（百分比）	粗出生率（每千人）	粗死亡率（每千人）	粗自然增长率（每千人）	粗　净迁移率（每千人）
	1995 年	2000 年	1995～2000 年	1995～2000 年	1995～2000 年	1995～2000 年	1995～2000 年	1995～2000 年	1995～2000 年	1995～2000 年
全世界	5,666,360	6,055,049	649,050	260,360	0	1.33	22.1	8.9	13.2	0.0
非　洲	696,963	784,445	140,575	51,655	−1,435	2.37	38.0	13.9	24.1	−0.4
亚　洲	3,436,281	3,682,550	389,765	137,460	−6,035	1.38	21.9	7.7	14.2	−0.3
欧　洲	727,912	728,887	37,465	41,240	4,750	0.03	10.3	11.3	−1.0	1.3
拉丁美洲和加勒比地　区	479,954	519,143	57,770	16,225	−2,355	1.57	23.1	6.5	16.6	−0.9
北美洲	296,762	309,631	20,860	12,640	4,650	0.85	13.8	8.3	5.5	3.1
大洋洲	28,488	30,393	2,635	1,135	405	1.30	17.9	7.7	10.2	2.8

资料来源：United Nations, 1999。

1.6.2　瞬时增长率

与所有的率一样，可以对任意时期计算粗增长率。如果计算很短一段时期 t 到 $t + \Delta t$ 的增长率，当 Δt 趋于 0 时会怎么样呢？我们把人口变化 $N(t + \Delta t) - N(t)$ 记为 $\Delta N(t)$，增长率记为 $r(t)$。这时在时期 $[t, t + \Delta t]$ 存活的人年数则为 $N(t)\Delta t$，那么该时期的粗增长率就是 $r(t) = \Delta N(t)/N(t)\Delta t$。而当 Δt 趋于 0 时，$\Delta N(t)/\Delta t$ 的极限就是 $N(t)$ 函数的导数，记为 $dN(t)/dt$。于是有：

$$r(t) = \lim_{\Delta t \to 0} \frac{\Delta N(t)}{N(t)\Delta t} = \frac{\frac{dN(t)}{dt}}{N(t)} = \frac{d\ln[N(t)]}{dt} \tag{1.3}$$

式中的"ln"是自然对数。时间间隔 dt 年非常短暂，因此 $r(t)$ 对应于极小的时间间隔 t 至 $t + dt$。因为测量率的时间单位是年，$r(t)$ 仍是年率。我们称这个率为"时间 t 的增长率"或"时间 t 的瞬时增长率"。它当然也是极小时间间隔 t 至 $t + dt$ 之间的粗增长率。

应用瞬时增长率的概念，可以用新的方式表达较长时期内人口的变动。对式(1.3)在确切时间 0 和 T(仍以年为单位)之间积分，得到：

$$\int_0^T r(t)\,dt = \int_0^T \frac{d\ln N(t)}{dt}\,dt = \ln N(t)\,\Big|_0^T$$

因此，

$$\int_0^T r(t)\,dt = \ln\left[\frac{N(T)}{N(0)}\right] \tag{1.4}$$

对等式两边取自然底的指数，得到：

$$e^{\int_0^T r(t)dt} = \frac{N(T)}{N(0)}$$

或

$$N(T) = N(0) e^{\int_0^T r(t)dt} \tag{1.5}$$

式（1.5）在人口学中至关重要，它以多种形式出现在不同的应用中。它通过一组时期瞬时增长率的简单函数表达了某段离散时期（在此为 0 和 T 之间）的人口数量变动。需要注意的是，该时期的成比例人口增长 $N(T)/N(0)$ 是增长率总和的简单函数。这些增长率在式中的先后次序并不重要，只有总和值才是重要的。

将 $r(t)$ 看作连续的变化函数引发了对常用名词"指数式增长"的质疑。包括零增长和负增长在内的任何增长都应当服从式(1.5)。因为我们将增长率这个增长的测量以成比例的方式定义，所以方程中有指数项。这样看来，"指数式增长"是个多余的名词，当增长是用与人口数量变化成比例的率来测量时，所有增长都是指数式的。人们使用"指数式增长"这个名词时，往往（但并不总是一成不变）指某时间间隔内恒定正增长率产生的一系列 $N(t)$。其实，使用马尔萨斯选择的名词"几何级数式增长"或"持续增长率"来描述这类系列可能更准确。如果瞬时增长率在时间 0 和 T 之间实际上是个常数 r^*，那么式(1.5)就简化为：

$$N(T) = N(0) e^{r^* \cdot T} \tag{1.6}$$

上式的变换是基于以下事实：

$$\int_0^T r^* dt = r^* \left.\right]_0^T = r^* \cdot T - r^* \cdot 0 = r^* \cdot T$$

重新组织式(1.6)并取对数，得到：

$$r^* = \frac{\ln\left[\frac{N(T)}{N(0)}\right]}{T} \tag{1.7}$$

式(1.7)显示，如果在时间间隔 0 至 T 的瞬时增长率为常数，可以根据时期初始和结束时的人口规模估算增长率。

1.6.3 年平均增长率

如果在式(1.4)两边同时除以增长发生的时期长度 T，就有：

$$\frac{\int_0^T r(t)dt}{T} = \frac{\ln\left[\frac{N(T)}{N(0)}\right]}{T}$$

上式左边正是时期 0 和 T 之间瞬时增长率的平均值，记为 $\bar{r}[0, T]$，这是 0 和 T 之间 $r(t)$

函数的面积除以时期长度。于是有：

$$\bar{r}[0,T] = \frac{\ln\left[\dfrac{N(T)}{N(0)}\right]}{T} \tag{1.8}$$

请注意式(1.8)右边与式(1.7)右边相同；如果 0 和 T 之间的增长率为常数，式(1.8)是估计这个常数值的一种方式。由于不需要关于常数的假设，式(1.8)显然是更为一般化的表达方式。通过式(1.8)右边的简单运算就可得到"时间 0 和 T 之间的年平均增长率"。

1.6.4 倍增时间

如果在时间 0 和 T 之间人口数量增加一倍，则 $N(T)/N(0)=2$，并有：

$$\ln[N(T)/N(0)] = \ln[2] = 0.693$$

于是当某日之后年增长率的总和超过 0.693，该日期以后的人口就会倍增。如果增长率是常数 r^*，当 r^* 和 T（单位为年）的乘积为 0.693 时，人口就会倍增。

于是，当 r^* 为常数时，则有：

$$人口倍增时间 = \frac{0.693}{r^*}$$

当年增长率为常数 0.03 时，人口将在 0.693/0.03 = 23.1 年中倍增。当年增长率为常数 0.01 时，该人口倍增时间为 0.693/0.01 = 69.3 年。因为 $e^{-0.693} = 1/e^{0.693} = 0.5$，当年增长率的总和等于 -0.693 时，人口就会减半。

1.6.5 粗增长率和年均增长率的比较

至此已经介绍了离散时间间隔 0 和 T 之间的两个时期增长率公式：粗增长率和年均增长率。考虑到内容完整性，本节将比较这两个率，很多读者可以跳过此节。这一节的基本要点是，当时期 0 和 T 之间的瞬时增长率为常数时，这两个率相同。否则它们往往不会有相同的数值。不过，在实际应用时，这两个率之差通常可以忽略，除非测量时期很长（如 10 年以上）且增长率函数 $r(t)$ 很不规则。

根据式 (1.2)，可以将 0 和 T 之间的粗增长率写为：

$$\begin{aligned} CGR[0,T] &= \frac{B[0,T] - D[0,T] + I[0,T] - O[0,T]}{\int_0^T N(t)\,dt} \\ &= \frac{N(T) - N(0)}{\int_0^T N(t)\,dt} \end{aligned} \tag{1.9}$$

式 (1.8) 已明确显示 $\bar{r}[0,T]$ 与 0 和 T 之间的增长率发生次序无关。式 (1.9) 中 $CGR[0,T]$ 的分子也与增长率的先后次序无关。不过式 (1.9) 中的分母，即 0 和 T 之间的存活人年数，则与增长率的发生次序有关。相对于偏向时期末的分布而言，高度偏向时期初的正增长率分布会提高存活人年数。图 1.2 展示了这种效果。

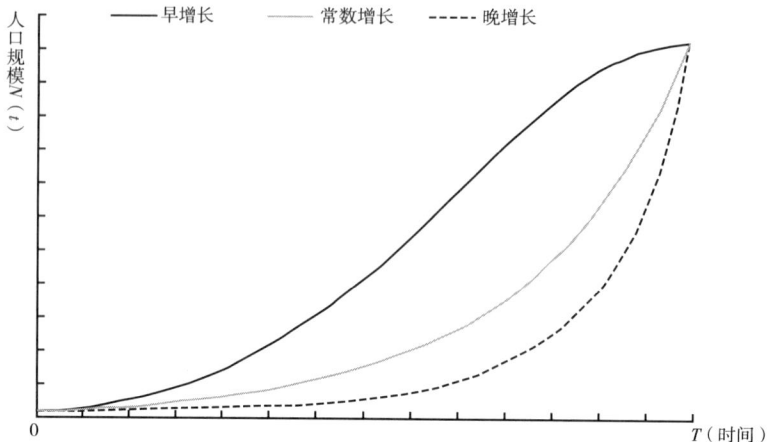

图 1.2　增长率时间序列三种不同假设下，时间 0 和 T 之间的人口增长过程

注：由于三条曲线的 $N(0)$ 和 $N(T)$ 相同，增长率的总和 $\int_0^T r(t)\,dt$ 对于三种假设均相同。不过 $N(t)$ 曲线之下的面积即存活人年数则不同。

因此，一般而言，CGR 显然不会等同于 $\bar{r}$。"早增长"率分布会导致 CGR 低于 $\bar{r}$，而"晚增长"率分布则会使 CGR 高于 $\bar{r}$。不过有一种情况下 CGR 会等于 $\bar{r}$，即 0 和 T 之间的增长率为常数。假设 $r(t) = r^*$，$0 \leqslant t \leqslant T$，则有：

$$
\begin{aligned}
\int_0^T N(t)\,dt &= \int_0^T N(0)e^{r^* t}\,dt = N(0)\int_0^T e^{r^* t}\,dt \\
&= N(0) \cdot \frac{1}{r^*} \cdot e^{r^* t} \Big]_0^T = \frac{N(0) \cdot e^{r^* t} \Big]_0^T}{r^*} \\
&= \frac{N(T) - N(0)}{r^*}
\end{aligned}
\tag{1.10}
$$

将式(1.10)代入式(1.9)替换 0 和 T 之间的存活人年数，得到：

$$
CGR[0, T] = \frac{N(T) - N(0)}{\left[\dfrac{N(T) - N(0)}{r^*}\right]} = r^*
$$

当增长率不变时，则还有：

$$
\bar{r}[0, T] = \frac{1}{T}\int_0^T r^*\,dt = r^*
$$

于是，在增长率不变的情况下——且除了极个别情况外，仅在此条件下——粗增长率等于 $\bar{r}$。两者之差的幅度一般是微不足道的，除非增长率的轨迹极端反常且时期(0 ~ T)很长，如 10 年以上。

若要确认式(1.9)计算的粗增长率事实上等于年均增长率，可用计算人年数的一种简便方法：在假设增长率不变的前提下计算人年数。在这种情况下，计算任何粗率的分母都应当为：

$$\int_0^T N(t)\,dt = \begin{cases} \dfrac{N(T)-N(0)}{\bar{r}[0,T]} = \dfrac{[N(T)-N(0)]\cdot T}{\ln\left[\dfrac{N(T)}{N(0)}\right]}, & 若\ \bar{r} \neq 0 \\[4mm] T\cdot N(0), & 若\ \bar{r} = 0 \end{cases}$$

尽管我们已经定义"年均增长率"为时期率的均值，但在式（1.8）的分母中没有人年数这个人口率中的典型特征。该式的表达方式与其他许多常用的率相似，如平均速度或平均通胀率。但是在测量期间"年均增长率"不变的简化假设之下，其数值实际上等同于粗增长率的值，而粗增长率的分母中明确含有人年数。

1.7 时期人年数的估计

以上内容的意义是，如果不知道 $N(t)$ 的发展过程或某年的 $r(t)$，我们应当假设该时期的增长率不变，并以如下方式估计该年的存活人年数：

$$PY[0,1] = \frac{N(1)-N(0)}{r[0,1]} = \frac{N(1)-N(0)}{\ln\left[\dfrac{N(1)}{N(0)}\right]}$$

当时期并不一定为 1 年时，则有更为通用的形式：

$$PY[0,T] = \frac{[N(T)-N(0)]\cdot T}{\ln\left[\dfrac{N(T)}{N(0)}\right]} \tag{1.11}$$

应用式（1.11）估计人年数的优点，是令时期粗增长率和同期年均增长率一致，如果这个时期的增长率稳定不变，这种方法是完全正确的。不过，应用这种估计方法需要知道期初和期末的人口数量。而在现实中往往仅能获得年中人口数（如在美国）。一般情况下，完全可以用年中人口数估计当年存活人年数。如图 1.3 所示，若 $N(t)$ 序列在一年中的变化为线性的，则用年中人口近似人年数完全正确。即便 $N(t)$ 是一个常数增长率的乘积，使用年中人口数近似的误差也会很小。例如，若 $r = 0.03$（按照历史标准属于快速增长），一年中的真实存活人年数与年中人口数之比为 1.00004。如果人口以一个恒定的率变化，无论增长还是减少，年中人口数总会低估真实的存活人年数。

如果人口估计的时间间隔远远大于一年，在使用年中人口数近似人年数时需要更为慎重。例如，对一个年增长 3% 的人口，若用时期期中人口数乘以 10（即一半高度乘宽度）估计 10 年期间的存活人年数，实际存活人年数与估计人年数之比将会是 1.0038。这个误差约为 1% 的 4/10，对大多数应用来说是不能忽视的。在此例中，如果用期初和期末人口的算术平均值乘以 10 估计存活人年数，就会以 1.0075 的比值高估真实人年数。因此，对以恒定率增长的人口来说，用期初、期末人口的算术平均值估计人年数比用年中人口数估计更差。

如果在 10 年期间，每年都可得到年中人口数，一种明智的方法是用 10 个年中人口数的直接相加来估计该时期的存活人年数。如果能够得到期初、期中和期末的人口数，就可

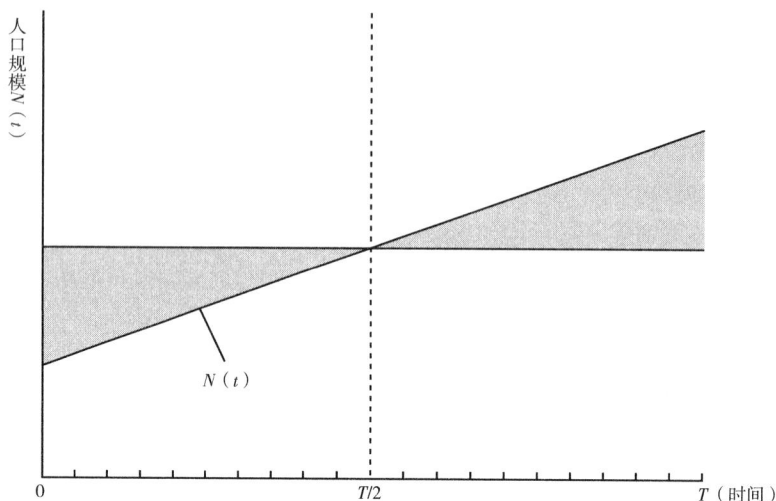

注：当 $N(t)$ 遵循线性增长模式时，期中人口数乘以时期长度是存活人年数的准确估计，因为前半时期的高估正好被后半时期的低估所抵消，即两个三角形面积相同。

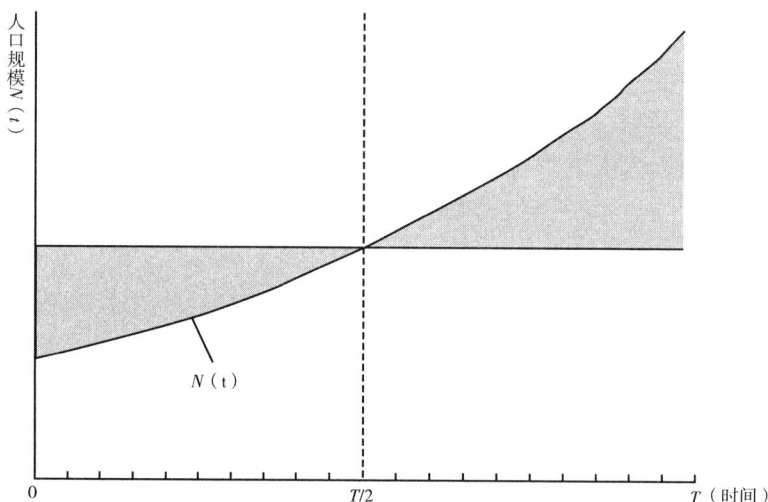

注：当 $N(t)$ 为指数型增长时，两块阴影的面积不同，年中人口近似值 $N(T/2) \cdot T$ 低估了该时期的存活人年数。

图1.3　用期中人口数乘以时期长度近似存活人年数

以确定人口是近似线性增长还是指数增长，从而对每半个时期使用相应的近似估计。

　　尽管用年中人口数估计当年存活人年数较为简便也相当准确，但需要特别注意的是，不应当用事件发生数除以人口数表示人口率的结果。风险暴露—时间的测量单位（通常是人年）不应当消失，否则必然引起混淆。年中人口数是同期存活人年数的估计值，而不是用来替代人年数的。在估计时期不是一年的年率时，最有可能引起混淆。专栏1.3用一个年增长率固定在0.03的假想人口，示范了对10年期间增长率和存活人年数的计算。

专栏 1.3　增长率和人年数的计算

假设一个在时间 0 规模为 100，000 的人口，以固定的年增长率 0.03 增长，即：

$$N(0) = 100,000$$

$$N(5) = 100,000 \cdot e^{5 \times 0.03} = 116,183$$

$$N(10) = 100,000 \cdot e^{10 \times 0.03} = 134,986$$

1. 计算 $t = 0$ 和 $t = 10$ 之间的年均增长率：

$$\bar{r}[0,10] = \frac{\ln\left[\frac{N(10)}{N(0)}\right]}{10} = \frac{\ln\left(\frac{134,986}{100,000}\right)}{10} = 0.0300$$

2. 估计 $t = 0$ 和 $t = 10$ 之间的存活人年数：

（a）假设增长率为常数：

$$PY[0,T] = \frac{N(T) - N(0)}{\bar{r}[0,T]} = \frac{N(10) - N(0)}{\bar{r}[0,10]} = \frac{134,986 - 100,000}{0.03} = 1,166,200$$

（b）假设增长为线性，使用年中人口近似估计：

$$PY[0,T] = N(T/2) \cdot T$$

$$PY[0,10] = N(5) \cdot 10 = 116,183 \times 10 = 1,161,830$$

（c）假设增长为线性，使用期初和期末人口平均值近似估计：

$$PY[0,T] = \left[\frac{N(0) + N(T)}{2}\right] \cdot T$$

$$PY[0,10] = \left[\frac{N(0) + N(10)}{2}\right] \times 10$$

$$= \left[\frac{100,000 + 134,986}{2}\right] \times 10 = 1,174,930$$

3. 根据各种存活人年数的估计，计算粗增长率：

（a）$CGR[0,T] = \dfrac{34,986}{1,166,200} = 0.0300$

（b）$CGR[0,T] = \dfrac{34,986}{1,161,830} = 0.0301$

（c）$CGR[0,T] = \dfrac{34,986}{1,174,930} = 0.0298$

1.8　队列的概念

队列的概念在人口学中几乎和人口的概念同等重要。一个队列是在特定时期内共同经历某个人口事件的所有个体的集合。例如，在一个人口中，队列总有某些特定的地理参照，无论是明确的还是暗含的。一个队列通常由人组成，不过也可以包括人口事件导致的特征（如婚姻）。队列的文字定义往往既包括事件也包括经历事件的时期。以下是一些队列的定义。

"1942 年的美国出生队列"，指的是 1942 年全年所有美国出生的公民；

"1990 年的法国结婚队列"，指的是 1990 年所有在法国结婚的人；

"1990 年法国女性结婚队列"，指的是 1990 年所有在法国结婚的女人；

"1995 年奥地利迁入队列"，指的是所有在 1995 年迁入奥地利的人。

最常见的队列形式是出生队列。他们刚好会在 x 年迎来 x 岁生日，这就是他们的队列属性，从这个意义上来说，同一时期出生的人们注定要一起度过一生。对于 1942 年的美国出生队列而言，所有人（假设他们全都存活）都会在 1952 年迎来他们的 10 岁生日，1957 年过 15 岁生日，依此类推。队列的时期定义不一定是一年，例如也常有"1918 ~ 1922 年美国出生队列"这样的定义。

要计算一个队列的率，直接将事件发生和风险暴露人年数限制在队列所定义的成员中即可。以下几条线展示了时期 a_0 至 a_1 出生队列的统计图解：

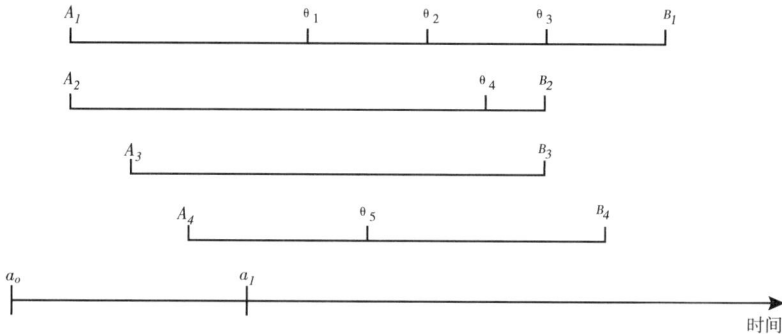

尽管是以出生队列为例，这个概念无疑可以推广到其他性质的队列。

1.9　事件发生的概率

我们再定义一个仅适用于队列而不适用于人口的概念：概率。这个名词在人口学中的使用与在统计学中的使用相似。它指的是某些事件将要发生的机会，而不是已经发生事件的率。例如，我们可以根据某出生队列一生中所有成员的结婚和离婚统计，计算一次婚姻以离婚终止的概率：

$$q^D = \frac{离婚数}{结婚数}$$

这是用"相对频数"方法来估计离婚概率。如上所述，对于一个队列的离婚概率最为接近的估计实际上是观察到的离婚频率。这就像从一个很大的瓮中抽取球，如果我们抽取的 10 个球中有两个是红球，那么红球在这个样本中的相对频数就是 0.2。假设抽取球的过程相互独立，相对频数也就是瓮中红球真实比例的最大似然估计。也就是说，如果在10 个球的样本中有两个球是红色的，那么整个大瓮中的红球占比为 20% 的可能性最大。诸多统计学基础教材都有关于最大似然估计的明确讨论。

因此，人口学中概率的构成与率大不相同：

$$率 = \frac{事件发生数}{存活人年数}$$

$$概率 = \frac{事件发生数}{在此之前的事件数或实验数}$$

概率的分母表示，如果没有事件或实验（等同于在瓮中抽取球），就无法定义概率。由于分母的事件（如结婚）必定发生在分子的事件（如离婚）之前，所以分子的事件发生数不可能大于此前发生的事件数。因此概率不可能大于 1，而且只有正数，不可能为负。

人口没有概率，除非他们属于人口中的队列。尽管可以统计一个人口某年的结婚数和离婚数，但两个数结合起来仍无法估计离婚概率，因为这两个数不属于一个队列。我们实际上在统计一个瓮里的事件（或实验）的同时在数另一个瓮里的事件发生数。如果在一个小规模人口中，恰巧这一年没有人结婚而有一例离婚，这个人口的离婚概率 q^D 就会是 $1/0 = \infty$，这个结果显然是荒谬的。只有在具有事件经历风险的队列中统计事件发生，才能合理地定义概率。

以上介绍的队列中事件发生的队列概念和概率概念，其应用远远超出人口学的传统范围，它们在社会和健康科学领域中的历史数据分析中是最基本的概念。这些概念的主要价值，在于它们实际上将汇总层面的测量赋予了个体层面的意义。这些概念有助于在一个原本无形和无差别的人口中给个体"定位"。

尽管概念并不复杂，但真实队列的数据分析受到多种现实局限。计算队列的率和概率首先需要每一个体直至死亡（或至少从研究事件的"风险"中退出）的完整信息。例如有些人从研究地区搬走后，我们就无法再跟踪了。最常见的问题称为"失访"，迁出就是其中之一。本书将在第 4 章介绍如何处理这个问题。更为严重的一个实际问题是，当整个队列完成经历之后，多数经历早已过时。为了能够提供更为及时的信息，人口学者主要应用最近时期的数据。用时期率构成的测量包括预期寿命（预期在某种状态下的存活年数）、总和生育率、净再生产率和粗再生产率，还有死亡、出生、迁移概率等。人口学者将队列的概念应用于时期数据，来构造这些测量以及其他测量。最主要的应用是引入"假想队列"的概念，本书中后面的章节会频繁使用这个概念。

2

年龄别率和概率

几乎所有人口的人口事件发生率都显著地随年龄而变化。事实上，第 1 章定义的率被称为"粗"率更精确，因为这些率都没有考虑隐含在率发生时间之下的年龄变化。在死亡率和生育率中，这种变化主要反映了生理能力的年龄差距。迁移率中的年龄变化则主要反映了从流动中获得经济和社会收益的年龄差别。

考虑到年龄变化，我们普遍定义和研究年龄别率。年龄别率与粗率有相同的结构，即分子为事件发生数，分母为人年数，不同的是对事件数和人年数的统计有年龄范围限制。

2.1 时期年龄别率

以下标记是时期年龄别死亡率的常规定义：

$$_nM_x[0,T] = \frac{\text{时间 } 0 \text{ 和 } T \text{ 之间年龄 } x \text{ 至 } x+n \text{ 的死亡数}}{\text{时间 } 0 \text{ 和 } T \text{ 之间年龄 } x \text{ 至 } x+n \text{ 的存活人年数}}$$

正如在粗死亡率定义中，时期年龄别死亡率也必须包括特定的时期定义。

$_nM_x[0,T]$ 中的右下标 x 显然指年龄段的起始年龄，而左下标 n 则指年龄段的长度。两者都是确切年数，即指的是从出生当年算度过的年数，包括小数或年中的一段。于是，30 岁至 35 岁之间的死亡率 $_5M_{30}$ 指的是出生后 30.0000 至 34.9999 确切年的人当中发生的死亡事件和存活人年数。确切年龄的概念与很多国家常用的不同。多数人在回答自己的年龄时，用数字来表示他们已经活了多少年，即省略了小数。这种年龄的概念有时称为"最后生日年龄"。如果以最后生日年龄定义数据，$_5M_{30}$ 当中包括的年龄（最后生日年龄）即为 30、31、32、33、34。分析者往往需要根据公布数据的年龄范围来判断是哪一种年龄分组，如 30~35，35~40，40~45，… 是确切年龄，30~34，35~39，40~44，… 是最后生日年龄。

表 2.1 列出了 1992 年瑞典女性年龄别死亡数以及分年龄的年中人口估计数。表中使用了最后生日年龄。用年中人口估计该年龄段的存活人年数，得到第四列年龄别死亡率（M_i^{Sw}）。表 2.1 还列出了 1992 年哈萨克斯坦的相同信息。

表 2.1　1992 年瑞典和哈萨克斯坦女性人口粗死亡率和年龄别死亡率的比较

瑞　典					哈萨克斯坦				
年龄组	年中人口	当年死亡人数	死亡率	年龄组占总人口比例	年龄组	年中人口	当年死亡人数	死亡率	年龄组占总人口比例
i	N_i^{Sw}	D_i^{Sw}	M_i^{Sw}	C_i^{Sw}	i	N_i^K	D_i^K	M_i^K	C_i^K
0	59,727	279	0.00467	0.0136	0	174,078	3,720	0.02137	0.0200
1~4	229,775	42	0.00018	0.0524	1~4	754,758	1,220	0.00162	0.0868
5~9	245,172	31	0.00013	0.0559	5~9	879,129	396	0.00045	0.1011
10~14	240,110	33	0.00014	0.0548	10~14	808,510	298	0.00037	0.0929
15~19	264,957	61	0.00023	0.0604	15~19	720,161	561	0.00078	0.0828
20~24	287,176	87	0.00030	0.0655	20~24	622,988	673	0.00108	0.0716
25~29	311,111	98	0.00032	0.0709	25~29	733,057	752	0.00103	0.0843
30~34	280,991	140	0.00050	0.0641	30~34	732,312	965	0.00132	0.0842
35~39	286,899	197	0.00069	0.0654	35~39	612,825	1,113	0.00182	0.0704
40~44	308,238	362	0.00117	0.0703	40~44	487,996	1,405	0.00288	0.0561
45~49	320,172	643	0.00201	0.0730	45~49	284,799	1,226	0.00430	0.0327
50~54	242,230	738	0.00305	0.0552	50~54	503,608	2,878	0.00571	0.0579
55~59	210,785	972	0.00461	0.0481	55~59	301,879	3,266	0.01082	0.0347
60~64	216,058	1,640	0.00759	0.0493	60~64	374,317	5,212	0.01392	0.0430
65~69	224,479	2,752	0.01226	0.0512	65~69	256,247	6,866	0.02679	0.0295
70~74	222,578	4,509	0.02026	0.0508	70~74	154,623	6,182	0.03998	0.0178
75~79	184,102	6,745	0.03664	0.0420	75~79	149,917	8,199	0.05469	0.0172
80~84	140,667	9,587	0.06815	0.0321	80~84	88,716	9,013	0.10159	0.0102
85+	110,242	17,340	0.15729	0.0251	85+	58,940	10,627	0.18030	0.0068
合计	4,385,469	46,256	0.01055	1.0000	合计	8,698,860	64,572	0.00742	1.0000
CDR	10.55‰				CDR	7.42‰			

资料来源：United Nations, *Demographic Yearbook* (various years)。

请注意表中最后一行的粗死亡率，即"所有"年龄的死亡率，瑞典的数值高于哈萨克斯坦（分别为 0.01055 和 0.00742）。从表面看这个结果似乎与年龄别死亡率不一致，表中瑞典各年龄的年龄别死亡率都低于哈萨克斯坦。可以从粗死亡率与年龄别死亡率的关系来理解这种明显的异常现象。定义 $_nN_x$ 为年中 x 至 $x+n$ 岁人数，将其作为当年 x 至 $x+n$ 岁存活人年数的估计值。N 是总人口规模，作为总存活人年数的估计值。D 为当年死亡总人数。为简化起见，没有使用任何相应的时期标志。

简化后的粗死亡率为：

$$CDR = \frac{D}{N} = \frac{\sum\limits_{x=0}^{\infty} {}_nD_x}{N} = \frac{\sum\limits_{x=0}^{\infty} \frac{{}_nD_x}{{}_nN_x} {}_nN_x}{N} \tag{2.1}$$

$$= \sum\limits_{x=0}^{\infty} \frac{{}_nD_x}{{}_nN_x} \cdot \frac{{}_nN_x}{N} = \sum\limits_{x=0}^{\infty} {}_nM_x \cdot {}_nC_x$$

其中，${}_nC_x = {}_nN_x/N = x$ 至 $x+n$ 岁人口占总人口的比重。

上式说明，粗死亡率是由两个函数决定的：一组年龄别死亡率（${}_nM_x$）和人口的年龄分布比例（${}_nC_x$）。更详细地说，粗死亡率是年龄别死亡率的加权平均值，而权重就是人口的年龄分布比例（严格地说，是存活人年数的分布比例）。权重的总和当然是 1[①]。

$$\sum\limits_{x=0}^{\infty} {}_nC_x = \sum\limits_{x=0}^{\infty} \frac{{}_nN_x}{N} = \frac{N}{N} = 1.000$$

这样就很清楚为什么瑞典每个年龄组的死亡率都低于哈萨克斯坦，而哈萨克斯坦的粗死亡率却低于瑞典：相对于哈萨克斯坦而言，瑞典的老年组权重更大，而老年组的年龄别死亡率更高。

人口中的任何其他分类都可以写成式（2.1）的形式。例如，我们可以用身高别死亡率和以身高分组的不同人口比重来表达死亡率。年龄结构的重要性有以下四个理由：

① 如表 2.1 所示，死亡率随年龄不同有很大变动；

② 不同年龄结构造成不同人口之间的很大差距，表 2.1 也展示了这一点；[②]

③ 人口年龄结构本身是一个人口变量，这个变量完全取决于人口历年的年龄别出生率、死亡率和迁移率；

④ 年龄别死亡率和人口规模的数据普遍可获得。

在推导式（2.1）时，年龄既没有任何特殊作用，也没有限制其在粗死亡率中的应用。这清楚地说明，人口中的任何率（或比重）都取决于以不同类别人口比重加权的分类别率（或比重）。

在人口学中表达不同年龄求和的另一种常见方式，是用 i 表示第 i 个年龄组。于是年龄最小的组 $i=1$；下一个年龄组 $i=2$，依此类推。因为超过最高年龄组的值都是零，所以

---

① 式（2.1）中的 CDR 可以视为死亡水平总和的指标，且为人口年龄和年龄别死亡率两个结构之间的协方差。实际上，可将（2.1）重写为：

$$CDR = \sum\limits_{x=0}^{\omega} \left[({}_nM_x - \overline{M}) \cdot ({}_nC_x - \overline{C}) \right] + \overline{M}$$

其中 $\overline{M}$ 是年龄别死亡率均值（未加权），$\overline{C}$ 是某年龄段人口比重的均值（未加权）。因此对一套给定的年龄别死亡率来说，CDR 越高，年龄别人口与这些年龄别率之间的协方差越大。

② 仅当被研究的变量随年龄变化时，年龄结构才会有影响。如果年龄别死亡率不随年龄变动，CDR 不会受人口年龄结构的影响。如果对所有年龄而言，${}_nM_x = M$，式（2.1）则成为 $CDR = \sum M \cdot {}_nC_x = M \cdot \sum {}_nC_x = M$（因为 $\sum {}_nC_x = 1$）。对于死亡率来说，恒定年龄别率的假设并不现实。

求和可以直至最高的年龄组或到∞。于是式(2.1)可以写为：

$$CDR = \sum_{i=1}^{\infty} M_i \cdot C_i$$

使用 i 这个下标代替 x 和 n 的好处在于，i 可以是不规则年龄组。分年龄死亡率的表普遍都把年龄组分为 $0,1\sim4,5\sim9,10\sim14,\cdots$。这种分组的死亡率系列不能用对 $_nM_x$ 的求和标记来表达，因为 n 的长度是变化的(头三个年龄组分别是 1 年、4 年和 5 年)。我们在表 2.1 中以 i 为标记明确展示了瑞典的年龄别死亡率和人口年龄比重共同产生了粗死亡率。

2.2　年龄标准化

瑞典和哈萨克斯坦的例子说明，两个人口不同的年龄结构显著影响了对粗死亡率的比较。为了比较两个人口的死亡水平，我们往往希望消除或至少缩小年龄结构的影响。有一种比较的方法是假设哈萨克斯坦的人口年龄结构与瑞典相同。这种情况可以直接将粗死亡率表达为：

$$CDR^* = \sum_i M_i^K \cdot C_i^{Sw}$$

CDR^* 是按照哈萨克斯坦的年龄别死亡率和瑞典的年龄结构估计的死亡率。这个估计的假设前提是，应用瑞典的年龄结构不会影响哈萨克斯坦的年龄别死亡率。CDR^* 是被普遍称为年龄标准化率的一个特例。将人口 j 的年龄标准化死亡率记为 $ASCDR^j$，其结构如下式：

$$ASCDR^j = \sum_{i=1}^{\infty} M_i^j \cdot C_i^s$$

其中 C_i^s 是"标准"人口年龄组 i 的人口比重。当然：

$$\sum_{i=1}^{\infty} C_i^s = 1.00$$

以上我们所做的是选择一些人口的年龄结构作为标准，这种方法是用一个"标准"人口的年龄结构直接对人口 j 的年龄别死亡率加权，而不是用这个人口本身的年龄结构(这样得到的是观察到的粗死亡率)。

在比较不同人口的状况时，标准化通常被用来控制或"标化"那些"极端"影响的作用。以年龄标准化为例，年龄结构就是在比较的人口中被"标化"的极端影响。这种方法可以应用于其他的率或比重。例如，人口 j 的年龄标准化识字比例($ASPL$)为：

$$ASPL^j = \sum_{i=1}^{\infty} L_i^j \cdot C_i^s$$

其中 L_i^j 是人口 j 年龄组 i 的识字比例。这个指标表示，在人口 j 的年龄结构与标准年龄结构相同的情况下，该人口中所有年龄人口总和的识字比例。

如前所述，标准化并不只限于在年龄方面的应用。例如，我们可以在比较两个人口的婴儿死亡率时，将出生孩次分布的差异作用标准化。婴儿死亡率往往与出生孩次有关，为了达到某些研究目的，在比较婴儿死亡率时最好能够控制出生孩次分布的差异。人口 j 的孩次标准化婴儿死亡率为：

$$BOSIDR^j = \sum_{i=1}^{\infty} {}_1M_{0,i}^j \cdot C_i^s$$

其中，${}_1M_{0,i}^j =$ 人口 j 中孩次为 i 的确切年龄 0 至 1 岁婴儿的死亡率，

$C_i^s =$ "标准"人口中孩次 i 占所有出生婴儿的比例。

需要注意的是，i 在此处代表出生孩次而不是年龄。与前面相似：

$$\sum_{i=1}^{\infty} C_i^s = 1.00$$

多数价格指数都是标准化率，如美国劳工统计局计算的消费者物价指数。这是个不同商品的加权平均价格，权重来自"标准市场篮商品"（standard market basket of goods）。

在标准化时，面临的问题是采用哪个人口结构作为标准。这种选择可能会至关重要，表 2.2 用两种不同的标准对墨西哥和英国的粗死亡率进行标准化，展示了选择标准结构的重要性。这两个人口的结构一个是年轻型，另一个是老年型。[①]

表 2.2　粗死亡率和分别用年轻型和老年型结构为标准的年龄标准化粗死亡率的比较

女性人口	粗死亡率（每千人）	不同标准年龄结构的年龄标准化粗死亡率（每千人）	
		年轻型结构	老年型结构
墨西哥（1964 年）	9.30	9.20	11.50
英格兰和威尔士（1931 年）	11.61	8.76	13.13

资料来源：Preston, Keyfitz and Schoen, 1972：254 and 458。

如果用年轻型结构作为标准，两个国家的粗死亡率都下降了；如果用老年型结构（老年比例相对较高）作为标准，两者都上升了。但是有趣之处在于，应用年轻型结构标准时，英国的年龄标准化粗死亡率低于墨西哥的；而应用老年型结构标准时，墨西哥的粗死亡率相对较低。显然，此例中对标准的选择不仅影响到标准化率之间的数量差别，甚至还影响到差别的方向。只有当英国老年人死亡率较高而墨西哥的青年人死亡率较高时，才会出现这种结果；两个年龄别死亡率函数必定在随年龄变化时至少相交一次。在这个例子中，墨西哥死亡率在年轻时高于英国，在老年时低于英国。

---

① 年轻型结构特指"西区"女性稳定人口模式，$r = 0.02$，出生预期寿命为 45 岁；年老型结构的 $r = 0.01$，出生预期寿命为 65 岁（Coale and Demeny, 1983, 46 and 64）。稳定人口的概念将在第 7 章介绍，第 9 章介绍模型生命表。

在选择标准可能对结果造成的影响方面，很遗憾没有简单的规则可循。事实上，标准选择不可避免地具有很大的任意性。任意性是科学上的不良做法，因为这会使研究者有可能按照自己的偏好操纵结果。所以应当制定两条规则：

（a）当仅比较两个人口 A 和 B 时，用两个人口的平均结构作为标准：

$$C_i^s = \frac{C_i^A + C_i^B}{2}$$

因为 C_i^A 和 C_i^B 的总和都为 1，C_i^s 的总和也必定等于 1。下节会介绍，这种选择标准步骤在解释结果方面具有显著优势。专栏 2.1 为应用这种标准化方法比较瑞典和哈萨克斯坦两个人口的死亡率，数据来自表 2.1。在年龄标准化之后，哈萨克斯坦的 CDR 高于瑞典的 CDR，反映了哈萨克斯坦死亡率较高的状况。

（b）在比较多个人口时，使用人口结构接近均值或中位数的人口作为标准。只有当某些怪异的结构造成均值或中位数不符合人类经验时，这个规则才不适用。例如，可能由于近期发生的战争扭曲了人口年龄结构，就需要找一个更"正常"的结构作为标准。

还应当明确，只有当满足以下三个条件时，标准化技术才有作用：

①比较两个或多个人口的总体层次变量（通常为率或比重），或一个人口不同时期的变量；

②变量值在每个人口中的子群体之间不同（例如各年龄组之间）；

③希望消减人口结构的不同对比较结果的影响。

标准化需要有人口结构和事件发生数量的分组数据，例如，分年龄组的人口规模和死亡人数。式（2.1）清楚地展示了这是个与年龄标准化密切相关的运算。我们可以估计当人口 A 具有人口 B 的年龄别死亡率时的粗死亡率，而不是当人口 A 具有人口 B 的年龄结构时的粗死亡率。

如果缺乏人口 A 的年龄别死亡率数据，就常常需要回答这类问题。解决这个问题的方法是间接比较人口 A 的年龄别率（未知）与人口 B 的年龄别率（已知）。有时将 A 的确切死亡人数与根据 B 的年龄别死亡率计算的预期死亡人数之比称为比较死亡率之比（CMR）：

$$CMR = \frac{\sum_i N_i^A \cdot M_i^A}{\sum_i N_i^A \cdot M_i^B} = \frac{D^A}{\sum_i N_i^A \cdot M_i^B}$$

其中，D^A = 人口 A 所有年龄的死亡总数；

N_i^A = 人口 A 中年龄组 i 的人数；

M_i^B = 人口 B 中年龄组 i 的死亡率。

英国注册总局（Registrar-General of Great Britain）曾多年使用这个指标比较不同职业人群的死亡率。该比值大于 1，意味着 A 的年龄别死亡率（未知）一般高于 B，尽管从严格意义上来说，只要人口 A 中有一个年龄组的死亡率高于人口 B 就会成立。以上计算步骤是人口学方法中的"间接标准化"中的一部分，现在很少使用其完整形式了（见 Shryock and Siegel, 1973：421 – 422）。上述步骤中的部分算法被广泛应用在生育率的历史研究中（见第 5 章第 1 节）。

专栏 2.1　年龄标准化的例子

公式：

$$ASCDR^{Sw} = \sum_{i=1}^{\infty} M_i^{Sw} \cdot C_i^s = 瑞典的年龄标准化粗死亡率$$

$$ASCDR^K = \sum_{i=1}^{\infty} M_i^K \cdot C_i^s = 哈萨克斯坦的年龄标准化粗死亡率$$

$$C_i^s = \frac{C_i^{Sw} + C_i^K}{2} = 平均年龄结构$$

例：1992 年瑞典和哈萨克斯坦女性

年龄组	瑞典年龄结构	哈萨克斯坦年龄结构	平均年龄结构	瑞典年龄别死亡率		哈萨克斯坦年龄别死亡率	
i	C_i^{Sw}	C_i^K	$\dfrac{C_i^{Sw} + C_i^K}{2}$	M_i^{Sw}	$M_i^{Sw} \cdot \dfrac{C_i^{Sw} + C_i^K}{2}$	M_i^K	$M_i^K \cdot \dfrac{C_i^{Sw} + C_i^K}{2}$
0	0.0136	0.0200	0.0168	0.00467	0.00008	0.02137	0.00036
1~4	0.0524	0.0868	0.0696	0.00018	0.00001	0.00162	0.00011
5~9	0.0559	0.1011	0.0785	0.00013	0.00001	0.00045	0.00004
10~14	0.0548	0.0929	0.0738	0.00014	0.00001	0.00037	0.00003
15~19	0.0604	0.0828	0.0716	0.00023	0.00002	0.00078	0.00006
20~24	0.0655	0.0716	0.0686	0.00030	0.00002	0.00108	0.00007
25~29	0.0709	0.0843	0.0776	0.00032	0.00002	0.00103	0.00008
30~34	0.0641	0.0842	0.0741	0.00050	0.00004	0.00132	0.00010
35~39	0.0654	0.0704	0.0679	0.00069	0.00005	0.01082	0.00012
40~44	0.0703	0.0561	0.0632	0.00117	0.00007	0.00288	0.00018
45~49	0.0730	0.0327	0.0529	0.00201	0.00011	0.00430	0.00023
50~54	0.0552	0.0579	0.0566	0.00305	0.00017	0.00571	0.00032
55~59	0.0481	0.0347	0.0414	0.00461	0.00019	0.01802	0.00045
60~64	0.0493	0.0430	0.0461	0.00759	0.00035	0.01392	0.00064
65~69	0.0512	0.0295	0.0403	0.01226	0.00049	0.02679	0.00108
70~74	0.0508	0.0178	0.0343	0.02026	0.00069	0.03998	0.00137
75~79	0.0420	0.0172	0.0296	0.03664	0.00108	0.05469	0.00162
80~84	0.0321	0.0102	0.0211	0.06815	0.00144	0.10159	0.00215
85+	0.0251	0.0068	0.0160	0.15729	0.00251	0.18030	0.00288
合计	1.0000	1.0000	1.0000	—	0.00737	—	0.01188
					$ASCDR^{Sw} = 7.37‰$		$ASCDR^K = 11.88‰$

资料来源：United Nations，*Demographic Yearbook*（various years）。

2.3　率或比例之差的分解

与以上内容密切相关的一个问题是："人口 A 和 B 之间死亡率的差别有多少是由于年龄结构不同导致的？"分解技术可以回答这个问题（Kitagawa，1955）。

首先应当注意到，应用分解技术不会得到唯一的答案。分解方法多种多样，而对方法的选择在很大程度上来说较为随意。不过，以下将介绍一种既经济又简洁的方法。假如要想分解人口 A 和 B 粗死亡率之差，定义最初的差别为 Δ。

$$\Delta = CDR^B - CDR^A = \sum_i C_i^B \cdot M_i^B - \sum_i C_i^A \cdot M_i^A$$

然后将每项分成两个部分，再加上和减去其余的项，使 Δ 保持不变：

$$\Delta = \frac{\sum_i C_i^B \cdot M_i^B}{2} + \frac{\sum_i C_i^B \cdot M_i^B}{2} - \frac{\sum_i C_i^A \cdot M_i^A}{2} - \frac{\sum_i C_i^A \cdot M_i^A}{2} +$$

$$\frac{\sum_i C_i^B \cdot M_i^A}{2} - \frac{\sum_i C_i^B \cdot M_i^A}{2} + \frac{\sum_i C_i^A \cdot M_i^B}{2} - \frac{\sum_i C_i^A \cdot M_i^B}{2}$$

然后将 Δ 中的八项合并为四项，再进一步合并为两项：

$$\Delta = \sum_i C_i^B \cdot \left[\frac{M_i^B + M_i^A}{2} \right] - \sum_i C_i^A \cdot \left[\frac{M_i^B + M_i^A}{2} \right] + \sum_i M_i^B \cdot \left[\frac{C_i^A + C_i^B}{2} \right] - \sum_i M_i^A \cdot \left[\frac{C_i^A + C_i^B}{2} \right]$$

$$= \sum_i (C_i^B - C_i^A) \cdot \left[\frac{M_i^B + M_i^A}{2} \right] + \sum_i (M_i^B - M_i^A) \cdot \left[\frac{C_i^A + C_i^B}{2} \right]$$

$$= 年龄结构之差 \times \left[用平均年龄别率加权 \right] + 年龄别率之差 \times \left[用平均年龄结构加权 \right]$$

$$= 年龄结构之差对 \Delta 的影响 + 年龄别率之差对 \Delta 的影响$$

这样，死亡率之差就被分解为两项，一项是年龄结构差距的贡献，另一项是年龄别率差距的贡献。这两项完全解释了两个率的差距。需要注意的是，如果应用人口 A 和 B 的平均年龄结构作为两个人口的"标准"人口年龄结构，年龄别率差距的贡献正是人口 B 和 A 的年龄标准化死亡率之差。

这种分解方法具有直截了当的解释，其他所有分解方法都会产生不总是具有清楚意义的冗余项或交叉项。例如，在 Δ 的扩展中包括另一组选项，然后再加以重新组合并简化，可以得到另一个公式：

$$\Delta = \sum_i C_i^B \cdot (M_i^B - M_i^A) + \sum_i M_i^B \cdot (C_i^B - C_i^A) - \sum_i (M_i^B - M_i^A) \cdot (C_i^B - C_i^A)$$

这个扩展公式最右边的求和项似乎是个协变量，若在 C_i^A 大于 C_i^B 的年龄组 M_i^A 有高于 M_i^B 的趋势，该项则为正数。由于 Δ 表达为 B 的粗死亡率减去 A 的粗死亡率，所以这种模式对 Δ 的贡献为负（因为最后一项的符号为负）。

不过这种处理冗余项的方法往往既麻烦又无必要。前面介绍的方法就避免了处理冗余项，而且该方法的分解方式可能是随意性最小的，因为这个方法既用平均年龄别率对年龄结构差加权，又用平均年龄结构对年龄别率之差加权。这种方法适用于大多数情况。

专栏 2.2 展示了应用前面推荐的方法分解 1991 年法国和 1992 年日本女性的粗死亡率之差。法国的粗死亡率比日本的高 0.003116。年龄结构的差别对两个死亡率之差有 75% 的贡献（0.002333/0.003116），而年龄别率的差距有 25% 的贡献。在这个例子中，两个因

专栏 2.2　两个率之差距的分解

$\Delta = CDR^F - CDR^J =$ 法国和日本的粗死亡率之差

$$= \sum_i \left(C_i^F - C_i^J \right) \cdot \left[\frac{M_i^F + M_i^J}{2} \right] + \sum_i \left(M_i^F - M_i^J \right) \cdot \left[\frac{C_i^F + C_i^J}{2} \right]$$

例：1991 年法国和 1992 年日本女性

i	C_i^F	C_i^J	M_i^F	M_i^J	$\left(C_i^F - C_i^J \right) \cdot \left[\frac{M_i^F + M_i^J}{2} \right]$	$\left(M_i^F - M_i^J \right) \cdot \left[\frac{C_i^F + C_i^J}{2} \right]$
0	0.0133	0.0089	0.0061	0.0040	0.000022	0.000023
1 ~ 4	0.0467	0.0349	0.0004	0.0004	0.000005	0.000000
5 ~ 9	0.0508	0.0734	0.0002	0.0001	− 0.000003	0.000006
10 ~ 14	0.0541	0.0720	0.0002	0.0001	− 0.000003	0.000006
15 ~ 19	0.0746	0.0811	0.0003	0.0002	− 0.000002	0.000008
20 ~ 24	0.0686	0.0674	0.0005	0.0003	0.000000	0.000014
25 ~ 29	0.0730	0.0703	0.0006	0.0003	0.000001	0.000021
30 ~ 34	0.0749	0.0618	0.0007	0.0004	0.000007	0.000021
35 ~ 39	0.0794	0.0581	0.0009	0.0007	0.000017	0.000014
40 ~ 44	0.0768	0.0789	0.0014	0.0011	− 0.000003	0.000023
45 ~ 49	0.0533	0.0677	0.0022	0.0016	− 0.000027	0.000036
50 ~ 54	0.0507	0.0649	0.0029	0.0024	− 0.000038	0.000029
55 ~ 59	0.0551	0.0602	0.0042	0.0037	− 0.000020	0.000029
60 ~ 64	0.0544	0.0554	0.0064	0.0056	− 0.000006	0.000044
65 ~ 69	0.0528	0.0470	0.0096	0.0090	0.000054	0.000030
70 ~ 74	0.0317	0.0365	0.0184	0.0158	− 0.000083	0.000089
75 ~ 79	0.0360	0.0286	0.0279	0.0303	0.000216	− 0.000078
80 ~ 84	0.0298	0.0197	0.0589	0.0587	0.000596	0.000005
85 +	0.0240	0.0132	0.1605	0.1356	0.001599	0.000462
合计	1.0000	1.0000	—	—	0.002333	0.000783

$$CDR^F = \sum_i C_i^F \cdot M_i^F = 0.008996$$

$$CDR^J = \sum_i C_i^J \cdot M_i^J = 0.005880$$

原始差距 $= CDR^F - CDR^J = 0.008996 - 0.005880 = 0.003116$

年龄结构差异的影响 $= 0.002333$

年龄别率差异的影响 $= 0.000783$

两者影响总和 $= 0.002333 + 0.000783 = 0.003116$

年龄结构影响的比重 $= 0.002333/0.003116 = 0.749$

年龄别率影响的比重 $= 0.000783/0.003116 = 0.251$

资料来源：United Nations, *Demographic Yearbook* (various years).

素对死亡率之差的贡献方向相同。但是在很多应用中，某个因素对原有差距的贡献可能会大于100%。当两个因素的作用方向相反时就会出现这种情况，也没有理由期望所有因素的作用方向一致。

标准化和分解方法都可以同时应用于一个以上的变量（有关多变量标准化和分解的推导，详见 Das Gupta，1993）。相同的标准也可以应用于多个人口，产生多个标准化率。不过，以上介绍的分解步骤仅能应用于两个人口的直接比较。比较两个以上的人口需要更为复杂的分解步骤（Das Gupta，1993；Smith et al.，1996）。

需要指出的是，如同标准化一样，在分解时并不要求一定包括年龄变量。例如，可以将两个国家的婴儿死亡率差距分解为胎次结构差距和胎次别率差距（即相同胎次儿童的死亡率之差）。在标准化或分解人口率时，如果年龄是变量之一，只要数据可得，建议年龄组的跨度最好不大于5岁。很多人口率随年龄变动很大，10岁以内的年龄结构会对该年龄组内年龄别率有重要影响。

2.4　列克西斯图

与对待时期年龄别率相同，我们也可以将队列年龄别率的事件发生和暴露风险限制在相应的年龄范围。于是，1940年出生队列（上标为1940c）的25～30岁年龄别死亡率为：

$$_5M_{25}^{1940c} = \frac{1940 \text{ 年出生队列的 } 25 \sim 30 \text{ 岁死亡人数}}{1940 \text{ 年出生队列的 } 25 \sim 30 \text{ 岁存活人年数}}$$

统计这个队列的死亡人数和人年数时，需要涵盖从1965年（全部队列成员满25岁）直至1970年（全部队列成员满30岁），也就是6个日历年的跨度（1965年、1966年、1967年、1968年、1969年、1970年）。

如前所述，队列率和时期率具有相同的结构，但是截取了不同的风险暴露时段。列克西斯图（Lexis，1875）是解释队列和时期风险暴露时段关系的有用工具。列克西斯图只是个两维图，分别为年龄（在本例中）和日期。一般情况下，年龄和日期的单位相同（例如都以年为单位），且在两个轴上都以相同的尺度增加。图中标志的内容取决于不同的应用，有时为事件发生数量，有时为代表数量的记号，有时是生命线。

在日期和年龄轴具有相同单位的列克西斯图中，一个队列沿45度斜线度过一生。因此，队列率的风险暴露以两条45度斜线为标记，界定了队列成员的风险暴露时段。图2.1标出了与出生于1.000至3.999之间队列相应的年龄—时期风险暴露区。用两条垂直线可以标出时期率的风险暴露区域，如图中所标出的9.000至11.999时段。

年龄别队列率因此将风险暴露和事件发生都限制在一个平行四边形中，以两条45度斜线定义了队列，两条水平线限定了年龄范围（图2.1中的 A - C）。年龄别时期率将风险暴露和事件发生的测量限制在一个矩形中，两条垂直线定义了时期，两条水平线定义了年龄范围（图2.1中的 A - P）。还可以用两条垂直线限定时期、两条45度斜线限定队列（图2.1中的 C - P）的平行四边形来定义队列别时期率。最后这种定义很少使用。

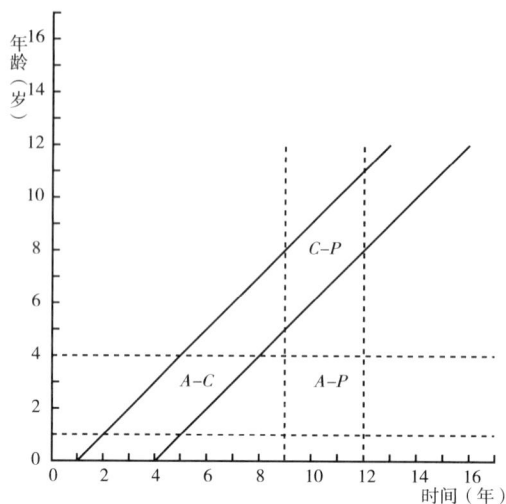

图 2.1　用列克西斯图代表的年龄、时期、队列风险暴露

2.5　年龄别概率

　　与估计率的情况相同，也可以将概率的计算限定在一定的年龄范围内。年龄 x 和 $x + n$ 之间的死亡概率通常用 $_n q_x$ 表示。于是，出生于 1940 年队列的人在 1 岁前死亡的概率为：

$$_1 q_0^{1940c} = \frac{1940 年出生队列的 0 \sim 1 岁死亡人数}{1940 年出生队列的出生人数}$$

上例中，分母中统计的事件（或"试验"）是 1940 年队列的出生人数。如果要计算 1940 年出生队列中存活到 25 岁的成员在 30 岁以前死亡的概率，则有：

$$_5 q_{25}^{1940c} = \frac{1940 年出生队列中 25 \sim 30 岁死亡人数}{1940 年出生队列中活到 25 岁的人数}$$

如前所述，概率的计算需要知道分母中的事件数。上式中的分母为 1940 年队列中度过 25 岁生日的人数。

　　发生于 1940 年出生队列的婴儿死亡跨越了 1940 年和 1941 年两年（因为这个队列平均约在 1941 年中存活到第一个生日）。同理，1941 年发生的婴儿死亡分别属于两个年度出生队列，即 1940 年出生队列和 1941 年出生队列。借助列克西斯图可以更好地展示计算概率的统计规则。

　　图 2.2a 包括 1995 年出生的 6 个人在两岁和两年时段的生命线。1995 队列的生命线必须在两条 45 度斜线定义的平行四边形中，这两条线的起始时间分别为 1995 年 1 月 1 日和 1996 年 1 月 1 日。而一个人死亡时生命线即中断。在最初 6 个人的队列中有 2 人在 1 岁前死亡，因此这个 1995 出生队列的婴儿死亡概率就是：

$$_1 q_0^{1995c} = \frac{2}{6} = 0.3333$$

由于有些队列成员可能在 1997 年满 2 岁前死亡，而 1997 年的信息没有在图中标出，所以根据现有信息无法计算在 1996 年满 1 岁的人在 2 岁前死亡的概率。

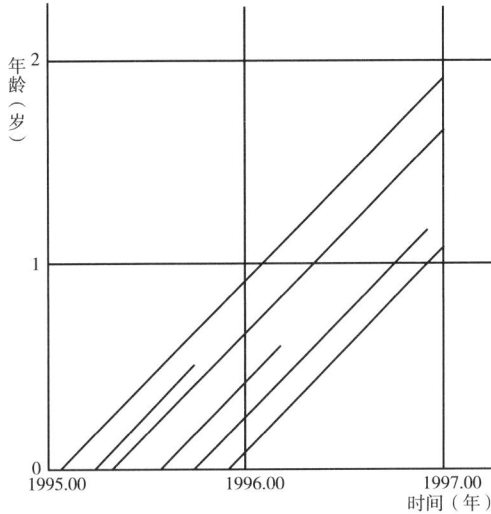

图 2.2a 包括 1995 年出生队列生命线的列克西斯图

注：时间 = 1995.00 表示的日期为 1995 年 1 月 1 日，全书同。

图 2.2b 用一系列的数字总结了这六条生命线所表示的死亡经历，图下还有对这些数字的解释。这些数字位于相应队列经历的平行四边形中。如果在 1996 年 1 月 1 日进行人

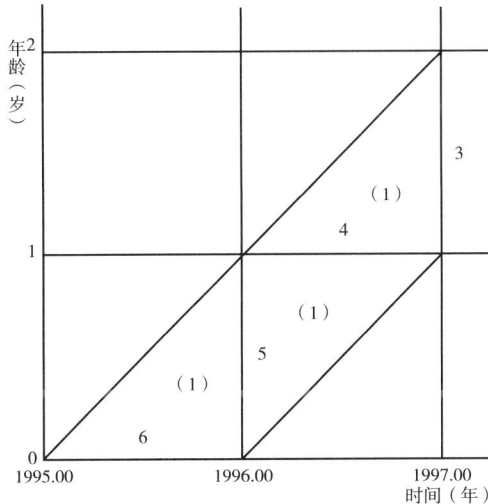

图 2.2b 包括与 1995 年出生队列相应的事件数的列克西斯图

注：来自 1995 年 6 个新生儿的出生队列：1995 年 1 人死亡(1)，5 人存活到 1996 年；1996 年 1 人在零岁死亡(1)，4 人存活到 1 岁（队列中 4 人的第一个生日都在 1996 年）；1996 年期间 1 人在 1 岁死亡(1)，3 人存活到 1997 年初始。

口普查,应当统计到 0 岁 5 人(最后的生日);这些人都是在 1995 年出生的。其他时间进行的人口普查都会混淆 0 岁分别属于两个不同出生队列的人。紧靠平行线的数字表示队列中达到某岁的人数(6 个出生和 4 个第一次生日)。

图 2.2c 显示了用于代表图 2.2b 中数字的标记。例如,

$$_sD_0(95) = 1995 \text{ 年当年满 0 岁(即出生)人口中的 0 岁死亡人数} = 1$$

因此,$D_x(Y)$ 就是 Y 年期间 x 岁(最后的生日)的死亡人数。左边的下标 S 和 P 区分出与满 x 岁队列同年的死亡(S)和前一年满 x 岁队列的死亡(P)。这个 Y 年 x 岁的"区分因子"将年满 x 岁的死亡按照其出生时间分为两个出生队列。Y 年 x 岁的区分因子是 Y 年期间年满 x 岁的人口中当年 x 岁(最后的生日)死亡人数的比例:

$$SF_x(Y) = \frac{_sD_x(Y)}{D_x(Y)} = \frac{_sD_x(Y)}{_sD_x(Y) + _pD_x(Y)}$$

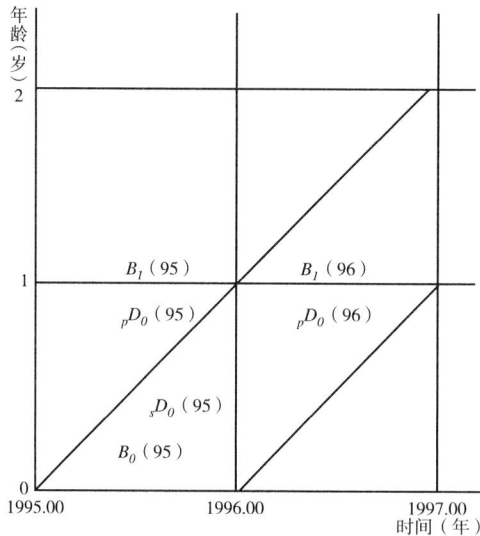

图 2.2c　包括表示事件数的主要标记的列克西斯图

$B_0(95) = 1995$ 年的出生人数;

$B_1(95) = 1995$ 年的 1 岁生日数;

$B_1(96) = 1996$ 年的 1 岁生日数;

$_sD_0(95) = 1995$ 年当年出生人口中的 0 岁死亡人数;

$_pD_0(95) = 1995$ 年前一年出生人口中的 0 岁死亡人数;

$_pD_0(96) = 1996$ 年前一年出生人口中的 0 岁死亡人数。

应用上式,1995 年出生队列的 1 岁内死亡概率为:

$$_1q_0^{1995c} = \frac{_sD_0(95) + _pD_0(96)}{B_0(95)}$$

1995 年出生队列的 2 岁内死亡概率为:

$$_2q_0^{1995c} = \frac{_sD_0(95) + _pD_0(96) + _sD_1(96) + _pD_1(97)}{B_0(95)}$$

对于一个 1994 年出生队列存活到 1 岁的人来说，其在 2 岁前死亡的概率为：

$$_1q_1^{1994c} = \frac{_sD_1(95) + _pD_1(96)}{B_0(94) - _sD_0(94) - _pD_0(95)}$$

如果缺乏可以将一个日历年的死亡区分为两个出生队列的数据，就无法计算这种指标。专栏 2.3 总结了本节和上节介绍的队列和时期死亡主要指标。

专栏 2.3 率和概率的计算

$$_nM_x^{队列c} = \frac{队列\ c\ 的\ x\ 至\ x+n\ 岁死亡人数}{队列\ c\ 的\ x\ 至\ x+n\ 岁存活人年数}$$

$$_nM_x^{t年} = \frac{t\ 年期间\ x\ 至\ x+n\ 岁死亡人数}{t\ 年期间\ x\ 至\ x+n\ 岁存活人年数}$$

$$_nq_x^{队列c} = \frac{队列\ c\ 的\ x\ 至\ x+n\ 岁死亡人数}{队列\ c\ 已满\ x\ 岁的人数}$$

2.6 根据一年死亡经历估算死亡概率

对于很多应用目的来说，更期望测量某个时期的死亡率而不是某个特定队列的死亡率。但是我们已经知道，任意年度和任意年龄的死亡都涉及两个年度的出生队列人口。怎样综合这两个队列的经历，从而估计某个年份的年龄别死亡率呢？以如下形式表达 1 岁以内婴儿死亡概率可以实现这种综合：

$$_1q_0 = 婴儿出生当年死亡概率 + 婴儿出生当年存活概率 \times$$
$$在出生当年存活的婴儿次年满\ 1\ 岁前死亡的概率$$

在上式中插入相应的项，使其成为对于 Y 年出生队列的正确公式：

$$_1q_0^{Yc} = \frac{_sD_0(Y)}{B_0(Y)} + \frac{B(Y) - _sD_0(Y)}{B_0(Y)} \cdot \frac{_pD_0(Y+1)}{B_0(Y) - _sD_0(Y)} = \frac{_sD_0(Y) + _pD_0(Y+1)}{B_0(Y)}$$

这种综合的思路是提取分子上同一年份的所有死亡项，而不是来自两个不同年份（如同计算队列概率）。因此我们可以将 Y 年 0 至 1 岁的死亡概率写为：

$$_1q_0(Y) = \frac{_sD_0(Y)}{B_0(Y)} + \frac{B(Y) - _sD_0(Y)}{B_0(Y)} \cdot \frac{_pD_0(Y)}{B_0(Y-1) - _sD_0(Y-1)} \tag{2.2}$$

用 x 岁替换式（2.2）中的 0 岁，并用 $B_x(Y)$ 代表 Y 年的第 x 个生日数，上式可以写为适用于任意年龄段 x 至 $x+1$ 的更通用的形式。

一个与此密切相关的概念，是人口学中最常用的指标——"婴儿死亡率"。通常所用的 Y 年婴儿死亡率定义为 Y 年的婴儿死亡数除以 Y 年的出生数：

$$IMR(Y) = \frac{D_0(Y)}{B_0(Y)} = \frac{{}_SD_0(Y) + {}_PD_0(Y)}{B_0(Y)} \tag{2.3}$$

遗憾的是，这个婴儿死亡"率"是以概率形式而不是常用的人口率表达的，因为其分母是事件数的统计。其实这既不是一个率也不是一个概率：它数了一个瓮中的实验（Y 年出生），却统计了来自两个瓮的事件发生（在 Y 年和 $Y-1$ 年出生婴儿的死亡）。仅当 ${}_PD_0(Y) = {}_PD_0(Y+1)$ 时，这个指标才会等于出生于 Y 年队列的 1 岁内死亡概率。如果每年出生人数不变，且年龄别死亡状况也不变，才会满足这个条件。在这些给定条件下，婴儿死亡率也会等于式（2.2）给出的 1 岁以内的时期死亡概率。

不过，婴儿死亡率的定义简单，其计算所需信息不要求根据出生年份统计婴儿死亡数。它作为 1 岁以内婴儿死亡概率的估计值不会有严重误导（假设统计数据是准确的），除非每年婴儿出生变动很大。作为一个简化的指标，它可能更值得接受而不是质疑。表 2.3 列出了近年来全球主要区域的婴儿死亡率估计值，专栏 2.4 则定义了其他常用的胎儿和新生儿死亡指标。

还有更为常用的另一种方法，可以将某个时期的死亡率转换为死亡概率估计值。下一章将会介绍这种方法。

表 2.3　1995～2000 年主要地区的婴儿死亡率（每 1,000 个活产婴儿）

地　区	IMR	地　区	IMR
非　洲	87	拉丁美洲和加勒比地区	36
亚　洲	57	北美洲	7
欧　洲	12	大洋洲	24

资料来源：United Nations, 1999。

专栏 2.4　胎儿和新生儿死亡的常用指标

$$\text{胎儿死亡率} = \frac{t \text{ 年胎儿死亡数}}{\text{胎儿死亡数} + t \text{ 年出生数}}$$

$$\text{围生儿死亡率} = \frac{t \text{ 年 28 孕周以上胎儿死亡数} + \text{出生 1 周内新生儿死亡数}}{t \text{ 年出生数} + 28 \text{ 孕周以上胎儿死亡数}}$$

$$\text{新生儿死亡率} = \frac{t \text{ 年出生 1 个月内新生儿死亡数}}{t \text{ 年出生数}}$$

$$\text{后新生儿死亡率} = \frac{t \text{ 年出生后 1 个月至 11 个月的婴儿死亡数}}{t \text{ 年出生数}}$$

$$\text{婴儿死亡率} = \frac{t \text{ 年 1 岁以内婴儿死亡数}}{t \text{ 年出生数}}$$

生命表和单递减过程

　　生命表是人口学中最重要的应用工具之一，其经典形式是反映一个出生队列不断退出的过程中各种信息的表。经典生命表中必然有一列是"年龄"，其余各列是与年龄和死亡率有关的各种函数，如各年龄组的存活人数、特定年龄区间的死亡人数、年龄别死亡率、各年龄组的死亡概率，等等。生命表仅仅是队列死亡历程的一种描述方式。这个历程也可以用其他方式描述，例如用图形或数学函数的形式描述。

　　作为一个描述工具，生命表并没有什么概念上的困难。然而，要理解诸多列和函数也颇为繁琐。阐明生命表的最简单方法也许仍是应用生命线的概念。生命线通常显示在列克西斯图里。如果我们想象一个队列的人口都出生在同一时刻，那么列克西斯图的两个维度（年龄和时间）可以合二为一。图3.1显示了1800年1月1日出生的10个人的生命线。这些生命线提供了生命表能提供的所有信息。表3.1为对应于图3.1中10条生命线的生命表。

　　对生命表各列的文字解释见表3.1，这里不再重复介绍。生命表中最常用的一列是"x

— 33 —

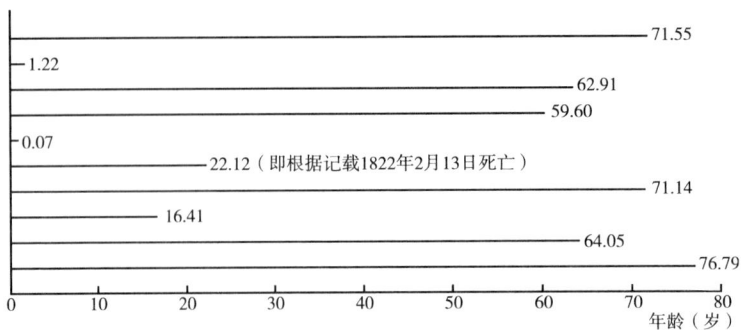

图 3.1　一个假想出生队列(10 人) 的死亡年龄和生命线
(出生日期：1800 年 1 月 1 日)

岁的预期寿命"，通常用 e_x^o 表示。它表示一个活到 x 岁的人平均还能再存活多少年。其计算方法是用 x 岁以上的总存活人年数除以存活到该年龄的人口数。[①] 出生预期寿命 e_0^o 等于队列人口的总存活人年数除以队列初始人口数，由于存活结束就意味着死亡，因此出生预期寿命也等同于队列人口的平均死亡年龄。对一个 50 岁的人来说，其平均死亡年龄为 $50 + e_{50}^o$ 岁，在表 3.1 中为 67.673 岁。注意到表 3.1 中 1 岁预期寿命要高于 0 岁，这并不是反常现象。非常高的婴儿死亡率往往意味着那些度过具有高死亡风险的第一年的人们事实上会比刚出生的婴儿活得更长。

还需要介绍的另一列是 $_na_x$，它表示 x 岁至 $x+n$ 岁死亡人口的平均存活人年数。其计算方法是用在 x 岁至 $x+n$ 岁死亡人口在该年龄组的总存活人年数除以该年龄组死亡人数。例如，在 60 ~ 70 岁年龄组中有 2 人死亡，死亡年龄分别为 62.91 岁和 64.05 岁。于是，他们在这个区间共存活了 2.91 + 4.05 = 6.96 年，因此，$_{10}a_{60} = 6.96/2 = 3.48$ 年。下一节将会讲到这一列的作用。

需要明确的是，一些函数（l_x，T_x，e_x^o）涉及某个确切年龄，而另一些函数（$_nd_x$，$_np_x$，$_nq_x$，$_nm_x$，$_na_x$）则涉及从确切年龄 x 岁开始并延伸 n 岁的年龄区间。这些年龄区间的长度在生命表中并不一定是恒定不变的，往往有变化。最常见的生命表中第一个区间是 1 岁（即第一行的函数所对应的是 0 岁或 0 ~ 1 岁年龄区间）；第二个区间是 4 岁（即第二行的函数所对应的是 1 岁或 1 ~ 5 岁年龄区间）；其他区间为 5 岁（即第三行的函数所对应的是 5 岁或 5 ~ 10 岁年龄区间）。另一个惯例是通常用小写字母如 $_nd_x$（死亡人数）和 $_nm_x$（死亡率）来表示生命表中队列人口的函数，而用大写字母 $_nD_x$ 和 $_nM_x$ 来表示实际人口中的相应函数。

[①]　第 1 章已介绍了两种计算人年数的方法是等价的，一种方法是对个体的生存时间求和，另一种方法是对不同时间的人数求和（见图1.1）。计算 x 岁以上人口的人年数也有类似的等价关系，既可以从 x 至 $x+n$ 岁年龄组出发对各年龄组的存活人年数求和，也可以对每个人的存活人年数求和。表 3.1 中 x 岁以上存活人年数的计算方法，是对 x 岁以上所有年龄区间内的存活人年数求和。我们也可以计算队列中每个成员的 x 岁以上存活人年数并求和。例如在 0 岁，T_0 也等于队列中所有成员的死亡年龄之和。

由于生命表各列之间具有十分密切的联系，因此也存在着许多数学关系，例如：

$$_n d_x = l_x - l_{x+n}$$

即 x 至 $x+n$ 岁死亡人数等于 x 岁存活人数与 $x+n$ 岁存活人数之差；

$$_n d_x = l_x \cdot {}_n q_x$$

即 x 至 $x+n$ 岁死亡人数等于 x 岁存活人数乘以 x 至 $x+n$ 岁的死亡概率；还有：

$$_n p_x = \frac{l_{x+n}}{l_x} = \frac{l_x - {}_n d_x}{l_x} = 1 - {}_n q_x$$

即 x 至 $x+n$ 岁存活概率等于 1 减去该年龄区间死亡概率。

3.1　时期生命表

如表 3.1 所示，构建队列生命表并不困难。但是由于队列的数据存在着过时、难以获得或不完整等缺点，精算师和人口学家发展出了一种时期生命表(有时也称为"当前"生命表)。这种生命表列出的信息类型与队列生命表完全相同。不过这些信息试图表明的是，如果一个队列按照当时的死亡率水平度过一生会发生什么。这种队列通常被称为"假想"或"假定"队列，以区别于"真正"由实际出生人口组成的队列。队列生命表(即描述一个真正的出生队列) 只记录该队列实际发生的信息，时期生命表则是个模型，描述一个假想队列按照某套死亡状况度过一生的情况。

如何根据时期的"死亡状况"构建一个时期生命表？答案通常是"根据一套该时期的年龄别死亡率"，然后用这套死亡率转换出生命表的其他列。转换的关键，是将观察到的时期年龄别死亡率 $_n M_x$ 转换为年龄别死亡概率 $_n q_x$。这种转换通常参照实际队列中年龄别死亡率和年龄别死亡概率之间的关系：

$$_n m_x = \frac{_n d_x}{_n L_x} = \frac{队列中\ x\ 至\ x+n\ 岁死亡人数}{队列中\ x\ 至\ x+n\ 岁存活人年数}$$

$$_n q_x = \frac{_n d_x}{l_x} = \frac{队列中\ x\ 至\ x+n\ 岁死亡人数}{队列中\ x\ 岁存活人数}$$

利用以下等量关系替换公式中的 l_x 可以推导出 $_n q_x$ 的转换公式：

$_n L_x$	=	$n \cdot l_{x+n}$	+	$_n A_x$
队列中 x 至 $x+n$ 岁存活人年数		该区间存活人口的存活人年数		该区间死亡人口的存活人年数

或

$_n L_x$	=	$n \cdot l_{x+n}$	+	$_n a_x$	$\cdot$	$_n d_x$
				该区间死亡人口的平均存活人年数		该区间的死亡人数

表 3.1 图 3.1 中所示的 10 人假想队列生命表

确切年龄 x	x 岁存活人数 l_x	x 至 $x+n$ 岁死亡人数 $_nd_x$	x 至 $x+n$ 岁死亡概率 $_nq_x$	x 至 $x+n$ 岁存活概率 $_np_x$	x 至 $x+n$ 岁存活人年数 $_nL_x$	x 岁以上总存活人年数 $T_x = \sum_{a=x}^{\infty} {_nL_a}$	x 岁平均预期寿命 $e_x^o = T_x/l_x$	x 至 $x+n$ 岁队列人口死亡率 $_nm_x$	x 至 $x+n$ 岁死亡人口平均存活人年数 $_na_x$
0	10	1	1/10	9/10	$9+0.07=$ 9.07	$436.79+9.07=$ 445.86	$445.86/10=$ 44.586	1/9.07	0.07
1	9	1	1/9	8/9	$8\times4+0.22=$ 32.22	$404.57+32.22=$ 436.79	$436.79/9=48.532$	1/32.22	0.22
5	8	0	0	1	$8\times5=40$	$364.57+40=$ 404.57	$404.57/8=50.571$	0	—
10	8	1	1/8	7/8	$7\times10+$ $6.41=76.41$	$288.16+76.41=$ 364.57	$364.57/8=45.571$	1/76.41	6.41
20	7	1	1/7	6/7	$6\times10+$ $2.12=62.12$	$226.04+62.12=$ 288.16	$288.16/7=41.166$	1/62.12	2.12
30	6	0	0	1	$6\times10=60$	$166.04+60=$ 226.04	$226.04/6=37.673$	0	—
40	6	0	0	1	$6\times10=60$	$106.04+60=$ 166.04	$166.04/6=27.673$	0	—
50	6	1	1/6	5/6	$5\times10+$ $9.60=59.60$	$46.44+59.60=$ 106.04	$106.04/6=17.673$	1/59.60	9.60
60	5	2	2/5	3/5	$3\times10+6.96=$ 36.96	$9.48+36.96=$ 46.44	$46.44/5=9.288$	2/36.96	$(2.91+4.05)/2=$ $6.96/2=3.48$
70	3	3	3/3	0	9.48	9.48	$9.48/3=3.16$	3/9.48	$(1.55+1.14+$ $6.79)/3=$ $9.48/3=3.16$
80	0	0	—	—	—	—	—	—	—

重写公式，得到：

$$_nL_x = n(l_x - {}_nd_x) + {}_na_x \cdot {}_nd_x$$

$$n \cdot l_x = {}_nL_x + n \cdot {}_nd_x - {}_na_x \cdot {}_nd_x$$

$$l_x = \frac{1}{n}\left[{}_nL_x + (n - {}_na_x) \cdot {}_nd_x\right]$$

将 l_x 的表达式代入 $_nq_x$ 的公式，得到：

$$_nq_x = \frac{{}_nd_x}{l_x} = \frac{n \cdot {}_nd_x}{{}_nL_x + (n - {}_na_x)\,{}_nd_x}$$

最后，分子分母同除以 $_nL_x$，得到：

$$_nq_x = \frac{n \cdot \dfrac{{}_nd_x}{{}_nL_x}}{\dfrac{{}_nL_x}{{}_nL_x} + (n - {}_na_x)\dfrac{{}_nd_x}{{}_nL_x}} = \frac{n \cdot {}_nm_x}{1 + (n - {}_na_x)\,{}_nm_x} \tag{3.1}$$

格雷维尔（Greville，1943）和蒋庆琅（Chiang，1968）认为，式（3.1）表明对于一个队列来说，由 $_nm_x$ 到 $_nq_x$ 的转换只取决于一个参数 $_na_x$，即区间内死亡人口的平均存活人年数。实现这个转换不需要其他任何信息，即其他所有信息都是多余的。

如果区间内死亡人口平均来说死于区间的中点，则式（3.1）变为：

$$_nq_x = \frac{n \cdot {}_nm_x}{1 + \dfrac{n}{2}\,{}_nm_x} = \frac{2n \cdot {}_nm_x}{2 + n \cdot {}_nm_x} \tag{3.2}$$

在队列生命表中，$_nm_x$ 和 $_nq_x$ 基本上都可以直接得到，因此函数 $_na_x$ 作用不大，它的重要作用是在时期生命表中进行 $_nm_x \rightarrow {}_nq_x$ 的转换。特别是当假定一个时期生命表中的假想队列经历了观察到的一系列时期年龄别死亡率 $_nM_x$，那么完成时期生命表只剩下一项工作要做，即选定一套 $_na_x$ 的值来完成 $_nM_x \rightarrow {}_nq_x$ 的转换。按照这一通常路线，我们进一步假定观察的时期年龄别死亡率等于假想队列在时期生命表中的死亡率，那么剩下的工作就是将一系列的 $_nm_x$ 转换为 $_nq_x$。无论在明确的还是暗含的策略中，从一套 $_nm_x$ 开始构建时期生命表的核心就是选择一系列 $_na_x$ 的值。以下介绍几个经常应用的选取 $_na_x$ 的策略。

3.2 选择 $_na_x$ 值以及 $_nm_x \rightarrow {}_nq_x$ 转换的策略

3.2.1 直接观察法

如果可以获得人口的死亡确切年龄数据（如 60.19 岁、23.62 岁等），显然可以用某一时期某个 n 岁年龄区间的死亡数据直接计算 $_na_x$。需要注意的是，这只是一个人口的数据，而不是队列数据。这种数据很难获得，而且即使能够获得这种数据，也很少用直接计算的方法，因为观察到的 $_na_x$ 值往往受到 n 岁年龄区间内年龄结构的影响。假设一种极端情况，某人口中 60 岁人数是 61 ~ 64 岁人数的 100 倍，那么无论死亡水平如何，$_5a_{60}$ 几乎一定会处在 60.00 ~ 61.00 岁之间。而通常来说，假定一个队列中 60 ~ 65 岁的人全部死于 61 岁以前显然不尽合理。使用观察到的一系列 $_na_x$ 值会强化数据中因异常年龄分布造成的固有误差，后面将讨论其原因。

3.2.2　函数 $_nm_x$ 修匀法

函数 $_nm_x$ 的值和斜率本身已经提供了关于某个年龄区间内死亡人口年龄的足够多的线索。如果两个人口具有相同的 $_5m_{60}$ 值，那么在该年龄区间死亡率随年龄增长较快的人口中会有更多的人死亡年龄偏大，因此 $_5a_{60}$ 值也较高。通常我们无法直接观察到 60 ~ 65 岁年龄区间内死亡率的斜率，但是可以根据 $_5m_{55}$、$_5m_{60}$ 和 $_5m_{65}$ 的值大致估计。除了受死亡率斜率的影响，$_na_x$ 的值也受死亡水平的影响。在给定死亡率斜率的情况下，年龄区间死亡水平越高，将有更少的人能存活到区间后期，而会有更多的死亡集中在该区间的初始阶段。这也是一些生命表构建系统的逻辑基础。格雷维尔（Greville，1943）假定年龄别死亡率与年龄之间存在对数线性相关关系（这一假设由冈泊茨在其死亡法则中首次提出，将在第 9 章第 1 节介绍），并介绍了在这种对数线性相关关系的斜率确定的情况下，如何实现 $_nm_x \rightarrow {}_nq_x$ 的转换。

另一种估计 $_na_x$ 的方法是根据生命表中死亡人口的年龄分布信息，假定该分布 $d(a)$ 在 $(x - n)$ 到 $(x + 2n)$ 区间内服从二项式分布（Keyfitz，1966）：

$$d(a) = A + Ba + Ca^2 \qquad x - n \leqslant a \leqslant x + 2n$$

在这一假定下得到：

$$_na_x = \frac{-\dfrac{n}{24}{}_nd_{x-n} + \dfrac{n}{2}{}_nd_x + \dfrac{n}{24}{}_nd_{x+n}}{{}_nd_x}$$

如果死亡人口在三个年龄组是均匀分布的，那么从以上公式可得到 $_na_x = n/2$。按照这一方法估计 $_na_x$ 需要先估计 $_nd_x$，而 $_nd_x$ 一般要在完成 $_nM_x \rightarrow {}_nq_x$ 的转换以后才能得到，这就需要 $_na_x$ 的值。为了解决这个循环问题，必须应用迭代运算。首先通过设定 $_na_x = n/2$ 进行 $_nM_x \rightarrow {}_nq_x$ 的转换，并得到第一套 $_nd_x$ 的估计值，然后代入上述方程中计算新的 $_na_x$。新的 $_na_x$ 又可以再次用于进行 $_nM_x \rightarrow {}_nq_x$ 的转换，直到获得稳定的 $_na_x$ 和 $_nd_x$ 的值。一般只需要两到三次迭代就可以获得稳定的结果。这一方法的局限性在于无法估计第一个和最后一个年龄组的 $_na_x$ 值，而且要求所有的年龄区间 n 都是等长的。

凯菲茨和弗朗恩索（Keyfitz and Frauenthal，1975）提出了另一种估计 $_nq_x$ 的方法，该方法假定在 $(x - n)$ 到 $(x + 2n)$ 年龄区间内，年龄分布和年龄别死亡率都为线性，且两者不必相互一致。根据这些假定可以推导出以下估计公式：

$$\frac{l_{x+n}}{l_x} = \exp\left[-n\,{}_nM_x - \frac{n}{48\,{}_nN_x}({}_nN_{x-n} - {}_nN_{x+n})({}_nM_{x+n} - {}_nM_{x-n}) \right]$$

其中 $_nN_x = x$ 至 $x + n$ 岁的人数。

凯菲茨和弗朗恩索的公式在年龄结构比较平滑的时候可以得到较为满意的结果，但是在年龄结构不稳定的情况下，该方法的估计结果并不比其他方法更好（Pressat，1995）。

3.2.3 使用其他人口的 $_na_x$ 值

如果有理由确信某人口的 $_nm_x$ 的值和斜率与另一个人口相仿，且已经有该人口 $_na_x$ 的准确估计，那么一个简单而合理的办法就是使用这套 $_na_x$。借用 $_na_x$ 需要区分性别，因为 $_na_x$ 存在显著的性别差异。凯菲茨和弗利格（Keyfitz and Flieger，1968 and 1990）提供了多套对 10 岁以上年龄组用修匀法计算的 $_na_x$ 值。表 3.2 给出了这种方法的几个例子。需要注意的是，老龄组的 $_5a_x$ 值一般都超过 2.5 岁，这反映了由于死亡率随年龄迅速上升，更多的死亡人口集中在年龄区间的后半部分。$_5a_x$ 在极高年龄组开始下降，因为过高的死亡率使得更少的人能够存活到该年龄区间的后期。

表 3.2 x 至 $x + n$ 岁死亡人口的平均存活人年数（$_na_x$）

e_0^o	瑞典（1900 年）		瑞典（1985 年）		美国（1985 年）		危地马拉（1985 年）	
	男性	女性	男性	女性	男性	女性	男性	女性
	51.528	54.257	73.789	79.830	71.266	78.422	60.582	64.415
年龄 x	x 至 $x + n$ 区间死亡人口的平均存活人年数							
0	0.358	0.375	0.083	0.081	0.090	0.086	0.165	0.150
1	1.235	1.270	1.500	1.500	1.500	1.500	1.500	1.500
5	2.500	2.500	2.500	2.500	2.500	2.500	2.500	2.500
10	2.456	2.469	3.006	2.773	3.014	2.757	2.469	2.390
15	2.639	2.565	2.749	2.617	2.734	2.644	2.711	2.665
20	2.549	2.536	2.569	2.578	2.564	2.552	2.628	2.601
25	2.481	2.514	2.561	2.665	2.527	2.588	2.573	2.563
30	2.505	2.509	2.600	2.649	2.571	2.632	2.593	2.627
35	2.544	2.521	2.638	2.625	2.622	2.678	2.545	2.566
40	2.563	2.522	2.695	2.662	2.666	2.706	2.541	2.543
45	2.572	2.561	2.705	2.722	2.688	2.702	2.604	2.592
50	2.574	2.578	2.706	2.694	2.684	2.683	2.596	2.627
55	2.602	2.609	2.687	2.670	2.657	2.671	2.623	2.661
60	2.602	2.633	2.673	2.689	2.626	2.650	2.635	2.623
65	2.591	2.628	2.643	2.697	2.608	2.642	2.616	2.676
70	2.561	2.585	2.607	2.706	2.571	2.631	2.557	2.607
75	2.500	2.517	2.547	2.650	2.519	2.614	2.486	2.532
80	2.415	2.465	2.471	2.607	2.460	2.596	2.409	2.447
85 +	3.488	3.888	4.607	5.897	5.455	6.969	4.611	4.836

资料来源：Keyfitz and Flieger，1968：491；1990：310，348 and 528。

借用其他人口的 $_na_x$ 值构建生命表的传统方法源于里德和梅里尔（Reed and Merrell，1939），尽管从表面看通常没有提到这一点。里德和梅里尔用详尽的美国生命统计数据估计实际队列的 $_na_x$ 值，并构建了生命表。他们将 $_nm_x$ 值与生命表中的 $_nq_x$ 值比较，并拟合了两者的统计相关方程。此后，他们建议将 $_nm_x$ 的值代入方程中得到 $_nq_x$。这一方法等同于按照统计相关关系复制美国生命表中的 $_na_x$（带有误差项）。由于没有特别的理由认为美国的生命表是广泛适用的，因此通常情况下，似乎应当借用一个更合适的生命表。

3.2.4 使用经验法则

选择 $_na_x$ 有两条经常使用的经验法则。除了婴儿组和 1 岁组，当用于单岁年龄区间时，这两种方法都很好用，仅产生微小的误差。一种方法是假定 $_na_x = n/2$，即死亡平均发生在区间中点。根据这个假定可以直接得到式（3.2）。

另一种假定是年龄别死亡率在 x 至 $x + n$ 岁保持恒定，在这种情况下可以得到：

$$_np_x = 1 - _nq_x = e^{-n \cdot _nm_x}$$

这样，转换时就无须知道 $_na_x$，当然 $_na_x$ 的值是暗含在转换方程中的。在这个假定下有：

$$_na_x = n + \frac{1}{_nm_x} - \frac{n}{1 - e^{-n \cdot _nm_x}}$$

显然，在这一假定下，$_na_x$ 必定小于 $n/2$。这是因为在死亡率恒定的情况下，该年龄区间内任何时点的死亡人口数与存活人口数成正比，都随年龄增加而减少。因此在该年龄区间前期死亡人数总是多于后期死亡人数。

人类的死亡率曲线在大约 30 岁以后开始迅速上升，因而第二种假定对这些年龄组不大适用。然而，该方法在研究死亡以外的其他过程中应用广泛，而且使用方便。

上述四种策略中应当选择哪一种呢？答案取决于数据质量和人口的状况。修匀法耗时最长，但可信度可能最高。采用相似人口的 $_na_x$ 在精度上紧随其后，但是应用更为方便。直接计算法往往比较困难，且受年龄结构影响较大，不推荐使用。

选择 $_na_x$ 的策略也要考虑到结果对误差的敏感程度。以下结果说明了这一点。审视 $_nm_x \rightarrow _nq_x$ 的转换公式：

$$_nq_x = \frac{n \cdot _nm_x}{1 + (n - _na_x)_nm_x}$$

可以看出，式中 $_na_x$ 要先乘以 $_nm_x$。当死亡率为 0.012 时（当前世界普遍的死亡水平），$_na_x$ 的一个较大误差如 0.2 年，对 $_nq_x$ 的影响仅为 $0.2 \times 0.012 = 0.0024$，即大约 0.25%。当然，如果每个年龄组的误差不断重复，会存在一定的累积效应。但是即使每个年龄组的 $_na_x$ 都向同一方向偏离 0.2 年，平均预期寿命也仅误差 0.2 岁。我们可以同意世界卫生组织（World Health Organization，1977：70）的结论："尽管各种构造生命表的方法基于不同的假设，但是当应用于实际死亡率时，这些方法所得结果的差异对死亡分析并不重要。"

3.3 极低年龄组

估计极低年龄、高死亡率组的预期寿命时，方法的不同最为敏感。当估计低龄组死亡

概率 $_nq_x$ 时，通常最好的方法是区分相应出生队列的死亡人数，如第 2 章所述。但是将死亡率转换到死亡概率时，应该意识到 $_na_x$ 的值（实际上）是死亡水平的函数。通常来说，死亡水平越低，婴儿死亡就越集中在婴儿期的最早阶段，与新生儿后期环境相比，产前和围产期的环境就越占主导地位。寇尔和德曼（Coale and Demeny，1983:20）在许多人口中考察了这些关系，并应用多个国家的跨时期数据进行了线性拟合。他们特别拟合了 $_1a_0$ 和 $_4a_1$ 的值与 $_1q_0$ 之间的关系。我们列出了构建生命表时的各种典型情况下所适用的关系，结果见表 3.3。在没有其他信息的情况下，推荐使用该表中的公式计算 5 岁以下的 $_na_x$ 值。

表 3.3　用于 5 岁以下的 $_na_x$ 值

	男性	女性
$_1a_0$ 的值		
当 $_1m_0 \geq 0.107$ 时	0.330	0.350
当 $_1m_0 < 0.107$ 时	$0.045 + 2.684 \cdot {_1m_0}$	$0.053 + 2.800 \cdot {_1m_0}$
$_4a_1$ 的值		
当 $_1m_0 \geq 0.107$ 时	1.352	1.361
当 $_1m_0 < 0.107$ 时	$1.651 - 2.816 \cdot {_1m_0}$	$1.522 - 1.518 \cdot {_1m_0}$

资料来源：Adapted from Coale and Demeny（1983）West model life tables。

3.4　开放年龄组

截至目前所介绍的公式都无法用于处理开放（或终端）年龄组。在这种区间内，n 实际上为无穷大。处理该年龄区间的传统方法是沿用队列死亡率的公式。因为：

$$_nm_x = \frac{_nd_x}{_nL_x}$$

当 $n = \infty$ 时，必定有：

$$_\infty m_x = \frac{_\infty d_x}{_\infty L_x} \text{ 或 } _\infty L_x = \frac{_\infty d_x}{_\infty m_x}$$

无论是真实队列还是假想队列，x 岁以上死亡人数一定等于 x 岁存活人数（$_\infty d_x = l_x$）。因此：

$$_\infty L_x = \frac{l_x}{_\infty m_x}$$

其中 $_\infty m_x$ 是观察值，而 l_x 可以根据 x 岁以下人口死亡率计算得到。于是就可以计算出 x 岁以上的存活人年数并完成生命表。显然，$_\infty q_x = 1.00$ 且 $_\infty p_x = 0.00$。

　　由于有更多的人存活到开放年龄组的起始年龄，因此处理开放年龄组问题日益重要。最常用的开放年龄组从 85 岁开始，而目前发达国家的女性中差不多有一半可以活到该年龄。在数据允许的情况下，分析者显然应当采用一个极小部分人口能够存活到的较高年龄作为开放年龄组的起始年龄。第 7 章第 8 节将介绍一种更为复杂的估计开放年龄组的存活人年数的方法。

3.5　时期生命表的编制步骤总结

（a）计算一套生命表中使用的年龄别死亡率（$_nm_x$）。通常假定对每个年龄区间都有 $_nm_x = _nM_x$。这一等式意味着假定生命表的 $_nm_x$ 值等于在特定时期观察到的某人口的 $_nM_x$ 值。

（b）设定一套 $_na_x$ 的值。例如：

5 岁以下，用表 3.3 的寇尔—德曼方程；

5 岁以上，用其他人口的值（例如，Keyfitz and Flieger，1990）。

如果实际应用中对精度要求较高，通常用修匀法估计 $_na_x$ 效果较好。

（c）运用下式计算 $_nq_x$：

$$_nq_x = \frac{n \cdot _nm_x}{1 + (n - _na_x) _nm_x}$$

对于开放组，$_\infty q_x = 1.00$。

（d）计算 $_np_x = 1 - _nq_x$。

（e）选择 l_0 的值，即生命表的"基数"[①]。这个值将决定生命表中其余大部分数值。基数的选择是任意的，从 1 到 100,000 都有人使用，其中使用最普遍的是 100,000。l_x、$_nd_x$、$_nL_x$ 和 T_x 都将与选择的基数呈比例变化。因此，时期生命表的规模是完全随意的，与其所反映死亡率的人口规模没有任何联系。不能理解这一点很容易引起混淆。

（f）计算 $l_{x+n} = l_x \cdot _np_x$，从最低年龄组依次计算到最高年龄组。例如：

$$l_1 = l_0 \cdot _1p_0$$
$$l_5 = l_1 \cdot _4p_1$$
$$l_{10} = l_5 \cdot _5p_5$$
$$\vdots$$

（g）用公式 $l_x - l_{x+n}$（或 $l_x \cdot _nq_x$）得到 $_nd_x$。

（h）用以下公式得到 x 至 $x + n$ 岁存活人年数：

$$_nL_x = n \cdot l_{x+n} + _na_x \cdot _nd_x$$

该公式曾用于推导 $_nm_x \rightarrow _nq_x$ 的转换。一旦在转换中选定了 $_na_x$，从 l_x 转换到 $_nL_x$ 的自由度就全部用完，这一点常常被忽略。对于从 x^* 岁开始的开放年龄组，设：

[①]　基数："radix"，在拉丁语中意为根基。

$$_{\infty}L_{x*} \ = \ \frac{l_{x*}}{_{n}m_{x*}}$$

（i）得到：

$$T_{x} \ = \ \sum_{a=x}^{\infty} {_{n}L_{a}}$$

这只是将 $_{n}L_{x}$ 列从 x 岁至生命表最后一行直接加总，以便得到 x 岁以上的存活人年数。该步骤需要从生命表的底部（即最高年龄组）开始加起，直到第一行。

（j）用公式 $e_{x}^{o} \ = \ T_{x}/l_{x}$ 计算 x 岁的预期寿命。公式中 e_{x}^{o} 由 x 岁以上存活人年数除以 x 岁存活人数得到。[①]

专栏 3.1 为利用奥地利数据构建时期生命表的例子。

专栏 3.1　构建时期生命表

A. 观察数据

$_{n}N_{x} = x$ 至 $x + n$ 岁年中人数

$_{n}D_{x} = x$ 至 $x + n$ 岁当年死亡人数

B. 构建时期生命表的步骤

① $_{n}m_{x} \simeq {_{n}M_{x}} = \dfrac{_{n}D_{x}}{_{n}N_{x}}$

② $_{n}a_{x}$

5 岁以下用表 3.3 中的寇尔—德曼公式计算，5 岁以上采用凯菲茨和弗利格的数据。

③ $_{n}q_{x} \ = \ \dfrac{n \cdot {_{n}m_{x}}}{1 + (n - {_{n}a_{x}}) {_{n}m_{x}}}$ 　　 $_{\infty}q_{85} \ = \ 1.00$

④ $_{n}p_{x} \ = \ 1 - {_{n}q_{x}}$

⑤ $l_{0} \ = \ 100,000, l_{x+n} \ = \ l_{x} \cdot {_{n}p_{x}}$

⑥ $_{n}d_{x} \ = \ l_{x} - l_{x+n}$

⑦ $_{n}L_{x} \ = \ n \cdot l_{x+n} + {_{n}a_{x}} \cdot {_{n}d_{x}}$（开放年龄组 $_{\infty}L_{x} \ = \ \dfrac{l_{x}}{_{\infty}m_{x}}$）

⑧ $T_{x} \ = \ \sum_{a=x}^{\infty} {_{n}L_{a}}$

⑨ $e_{x}^{o} \ = \ \dfrac{T_{x}}{l_{x}}$

[①]　由于风险暴露以人年数为单位，所以预期寿命的单位是年。如果生命表中的时间/年龄维度单位是月，那么 $_{n}L_{x}$ 就表示生存月数，而预期寿命的单位也是月。

例：1992 年奥地利男性时期生命表

年龄	$_nN_x$	$_nD_x$	$_nm_x$	$_na_x$	$_nq_x$	$_np_x$
0	47,925	419	0.008743	0.068	0.008672	0.991328
1	189,127	70	0.000370	1.626	0.001479	0.998521
5	234,793	36	0.000153	2.500	0.000766	0.999234
10	238,790	46	0.000193	3.143	0.000963	0.999037
15	254,996	249	0.000976	2.724	0.004872	0.995128
20	326,831	420	0.001285	2.520	0.006405	0.993595
25	355,086	403	0.001135	2.481	0.005659	0.994341
30	324,222	441	0.001360	2.601	0.006779	0.993221
35	269,963	508	0.001882	2.701	0.009368	0.990632
40	261,971	769	0.002935	2.663	0.014577	0.985423
45	238,011	1,154	0.004849	2.698	0.023975	0.976025
50	261,612	1,866	0.007133	2.676	0.035082	0.964918
55	181,385	2,043	0.011263	2.645	0.054861	0.945139
60	187,962	3,496	0.018600	2.624	0.089062	0.910938
65	153,832	4,366	0.028382	2.619	0.132925	0.867075
70	105,169	4,337	0.041238	2.593	0.187573	0.812427
75	73,694	5,279	0.071634	2.518	0.304102	0.695898
80	57,512	6,460	0.112324	2.423	0.435548	0.564452
85	32,248	6,146	0.190585	5.247	1.000000	0.000000

年龄	l_x	$_nd_x$	$_nL_x$	T_x	e^o_x
0	100,000	867	99,192	7,288,901	72.889
1	99,133	147	396,183	7,189,709	72.526
5	98,986	76	494,741	6,793,526	68.631
10	98,910	95	494,375	6,298,785	63.682
15	98,815	481	492,980	5,804,410	58.740
20	98,334	630	490,106	5,311,431	54.014
25	97,704	553	487,127	4,821,324	49.346
30	97,151	659	484,175	4,334,198	44.613
35	96,492	904	480,384	3,850,023	39.900
40	95,588	1,393	474,686	3,369,639	35.252
45	94,195	2,258	465,777	2,894,953	30.734
50	91,937	3,225	452,188	2,429,176	26.422
55	88,711	4,867	432,096	1,976,988	22.286
60	83,845	7,467	401,480	1,544,893	18.426
65	76,377	10,152	357,713	1,143,412	14.971
70	66,225	12,422	301,224	785,699	11.864
75	53,803	16,362	228,404	484,475	9.005
80	37,441	16,307	145,182	256,070	6.839
85	21,134	21,134	110,889	110,889	5.247

资料来源：United Nations, 1994。

所有年龄区间都是单岁组的生命表通常被称为"完全"生命表，而采用更大年龄区间的生命表，通常是 5 岁组，往往被称为"简略"生命表。图 3.2 和图 3.3 展示了生命表中重要的列，图 3.2 为 1992 年美国男性和女性的 $_n m_x$ 列，图 3.3 为瑞典女性 1895 年和 1995 年的 $_n m_x$，l_x 和 $_n d_x$ 列。所有这些生命表中的年龄区间都是 1 岁（$n = 1$）。

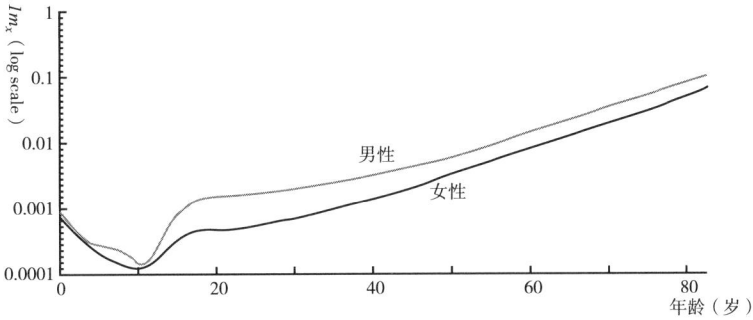

图 3.2　1992 年美国男性和女性的年龄别死亡率 $_1 m_x$

资料来源：National Center for Health Statistics，1996。

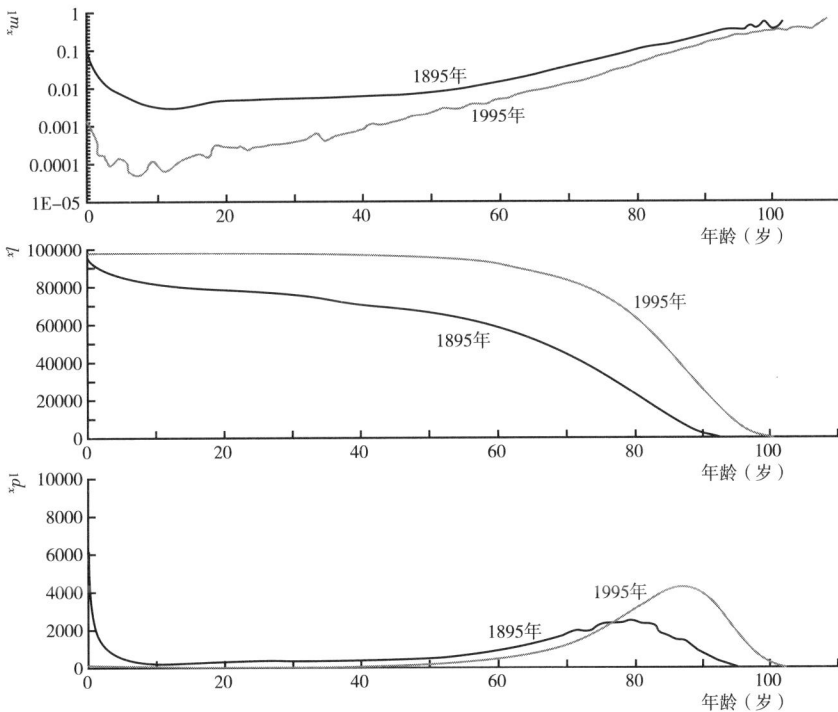

图 3.3　1895 年和 1995 年瑞典女性生命表中年龄别死亡率（$_1 m_x$）、

存活人口数（l_x）和死亡人口数（$_1 d_x$）

资料来源：Statistiska Centralbyrån and Berkeley Mortality Database. http：//demog. berkeley. edu/ wilmoth/mortality。

表 3.4 为世界各区域近年来对 0 岁预期寿命的估计。该数据是通过合并计算各国预期寿命得到的。合并计算预期寿命的一种方法是将各大洲内的死亡人数和人口数合并，并用合并后的年龄别死亡率按照前述方法重新计算生命表。值得注意的是，在极少数情况下，该方法计算得到的总体预期寿命可能超出合并前各国自身预期寿命的范围。另一种方法是计算各国预期寿命的加权平均值。考虑到 0 岁预期寿命的传统解释，较为合理的加权方法是取相应地区的出生人数为权重。用相对人口规模作为权重可能也是合理的选择。

表 3.4 1995~2000 年各主要地区平均预期寿命

单位：岁

地　　区	合计	男性	女性
非洲	51.4	50.0	52.8
亚洲	66.3	64.8	67.9
欧洲	73.3	69.2	77.4
拉丁美洲和加勒比地区	69.2	66.1	72.6
北美洲	76.9	73.6	80.2
大洋洲	73.8	71.4	76.3

资料来源：United Nations, 1999。

当被合并的国家人口同质性较强时，上述两种方法的计算结果差异不大。但是当各人口之间的死亡水平和死亡模式差异较大时，两种方法的计算结果可能有很大不同。卢茨和舍波夫（Lutz and Scherbov, 1992）建议采用合并计算法而不是加权平均法，因为前者可能更适合处理开放人口以及死亡率不断变化的情形。联合国 1990 年开始将加权平均法改为合并计算法，这一改变使得 1980~1985 年全球平均预期寿命的估计值上升了 2.5 岁（United Nations, 1989, 1991）。

3.6 生命表的解释

时期生命表是对一个人口死亡经历的全面总结。每个参数都对应着一个具体的年龄或年龄区间。例如，x 至 $x+n$ 岁人口的存活概率或死亡概率（分别为 $_np_x$ 和 $_nq_x$），x 至 $x+n$ 岁年龄别死亡率（$_nM_x$），x 岁预期寿命 e_x^o。生命表中各列的文字解释见表 3.1。结合两个或更多年龄区间的参数，可以得到更多的信息。例如，l_y/l_x 表示根据人口数据构建的假想队列的人口中从 x 岁到 y 岁的存活概率。专栏 3.2 为可从生命表中得到的一些最重要的解释。

假定总人口的死亡率可以应用于某个人的一生，换句话说，某人在每个年龄都经历了我们所构建的生命表中的死亡率，那么生命表也显示了个体的预期生命历程。最突出的例子是预期寿命。x 岁预期寿命表明一个存活到 x 岁的队列成员平均还能再存活多少年。如果没有这个人的其他信息，那么 x 岁预期寿命就是对这个人还能存活多长时间的最佳估计。因此，平均预期寿命是对随机选择的个体的期望值。

专栏 3.2 生命表的解释

1. 基本列

x，确切年龄 x 岁

l_x，x 岁存活人数

$_nd_x$，x 至 $x+n$ 岁死亡人数

$_nq_x$，x 至 $x+n$ 岁死亡概率

$_np_x$，x 至 $x+n$ 岁存活概率

$_nL_x$，x 至 $x+n$ 岁存活人年数

T_x，x 岁以上存活人年数

e_x^o，x 岁预期寿命

$_nm_x$，x 至 $x+n$ 岁年龄别死亡率

$_na_x$，x 至 $x+n$ 岁死亡人口的平均存活人年数

2. 更多信息

$(l_y)/l_x = {}_{y-x}p_x$ x 岁到 y 岁的存活概率

$1 - (l_y)/l_x = {}_{y-x}q_x$ x 岁到 y 岁的死亡概率

$l_x - l_y = {}_{y-x}d_x$ x 岁到 y 岁之间的死亡人数

$T_x - T_y = {}_{y-x}L_x$ x 岁到 y 岁之间的存活人年数

$(_nd_x)/(l_0)$ 一个新生儿在 x 至 $x+n$ 岁之间死亡的概率

$(l_x - l_y)/l_0$ 一个新生儿在 x 岁至 y 岁之间死亡的概率

$(T_x - T_y)/l_0$ 一个新生儿在 x 岁至 y 岁之间的预期存活时间

例：1992 年奥地利男性人口的生命表参数

出生时预期寿命 = 72.889 年

50 岁时预期寿命 = 26.422 年

（一个 50 岁男性预期还可以再存活 26.422 年）

存活到 40 岁的概率 = $l_{40}/l_0 = 95,588/100,000 = 0.95588$

存活到 40 岁并在 60 岁以前死亡的概率

$= (l_{40} - l_{60})/l_{40} = 1 - l_{60}/l_{40} = 1 - 83,845/95,588 = 0.12286$

一个男性新生儿预期在 25 ~ 50 岁之间的存活时间

$= (T_{25} - T_{50})/l_0 = (4,821,324 - 2,429,176)/100,000 = 23.9$ 年

一个新生儿预期在 70 ~ 75 岁之间死亡的概率

$= {}_5d_{70}/l_0 = 12,422/100,000 = 0.12422$

一个新生儿预期在 70 ~ 85 岁之间死亡的概率

$= (l_{70} - l_{85})/l_0 = (66,225 - 21,134)/100,000 = 0.45091$

注：数据见专栏 3.1。

在此介绍已被广泛应用的一个简化定义，本书后面也将会用到：定义从出生存活到 x 岁的概率为 $p(x)$，定义从出生到 x 岁的累积死亡概率为 $q(x)$。于是有：

$$p(x) = \frac{l_x}{l_0}$$

$$q(x) = 1 - p(x) = 1 - \frac{l_x}{l_0} = \frac{l_0 - l_x}{l_0} = \frac{{}_x d_0}{l_0}$$

3.7 将生命表视为静止人口

静止人口是本书所讨论的人口学中两个重要的模型之一。另一个模型是稳定人口模型，将在第 7 章中讨论。事实上，静止人口模型是稳定人口模型的一个特例。静止人口的概念与生命表方法是独立的，但是应用生命表的符号可以更容易介绍静止人口的特征。

一个人口如果满足以下三个条件，就会成为静止人口：

①年龄别死亡率不随时间变化（但各年龄的死亡率通常不相等）；

②出生人数不随时间变化；每个单位时间内有同等数量的新生人口加入到总人口中，这个单位时间可以是一年、一个月或一天；

③所有年龄的净迁移率为零；即假定该人口为封闭人口。[①]

将生命表转换为静止人口需要一点技巧。如果我们假定一个人口每年出生人数为 l_0，并且这个人口满足上述三个条件，那么生命表中的其他列都可以被赋予新的含义：

l_x 为任意年份 x 岁存活人数，$l_x = l_0 \cdot {}_x p_0$；

${}_n L_x$ 为 x 至 $x + n$ 岁任意时点的存活人数；

T_x 为 x 岁以上任意时点的人数，因此：

T_0 为总人口规模；

${}_n d_x$ 为 x 至 $x + n$ 岁每年死亡人数；

e_0^o 为任意年份死亡人口的平均死亡年龄。

在生命表与静止人口的联系中最难理解的是有关 ${}_n L_x$ 的部分。表 3.5 说明了为什么在一个出生人口为 l_0 的队列中，x 至 $x + n$ 岁的存活人年数 ${}_n L_x$ 必定也等于年出生人口为 l_0 的静止人口中 x 至 $x + n$ 岁的人数。表 3.5 中假定一个长期存在的静止人口，其每年出生人数一直是 365,000 人。这些出生在一年内是均匀分布的，则平均每天有新生儿 1000 人。假定从出生存活到各个年龄（以天为单位）的存活概率如 ${}_x p_0$ 列所示。根据这些假定，在没有迁移的情况下，则在 0 ~ 1 岁年龄组中该人口的规模和年龄结构恒定不变（这也是静止人口名称的由来）。从表 3.5 中不难看出，从 1 月 1 日开始，每天该人口中都有 1,000 名新生儿出生。

---

① 事实上，只要年龄别迁移率不随时间变化，静止人口模型可以推广到迁移率不为零的情况，不过这里不做详细阐述。

表 3.5 生命表和一个静止人口的年龄结构

年龄 x（天）	存活到 x 天 的概率 $_xp_0$	存活人口数							
		1月1日	1月2日	1月3日	1月4日	1月5日	1月6日	……	12月31日
0	1.000	1,000	1,000	1,000	1,000	1,000	1,000	……	1,000
1	0.970		970	970	970	970	970	……	970
2	0.950		950	950	950	950	950	……	950
3	0.946			946	946	946	946	……	946
4	0.942				942	942	942	……	942
·	·					·	·	……	·
·	·							……	·
364	0.900							……	900

显然，由于出生人数和存活概率都是恒定的，作为两者之积的各年龄人数不随时间变化。任意时点（例如 1 月 5 日）确切年龄在 0 ~ 1 岁之间的存活人数为：

$$_1N_0 = 1000 + 970 + 950 + 946 + 942 + \cdots + 900$$

每年出生队列中第一年的存活人年数等于天出生队列数（365天）乘以每天出生队列的存活人年数。每天出生队列在 1 月 1 日的存活人年数为 $1000 \times (1/365)$，1 月 2 日为 $970 \times (1/365)$，依此类推，直到 12 月 31 日为 $900 \times (1/365)$。因此，每年出生队列第一年的总存活人年数为：

$$_1L_0 = 365 \times (1000/365 + 970/365 + 950/365 + \cdots + 900/365) = 1000 + 970 + 950 + \cdots + 900$$

因此，$_1L_0 = {}_1N_0$，即每个年出生队列在某一年龄区间内的存活人年数等于任意时点该年龄区间的存活人数。最后，注意到以上这两个数值都等于年龄在 0 ~ 1 岁、时间从 1 月 1 日到 12 月 31 日的存活人年数。由于在 0 ~ 1 岁任意时点都有存活人数 $_1N_0$，因此 1 月 1 日的存活人年数为 $_1N_0 \cdot (1/365)$，1 月 2 日的存活人年数仍为 $_1N_0 \cdot (1/365)$，一直到 12 月 31 日每天的存活人年数都为 $_1N_0 \cdot (1/365)$。

用生命表中的符号来描述静止人口的函数关系，出生率等于每年的出生人数除以总人口规模，即 l_0/T_0。由于预期寿命正是 T_0/l_0，所以在静止人口中必然有：

$$CBR = 1/e_0^o$$

粗出生率是出生预期寿命的倒数。为了便于理解这种倒数关系，可以想象某个人口中所有人都可以存活到 60 岁，并且都在 60 岁时死去。则该人口的出生预期寿命显然为 60 岁。如果每年出生人数为 B，则人口总数必然为 $60B$，粗出生率必然为 $B/(60B) = 1/60$。每个新生儿存活 60 年，该人口中的每 60 存活人年数对应一个新生儿。

由于静止人口中各年龄的人数都是恒定的，人口规模也是恒定的，因而粗死亡率必然等于粗出生率：

$$CDR = CBR = 1/e_0^o$$

由于 x 岁以上的人口数量也必然是恒定的，每年满 x 岁的人数 l_x 应当等于当年 x 岁以上的死亡人数。因此有：

$$_\infty M_x = \frac{l_x}{T_x} = \frac{1}{[T_x/l_x]} = \frac{1}{e_x^o}$$

所以在静止人口中，x 岁以上开放组死亡率必然等于 x 岁预期寿命的倒数。

静止人口中 x 至 $x+1$ 岁人口的比例为：

$$_1C_x^S = \frac{_1L_x}{T_0} = \frac{_1L_x}{l_0} \cdot \frac{l_0}{T_0} \simeq \frac{l_{x+0.5}}{l_0} \cdot CBR$$

在上式的推导中，我们假定 $_1L_x$ 近似等于 $l_{x+0.5}$，当 l_a 函数在 x 至 $x+1$ 岁之间呈线性分布时，该假定完全成立。

这样，静止人口模型清楚地表达了各主要人口参数的相互联系：预期寿命、出生率、死亡率以及年龄结构。静止人口模型之所以成为人口学中最重要的模型，这些清晰的关系表达正是原因之一。通过引入静止人口模型，可以根据某个人口参数估计其他参数。例如，一个考古学者通过收集骨骼并估计这些骨骼的死亡年龄之后（相当于生命表中的 $_nd_x$），就可以估计出这个人群的出生率为 $1/e_0^o$。还有，如果一个人口学家根据 1881 年印度人口普查数据获得了该人口的年龄分布（相当于静止人口中的 $_nL_x$），则可以估计任意年龄区间到下一区间的存活概率（$_5L_{x+5}/_5L_x$）。在以上两个例子中，我们都需要假定该人口为静止人口。事实上，18 世纪以前的世界人口增长一直非常缓慢，也就是说，静止人口的假设在多数应用中一般不会有太大偏差。至少很难预测误差方向。

事实上每个人群都对应着潜在的生命表，无论是否可以精确估计。这意味着每个人口都可能成为模型静止人口。如果当某个人口的年龄别死亡率始终维持生命表中的数值，出生数保持恒定，并且不存在迁移，那么该人口最终将成为静止人口。"最终"是指多长时间呢？如果要完全精确，那么需要人类的整个生命历程，即个体的最高年龄。如果对精度要求不高，这个时期还可以缩短。

如前所述，生命表的规模是由 l_0 决定的，这个任意选择的基数会等比例地影响 l_x、$_nL_x$、T_x 和 $_nd_x$。正是由于这种任意性，生命表的规模与其所描述的人口规模没有必然联系。同样，由生命表构建的静止人口模型也是任意的，不应该混同于相应的实际人口。

所有总体——由符合总体成员定义的个体组成的集合——都有一套描述个体退出过程的减员率。这些减员率可以按照成员在总体中的时期排序。于是，任何人口都有一套生命表，并可由此推导出一个静止人口模型。尽管没有直接使用静止人口模型，分析者往往会应用静止人口的思路来研究这些总体。例如，某研究生课程每年招收 10 名学生，假设研究生院平均学习时间为 4 年（$e_0^o = T_0/l_0$），则该课程共有 40 名学生。如果每年有 100 万癌症新患者，并且有些刚诊断出的癌症患者预期能够存活 8 年，那么癌症患者总数为

专栏 3.3 视为静止人口的生命表

l_0 = 每年出生和死亡人数

l_x = 任意年份 x 岁存活人数

$_nL_x$ = 任意时点年龄为 x 至 $x+n$ 岁的存活人数

T_x = 任意时点年龄为 x 岁以上的存活人数

T_0 = 总人口规模

$_nd_x$ = 每年死于 x 至 $x+n$ 岁之间的人数

e_0^o = 任意年份死亡人口的平均死亡年龄

$$粗出生率 = 粗死亡率 = \frac{1}{e_0^o}$$

$$x\ 岁以上人口死亡率 = \frac{l_x}{T_x} = \frac{1}{e_x^o}$$

$$年龄结构 = {_nC_x^S} = \frac{_nL_x}{T_0} \simeq \frac{l_{x+n/2}}{l_0} \cdot n \cdot CBR$$

例：1992 年奥地利男性生命表静止人口参数

每年出生人数 = l_0 = 100,000

任意年份过 20 岁生日的人数 = l_{20} = 98,334

30~35 岁存活人数 = $_5L_{30}$ = 484,175

60 岁以上人数 = T_{60} = 1,544,893

总人口规模 = T_0 = 7,288,901

每年 50~55 岁的死亡人数 = $_5d_{50}$ = 3,225

平均死亡年龄 = e_0^o = 72.889 岁

$CBR = CDR = 1/e_0^o = 1/72.889 = 0.01372$

60 岁以上人口死亡率 = $1/e_{60}^o = 1/18.426 = 0.05427$

25 岁至 30 岁人口占总人口比例 = $_5L_{25}/T_0$ = 487,127/7,288,901 = 0.0668

或

$$_5C_{25}^S \simeq \frac{l_{27.5}}{l_0} \cdot 5 \cdot CBR \simeq \frac{\dfrac{l_{25}+l_{30}}{2}}{l_0} \cdot 5 \cdot CBR = \frac{\dfrac{97,704+97,151}{2}}{100,000} \times 5 \times 0.01372 = 0.0668$$

注：数据见专栏 3.1。

800 万（$T_0 = l_0 \cdot e_0^o$）。如果一个公司的雇员平均在该公司工作 5 年，那么公司每年的减员率为 0.20（$CDR = 1/e_0^o$）。为了力求精确，上述推论都需要符合静止人口的假设。在多数情况下，这是个合理的近似。但在有些情况下，特别是在人口的平均存活时期很长的情况下，这种推论会有很大的误导性。在随意使用静止人口的假设所导致的严重错误中，最典型的是关于死亡人口的平均年龄和出生人口预期寿命的关系。在静止人口中，某年份死亡人口的平均年龄等于这个人口的出生预期寿命。一个队列的平均死亡年龄（即该队列的出生预期寿命）是综合了该队列人口年龄别死亡率（$_nm_x$）与人年数分布（$_nL_x$）的结果。这个人口的平均死亡年龄是综合了相同的年龄别死亡率（$_nm_x$）与该人口的年龄结构（$_nN_x$）而估算出来的。不过我们已知，在静止人口中 $_nN_x = {_nL_x}$。所以这个人口的平均死亡年龄必定等于一个队列的平均死亡年龄。

但是，如果这个人口不是静止人口，由于把一套年龄别死亡率 $_nm_x$ 应用到两个可能完全不同的年龄结构上，某特定时期死亡人口的平均年龄与出生预期寿命会完全不同。如前所述，生命表中的年龄结构为 $_nL_x$。但是由于没有静止人口的假设条件，这个时期生命表中的 $_nL_x$ 列（完全由当前的年龄别死亡率计算得到）与代表实际人口年龄结构的 $_nN_x$ 列并没有必然联系。例如，当一个人口的年出生人数逐年增长而不是保持恒定时（静止人口的假设之一），那么实际的人口年龄结构将比静止人口假设的结构更年轻。举例来说，去年出生的人数会多于30年前的出生人数，因此实际人口中1岁人数与30岁人数之比将大于静止人口中相应的比，30岁人数和60岁人数之比也会如此。

由于大多数发展中国家的出生人口一直在增长，上述例子也代表了实际人口年龄结构与按照当前死亡率计算的静止人口年龄结构之间差异的典型模式。例如，1964年哥伦比亚男性人口的出生预期寿命（根据生命统计）为58.2岁。但是同年哥伦比亚男性人口平均死亡年龄仅为26.1岁，不到前者的一半（Preston，Keyfitz and Schoen，1972）。可见，用1964年的死亡人口平均年龄估计当年的出生预期寿命会带来巨大误差。出现这一差异的原因很简单，1964年以前的哥伦比亚出生人口一直在增长，而不是像静止人口假设的那样保持恒定。

静止人口模型适用于各种人口的分析。以美国研究生人群为例，获得博士学位平均花费的时间在稳步上升，因而引起了教育改革的呼吁。但是出现这种情况并不是由于学生获得学位的进程放慢，而是由于入学人数在持续减少，所以无论辍学率高低，任意时点的研究生人群平均在校时间都被延长。由于基础人口变得更"老"，任何一年获得博士学位的研究生平均在校时间就会更长。

在以上例子中，静止人口模型有助于我们理解常识如何会产生严重错误。通过学习静止模型，可以启发新的思路，认识到静止模型在什么情况下不适用，则使我们能够判断并避免犯严重的错误。

3.8 作为连续过程的死亡

由于表格的性质，生命表只能显示特定年龄或离散年龄组的死亡函数。但是一个队列的死亡风险显然是连续过程；无论年龄间隔多小，都存在死亡风险。用数学方式表达这个连续过程，可以使此前的讨论更加清晰，并为此后的内容打好基础。

我们考虑用生命表符号来表示队列的死亡过程。因为死亡风险对于队列成员来说是连续的，因此 x 岁存活人数 l_x 是连续变化的，且可以用连续函数 $l(x)$ 表示。死亡也是连续发生而不是跳跃式的，那么 x 至 $x+n$ 岁队列成员中的死亡人数为：

$$_n d_x = l(x) - l(x+n)$$

死亡率和以前一样，$_n m_x = \dfrac{_n d_x}{_n L_x}$。然后我们令定义死亡率的年龄间隔 n 不断缩小。连续过程中的一个重要概念是"死亡力"，记为 $\mu(x)$，并定义为：

$$\mu(x) = \lim_{n \to 0} \frac{_n d_x}{_n L_x} = \lim_{n \to 0} {}_n m_x$$

需要指出的是，与 $n=1$ 等年龄间隔相比，极小间隔的死亡率并不会出现数量级上的差异，例如：

$$_1 m_{30} = \frac{_1 d_{30}}{_1 L_{30}} = \frac{30 \sim 31 \text{ 岁队列的死亡人数}}{30 \sim 31 \text{ 岁队列的存活人年数}}$$

与

$$_{0.5} m_{30} = \frac{_{0.5} d_{30}}{_{0.5} L_{30}} = \frac{30 \sim 30.5 \text{ 岁队列的死亡人数}}{30 \sim 30.5 \text{ 岁队列的存活人年数}}$$

当年龄间隔 n 由 1 年减少到半年，分子和分母将同时减少一半左右，这样就保持了相同水平的死亡率 $_n m_x$。如果将间隔 n 缩小到 0.25、0.1 或者一个极小值时，会有相同结果。死亡力函数依然具有年率的特征，它是风险暴露每人年的死亡率[①]。因为 $_n d_x = l(x) - l(x+n)$，且当时间间隔 n 很小时，该时间间隔内的人年数受死亡的影响很小，从而 $_n L_x = n \cdot l(x)$，因此有：

$$\mu(x) = \lim_{n \to 0} {}_n m_x = \lim_{n \to 0} \left[\frac{l(x) - l(x+n)}{n \cdot l(x)} \right] \tag{3.3}$$

根据导数的定义，表达式：

$$\lim_{n \to 0} \left[\frac{l(x) - l(x+n)}{n} \right]$$

就是函数 $l(x)$ 在 x 的导数乘以 -1[导数的分子为 $l(x+n) - l(x)$]。将 l_x 的导数除以 l_x 的值，就得到 $l(x)$ 的自然对数的导数。因此[②]：

$$\mu(x) = \lim_{n \to 0} \left[\frac{l(x) - l(x+n)}{n \cdot l(x)} \right] = \frac{-d\ln[l(x)]}{dx} \tag{3.4}$$

---

① 这里的讨论与第 1 章中对于 $r(t)$ 的讨论相似。只要时间的单位是年，连续复利计算的年增长率即使在无限短的时期内依然是年率。

② 请注意式（3.4）中的 $\mu(x)$ 与式（1.3）中的 $r(t)$ 之间的相似性。

对式(3.4)取负，并同时对两边求确切年龄 y 到 z 的积分：

$$- \int_y^z \mu(x) \, dx = \ln l(z) - \ln l(y)$$

两边取指数，则有：

$$e^{-\int_y^z \mu(x) dx} = \frac{l(z)}{l(y)} \tag{3.5}$$

或

$$l(z) = l(y) e^{-\int_y^z \mu(x) dx} \tag{3.6}$$

式(3.6)是人口统计学中最重要的公式之一。它只用两个年龄间的死亡力函数就表达出一个队列规模在这两个年龄之间的成比例变化。它表明，y 岁和 z 岁之间队列规模的成比例变化是这一年龄区间死亡率之和的函数。死亡率发生的时间顺序并不重要，只有死亡率之和才起作用。如果年龄的下限为 0 而上限为 a，那么：

$$l(a) = l(0) e^{-\int_0^a \mu(x) dx} \tag{3.7}$$

请注意式(3.7)和式(1.5)很相似：

$$N(T) = N(0) e^{\int_0^T r(t) dt}$$

后一个公式表明 T 时点的总人口取决于 0 时点的人口数以及该时期的人口增长率之和。同样，a 岁队列规模可以由 0 岁队列规模以及该期间死亡率之和来表示。x 岁人口的死亡率相当于队列中 x 岁人口的增长率（此处为负）。由于我们选择将死亡率 $\mu(x)$ 和 $_n m_x$ 定义为正值函数，因此需要对式(3.7)取负才能与增长率的公式在形式上完全相似。

所有的生命表函数都可用 $l(x)$ 和 $\mu(x)$ 表示。例如，在区间 $[x, x+n]$ 的存活人年数为：

$$_n L_x = \int_x^{x+n} l(a) \, da$$

因为 $_n d_x = {}_n L_x \cdot {}_n m_x$，则在一个小区间 da 的死亡人数为 $l(a) \mu(a) da$，且 $_n d_x$ 的连续函数为：

$$_n d_x = \int_x^{x+n} l(a) \mu(a) \, da$$

由于任意年龄的存活人数等于在该年龄以上的死亡人数，下式应当成立：

$$l(x) = \int_x^\infty l(a) \mu(a) \, da$$

有两种方法计算给定年龄 x 岁以上人口的存活人年数，一是对各年龄的存活人数求和，二是按存活者的存活时间求和，这两种方法是等价的。如上所述，在给定小区间 $[a, a+da]$

中，死亡人数为 $l(a)\mu(a)da$，且每人在 x 岁以上的存活时间为 $(a-x)$ 年，因此：

$$\int_x^\infty l(a)da = \int_x^\infty l(a)\mu(a)(a-x)da$$

利用上述关系，预期寿命可以写成如下两种形式：

$$e_x^o = \frac{\int_x^\infty l(a)\mu(a)(a-x)da}{\int_x^\infty l(a)\mu(a)da} = \frac{\int_x^\infty l(a)da}{l(x)}$$

左边的表达式表明，预期寿命可以由死亡年龄定义，而右边的表达式表明它也是存活人年数的总和。

因为 $l(x)$ 本身可以用 $l(0)$ 和 $\mu(x)$ 表示（式3.7），所以所有的生命表函数也都可以只用 $l(0)$ 和 $\mu(x)$ 表示。这种表达方法参见本章最后的附录3.1。

3.9　生命表编制回顾

根据以上 $_nd_x$ 和 $_nL_x$ 的表达式，我们可以推导出 $_nm_x$ 的表达式：

$$_nm_x = \frac{\int_x^{x+n} l(a)\mu(a)da}{\int_x^{x+n} l(a)da} \tag{3.8}$$

上述 $_nm_x$ 的表达式展示了尚未提及的一个编制生命表的特点。式（3.8）说明，一个队列中 x 至 $x+n$ 岁的死亡率是该年龄区间死亡力的加权平均值。权重是该年龄区间内队列在年龄 a 的存活人数 $l(a)$。假定观察一个实际人口而不是队列的 x 至 $x+n$ 岁的年龄别死亡率，人口的年龄别死亡率记为 $_nM_x$。在该人口的特定死亡力函数之下，x 至 $x+n$ 岁的死亡率则为[①]：

$$_nM_x = \frac{\int_x^{x+n} N(a)\mu(a)da}{\int_x^{x+n} N(a)da} \tag{3.9}$$

其中 $N(a)da$ 表示年龄区间 a 至 $a+da$ 的人数。比较式（3.8）和式（3.9）可以发现，即使 x

---

① 事实上，因为只能测量离散时期的率，而在此期间 $N(a)$ 和 $\mu(a)$ 通常并非恒定不变，所以 $_nM_x[0,T]$ 的表达式更复杂些。因此实际观察到的是

$$_nM_x[0,T] = \frac{\int_0^T \int_x^{x+n} N(a,t)\mu(a,t)dadt}{\int_0^T \int_x^{x+n} N(a,t)dadt}$$

其中，$N(a,t) = t$ 至 $t+dt$ 时期 a 至 $a+da$ 岁的人数，

　　　$\mu(a,t) = t$ 至 $t+dt$ 时期 a 至 $a+da$ 岁的死亡率。

通过假定 $N(a,t)$ 和 $\mu(a,t)$ 在死亡率的测量时期内不随时间变化，简化了上述公式。

至 $x + n$ 岁的 $\mu(a)$ 函数完全相同，按照这一死亡力计算的队列死亡率 $_nm_x$ 与实际人口的死亡率 $_nM_x$ 也可能不相等。因为在计算 $\mu(a)$ 的加权平均数时，队列的权重为 $l(a)$，而实际人口的权重则为 $N(a)$。只有在以下两种情况下才可以确定 $_nm_x = {}_nM_x$：

① $\mu(a)$ 在 x 至 $x + n$ 岁区间内保持恒定：$\mu(a) = \mu^*$，当 $x \leqslant a \leqslant x + n$。

在这种情况下，式（3.8）和式（3.9）分子中的常数可以提到积分号的外面，则有 $_nm_x = {}_nM_x = \mu^*$。

将这一常数代入式（3.5），得到：

$$_np_x = \frac{l_{x+n}}{l_x} = e^{-{}_nM_x \cdot n} \tag{3.10}$$

事实上，当死亡率在 x 至 $x + n$ 岁之间保持恒定时，式（3.10）恰好是 $_nm_x \rightarrow {}_nq_x$ 的转换（实际上是 $_nM_x \rightarrow {}_nq_x$ 的转换）。3.2.4 小节中给出了在这种情况下确定 $_na_x$ 的公式。但是我们可以跳过这个涉及 $_na_x$ 的步骤，应用以下公式直接确定 $_nL_x$：

$$_nL_x = \frac{_nd_x}{_nm_x} = \frac{l_x - l_{x+n}}{_nM_x}$$

② 另一种情况是 $_nM_x$ 始终与 $_nm_x$ 相等，即队列与人口的 $\mu(a)$ 函数保持一致，并且 $N(a)$ 在 x 至 $x + n$ 岁内与 $l(a)$ 成正比。将 $N(a) = k \cdot l(a)$ 代入式（3.9）则还原为式（3.8）。当这个人口的年龄结构 $N(a)$ 在 x 至 $x + n$ 岁之间为静止时，则这种正比条件成立。当满足（或恰好满足）前文所述的构造静止人口的前提条件时，年龄结构当然就会是静止的。

非静止人口的最常见情况是人口的年龄结构比根据 $\mu(a)$ 构造的静止人口年轻。通常这与历史上出生人数的增加或死亡率的下降有关，这两种情况都会造成人口数量的增长。与第一种情况不同，即 x 至 $x + n$ 岁年龄区间内 $\mu(a)$ 保持恒定，这个静止人口的假设并不能提供计算其他生命表函数的公式，例如 $_na_x$ 和 $_nL_x$ 的计算公式。我们必须使用本章第 2 节介绍的步骤之一来完成生命表。

由于上述两个假定在多数情况下都难以满足，所以不应当直接将实际人口中观察到的 $_nM_x$ 作为构造时期生命表中的 $_nm_x$。如果人口年龄结构分布异常，那么用 $_nM_x$ 来估计 $_nm_x$ 可能会出现误差，尽管在 5 岁年龄区间内误差一般不会太大。当然可以认为时期生命表就是用来产生 $_nM_x$ 函数的，而 $_nM_x$ 函数就是我们选定的时期死亡状况的操作化表达。但是，更精确表达时期死亡状况的指标是 $\mu(x)$ 函数。由于该函数对应着无穷小的年龄区间，所以不能被直接观察到。不过，该函数的主要特征可以根据 $_nM_x$ 推断出来，尤其是后者已经对异常年龄结构进行一定调整的情况下。

凯菲茨（Keyfitz，1966，1968a）一向极力主张在将 $_nM_x$ 作为 $_nm_x$ 计算生命表时，要对 $_nM_x$ 进行调整。特别是他的迭代生命表系统试图消减人口增长对 $_nM_x$ 的影响。在人口增长的情况下，一个 n 岁年龄区间内人口的年龄结构要比 $\mu(a)$ 函数相同的队列人口年轻。在人口死亡率逐渐上升的年龄组（通常是 30 岁以上），$_nm_x$ 将大于 $_nM_x$，因为正如粗死亡率由于年龄结构较轻而存在低估一样，$_nM_x$也会偏低。尽管凯菲茨的方法比以前的方法有所改进，但是它对实际计算的生命表函数的影响非常小，其他对构造生命表的改进方法也大多如此。因此，此处不再介绍更多细节。然而，非静止人口对最高的开放年龄组影响很大，第 7 章第 8 节将讨论如何解决这个问题。表 3.6 给出了美国 1985 年女性人口部分年龄组的 $_nm_x$、$_nM_x$ 和增长率的关系。

表 3.6   1985 年美国女性人口 $_nm_x$ 与 $_nM_x$ 的比较

年龄组	$_nM_x$	$_nm_x$	$_nm_x / _nM_x$	$_nr_x$ （1985.1.1 ~ 1986.1.1 的增长率）
15 ~ 19 岁	0.000466	0.000466	1.0000	− 0.001
70 ~ 75 岁	0.025997	0.026048	1.0020	0.011
75 ~ 79 岁	0.040951	0.041186	1.0057	0.024

资料来源：Keyfitz and Flieger，1990。

下面简要回顾使用从某个人口直接观察到的 $_na_x$ 函数的问题。已知在一个增长的人口中 $_nM_x$ 通常比 $_nm_x$ 小。同样，显然在增长型人口中，x 至 $x + n$ 岁年龄区间内死亡人口的平均存活时间 $_na_x$ 与一个死亡力函数相同的队列相比也存在低估的问题。假定用下式进行 $_nM_x$ 向 $_nq_x$ 的转换：

$$_nq_x = \frac{n \cdot _nM_x}{1 + (n - _na_x) \cdot _nM_x}$$

由于 $_nM_x$ 过低，$_nq_x$ 被低估（分子偏低的比例大于分母偏低部分）。假定我们选择一个直接从同期人口数据中观察到的 $_na_x$ 值（例如，从 1996 年 60 ~ 65 岁死亡人口中得到确切死亡年龄）。因为 $_na_x$ 本身被低估，分母会因此变得更大。选用观察到的 $_na_x$ 不但没有补偿使用 $_nM_x$ 所带来的误差，反而会加大这一误差。

本节中对以上关系的讨论都是结论性的。有关这些关系更细致的概率推导可以参见莫德（Mode，1985）、霍姆（Hoem，1972）和蒋庆琅（Chiang，1968，1978）的相关文献。

3.10   预期寿命的因素分解

估计某个特定的年龄组死亡率的变动对预期寿命的影响，有时会有助于分析预期寿命的变动或者比较两个人口的平均预期寿命。这种估计方法主要是因素分解法，但并不像第 2 章介绍的方法那样直截了当。20 ~ 25 岁人口死亡率的变化会直接影响 $_5L_{20}$，但是由于 25 岁的存活人数发生了变化，它同样对 25 岁以后的 L_x 有间接作用。当 25 岁人口平均预期寿命更长时，25 岁存活人数的变化对出生预期寿命会有更大影响。

分解预期寿命主要有两种方法，即连续模型（Pollard，1982）和离散模型（Arriaga，1984）。尽管这两种方法在形式上是等价的（Pollard，1988），但是离散模型的公式更容易

专栏 3.4　出生预期寿命的年龄别因素分解

l_x^1、$_nL_x^1$、T_x^1 = 时点 1（或人口 1）的生命表函数；

l_x^2、$_nL_x^2$、T_x^2 = 时点 2（或人口 2）的生命表函数；

$$_n\Delta_x = \frac{l_x^1}{l_0^1} \cdot \left(\frac{_nL_x^2}{l_x^2} - \frac{_nL_x^1}{l_x^1} \right) + \frac{T_{x+n}^2}{l_0^1} \cdot \left(\frac{l_x^1}{l_x^2} - \frac{l_{x+n}^1}{l_{x+n}^2} \right) = x \text{ 至 } x+n \text{ 岁年龄组死亡率的差异对出生}$$

预期寿命的影响；

$$_\infty\Delta_x = \frac{l_x^1}{l_0^1} \cdot \left(\frac{T_x^2}{l_x^2} - \frac{T_x^1}{l_x^1} \right) = \text{开放组死亡率差异对出生预期寿命的影响；}$$

$$e_0^o(2) - e_0^o(1) = \sum {_n\Delta_x} \text{。}$$

例：1935～1995 年美国女性人口

年龄(x)	l_x^{1935}	$_nL_x^{1935}$	T_x^{1935}	l_x^{1995}	$_nL_x^{1995}$	T_x^{1995}	$_n\Delta_x$	百分比（%）
0	100,000	96,354	6,332,064	100,000	99,410	7,900,065	3.06	19.5
1	95,458	377,877	6,235,709	99,321	396,947	7,800,655	1.11	7.1
5	93,887	467,474	5,857,833	99,179	495,676	7,403,708	0.46	2.9
10	93,174	464,534	5,390,358	99,096	495,275	6,908,032	0.32	2.0
15	92,613	460,915	4,925,823	98,999	494,459	6,412,758	0.45	2.9
20	91,681	455,193	4,464,909	98,772	493,254	5,918,299	0.64	4.1
25	90,341	447,783	4,009,717	98,524	491,863	5,425,046	0.69	4.4
30	88,746	439,466	3,561,935	98,206	489,996	4,933,183	0.65	4.1
35	86,997	429,742	3,122,468	97,769	487,383	4,443,186	0.69	4.4
40	84,847	418,269	2,692,726	97,152	483,743	3,955,802	0.67	4.3
45	82,368	403,859	2,274,456	96,298	478,583	3,472,059	0.78	4.9
50	79,012	384,356	1,870,596	95,048	470,679	2,993,477	0.84	5.4
55	74,539	358,766	1,486,241	93,085	458,397	2,522,798	0.87	5.6
60	68,688	324,494	1,127,475	90,071	439,689	2,064,401	0.95	6.1
65	60,779	279,761	802,981	85,504	411,580	1,624,711	0.93	6.0
70	50,757	223,797	523,220	78,775	372,191	1,213,130	0.96	6.1
75	38,276	155,169	299,422	69,655	318,738	840,940	0.89	5.7
80	23,930	89,054	144,253	57,275	248,061	522,201	0.48	3.1
85 +	12,281	55,200	55,200	41,424	274,139	274,139	0.26	1.7
合计	—	—	—	—	—	—	15.68	100.0

总差异：$e_0^o(1995) - e_0^o(1935) = 79.00 - 63.32 = 15.68$（岁）

1 岁以前死亡率变动的贡献 = 3.06 岁（占总差异的 19.5%）

资料来源：Bell. F. C，A. H. Wade and S. C. Goss，1992. *Life Tables for the United States Social Security Area：1900 - 2080*. Baltimore，Maryland，US Social Security Administration，Office of Actuary，*Actuarial Study*（No. 107）。

应用于传统生命表数据。x 至 $x+n$ 岁年龄区间死亡率的变化对预期寿命的总影响 $_n\Delta_x$ 可以表达为：

$$_n\Delta_x = \frac{l_x^1}{l_0^1} \cdot \left(\frac{_nL_x^2}{l_x^2} - \frac{_nL_x^1}{l_x^1} \right) + \frac{T_{x+n}^2}{l_0^1} \cdot \left(\frac{l_x^1}{l_x^2} - \frac{l_{x+n}^1}{l_{x+n}^2} \right) \tag{3.11}$$

其中 l_x、$_nL_x$ 和 T_x 为生命表的常用函数，而上标 1 和 2 表示两个时点或两个人口。

式（3.11）右边第一项：

$$\frac{l_x^1}{l_0^1} \cdot \left(\frac{_nL_x^2}{l_x^2} - \frac{_nL_x^1}{l_x^1} \right)$$

对应于 x 至 $x+n$ 岁年龄区间内死亡率变动的直接效应，即 x 至 $x+n$ 岁年龄区间内存活年数变化对出生预期寿命的影响。式中第二项：

$$\frac{T_{x+n}^2}{l_0^1} \cdot \left(\frac{l_x^1}{l_x^2} - \frac{l_{x+n}^1}{l_{x+n}^2} \right)$$

对应于间接影响和交互效应之和，即有更多的 $x+n$ 岁存活人口对存活人年数产生影响。对于开放组，则只存在直接影响，如下式所示：

$$_\infty\Delta_x = \frac{l_x^1}{l_0^1} \cdot \left(\frac{T_x^2}{l_x^2} - \frac{T_x^1}{l_x^1} \right) \tag{3.12}$$

可以证明，$e_0^o(2) - e_0^o(1) = \sum_0^\infty {}_n\Delta_x$。

式（3.11）和式（3.12）提供了 0 岁预期寿命的因素分解方法。只要将方程中的 l_0 替换成 l_a，并对 $x \geqslant a$ 估计 $_n\Delta_x$，就可以应用类似的方程分解 a 岁预期寿命的变化。专栏 3.4 为 1935 年和 1995 年美国女性 e_0^o 变化的因素分解。第 4 章将进一步介绍根据不同死亡原因分解预期寿命的方法。

3.11　将生命表推广到其他单递减过程的研究

单递减过程是指个体只以一种可识别方式退出某一给定状态的过程。死亡正是这样一种过程。生命表可以用来研究所有的单递减过程。在不同的案例中，生命表按照个体处于某种状态的时期，定量地描述退出过程。个体总是在零时进入这个状态，进入该状态的队列将被跟踪到最后一名成员的退出。在已经介绍的"经典"生命表中，这个特定的状态为"存活"，而退出状态的方式是死亡。经典生命表以年龄的函数表示，因为在这一情形下，年龄完全等同于处于存活状态的时期。只有当年龄可以完全替代处于特定状态中的持续时期时，生命表才是年龄的函数。

以多种可识别方式退出的过程被称为"多递减过程"。在现实中，多递减过程比单递减过程更为常见。对一个真实队列而言，死亡实际上是唯一的单递减过程。除了存活状态以外，对其他所有可定义的状态（例如单身、住在出生地等），个体都可以通过状态改变的形式退出（例如结婚、迁移到其他地方等），也可以通过死亡退出。个人所面临的额外的状态改变风险使其暴露于多递减风险。没有任何额外的风险可以抵消死亡风险，真实队列总是同时面临死亡风险和其他风险。

尽管单递减过程的研究方法似乎只能研究死亡，但是在以下三种情况下可以推广其应用。

（1）多种原因的递减往往可以在分析时归为一类

如果需要识别不同的死亡原因，即使死亡也可被作为多递减过程分析。不过对许多分析目的来说，往往没有必要这么复杂，包括对预期寿命的计算。同样，根据关注问题的角度不同，在某些情况下，也可以忽略诸如婚姻、劳动以及其他研究状态的不同退出方式。例如，可以通过员工进入和离开某公司的数据来计算新雇员在该公司的预期工作年限，而不必识别他们离开公司的方式。

（2）事件史通常只有队列中当前存活成员的信息

在问卷调查中普遍询问关于过去发生的事件。这些问题只能询问队列中存活的成员。尽管这些人同样面临死亡风险，但他们肯定都还活着。对于这些人来说，以前所有年龄的死亡风险都是零。因此，在研究他们从某种状态到另一状态的转换过程时，就不需要作为多递减过程对待，而是作为单递减过程对待，即假定他们只有一种方式退出。

例如对"未婚"状态的研究。假定在 50 岁妇女中进行问卷调查，询问她们的婚姻史，这些妇女只能通过结婚退出"未婚"状态。于是，在她们的婚姻生命表中，结婚就相当于经典生命表中的死亡。用初婚力函数（x 岁未婚人口的初婚率）替换死亡力函数，其他生命表概念和表达式显然可以转换如下：

$l_x = x$ 岁未婚妇女人数；

$_np_x = x$ 岁未婚妇女在 x 至 $x+n$ 岁年龄组保持未婚的概率；

$_nL_x = x$ 至 $x+n$ 岁处于未婚状态的人年数；

$e_x^o = x$ 岁未婚妇女平均保持未婚状态的预期年数[①]。

这个婚姻表中的基数 l_0 就是在问卷调查中报告了初婚史的 50 岁妇女人数。在此应意识到，婚姻表（或婚姻生命表）只包括队列中存活成员的经历。这个经历可能无法代表从零岁开始的完整队列，也可能无法代表存活到 20 岁的队列。如果队列中存活妇女的结婚风险高于或者低于已死亡妇女，那么存活妇女的婚姻经历显然与整个队列不同。对于许多研究目的而言，这种偏差很小，而且因为从队列的存活成员中获得回顾性资料是唯一的信息来源，所以往往应当容忍这种偏差。专栏 3.5 是利用回顾性调查资料构建初婚生命表的一个例子。

---

① 在这个例子中，由于队列中存活人口截至 50 岁，如果有些妇女仍然未婚，那么 e_x^o 必然在该年龄被截断。因此，它应当被解释为"x 岁未婚妇女在 50 岁以前维持未婚状态的预期年数"。

专栏 3.5 生命表在婚姻史分析中的应用

例：1993～1994 年孟加拉国 655 名 45～49 岁妇女队列

年龄(x)	n	l_x	$_nd_x$	$_nq_x$	$_na_x$	$_nL_x$	T_x	e_x^o
0	5	655	0	0.00000	2.5	3275.0	9202.5	14.05
5	5	655	0	0.00000	2.5	3275.0	5927.5	9.05
10	2	655	119	0.18168	1.0	1191.0	2652.5	4.05
12	3	536	388	0.72388	1.5	1026.0	1461.5	2.73
15	3	148	106	0.71622	1.5	285.0	435.5	2.94
18	2	42	16	0.38095	1.0	68.0	150.5	3.58
20	2	26	13	0.50000	1.0	39.0	82.5	3.17
22	3	13	7	0.53846	1.5	28.5	43.5	3.35
25	5	6	6	1.00000	2.5	15.0	15.0	2.50
30	—	—	—	—	—	—	—	—

注：该队列全部在 30 岁以前结婚，研究关注的状态是"未婚"。

各列的解释：

n = 区间的长度；

l_x = x 岁未婚妇女人数；

$_nd_x$ = x 至 $x+n$ 岁初婚妇女人数；

$_nq_x$ = x 至 $x+n$ 岁妇女初婚概率；

$_na_x$ = x 至 $x+n$ 岁初婚妇女处于未婚状态的平均人年数（假定 $_na_x = n/2$）；

$_nL_x$ = x 至 $x+n$ 岁处于未婚状态的人年数；

T_x = x 岁以上处于未婚状态的人年数；

e_x^o = x 岁未婚妇女保持未婚状态的平均年数，在本例中，可以将 $e_0^o = 14.05$ 理解为这些妇女的平均初婚年龄。

资料来源：Mitra. S. N., et. al., 1994. *Bangladesh Demographic and Health Survey*, *1993 - 1994*. Dhaka, Bangladesh, National Institute of Population Research and Training（NIPORT）。

（3）单递减过程可以构建队列经历多递减过程的模型

尽管一个真实队列除了面临研究所关注的风险以外，还总是面临死亡风险，不过还是不难做个思想实验，构造一个只有一种方式退出的假想队列。精算师、生物统计学者和人口学者已经研究出进行这类实验的技术。应用这些技术构建的生命表，有时被称为"相关单递减生命表"。"相关"意味着单递减表与多递减过程相关联。下一章将介绍建立相关单递减生命表的方法。

表 3.7 举例说明应用生命表方法可更深入研究的许多过程。总的来说，生命表的应用价值在于研究退出状态风险与维持该状态时期相关的问题。如果没有这种时期相关性，分时期的函数列表就毫无意义。

由于近年来统计技术的发展，发明于几个世纪以前的生命表方法又获得了新的地位。这些技术使研究者能够同时研究与时期相关的退出风险和可确认特征或协变量对风险度的影响。这些被称为协变量生命表或比例风险模型的方法是由考克斯（Cox，1972）提出的，并已经被许多学者进一步完善，包括卡尔布弗莱德和普伦蒂斯（Kalbfleish and Prentice，1980）。科利特（Collett，1994）著有一本介绍这些方法的教材。

表 3.7 应用生命表方法研究的单递减过程举例

过　程	研究的状态	状态的进入	状态的退出	表的垂直维度
死亡	存活	出生	死亡	存活时期（年龄）
婚姻（初婚）	未婚	出生	结婚	单身时期（年龄）
从出生地迁移	居住在出生地	出生	迁移到其他地方	居住时期（年龄）
进入劳动力	从未工作	出生	首次进入劳动力	生存时期（年龄）
初育	未生育	出生	生育第一个孩子	生存时期（年龄）
其他更多生育	未生育更多孩子	生育一次	生育下一个孩子	生育后时期
婚姻维持	婚姻完好	结婚	婚姻结束	婚姻持续时期
失业	失业	失去工作	退出失业状态	失业持续时期
入狱	在狱中	进入监狱	离开监狱	在狱中时期

注：所有这些过程也可以视为多递减过程，此处忽略了退出状态的其他风险。

附录3.1 生命表关系的连续表达式

$$l(x) = l(a)e^{-\int_a^x \mu(y)dy}, x > a$$

$$_np_x = \frac{l(x+n)}{l(x)} = e^{-\int_x^{x+n} \mu(a)da}$$

$$_nd_x = \int_x^{x+n} l(a)\mu(a)da = \int_x^{x+n} l(x)e^{-\int_x^a \mu(y)dy}\mu(a)da = l(x)\int_x^{x+n} e^{-\int_x^a \mu(y)dy}\mu(a)da$$

$$_nq_x = \frac{_nd_x}{l(x)} = \int_x^{x+n} e^{-\int_x^a \mu(y)dy}\mu(a)da$$

$$_nL_x = \int_x^{x+n} l(a)da = \int_x^{x+n} l(x)e^{-\int_x^a \mu(y)dy}da = l(x)\int_x^{x+n} e^{-\int_x^a \mu(y)dy}da$$

$$_nm_x = \frac{_nd_x}{_nL_x} = \frac{\int_x^{x+n} l(a)\mu(a)da}{\int_x^{x+n} l(a)da} = \frac{\int_x^{x+n} e^{-\int_x^a \mu(y)dy}\mu(a)da}{\int_x^{x+n} e^{-\int_x^a \mu(y)dy}da}$$

$$_n a_x = \frac{\int_x^{x+n} l(a) \mu(a)(a-x) da}{\int_x^{x+n} l(a) \mu(a) da} = \frac{\int_x^{x+n} e^{-\int_x^a \mu(y) dy} \mu(a)(a-x) da}{\int_x^{x+n} e^{-\int_x^a \mu(y) dy} \mu(a) da}$$

$$T_x = \int_x^\infty l(a) da = l(x) \int_x^\infty e^{-\int_x^a \mu(y) dy} da$$

$$e_x^o = \frac{T_x}{l_x} = \frac{\int_x^\infty l(a) da}{l(x)} = \int_x^\infty e^{-\int_x^a \mu(y) dy} da = \frac{\int_x^\infty l(a) \mu(a)(a-x) da}{\int_x^\infty l(a) \mu(a) da}$$

4

多递减过程

上一章定义单递减过程为只有一种方式退出给定状态的过程。而在多递减过程中，退出方式则不止一种。值得注意的是，在人口学中多递减过程远比单递减过程更为常见。多递减过程在许多情况下都有广泛的应用，例如在生育分析中将个体视为有怀孕风险，同时也有停用避孕措施的风险，在迁移分析中有迁移到不同地方的风险，在婚姻分析中的已婚人群面临离婚和丧偶的风险，等等。而且如此前所提到的，在实际队列中处于某种状态的个体除了面临退出这种状态的风险外，还总是存在死亡风险。因而，多递减过程有时也称为"多种竞争风险"过程。

4.1 真实队列的多递减生命表

从概念上来说，构造一个真实队列的多递减生命表并不比构造单递减生命表繁琐，只需要增加一些类似于单递减生命表的列，所不同的是这些列表示特定的递减原因（即退出生命表的特定方式），这些列中的函数意义如下：

$_n d_x^i = x$ 至 $x+n$ 岁由于原因 i 递减的人数

$_n q_x^i = x$ 岁人口在 x 至 $x+n$ 岁由于原因 i 退出队列的概率 $= \dfrac{_n d_x^i}{l_x}$

$_n m_x^i = x$ 至 $x+n$ 岁由于原因 i 退出队列的发生率 $= \dfrac{_n d_x^i}{_n L_x}$

$$l_x^i = x \text{ 岁人口中最终将由于原因 } i \text{ 退出队列的人数} = \sum_{a=x}^{\infty} {}_n d_a^i$$

式中 l_x 表示 x 岁的队列人数，即在所有递减原因下存活的 x 岁人数。同样，${}_n L_x$ 表示 x 至 $x+n$ 岁在所有递减原因下存活者的存活人年数。单递减生命表中的所有列都会出现在多递减生命表中，这时它们都是指"合并所有递减原因"①。尽管为了说明方便，我们仍使用年龄 x 作为多递减生命表的基本维度，但其在这里表达的是更广义的状态持续时期。

至此还没有定义 ${}_n L_x^i$、T_x^i、${}_n a_x^i$ 以及 e_x^i 这些列，其原因在于 e_x^i（计算该列需要其他列作为输入）没有直截了当的解释。从某种意义上说，它似乎应该是"未来由于原因 i 退出队列的人在 x 岁的预期寿命"。但是那些最终由于原因 i 退出队列的人在 x 岁是无法识别的。只有当各种竞争性风险发生后才能识别出个体风险。对于无法识别的人群计算期望值毫无意义。同样的问题也存在于 x 岁人口中最终将由于原因 i 退出队列的人数 l_x^i。但是这一列对于计算 x 岁人口中将由于原因 i 而退出队列的概率 $\dfrac{l_x^i}{l_x}$ 十分有用。例如，其主要用途之一是计算因离婚而婚姻解体的概率。这个比例的基数 l_x（x 岁所有存活人数）事实上是由年龄 x 决定的。当用 l_x^i 作为概率或期望的基数时，在概念上会有困难。

由于各种原因 i 退出状态的人数之和显然等于退出状态的总人数：

$$\sum_i {}_n d_x^i = {}_n d_x$$

对于公式中的 ${}_n m_x^i$ 和 ${}_n q_x^i$，其加总也必然等于全递减原因生命表中的对应函数：

$$\sum_i {}_n m_x^i = \sum_i \frac{{}_n d_x^i}{{}_n L_x} = \frac{{}_n d_x}{{}_n L_x} = {}_n m_x$$

以及：

$$\sum_i {}_n q_x^i = \sum_i \frac{{}_n d_x^i}{l_x} = \frac{{}_n d_x}{l_x} = {}_n q_x$$

且由于：

$$l_x^i = \sum_{a=x}^{\infty} {}_n d_a^i$$

则有：

$$\sum_i l_x^i = \sum_i \sum_{a=x}^{\infty} {}_n d_a^i = \sum_{a=x}^{\infty} {}_n d_a = l_x \tag{4.1}$$

式（4.1）说明，队列中所有 x 岁存活者必定会由于各种可确定的原因最终退出给定的

---

① 以下简称"全递减原因"。——译者注

状态。

图 4.1 显示了 1800 年 1 月 1 日出生的 10 人队列，所研究的状态是单身，即未婚。如图所示，退出该状态的方式为结婚或死亡。由这些生命线所转化的多递减生命表见表 4.1。

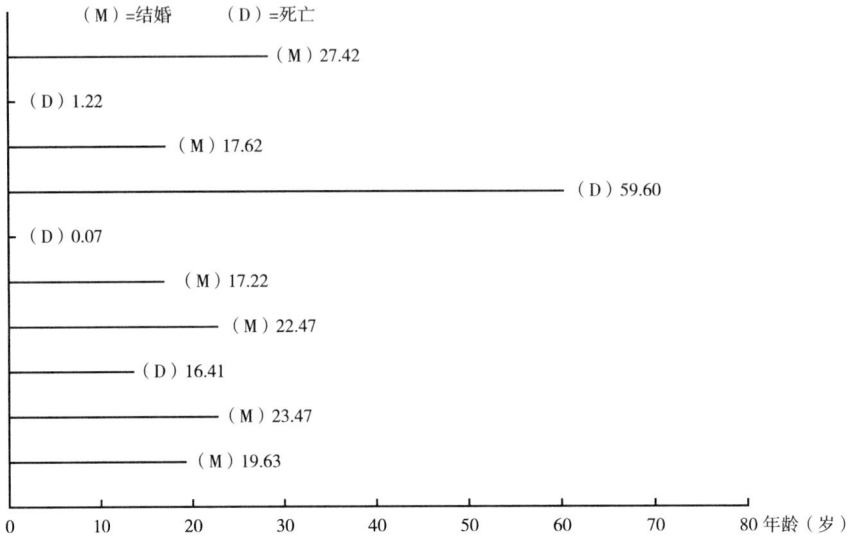

图 4.1　一个 10 人假想出生队列的单身状态生命线

注：出生日期 1800 年 1 月 1 日。

表 4.1　图 4.1 中的 10 人假想队列的单身状态生命表

年龄	x 岁单身状态人数	x 至 $x+n$ 岁死亡的单身人数	x 至 $x+n$ 岁结婚的单身人数	x 至 $x+n$ 岁退出单身状态的人数	单身人口在 x 至 $x+n$ 岁的死亡概率	单身人口在 x 至 $x+n$ 岁结婚概率	单身人口在 x 至 $x+n$ 岁退出单身状态的概率	x 岁单身人口中死亡时仍然单身的人数	x 岁单身人口中最终将结婚的人数	x 至 $x+n$ 岁人口在单身状态的存活人年数
x	l_x	$_n d_x^D$	$_n d_x^M$	$_n d_x = {_n d_x^D} + {_n d_x^M}$	$_n q_x^D$	$_n q_x^M$	$_n q_x = {_n q_x^D} + {_n q_x^M}$	l_x^D	l_x^M	$_n L_x$
0	10	1	0	1	1/10	0	1/10	4	6	9.07
1	9	1	0	1	1/9	0	1/9	3	6	32.22
5	8	0	0	0	0	0	0	2	6	40.00
10	8	1	3	4	1/8	3/8	4/8	2	6	70.88
20	4	0	3	3	0	3/4	3/4	1	3	23.36
30	1	0	0	0	0	0	0	1	0	10.00
40	1	0	0	0	0	0	0	1	0	10.00
50	1	1	0	1	1/1	0	1/1	1	0	9.60
60	0	—	—	—	—	—	—	0	0	—

4.2　时期多递减生命表

构造真实队列的多递减生命表，首先需要准备一个全递减原因的基本生命表，然后再添加各递减原因的列。后面这项任务只是记录所发生的事件。但是，在很多情况下，研究者往往希望进一步得到多递减过程在某个特定时期的发生强度。这种强度几乎都是由一套基于各种原因的递减率 $_nM_x^i$ 表示的。因此，根本问题是将这些观察到的率转换成各种原因的退出概率。

为了进行这一转换，需要回顾队列中递减率和递减概率的关系，即：

$$_nm_x^i = \frac{_nd_x^i}{_nL_x}$$

和

$$_nq_x^i = \frac{_nd_x^i}{l_x}$$

注意第 3 章介绍的简单生命表计算中，$_nm_x^i$ 和 $_nq_x^i$ 的分子完全相同，而分母分别为 $_nL_x$ 和 l_x。于是可以应用第 3 章推导的 l_x 和 $_nL_x$ 之间的关系，将 $l_x = [_nL_x + (n - _na_x)_nd_x]/n$ 代入 $_nq_x^i$ 的表达式，得到：

$$_nq_x^i = \frac{n \cdot _nm_x^i}{1 + (n - _na_x)_nm_x} \tag{4.2}$$

这一计算 $_nq_x^i$ 的公式与式（3.1）中计算 $_nq_x$ 的公式十分类似，分母完全相同，唯一的区别是式（4.2）的分子中是 $_nm_x^i$，而式（3.1）的分子中是 $_nm_x$。式（4.2）的 $_na_x$ 和分母中的 $_nm_x$ 并没有区分原因 i，而是合并了所有递减原因的数值。

通常把 x 至 $x + n$ 岁除了原因 i 以外的递减率表示为 $_nm_x^{-i}$，于是 $_nm_x = _nm_x^i + _nm_x^{-i}$，将其代入式（4.2）得到：

$$_nq_x^i = \frac{n \cdot _nm_x^i}{1 + (n - _na_x)(_nm_x^i + _nm_x^{-i})} \tag{4.3}$$

多递减过程的竞争特点在此显露无疑。如果式（4.3）中 $_nm_x^i$ 不变，$_nm_x^{-i}$ 越大，$_nq_x^i$ 就越小。举例来说，如果 65 ~ 69 岁年龄组的癌症死亡率保持恒定，那么其他病因的死亡率越高，65 岁人口中在 65 ~ 69 岁年龄区间内死于癌症的概率就越低。存在这种相依关系的原因在于，当 $_nm_x^{-i}$ 较高时，可能有更多的癌症患者会在这一年龄区间内死于其他疾病。正是由于这种相依关系，$_nq_x^i$ 通常也被称为"相依概率"。

这种相依关系是否意味着其他病因的死亡率下降一定会导致癌症的死亡率上升呢？事实并非如此。产生这种误解的原因在于一个错误观点：以为既然"人们一定会死于某种原因"，那么递减率一定存在相依关系。但事实上，其他原因死亡率的下降不会必然导致单位历险人年的癌症死亡率上升。可以确定的是，当其他死因的死亡率下降时，癌症的历险人年数将会上升，因此死亡人数也会上升，如果期初人数（l_x）不变，则该期间因癌症死亡的人数的上升就意味着癌症死亡概率的上升。贯穿多递减过程的必要关系不是针对率而是概率，所有初始人口都必然死于某种原因，如果一种死因的概率下降，那么由于其他原因的死亡概率必然上升。

式（4.2）为 $_nm_x^i$ 到 $_nq_x^i$ 的直接转换方法，至此就完成了多递减生命表的构建。然而，事实运算并不需要这么复杂。注意到将 $_nq_x^i$ 除以 $_nq_x$，就得到：

$$\frac{_nq_x^i}{_nq_x} = \frac{_nd_x^i}{_nd_x} = \frac{_nm_x^i}{_nm_x}$$

因此：

$$_nq_x^i = {_nq_x} \cdot \frac{_nd_x^i}{_nd_x} = {_nq_x} \cdot \frac{_nm_x^i}{_nm_x}$$

一旦计算出了全递减原因生命表，就可以直接按照各种原因的相对递减率将 $_nq_x$ 按比例分配到各种原因中去，因为概率和率都是与递减人数同比例变化的。

构建时期多递减生命表的具体步骤如下。

（a）计算全递减原因生命表。最基本的元素为 x 至 $x+n$ 岁所有原因的递减率之和：

$$_nm_x = \sum_i {_nm_x^i}$$

通常假定对于每种原因而言，$_nM_x^i = {_nm_x^i}$（这也意味着 $_nM_x = {_nm_x}$），其中 $_nM_x^i$ 是在 x 至 $x+n$ 岁人口中原因 i 的递减率。如第 3 章所述，我们需要将其转换成 $_nq_x$。

（b）用如下公式计算 x 至 $x+n$ 岁由于原因 i 退出的概率：

$$_nq_x^i = {_nq_x} \cdot \frac{_nm_x^i}{_nm_x}$$

如果接受了 $_nM_x^i = {_nm_x^i}$ 的假定，那么该关系式变为：

$$_nq_x^i = {_nq_x} \cdot \frac{_nM_x^i}{_nM_x} = {_nq_x} \cdot \frac{_nD_x^i}{_nD_x}$$

其中 $_nD_x^i$ 为观察到的 x 至 $x+n$ 岁由于原因 i 递减的人数，而 $_nD_x$ 则为观察到的该年龄区间内由于所有原因递减的人数。

（c）用如下公式计算 x 至 $x+n$ 岁由于原因 i 而递减的人数：

$$_nd_x^i = {_nq_x^i} \cdot l_x$$

（d）用如下公式计算 x^* 岁人口中最终将由于原因 i 而退出生命表的人数：

$$l_{x^*}^i = \sum_{x=x^*}^{\infty} {_nd_x^i}$$

　　专栏 4.1 为美国 1991 年女性多递减生命表中的几列，其中使用了美国 1991 年"主"生命表中的 l_x 和 $_nq_x$ 列。研究的状态是存活，死因包括肿瘤（癌症）和其他原因。一个新生儿死于肿瘤的概率为 0.212（21,205/100,000）。

专栏 4.1　多递减生命表

$$1. \ _nq_x^i = {}_nq_x \cdot \frac{_nD_x^i}{_nD_x}$$

$$2. \ _nd_x^i = {}_nq_x^i \cdot l_x$$

$$3. \ l_x^i = \sum_{a=x}^{\infty} {}_nd_a^i$$

例：1991 年美国女性生命表

x 年龄	$_nD_x$ 所有死亡	$_nD_x^i$ 死于肿瘤	l_x	$_nq_x$	$_nq_x^i$	$_nd_x^i$	l_x^i
0	15,758	63	100,000	0.00783	0.00003	3	21,205
1	3,169	275	99,217	0.00168	0.00015	14	21,201
5	1,634	268	99,050	0.00092	0.00015	15	21,187
10	1,573	217	98,959	0.00090	0.00012	12	21,172
15	3,955	318	98,870	0.00236	0.00019	19	21,160
20	4,948	467	98,637	0.00262	0.00025	24	21,141
25	6,491	856	98,379	0.00314	0.00041	41	21,117
30	9,428	1,924	98,070	0.00425	0.00087	85	21,076
35	12,027	3,532	97,653	0.00584	0.00171	167	20,991
40	15,543	5,958	97,083	0.00818	0.00314	304	20,823
45	19,264	8,434	96,289	0.01330	0.00582	561	20,519
50	25,384	11,673	95,008	0.02095	0.00963	915	19,958
55	37,211	17,078	93,018	0.03371	0.01547	1,439	19,043
60	59,431	25,263	89,882	0.05155	0.02191	1,969	17,604
65	88,087	33,534	85,249	0.07669	0.02920	2,489	15,634
70	114,693	36,695	78,711	0.11552	0.03696	2,909	13,145
75	143,554	36,571	69,618	0.17427	0.04439	3,091	10,236
80	164,986	30,220	57,486	0.27363	0.05012	2,881	7,146
85	320,578	32,739	41,756	1.00000	0.10212	4,264	4,264
合计	1,047,714	246,085	—	—	—	21,205	—

注：死因 i 为肿瘤，l_x 为 1991 年美国女性全死因"主"生命表。

　　按照 1991 年美国年龄别死亡率计算的女性新出生人口将死于肿瘤的概率：21,205/100,000 = 21.2%

　　75 岁人口将死于肿瘤的概率：10,236/69,618 = 14.7%

资料来源：National Center for Health Statistics，1996。

4.3 多递减过程的基本数学推导

回顾第 3 章中死亡力的定义：

$$\mu(x) = \lim_{n \to 0} {}_n m_x$$

原因 i 的递减力可以相应定义为：

$$\mu^i(x) = \lim_{n \to 0} {}_n m_x^i$$

x 岁原因 i 的递减力其实就是在极小年龄区间 x 至 $x + dx$ 内原因 i 的退出率。这是个年度率，因为其单位是每历险人年的事件（即递减）发生数。

如果有 k 种原因

$$_n m_x^1 + {}_n m_x^2 + \cdots + {}_n m_x^k = {}_n m_x$$

两边同时对 n 趋向于 0 取极限，则必然有：

$$\mu^1(x) + \mu^2(x) + \cdots + \mu^k(x) = \mu(x)$$

其中 $\mu(x)$ 是"全递减原因的递减力"。只要我们定义的递减原因互斥且穷尽（既没有遗漏，也没有重复计算任何原因），那么各种原因的递减力之和一定等于全递减原因的递减力。

第 3 章中曾提到人口学中一个重要的关系式：

$$_n p_x = e^{-\int_x^{x+n} \mu(y)\,dy}$$

在多递减过程中可以将所有原因的 $\mu^i(y)$ 之和记为 $\mu(y)$，因此：

$$_n p_x = e^{-\int_x^{x+n} [\mu^1(y) + \mu^2(y) + \cdots + \mu^k(y)]\,dy}$$

$$= e^{-\int_x^{x+n} \mu^1(y)\,dy} \cdot e^{-\int_x^{x+n} \mu^2(y)\,dy} \cdots e^{-\int_x^{x+n} \mu^k(y)\,dy}$$

或

$$_n p_x = {}_n^* p_x^1 \cdot {}_n^* p_x^2 \cdots {}_n^* p_x^k$$

其中：

$$_n^* p_x^i = e^{-\int_x^{x+n} \mu^i(y)\,dy} \tag{4.4}$$

为 x 至 $x + n$ 岁只存在递减原因 i 的存活概率。

式（4.4）表明，当存在多种递减原因时，保持在给定状态的概率（即在所有递减原因下的存活概率）是每种递减原因独立存在时的存活概率之积。这种情况显然与掷硬币相似，如果将事件定义为头像朝上，那么三次投掷背面朝上的概率为每次概率背面朝上的概率之积：$0.5 \times 0.5 \times 0.5$。应用这一乘法法则的前提是每次投掷硬币在统计上都是独立的，即每次投掷结果不受其他结果影响。显然，在推导式(4.4)时也暗含这个假定，即要求退出原因互斥和穷尽的假定。也就是说，在对每个退出确定原因的过程中，产生了一套互不重叠且"独立"的特征。而统计上的独立性，即各原因之间不存在重叠、组合或协同关系，并不意味着它们所代表的过程就是相互独立的。例如，一个人口中流感发病率的上升会同时提升流感和某些心血管疾病的死亡率。但是不管疾病过程之间是否存在协同关系，只要在数据中能够明确区分死因中的心血管疾病和流感，那么式(4.4)依然成立。

只要用 $\mu^1(x) + \mu^2(x) + \cdots + \mu^k(x)$ 来替换生命表的连续表达式(见附录3.1)中的 $\mu(x)$，全递减原因生命表中的其他函数也可以通过类似的方法表达为分原因的递减力。例如：

$$e_0^o = \int_0^\infty e^{-\int_0^x \mu(a)\,da}\,dx = \int_0^\infty e^{-\int_0^x [\mu^1(a) + \mu^2(a) + \cdots + \mu^k(a)]\,da}\,dx$$

此外，注意到在极小间隔 da 内死于原因 i 的人数可以表示为 $l(a)\mu^i(a)\,da$，因此可以推导递减原因 i 的函数：

$$_nq_x^i = \frac{_nd_x^i}{l(x)} = \frac{\int_x^{x+n} l(a)\mu^i(a)\,da}{l(x)} = \int_x^{x+n} e^{-\int_x^a \mu(y)\,dy}\mu^i(a)\,da$$

$$= \int_x^{x+n} e^{-\int_x^a [\mu^1(y) + \mu^2(y) + \cdots + \mu^k(y)]\,dy}\mu^i(a)\,da$$

$$_nm_x^i = \frac{_nd_x^i}{_nL_x} = \frac{\int_x^{x+n} e^{-\int_x^a \mu(y)\,dy}\mu^i(a)\,da}{\int_x^{x+n} e^{-\int_x^a \mu(y)\,dy}\,da}$$

$$= \frac{\int_x^{x+n} e^{-\int_x^a [\mu^1(y) + \mu^2(y) + \cdots + \mu^k(y)]\,dy}\mu^i(a)\,da}{\int_x^{x+n} e^{-\int_x^a [\mu^1(y) + \mu^2(y) + \cdots + \mu^k(y)]\,dy}\,da}$$

$_nq_x^i$ 的公式再次表明，在不连续的年龄区间里原因 i 的存活概率受其他死因大小的影响，其他原因的递减力越高，$_nq_x^i$ 的值就越小。

$_nm_x^i$ 的公式表明其值也受其他原因递减力的影响。但是由于公式中分子和分母都包含这些项，因此无法确定影响方向。

在一个队列中，x 至 $x+n$ 岁人年数的年龄构成只受该年龄区间内 $l(a)$ 的影响，即只受 $\mu^1(a) + \mu^2(a) + \cdots + \mu^k(a)$ 的影响（$x \leq a \leq x+n$）。对于一个时点人口来说，年龄结构 $N(a)$ 不仅受死亡力函数的影响，同时还受此前人口年龄结构的影响。因此，该人口中 x 至 $x+n$ 岁原因 i 的死亡率 $_nM_x^i$ 为：

$$_nM_x^i = \frac{\int_x^{x+n} N(a)\mu^i(a)\,da}{\int_x^{x+n} N(a)\,da} = \int_x^{x+n} c(a)\mu^i(a)\,da \qquad (4.5)$$

其中，$c(a)$ 是 a 至 $a+da$ 岁人口占 x 至 $x+n$ 岁人口的比例。与基本生命表中的情况一样，

即使原因 i 和原因 $-i$ 的死亡力函数完全相同，$_nM_x^i$ 也不一定等于队列人口的 $_nm_x^i$。但是，通常还是假定生命表中的 $_nm_x^i$ 等于实际人口中的 $_nM_x^i$（例外情况见 Preston，Keyfitz and Schoen，1972）。

4.4　由时期数据计算的相关单递减生命表

对于多递减过程中的每一种递减原因 i 都伴有一个递减力函数 $\mu^i(x)$。分析者往往想知道，如果只有一种递减原因时，生命表会是什么样。能够回答这个问题的生命表叫做相关单递减生命表（ASDT）。我们所关注的递减过程也可以是 $-i$（即除了 i 以外的所有递减原因）。而根据 $\mu^{-i}(x)$ 构建的生命表有时也称为"去死因"生命表，因为在多递减过程中有意忽略了原因 i。这种生命表仍可视为相关单递减生命表，因为原因 $-i$ 可以被理解为多递减过程中的两个递减原因之一（另一个是 i）。

在一个多递减过程中，某一特定的递减原因 i 的作用几乎总是存在。一般来说无法直接观察到相关单递减过程，即只有一个递减原因的过程。构建相关单递减生命表需要进行思想实验，即考虑"如果……会怎样"。对于时期相关单递减生命表，还需要另一层假定，即构建一个假想队列。

相关单递减生命表的所有函数左上角都有一个"＊"做标记。不难判断相关单递减生命表中的哪些函数应当以 $\mu^i(x)$ 表达。这些函数的定义与第 3 章中基本生命表的函数定义完全一致。只要将附录 3.1 公式中的 $\mu(x)$ 全部替换成 $\mu^i(x)$，就可以适用本节需要。式（4.4）给出了相关单递减生命表中只存在递减原因 i 时 x 至 $x+n$ 岁的存活概率 $_np_x^*$ 的函数表达式。

尽管不必重复所有的公式，但是有必要回顾至此已经介绍的三种函数。全递减原因的公式中，存活人数和死亡人数都是利用 $\mu(x) = \mu^1(x) + \cdots + \mu^k(x)$ 来计算的。与此类似，相关单递减函数只利用 $\mu^i(x)$ 计算存活人数和死亡人数。多递减生命表中的某递减原因的函数具有一种"混合"结构，因为所有年龄的存活人数必须用 $\mu(x)$ 函数计算，而死于原因 i 的人数则必须用 $\mu^i(x)$ 计算。例如，比较下式：

$$_nd_x = l(x)\int_x^{x+n} e^{-\int_x^a \mu(y)dy}\mu(a)\,da$$

$$_n^*d_x^i = {}^*l^i(x)\int_x^{x+n} e^{-\int_x^a \mu^i(y)dy}\mu^i(a)\,da$$

$$_nd_x^i = l(x)\int_x^{x+n} e^{-\int_x^a \mu(y)dy}\mu^i(a)\,da$$

尽管可以直接利用 $\mu^i(x)$ 定义相关单递减的函数，但是无法直接观察到 $\mu^i(x)$。我们只能观察一个队列的 $_nm_x^i$（或实际人口中的 $_nM_x^i$）。但必须指出的是，在多递减过程中所观察到的 $_nM_x^i$ 并不一定与只存在递减原因 i 时的对应值相等。我们观察到的是一个队列的 $_nm_x^i$，但是需要知道的是相关单递减生命表中的 $_n^*m_x^i$：

$$_n^*m_x^i = \frac{\int_x^{x+n} e^{-\int_x^a \mu^i(y)dy} \mu^i(a)da}{\int_x^{x+n} e^{-\int_x^a \mu^i(y)dy} da} \quad \text{而} \quad _nm_x^i = \frac{\int_x^{x+n} e^{-\int_x^a \mu(y)dy} \mu^i(a)da}{\int_x^{x+n} e^{-\int_x^a \mu(y)dy} da}$$

在通常情况下，仅有原因 i 存在时由 $\mu^i(x)$ 计算的递减率（$_n^*m_x^i$）不等于存在多种递减原因时 i 导致的递减率（$_nm_x^i$）。由于在所有年龄都有 $\mu(a) > \mu^i(a)$，因此当只存在一种递减原因时，任意年龄区间内存活人年数的年龄结构都要老于有多种递减原因时的结构。当 $\mu^i(x)$ 在年龄区间内随年龄增加而上升时，这一权重的差异将导致 $_n^*m_x^i$ 大于 $_nm_x^i$。如果使用通常的程序，我们已在多递减生命表中用 $_nM_x^i$ 函数估计 $_nm_x^i$，现在又怎么能用同样的 $_nM_x^i$ 函数来估计相关单递减生命表中的 $_n^*m_x^i$ 呢？但是如果不用 $_nM_x^i$，那该怎么计算呢？

以下是几种摆脱这个困境的方法，但没有任何方法完全令人满意。

（a）忽略 $_n^*m_x^i$ 与 $_nm_x^i$ 之间的差异。产生这一差异的原因在于年龄结构，即当一个队列的死亡力和实际人口完全相同时，年龄结构的差异会导致 $_nm_x$ 与 $_nM_x$ 之间存在差异。既然在构建简单生命表时已经忽略了时期后半段的差异，那么也同样可以忽略多递减生命表与相关单递减生命表之间的差异。在此则仍然采用第3章中简单生命表的构建方法。$_nm_x \rightarrow _nq_x$ 的转换公式为：

$$_n^*m_x^i = _nM_x^i = _nm_x^i$$

和

$$_n^*q_x^i = \frac{n \cdot _nm_x^i}{1 + (n - _n^*a_x^i)_nm_x^i}$$

于是，构建生命表的其余问题就是设定一套 $_n^*a_x^i$ 值，可以用第3章介绍的方法来解决。相对来说修匀法更为合适，因为从其他人口"借用" $_n^*a_x^i$ 比较困难（实际上没有任何公开发表的数据），也有风险。

方法（a）的风险在于某些情形下可能会产生较大的误差。在较高年龄组（例如65岁以上）的分死因生命表中，许多死因的死亡率都很高，而且随着年龄的增加快速上升。如果去除的死因具有较高的死亡率，那么按照上述方法构建的相关单递减生命表中的年龄结构就会产生较大误差。因此，也会导致其他死因的死亡率有重大变化。

不过，如果相关单递减生命表中去掉的死因相对不太重要，那么上述方法就比较适用，因为去掉这个死因在5岁年龄区间内所产生的年龄结构误差不会特别大。

（b）第二种解决办法是假定原因 i 的死亡力函数在 x 至 $x+n$ 岁为常数 γ。于是，用 γ 替换 $\mu^i(x)$ 代入 $_nm_x^i$ 和 $_n^*m_x^i$ 的函数表达式，可以发现两者都等于 γ。因此，在这种情形下 $_nm_x^i = _n^*m_x^i = _nM_x^i$。当死亡力函数在某年龄区间内保持恒定时，忽略某种死因导致的年龄结构的改变就不会引起递减率的变化。如果某一年龄区间内死亡力函数为 $_nm_x^i$，并同样保持恒定，则有：

$$\ _n^* p_x^i = e^{-\int_x^{x+n} \ _n m_x^i \, dx} = e^{-n \cdot \ _n M_x^i}$$

$$\ _n^* L_x^i = \frac{\ ^* l_x^i - \ ^* l_{x+n}^i}{\ _n M_x^i}$$

然后可以很容易完成生命表的其他部分。

这种方法逻辑清楚，也易于应用。如果其前提假设能够成立，这种方法应当是首选。但是，这个假设只在年龄区间的间隔很小时才能成立。

（c）蒋庆琅（Chiang，1968）提出了第三个解决方法。假定 x 至 $x+n$ 岁原因 i 的死亡力函数与全死因死亡力函数成比例变动：

$$\mu^i(a) = R^i \cdot \mu(a) \qquad x \leq a \leq x+n$$

其中 R^i 是区间内原因 i 的比例系数。当然，这个假定意味着 x 至 $x+n$ 岁的 $\mu^i(a)$ 与 $\mu^{-i}(a)$ 尽管大小不同，但是形状相同。因此，根据该假设有：

$$\ _n^* p_x^i = e^{-\int_x^{x+n} \mu^i(a)\,da} = e^{-\int_x^{x+n} R^i \cdot \mu(a)\,da}$$

而后有：

$$\ _n^* p_x^i = e^{-R^i \cdot \int_x^{x+n} \mu(a)\,da} = \left[e^{-\int_x^{x+n} \mu(a)\,da} \right]^{R^i} = \left(\ _n p_x \right)^{R^i}$$

在此情形下，相关单递减生命表中的 $_n p_x$ 函数与全死因的"源"生命表中的 $_n p_x$ 函数直接关联，它等于源生命表中 $_n p_x$ 的 R^i 次方。

而且，根据等比例的假定，该年龄区间的 R^i 值等于原因 i 的死亡人数与全死因死亡人数之比：

$$\frac{\ _n D_x^i}{\ _n D_x} = \frac{\int_x^{x+n} N(a) R^i \mu(a)\,da}{\int_x^{x+n} N(a) \mu(a)\,da} = R^i$$

于是将 R^i 的表达式代入可得到：

$$\ _n^* p_x^i = \ _n p_x^{\left(\frac{\ _n D_x^i}{\ _n D_x} \right)}$$

这一方法巧妙地解决了相关单递减生命表中 $_n m_x \to \ _n q_x$ 的转换问题。然而，该方法并没有说明生命表中应该采用什么样的 $_n^* m_x^i$ 值，或者说应该采用什么样的 $_n^* a_x^i$ 值。而且对这个问题也没有任何明确的解决办法。联合国 1959～1961 年分死因生命表（NCHS，1968）采用的办法是将所有原因 i 的 $_n^* a_x^i$ 值都设定为源生命表中的 $_n a_x$。但是稍微思考一下就可以明白，在死亡力函数与全死因形状相同的情况下，给定年龄区间内 $\mu^i(a)$ 越大，则年龄构成相对越年轻，因此 $_n a_x$ 的值就会越小。事实上，根据蒋庆琅的假定条件，源生命表中的 $_n a_x$ 值一定比所有原因 i 的 $_n^* a_x^i$ 值都要小。

估计 $_n^* a_x^i$ 的最令人满意的办法或许是在连续区间内修匀 $_n^* q_x^i$ 函数，并利用类似于前面（3.2.2节）介绍的全递减原因方法推导出 $_n^* a_x^i$。若假定死因 i 的死亡分布在 $x-5$ 至 $x+10$ 岁为二次项函数，那么在 5 岁年龄组或时期内可应用简单的修匀公式，如下：

$$_5^*a_x^i = \frac{-\frac{5}{24}\,_5^*d_{x-5}^i + 2.5\,_5^*d_x^i + \frac{5}{24}\,_5^*d_{x+5}^i}{_5^*d_x^i} \qquad (4.6)$$

这里不需要迭代公式，因为无需 $_5^*a_x^i$ 就可以直接计算 $_5^*d_x^i$。

估计不规则长度区间的 $_na_x$ 值的可行方法，是应用内插在两种极端情况中取一个合适的值。第一种情况是该年龄区间内没有因 i 死亡的人，则死于原因 i 的人的平均存活人年数 $_n^*a_x^i$ 是不确定的，但是显然那些期初存活者的存活人年数必定为 n。另一种极端情况是该区间内所有死亡人口都死于原因 i。在这种情况下，相关单递减生命表和源生命表中该区间内的平均存活人年数必然相等。因为 R^i 代表了该区间内死于原因 i 的人占总死亡人口的比例，因此上述两种极端情形分别对应着 $R^i = 0$ 和 $R^i = 1$。在中间情况下，可以用内插方法：

$$\frac{_n^*L_x^i}{^*l^i(x)} = n - R^i\left[n - \frac{_nL_x}{l(x)}\right] \qquad (4.7)$$

无论是在相关单递减生命表还是在源生命表中，以下关系必须成立：

$$\frac{_nL_x}{l(x)} = n \cdot {}_np_x + {}_na_x \cdot {}_nq_x = n - (n - {}_na_x) \cdot {}_nq_x$$

因此式(4.7)可以写为：

$$_n^*a_x^i = n + R^i\frac{_nq_x}{_n^*q_x^i}({}_na_x - n) \qquad (4.8)$$

可以用泰勒展开式推导这个公式。

选择构建相关单递减生命表的方法，应当取决于数据的性质和假定是否能成立。伊兰特—约翰逊和约翰逊(Elandt – Johnson and Johnson，1980)比较了上述几种方法，并总结出不同方法对结果的影响并不大，正如在第 3 章讨论的基础上所预期的。如果区间间隔 n 较短，方法(b)是最优的，因为它是完全一致并且有完整的推导。如果用于计算去死因生命表时去掉的死因影响相对较小，那么方法(c)更好，因为其成比例的假设很容易满足（保留下来的死因占总死因的比例较大）。在其他情况下，方便使用可能是选择方法的主要考虑。

专栏 4.2 展示了不考虑肿瘤死亡的相关单递减生命表。它使用了专栏 4.1 中 1991 年美国女性生命表的数据。生命表的构造方法采用了蒋庆琅法［方法(c)］，其中 $_n^*a_x^{-i}$ 在 10～75 岁应用式(4.6)修匀产生，在 0 岁组、1～4 岁组、5～9 岁组以及 80～84 岁组应用式(4.8)。对于最后一个开放组，则假定 $_\infty^*m_x^i = {}_nm_x^i$，于是 $_\infty^*a_{85}^{-i}$ 就等于 $\frac{e_{85}^o}{R^{-i}}$。第 7 章将详细介绍更好的估计 $_\infty^*a_{85}^{-i}$ 的方法。生命表的结果表明，在没有肿瘤的情况下，出生预期寿命将达到 82.46 岁，比全死因生命表提高 3.54 岁。

专栏 4.2　去除肿瘤死因的相关单递减生命表，方法（c）

$$R^{-i} = \frac{{}_nD_x - {}_nD_x^i}{{}_nD_x}$$

l_x、${}_np_x$、${}_na_x$、e_x^o 为主生命表中对应函数

$${}_np_x^{*-i} = \left[{}_np_x\right]^{R^{-i}}$$

$${}^*l_{x+n}^{-i} = {}^*l_x^{-i} \cdot {}_np_x^{*-i}$$

${}_na_x^{*-i}$，$x = 0$、1、5、80，用式（4.8）计算；

$x = 10 \sim 75$ 用式（4.6）计算

$${}_\infty^* a_{85}^{-i} = {}^*e_{85}^{-i} = \frac{e_{85}^o}{R^{-i}}$$

例：1991 年美国女性人口去肿瘤死因的相关单递减生命表

年龄（x）	R^{-i}	l_x	${}_np_x$	${}_na_x$	e_x^o	${}_np_x^{*-i}$	${}^*l_x^{-i}$	${}_na_x^{*-i}$	${}^*e_x^{-i}$
0	0.99600	100,000	0.99217	0.152	78.92	0.99220	100,000	0.152	82.46
1	0.91322	99,217	0.99832	1.605	78.54	0.99846	99,220	1.605	82.10
5	0.83599	99,050	0.99908	2.275	74.67	0.99923	99,068	2.275	78.23
10	0.86205	98,959	0.99910	2.843	69.74	0.99922	98,992	2.875	73.29
15	0.91960	98,870	0.99764	2.657	64.80	0.99783	98,915	2.653	68.34
20	0.90562	98,637	0.99738	2.547	59.95	0.99763	98,700	2.548	63.48
25	0.86813	98,379	0.99686	2.550	55.10	0.99727	98,467	2.577	58.63
30	0.79593	98,070	0.99575	2.616	50.26	0.99661	98,198	2.585	53.78
35	0.70633	97,653	0.99416	2.677	45.46	0.99587	97,866	2.582	48.96
40	0.61668	97,083	0.99182	2.685	40.72	0.99495	97,462	2.637	44.15
45	0.56219	96,289	0.98670	2.681	36.03	0.99250	96,969	2.672	39.36
50	0.54014	95,008	0.97905	2.655	31.48	0.98863	96,242	2.695	34.64
55	0.54105	93,018	0.96629	2.647	27.10	0.98162	95,148	2.703	30.00
60	0.57492	89,882	0.94845	2.646	22.95	0.97003	93,399	2.695	25.51
65	0.61931	85,249	0.92331	2.631	19.05	0.95178	90,600	2.696	21.22
70	0.68006	78,711	0.88448	2.628	15.42	0.91991	86,231	2.686	17.16
75	0.74525	69,618	0.82573	2.618	12.09	0.86701	79,325	2.676	13.42
80	0.81683	57,486	0.72637	2.570	9.08	0.77017	68,776	2.637	10.07
85	0.89788	41,756	0.00000	6.539	6.54	0.00000	52,969	7.283	7.28

考虑全死因存活到 85 岁的概率：0.42

不考虑肿瘤存活到 85 岁的概率：0.53

考虑全死因的 0 岁预期寿命：78.92 岁

不考虑肿瘤的 0 岁预期寿命：82.46 岁

资料来源：National Center for Health Statistics，1996。

4.5 预期寿命的死因别因素分解

第 3 章第 10 节曾介绍了一种方法，估计年龄别死亡率差异对两个预期寿命差距的贡献。只要假定在每个人口中各年龄组内的死因分布是恒定的，就可以将这一方法直接扩展到死因别死亡率差距的因素分解中。在这一假定下，一个特定年龄组的全死因死亡率差异可以按比例分配到对应年龄组的各种死亡原因中（Arriaga，1989）。可以用式（4.9）估计 x 至 $x+n$ 岁死因 i 死亡率的差异对预期寿命的贡献 $_n\Delta_x^i$：

$$_n\Delta_x^i = {}_n\Delta_x \cdot \frac{_nm_x^i(2) - {}_nm_x^i(1)}{_nm_x(2) - {}_nm_x(1)}$$

$$= {}_n\Delta_x \cdot \frac{_nR_x^i(2) \cdot {}_nm_x(2) - {}_nR_x^i(1) \cdot {}_nm_x(1)}{_nm_x(2) - {}_nm_x(1)} \tag{4.9}$$

其中：

$_nR_x^i(j) =$ 人口 j（或时点 j）在 x 至 $x+n$ 岁死于原因 i 的人数占总死亡人数的比例（$\frac{_nD_x^i}{_nD_x}$）；

$_n\Delta_x = x$ 至 $x+n$ 岁全死因死亡率的差异对预期寿命差异的贡献，与式（3.11）相同。

不难看出：

$$_n\Delta_x = \sum_i {}_n\Delta_x^i \text{，且 } e_0^o(2) - e_0^o(1) = \sum_x {}_n\Delta_x = \sum_x \sum_i {}_n\Delta_x^i$$

于是，可以将预期寿命差异的年龄别和死因别因素分解表示为 2×2 的表格，显示对预期寿命差距的不同贡献。专栏 4.3 为应用该方法分析 1990 年中国和印度男性 0 岁预期寿命差距的因素分解。它显示中国比印度的预期寿命长 8.2 岁，其中大约 68% 是由于中国 5 岁以下儿童传染病死亡率较低；1990 年印度较低的非传染性疾病死亡率仅仅减少了两国 0 岁预期寿命 e_0^o 差距的 1 岁左右。

4.6 由现状数据计算的相关单递减生命表

在第 3 章中，当询问一个队列的事件史时，事实上观察到的是受条件限制的相关单递减生命过程。这是由于调查对象的死亡力函数显然为 0，我们不需要将其考虑为多递减过程。因此，有可能通过调查数据直接构建相关单递减生命表。对于计算这些函数来说，唯一的限制就是数据的局限。例如，调查可能会询问"你 5 年前的婚姻状况如何"，而不是更复杂的构建完整婚姻史的一套问题。通过这一个问题可以估计 $_5^*p_x^M$，即 5 年前 x 岁的人在 5 年后依然保持单身的概率（即他们在调查时点是 $x+5$ 岁）。但是我们无法得到任何有关 $_5^*a_x^M$ 的信息。需要强调的是，利用这样的数据构建的生命表只能代表队列中那些没有迁出的存活成员的信息。他们的递减力函数可能与初始的队列成员不尽相同。

专栏 4.3　出生预期寿命的年龄别和死因别分解

$_nm_x(1)$、$_nm_x(2)$ 表示时点 1 和时点 2（或人口 1 与人口 2）在 x 至 $x+n$ 岁全死因的死亡率；

$_nR_x^i(1)$、$_nR_x^i(2)$ 表示时点 1 和时点 2（或人口 1 与人口 2）在 x 至 $x+n$ 岁死于原因 i 的比例；

$_n\Delta_x$ 表示 x 至 $x+n$ 岁全死因死亡率差异对 e_0^o 差异的贡献 [与式（3.11）相同]；

$$_n\Delta_x^i = {_n\Delta_x} \cdot \frac{_nR_x^i(2) \cdot {_nm_x(2)} - {_nR_x^i(1)} \cdot {_nm_x(1)}}{_nm_x(2) - {_nm_x(1)}}$$

例：1990 年中国和印度男性

年龄（x）	印度				中国				$_n\Delta_x$	$_n\Delta_x^1$	$_n\Delta_x^2$	$_n\Delta_x^3$
	$_nm_x$	$_nR_x^1$	$_nR_x^2$	$_nR_x^3$	$_nm_x$	$_nR_x^1$	$_nR_x^2$	$_nR_x^3$				
0	0.0267	0.882	0.073	0.046	0.0084	0.677	0.174	0.149	5.6	5.5	0.1	− 0.0
5	0.0025	0.504	0.188	0.309	0.0009	0.174	0.337	0.488	0.8	0.6	0.1	0.2
15	0.0021	0.382	0.223	0.394	0.0015	0.068	0.380	0.552	0.3	0.4	− 0.1	− 0.0
30	0.0043	0.429	0.315	0.257	0.0028	0.101	0.573	0.326	0.6	0.6	− 0.1	0.1
45	0.0139	0.304	0.592	0.104	0.0102	0.095	0.796	0.109	0.8	0.7	0.0	0.1
60	0.0388	0.248	0.722	0.030	0.0342	0.070	0.879	0.051	0.3	0.5	− 0.1	− 0.0
70	0.0929	0.247	0.728	0.025	0.1003	0.084	0.877	0.039	− 0.3	0.7	− 0.9	− 0.1
合计	—	—	—	—	—	—	—	—	8.2	9.0	− 1.0	0.2

注：在本例中：

死因 1 = 传染病、孕期、围产期和营养状况

死因 2 = 非传染性疾病

死因 3 = 意外伤害

总差异 $= e_0^o(\text{中国}) - e_0^o(\text{印度}) = 66.5 - 58.3 = 8.2$ 岁 $= \sum_{x=0}^{70} \sum_{i=1}^{3} {_n\Delta_x^i}$

资料来源：Murray，C. J. and A. D. Lopez，1996. *The Global Burden of Disease*：*A Comprehensive Assessment of Mortality and Disability from Diseases*，*Injuries*，*and Risk Factors in 1990 and Projected to 2020*. Boston，Harvard University，School of Public Health。

这些应用都需要回顾性调查。约翰·哈伊纳尔（John Hajnal，1953）首先认识到可以利用现状数据构建某些相关单递减生命表。他特别提出初婚的相关单递减生命表可以只利用人口的婚姻现状数据，而不需要任何回顾性调查。在我们的例子中，可以通过一次性调查

中有关婚姻现状的问题得到 x 岁未婚人口比例，非常类似于出生队列的相关单递减生命表中的 l_x。假定死亡和迁移对初婚没有影响，那么队列的相关单递减生命表中的 l_x（以 1 为基数）就等于 x 岁未婚人口比例。

进一步更正规地考虑这个问题，假定人口没有迁移，则 x 岁未婚人口中全递减原因的递减力为：

$$\mu^s(x) = \mu^{Ds}(x) + \mu^M(x)$$

其中 $\mu^{Ds}(x)$ 为 x 岁单身人口死亡力，$\mu^M(x)$ 为初婚力（当然只对未婚人口而言）。根据以上推导得出的关系，可以通过递减力的累积得到队列中 x 岁未婚人口 $S(x)$：

$$S(x) = S(0) \cdot {}_xp_0 = S(0) \cdot e^{-\int_0^x \mu^s(a)da} = S(0) \cdot e^{-\int_0^x [\mu^{Ds}(a)+\mu^M(a)]da}$$

其中 $S(0)$ 为出生时队列中的未婚人数。

同样，队列中 x 岁的总人口 $N(x)$ 可以表示为：

$$N(x) = N(0)e^{-\int_0^x \mu^{DT}(a)da}$$

其中 $\mu^{DT}(a)$ 为 a 岁总人口的死亡力函数。现在可以得到 x 岁人口未婚比例：

$$\frac{S(x)}{N(x)} = \frac{S(0) \cdot e^{-\int_0^x [\mu^{Ds}(a)+\mu^M(a)]da}}{N(0) \cdot e^{-\int_0^x \mu^{DT}(a)da}} \tag{4.10}$$

$$= e^{-\int_0^x \{\mu^M(a)+[\mu^{Ds}(a)-\mu^{DT}(a)]\}da}$$

上式中 $S(0) = N(0)$。上式包括一项 $[\mu^{Ds}(a) - \mu^{DT}(a)]$，即未婚人口和总人口死亡力之差。若假定该差异在所有年龄组都为零，即婚姻状况与死亡水平无关，则有：

$$\frac{S(x)}{N(x)} = e^{-\int_0^x \mu^M(a)da} = {}_x^*p_0^M \tag{4.11}$$

其中，${}_x^*p_0^M$ 为只考虑初婚情况下，队列的相关单递减生命表中从 0 岁到 x 岁保持未婚状态的概率。可以看出，观察到的 x 岁人口未婚比例 $\dfrac{S(x)}{N(x)}$ 与该队列的相关单递减生命表之间存在十分简单的关联。

如果婚姻状况与死亡率无关的假定是错误的，那么 $\dfrac{S(x)}{N(x)}$ 就是对 ${}_x^*p_0^M$ 的有偏估计。假定在某些年龄或所有年龄的未婚人口死亡率高于总人口死亡率，则 $\dfrac{S(x)}{N(x)}$ 对 ${}_x^*p_0^M$ 的估计偏差为：

$$\exp\left\{-\int_0^x [\mu^{Ds}(a) - \mu^{DT}(a)]da\right\}$$

由于未婚人口具有更高的死亡率，x 岁未婚人口比例将低估相关单递减生命表中保持未婚的概率；有更少未婚人口能够存活到在调查中报告婚姻状况。不过，对于存活人口来说，

$\dfrac{S(x)}{N(x)}$ 仍是对 $_xp_0^M$ 的无偏估计。

于是，询问婚姻状况的一次性调查可以为每个接受调查的队列生成相关单递减生命表的一部分信息，但其前提是假定结婚力不随时间变化。这样每个队列都将与其他队列经历相同婚姻史，并且可以通过比较不同队列获得婚姻史的信息。这就是哈伊纳尔方法（Hajnal's procedure）的逻辑。

哈伊纳尔方法通常被应用于 5 岁组，定义 x 至 $x+n$ 岁单身（即从未结婚）比例为：

$$_5\Pi_x = \frac{_5S_x}{_5N_x}$$

将所有 $_5\Pi_x$ 相加并乘以 5（即该队列在每个年龄区间度过的年数）来估计 50 岁以下单身状态存活人年数：

$$PY^S(0,50) = 5\sum_{x=0,5}^{45}{_5\Pi_x}$$

如果不考虑并非所有队列成员都会在 50 岁以前结婚，该数值可作为假想队列的平均结婚年龄估计值。哈伊纳尔估计 50 岁未婚人口比例为：

$$\Pi(50) = \frac{1}{2}(_5\Pi_{45} + _5\Pi_{50})$$

他还计算了在 50 岁之前已婚者的平均结婚年龄：

$$SMAM = \frac{5\sum_{x=0,5}^{45}{_5\Pi_x} - 50\Pi(50)}{1 - \Pi(50)}$$

那些 50 岁还未结婚的人在分母中被扣除了，而他们在 50 岁以下的未婚存活人年数在分子中也被扣除了。由于只能计算未婚人口的婚姻情况，$SMAM$ 被称为"根据未婚数据计算的平均结婚年龄"（the singulate mean age at marriage）。专栏 4.4 展示了对土耳其 1990 年男性的 $SMAM$ 计算。

$SMAM$ 的值等于队列中 50 岁已婚女性（或男性）的平均初婚年龄。它根据一次性普查或调查收集的数据计算得到，因此需要假定初婚率不随时间变化，且死亡率和迁移率与婚姻状况无关。如果初婚率有变化，$SMAM$ 的值就是当前和遥远过去的混合率。不过，由于它只需要一次普查的年龄别婚姻状况结果，因此是测量许多历史人口婚姻状况的唯一指标。

尽管我们以初婚为例介绍了用现状数据构造相关单递减生命表的概念，其实该方法还可以应用到更广泛的领域，包括对初育、初次迁移、采用避孕措施、不育、入学、参加工作以及其他过程的研究。正如式（4.10）和式（4.11）所显示的，队列中停留在初始状态的比例显然是离开该状态的累积发生率的乘积。在事件发生的时间方面，现状数据提供的信

专栏 4.4 由现状数据计算的相关单递减生命表:

计算平均结婚年龄 *SMAM*

$_5N_x = x$ 至 $x + n$ 岁人口数

$_5S_x = x$ 至 $x + n$ 岁未婚人数

$_5\Pi_x = \dfrac{_5S_x}{_5N_x} = x$ 至 $x + n$ 岁未婚人口比例

$$\Pi(50) = \frac{\Pi_{45} + {}_5\Pi_{50}}{2}$$

$$SMAM = \frac{5 \cdot \displaystyle\sum_{x=0}^{45} {}_5\Pi_x - 50 \cdot \Pi(50)}{1 - \Pi(50)}$$

例: 1990 年土耳其男性

年龄(x)	$_5N_x$	$_5S_x$	$_5\Pi_x$
0	3,052,255	3,052,255	1.000
5	3,541,409	3,541,409	1.000
10	3,560,900	3,560,900	1.000
15	3,165,061	3,030,203	0.957
20	2,581,153	1,853,222	0.718
25	2,435,765	629,077	0.258
30	2,096,899	180,767	0.086
35	1,784,121	77,134	0.043
40	1,418,784	43,412	0.031
45	1,111,113	28,627	0.026
50	980,115	22,527	0.023

$$\sum_{x=0}^{45} {}_5\Pi_x = 5.119$$

$$\Pi(50) = \frac{0.026 + 0.023}{2} = 0.0245$$

$$SMAM = \frac{5 \times 5.119 - 50 \times 0.0245}{1 - 0.0245} = 25.0(年)$$

资料来源: Turkey. Basbakanlik Devlet Istatistik Enstitusu. *Statistical Yearbook of Turkey*, 1995. [*Turkiye istatistik yilligi*, 1995.] Ankara, Turkey, Basbakanlik Devlet Istatistik Enstitusu, 1996。

息显然不如生命统计或回顾性调查那样丰富。但是如果有正确的解释,现状数据还是能提供很多信息,况且有时候这是唯一的数据来源。

4.7　多递减的静止人口

第3章第7节介绍了静止人口模型，这是人口学中最重要的两个模型之一。前面介绍了静止人口的形成需要满足三个条件：单位时间内出生人数恒定；一套固定的年龄别死亡率；所有年龄的净人口迁移为零。现在我们再增加一个假定条件：对每一种递减原因，年龄别死亡风险都保持不变。由于我们已经说明，一个年出生人数为 l_0 的静止人口中各年龄的人数为 ${}_nL_x$（其中每个函数都对应同一个生命表），因此，每年 x 至 $x+n$ 岁死于原因 i 的人数一定为 ${}_nL_x \cdot {}_nm_x^i = {}_nd_x^i$。于是，每年所有年龄死于原因 i 的人数之和一定等于 l_0^i，即每年出生人口中最终将死于原因 i 的人数。

换言之，静止人口中一个新生儿最终死于原因 i 的概率等于每年死于原因 i 的人数除以每年出生人数（或全部死亡人数，因为每年的出生人数应当等于每年死亡人数）。同理，x 岁人口中最终死于原因 i 的概率等于 x 岁以上死亡人口中死于原因 i 的比例。

这些关系可以在静止人口中广泛应用。

①可以用每年离婚对数与每年结婚对数之比估计一次婚姻最终离婚的概率。

②一个研究生最终可以获得博士学位的概率等于每年博士毕业生人数除以研究生院新生人数。

③一个新生儿终生被诊断出癌症的概率等于每年诊断出的癌症人数除以年出生人数。

④一个刚被确诊为癌症的病人最终死于癌症的概率等于癌症死亡人数与癌症确诊人数之比。这个概率在流行病学中通常被称为"病死率"，其估计值往往要凭借静止人口假设。

⑤新确诊病人的预期患病年数等于某时点患病人数除以每年该疾病新确诊的病人数。这相当于 0 岁预期寿命等于人口规模除以年出生人数。

⑥某疾病的"发病率"可以被定义为某一时期新确诊的病例数除以该时期总人口的存活人年数。某疾病的"患病率"可被定义为某时点人口的患病比例。如果某时点患病人数为 H，每年新确诊病例数为 I^H，则在静止人口中：

$$\frac{H}{T_0} = \frac{I^H}{T_0} \cdot \frac{H}{I^H}$$

其中，$\dfrac{H}{T_0}$ 为患病率，$\dfrac{I^H}{T_0}$ 为发病率，$\dfrac{H}{I^H}$ 为该疾病预期持续时间。

5

生育与人口再生产

死亡是一个人口中既有成员逐渐死去的递减过程。生育则是一个人口中既有成员生产新生命的递增过程，这些新生命是人口的新成员。尽管通常与生育相联系，但是在人口学中"人口再生产"一词通常指人口新成员替代旧成员的过程，既包含生育，也包含死亡。

生育分析在几个方面比死亡分析更为复杂。一是人们的生育涉及两个不同性别的个体。人口学通常是将出生仅与某一个体（传统上是母亲）相联系来绕过这一难题。这一传统也反映出从母亲处获取孩子出生数据较从父亲处获取更为容易。我们在本章中还是延续这一传统，尽管这里描述的对女性的度量可以转换成对男性的度量。

生育分析还应该注意到，与死亡风险相对的生育——或是活产一个婴儿的"风险"——并不包括所有女性人口。首先，并非人口中的每个成员都必须能够生育。在人口学中，生殖力是指生育的生物能力（生育和生殖力的定义在生物学中是反的①），有生殖力的妇女可能会经历临时性不育，而"不孕"一词则是指妇女或男人在任何环境下永久性地丧失怀孕能力。终身不孕通常被称为"原发性不孕"，而发生在生育期的则被称为"继发性不孕"。在可孕人口中，生殖力随年龄变化而不同。尤其是，生殖力仅限于两个与年龄密切相关的过程——月经初潮和绝经之间的时期，该时期也被称为生育期。因此，与在死亡分析中一样，年龄是生育分析的一个重要维度。

在有生殖力的个体中，生育的风险依赖于他们的社会行为，且主要取决于性行为。实际上性被社会所规范，通常被限制在可见的社会结构中，从人口学的观点看，这降低了生

---

① 生育（fertility）和生殖力（fecundity）在法语词汇中正好相反：fécondité 意味着生育，而 fertilité 意味着生殖力。

育分析的难度。在一些环境中，婚姻划定了有生育风险的人群范围，此时只需要考虑已婚妇女的行为。即便有婚外生育，已婚妇女的生育率和未婚妇女的生育率也通常不同，因此分别考虑婚内生育和婚外生育的生育分析往往更为准确。

生育率还依赖于性伙伴是否试图影响其性行为导致生育的可能性。试图减少怀孕机会的行为称避孕，而试图增加怀孕机会的行为有时被称为促怀孕（proceptive）。怀孕可能因为流产①而并不一定会生育。流产可能是自然流产，也可能是为了不生育而做的人工流产。

生育过程的这些方面增加了生育分析的复杂性，但是生育和死亡之间最主要的概念区别是，生育是一个可重复的事件。因此，生育不仅要作为一个多维过程来分析，还应作为一个累积过程来分析：生育可能不止一次，因而妇女可能只是短暂地退出生育的历险人群。

由于上述复杂性的存在，生育分析通常从定义女性人口分组开始，主要是根据影响女性生育风险的特征如年龄、婚姻状况或是胎次（女性生育的累计数量）分组。对分组人口常用的分析策略是结合人口构成和各组人口的行为来进行生育的综合度量。其中有些方法要应用第 2 章介绍的标准化和分解方法，对生育的生物医学决定因素研究则应用更复杂的方法。

5.1　时期生育率

生育率关系到时期的人口出生数量和风险暴露测量。第 1 章中已经定义了时期粗出生率（CBR），即某一时期的出生人数除以同期人口的总存活人年数：

$$CBR[0,T] = \frac{\text{时间 0 和 } T \text{ 之间的出生人数}}{\text{时间 0 和 } T \text{ 之间的总存活人年数}}$$

CBR 只是大概接近发生/风险暴露生育率，因为妇女仅在其生育年龄才能生孩子。妇女终身生育期的长短各不相同，在大多数情况下，大部分妇女在 15 ~ 50 岁生育。在进一步的时期限定后，得到一般生育率（GFR）：

$$GFR[0,T] = \frac{\text{时间 0 和 } T \text{ 之间的出生孩子数}}{\text{时间 0 和 } T \text{ 之间 15 ~ 50 岁妇女总存活人年数}}$$

不过 CBR 更常用来度量生育，部分原因在于 CBR 比 GFR 更易于计算。计算 GFR 需要人口的分年龄性别信息。此外，CBR 反映了有多少新生人口在影响人口增长，这是人口由于新生人口所导致的增长率。CBR 和 GFR 的关系可以明确地表述为：

$$CBR[0,T] = GFR[0,T] \cdot {}_{35}C_{15}^{F}[0,T] \tag{5.1}$$

其中，${}_{35}C_{15}^{F}[0,T]$ 是确切年龄 15 ~ 50 周岁妇女的存活人年数占人口总存活人年数的比例。尽管 GFR 比 CBR 更加接近实际生育率，但 ${}_{35}C_{15}^{F}[0,T]$ 的数值在不同人口中变化很小，即

---

① 根据世界卫生组织（WHO）的定义，有任何生命体征的新生儿都被定义为活产，反之为死产。妊娠期（28 周）被用来区分死产和流产。在回顾性调查中，活产和死产的区别通常并未很好记录，甚至记不清。而受孕则更难记录，因为人们经常没有意识到，如很早就自然终止的怀孕。

便在特征极不相同的人口中也是如此。与粗出生率相比，不同人口的一般生育率比较往往很少有更多发现，而度量则麻烦得多。两者的比较列在表 5.1 中。

表 5.1　1985～1990 年部分国家的粗出生率和一般生育率比较

国家	总人口（千人）	15～49 岁妇女人数（千人）	15～49 岁妇女比例	年出生人数（千人）	粗出生率	一般生育率	粗出生率排序	一般生育率排序
刚果（金）	34,569	7,601	0.220	1,652	0.0478	0.2173	1	2
肯尼亚	21,747	4,522	0.208	1,002	0.0461	0.2216	2	1
塞内加尔	6,851	1,530	0.223	312	0.0455	0.2039	3	3
南非	35,055	8,401	0.240	1,153	0.0329	0.1372	4	4
印度	809,412	191,970	0.237	25,339	0.0313	0.1320	5	5
突尼斯	7,671	1,865	0.243	228	0.0297	0.1223	6	6
印度尼西亚	175,072	44,325	0.253	4,974	0.0284	0.1122	7	7
黎巴嫩	2,612	674	0.258	73	0.0279	0.1083	8	8
阿根廷	31,436	7,469	0.238	686	0.0218	0.0918	9	9
美国	244,195	64,203	0.263	3,900	0.0160	0.0607	10	10
澳大利亚	16,265	4,243	0.261	246	0.0151	0.0580	11	11
法国	55,944	13,801	0.247	772	0.0138	0.0559	12	12
日本	122,187	31,111	0.255	1,321	0.0108	0.0425	13	13

资料来源：United Nations，1995。

尽管生育受到多重人口因素的影响，但大多数生育的度量是以年龄为基础的。生育随年龄变化是因为生殖力随年龄而变化，同时还因为社会、行为及动机等影响因素也随年龄而变化。15～49 岁妇女占总人口的比例相对稳定，但是 15～50 岁妇女内部的年龄结构则在不同人口中变化较大，因此需要计算年龄别生育率。

年龄别生育率的定义与年龄别死亡率的定义完全相似。分子是某年龄段母亲对应的出生人数，分母是该年龄段妇女的存活人年数：

$$_nF_x[0,T] = \frac{x \text{ 至 } x+n \text{ 岁妇女在时间 } 0 \text{ 和 } T \text{ 之间生育的孩子数}}{x \text{ 至 } x+n \text{ 岁妇女在时间 } 0 \text{ 和 } T \text{ 之间的总存活人年数}}$$

和年龄别死亡率一样，可以在短至 n 趋于 0 的年龄段定义年龄别生育率。因此，生育率的年龄模式可以表示为一个连续的密度函数 $f(a)$。

要消除性别年龄结构差异的影响，比较不同人口的生育率，可以采用第 2 章介绍的标准化技术。将整个育龄期分为 I 个年龄段，并采用一个标准的性别年龄分布 C_i^s，定义性别年龄标准化粗出生率为：

$$ASCBR[0,T] = \sum_{i=1}^{I} F_i \cdot C_i^s$$

其中 C_i^s 是总人口中（男性和女性）i 年龄组妇女所占的比例，F_i 是第 i 年龄组妇女的年龄别生育率。人口年龄结构替代了不同年龄组的存活人年数。

如果我们希望仅限于分析女性人口，那么出生率和 F_i 将只计算出生女孩数，而 C_i^s 则是指女性人口中 i 年龄组妇女所占的比例。

第 2 章介绍了标准的选择对比较年龄标准化率的重要性。这种选择增加了计算中的随意性。在生育分析中，通过将年龄别生育率综合为总和生育率（TFR），就避免了这种随意性。

以离散符号表示的总和生育率为：

$$TFR[0,T] = n \sum_{x=\alpha}^{\beta-n} {}_nF_x[0,T] \qquad (5.2)$$

其中 α 和 β 是生育的最小和最大年龄。TFR 是生育中最重要的指标。这是因为 TFR 不仅是对生育的年龄标准化度量的方法之一，而且还具有很强的解释力：总和生育率是如果目前的育龄妇女按照当前年龄别生育率度过整个生育期所平均生育的孩子数。这些年龄别生育率可以是某个出生队列终身的生育率，也可以是特定时期年龄别生育率的集合，后者更为常用。时期 TFR 测量的是，一个假想队列中存活到生育期末的妇女，按照特定时期观察到的各年龄生育率生育，她们一生会生育的平均子女数。在式（5.2）中，n 作为年龄别生育率的乘数出现，是因为妇女在每个 n 岁组中度过 n 年，在此期间以 ${}_nF_x$ 的年生育率生育。下文将介绍队列 TFR，如果没有特别说明，总和生育率都是指时期 TFR。专栏 5.1 演

专栏 5.1　年龄别生育率和总和生育率计算示例

${}_nW_x = $ 年中 x 至 $x+n$ 岁妇女数

${}_nB_x = x$ 至 $x+n$ 岁妇女当年生育孩子数

${}_nF_x = \dfrac{{}_nB_x}{{}_nW_x} = x$ 至 $x+n$ 岁年龄组妇女的年龄别生育率

$$TFR = n \sum_{x=\alpha, n}^{\beta-n} {}_nF_x$$

例：美国，1992

年龄 x	${}_5W_x$	${}_5B_x$	${}_5F_x$
10	8,831,206	12,220	0.0014
15	8,324,273	505,415	0.0607
20	9,344,413	1,070,490	0.1146
25	10,047,198	1,179,264	0.1174
30	11,165,144	895,271	0.0802
35	10,619,275	344,644	0.0325
40	9,519,450	55,702	0.0059
45	7,820,172	2,008	0.0003
合计	—	—	0.4128

$\sum_{x=10,5}^{45} {}_5F_x = 0.4128$

$TFR5 \times 0.4128 = 2.064$（孩子/妇女）

资料来源：National Center for Health Statistics，1996。

示了 1992 年美国年龄别生育率和总和生育率的计算，表 5.2 则给出了世界主要地区近年来的 *TFR* 估计。

表 5.2　1995～2000 年主要地区的总和生育率

地　　区	TFR	地　　区	TFR
非　　洲	5.06	欧　　洲	1.42
东　　亚	1.77	拉丁美洲和加勒比地区	2.70
中　南　亚	3.36	北　美　洲	1.94
东　南　亚	2.69	大·洋　洲	2.38
西　　亚	3.77		

资料来源：United Nations, 1999。

需要注意的是在大部分人口中，15～49 岁存活妇女人数随年龄上升而下降。因此，*CBR* 是以实际人口结构为权数对年龄别生育率进行的加权平均，与 *TFR* 相比，粗出生率给予低年龄组的权重更大，因为 *TFR* 给予所有年龄相同的权重。一般而言，推迟结婚和初次生育的影响对 *CBR* 影响更大，而 *TFR* 则更易受育龄期后期生育率变化的影响。

尽管不如年龄别生育率应用广泛，但有时也会根据其他特征如婚姻状况、胎次（妇女的活产子女数）或是曾用避孕方法构建一些其他的生育率指标。任何限制必须对生育率的分子和分母同时适用。例如，可以定义胎次别生育率为：

$$F_p[0,T] = \frac{\text{时间 0 和 } T \text{ 之间妇女生育的 } p \text{ 胎次孩子数}}{\text{时间 0 和 } T \text{ 之间生育 } p \text{ 胎次孩子的妇女总存活人年数}}$$

结合年龄和婚姻状况的年龄别婚内生育率可以定义为：

$$_nF_x^L[0,T] = \frac{\text{时间 0 和 } T \text{ 之间 } x \text{ 至 } x+n \text{ 岁已婚妇女生育的孩子数}}{\text{时间 0 和 } T \text{ 之间 } x \text{ 至 } x+n \text{ 岁已婚妇女总存活人年数}}$$

对所有年龄组的年龄别婚内生育率求和，可以推导出类似于总和生育率（*TFR*）的总和婚内生育率（*TMFR*）。比较 *TMFR* 和 *TFR*，可以发现一个既定的婚姻模式对生育水平的影响。婚外怀孕将削弱这种比较的作用，如果怀孕后迅速结婚，会人为提升婚内生育率；如果怀孕后不结婚，则会使之与婚姻状况的相关性降低。如果没有婚外生育，那么 $_nF_x = {_nF_x^L} \cdot {_n\Phi_x}$，其中 $_n\Phi_x$ 是 x 至 $x+n$ 岁妇女的已婚比例。则 *TFR* 和 *TMFR* 的比是：

$$\frac{TFR}{TMFR} = \frac{n \cdot \sum_{x=\alpha}^{\beta} {_nF_x^L} \cdot {_n\Phi_x}}{n \cdot \sum_{x=\alpha}^{\beta} {_nF_x^L}} = \sum_{x=\alpha}^{\beta} \left(\frac{_nF_x^L}{\sum_{x=\alpha}^{\beta} {_nF_x^L}} \right) \cdot {_n\Phi_x} \qquad (5.3)$$

TFR/TMFR 看起来是对各年龄组已婚比例的加权平均，权数是某年龄组对总和婚内生育率的贡献。因此，该比率是年龄别已婚比例的生育加权平均。对分别标准化了两个维度

（*TMFR* 中的年龄和婚姻状况）和一个维度（*TFR* 中的年龄）的生育率进行比较，可以评价另一个维度（婚姻）对生育率的影响。

由于历史上的出生孩子数并不都是按照母亲的年龄统计，因而无法计算年龄别生育率，为了比较欧洲人口的历史生育水平，寇尔（Coale，1969）提出了相似的标准化方法来评估婚姻模式对生育水平的影响。该方法需要女性人口的年龄分布 W_i。哈特莱特（Hutterites）是生活在美国和加拿大的具有完整统计资料和高生育率的人口，应用哈特莱特人口的婚内生育率，将一个人口的实际生育孩子数与一批妇女按照在哈特莱特[①]观测到的婚内生育率所对应的年龄别生育率（H_i）的假想生育数进行比较。那么，这个年龄标准化的一般生育指数就是：

$$I_f = \frac{B}{\sum_{i=1}^{l} H_i \cdot W_i} = \frac{\sum_{i=1}^{l} F_i \cdot W_i}{\sum_{i=1}^{l} H_i \cdot W_i}$$

如果再假定只有婚内生育，并定义 W_i^L 为 i 年龄组的已婚妇女数，那么：

$$\sum_{i=1}^{l} F_i \cdot W_i = B = B^L = \sum_{i=1}^{l} F_i^L \cdot W_i^L$$

其中，F_i^L 是 i 年龄组已婚妇女生育率。

于是，I_f 就可以写为：

$$I_f = \frac{\sum_{i=1}^{l} F_i^L \cdot W_i^L}{\sum_{i=1}^{l} H_i \cdot W_i^L} \cdot \frac{\sum_{i=1}^{l} H_i \cdot W_i^L}{\sum_{i=1}^{l} H_i \cdot W_i} = I_g \cdot I_m$$

乘积的第一部分定义为 I_g，被称为婚内生育指数，是已婚生育数与如果所有已婚妇女按照哈特莱特生育率生育的假想生育数之比。尽管为了演示标准化过程，分子被写成率的形式，但是没有必要计算这些率，因为分子中的和就是观测到的生育数。乘积的第二部分定义为 I_m，被称为已婚比例指数，表示婚姻模式对生育标准化指数 I_f 的影响。虽然权数不同，I_m 与式（5.3）中的 *TFR/TMFR* 结构类似。在这两个式子中，均是将年龄标准化的生育度量分解为一个年龄婚姻标准化的度量（*TMFR* 或者 I_g）与一个结婚对生育的贡献指数（*TFR/TMFR* 或 I_m）。专栏 5.2 利用 19 世纪初一个法国乡村的数据演示了寇尔生育指数的应用。

---

① 哈特莱特 1921～1930 年结婚队列的婚内年龄别生育率如下（Henry，1961a）。

20～24 岁	25～29 岁	30～34 岁	35～39 岁	40～44 岁	45～49 岁
0.550	0.502	0.447	0.406	0.222	0.061

Knodel（1988）建议 15～19 岁年龄组的哈特莱特婚内生育率取值 0.300。

专栏 5.2 寇尔生育指数 I_m、I_f、I_g（假定没有非婚生育）的计算

$W_i^L = i$ 年龄组的已婚妇女数量

$W_i = i$ 年龄组的妇女数量

$H_i = $ 哈特莱特的婚内生育率

$B = $ 测算年的实际生育数

$$I_f = \frac{B}{\sum_{i=1}^{7} H_i \cdot W_i} = 生育指数 \qquad I_g = \frac{B}{\sum_{i=1}^{7} H_i \cdot W_i^L} = 婚内生育指数$$

$$I_m = \frac{\sum_{i=1}^{7} H_i \cdot W_i^L}{\sum_{i=1}^{7} H_i \cdot W_i} = 已婚比例指数$$

$$I_f = I_g \cdot I_m$$

例：1801 年法国 Tourouvre – au – perche

年龄组（i）	年龄	W_i^L	W_i	H_i	$H_i \cdot W_i^L$	$H_i \cdot W_i$
1	15 ~ 19	1	73	0.300	0.3	21.9
2	20 ~ 24	19	87	0.550	10.5	47.9
3	25 ~ 29	33	49	0.502	16.6	24.6
4	30 ~ 34	58	66	0.447	25.9	29.5
5	35 ~ 39	48	56	0.406	19.5	22.7
6	40 ~ 44	42	56	0.222	9.3	12.4
7	45 ~ 49	37	51	0.061	2.3	3.1
合计	—	—	—	—	84.3	162.1

1801 年出生总数估计 B = 59

$I_f = 59/162.1 = 0.364$

$I_g = 59/84.3 = 0.700$

$I_m = 84.3/162.1 = 0.520$

资料来源：Charbonneau, Hubert, 1970. Tourouvre-au-perche aux XVIIe et XVIIIe siecles. Paris. PUF。

如果有大量的婚外生育，年龄婚姻双重标准化更为复杂，但结构相同。在这种情况下，寇尔的一般生育指数可以分解为：

$$I_f = I_m \cdot I_g + (1 - I_m) \cdot I_h$$

其中 I_h 是婚外生育数与如果所有未婚妇女按照哈特莱特生育率生育的假想生育数之比，且：

$$I_h = \frac{B - B^L}{\sum_{i=1}^{I} H_i \cdot (W_i - W_i^L)} \tag{5.4}$$

在 I_f 更详细分解式的第二部分将非婚生育[①]分解为未婚比例指数和非婚生育指数。历史上，多数情况下欧洲人口中婚外生育很少，这部分可以忽略。对不同生育水平的比较可以只基于婚内生育指数和已婚比例指数。而在一些当代西方国家，非婚生育已经成为总体生育的重要组成部分。美国 1995 年有 33% 的生育为非婚生育（National Center for Health Statistics，1996）。这个比例在北欧部分国家甚至更高。在一些人口中，婚生与非婚生的区别受到大多数非婚怀孕随后被婚姻合法化的影响，进而严重影响了寇尔测量方法的精度。

5.2 时期生育率的分解

为了在多个维度上分析时期生育率差异的原因，人口学者用多种方法对生育率进行了分解。例如，格拉比尔等（Grabill，Kiser and Whelpton，1958）在分析战后婴儿潮的早期阶段时，提出了对 T 年出生数的如下分解：

$$B(T) = W(T) \cdot \frac{M(T)}{W(T)} \cdot \frac{O(T)}{M(T)} \cdot \frac{B(T)}{O(T)} \tag{5.5}$$

其中：

$B(T)$ = T 年的出生数，

$W(T)$ = T 年的 15 ~ 49 岁妇女数，

$M(T)$ = T 年的 15 ~ 49 岁已婚妇女数，

$O(T)$ = T 年的 15 ~ 49 岁母亲（生育一胎及以上的妇女）数[②]。

这样，出生数就是以下几项的乘积：

15 ~ 49 岁妇女数，

15 ~ 49 岁妇女中的已婚比例，

已婚妇女中的母亲（即已生育者）比例，

每个母亲的平均生育数。

还有很多其他对出生数或标准化生育率的分解方法。上文提到过寇尔将一般生育指数

[①] 非婚生育被定义为未婚母亲的生育。

[②] $W(T)$、$M(T)$ 和 $O(T)$ 的精确定义分别是 T 年 15 ~ 49 岁妇女的存活人年数、T 年 15 ~ 49 岁已婚妇女的存活人年数、T 年 15 ~ 49 岁母亲的存活人年数。

分解为一个婚姻生育指数和一个已婚比例指数。邦戈茨（Bongaarts，1978）提出了一个生育率的分解模型，该模型从 $TFR/TMFR$ 开始，引入了一些反映其他生物—行为对生育率的影响因素。

在邦戈茨模型中，首先将总和生育率表示为几个可相互抵消的不同因素之比的乘积：

$$TFR = \frac{TFR}{TMFR} \cdot \frac{TMFR}{TNFR} \cdot \frac{TNFR}{MTFR} \cdot MTFR$$

其中 $TNFR$ 是总和自然生育率，而 $MTFR$ 是最大可能生育率。于是，可以用这些比构成一系列指数：

$$TFR = \frac{TFR}{TMFR} \cdot \frac{TMFR}{TNFR} \cdot \frac{TNFR}{MTFR} \cdot MTFR = C_m \cdot (C_c \cdot C_a) \cdot C_i \cdot 15.3 \tag{5.6}$$

其中，15.3 是最大可能生育率 $MTFR$ 的假定值，$TMFR/TNFR$ 表示为两个指数 C_c 和 C_a 的乘积。这样，三个比就与四个指数联系起来，每个指数代表了一系列生育决定因素，常被称为生育的"直接决定因素"。首先，C_i 通过反映影响产后不孕期长度的哺乳行为，将最大可能生育率与自然生育水平（$TNFR$）相比。其次，自然生育水平又通过避孕和人工流产与总和婚内生育率（$TMFR$）联系起来，避孕和人工流产分别用指数 C_c 和 C_a 表示。最后，总和婚内生育率通过指数 C_m 与总和生育率联系起来。指数 C_m 就是式（5.3）中的 $TFR/TMFR$。正如上文所提到的，这种分解暗含的假定是没有婚外生育或将婚姻广义地定义为包含所有的性关系。

直接决定因素和四个指数之间的关系已有经验估计。如，因避孕减少生育的指数估计为：

$$C_c = 1 - 1.08 \cdot u \cdot e \tag{5.7}$$

其中，u 是妇女避孕的比例，e 是避孕的平均使用有效率。平均使用有效率的定义为因避孕而引起的每月怀孕概率的按比例下降（Trussell et al.，1993）。避孕使用有效率的估计方法是基于第 4 章介绍的生命表技术。更具体地说，是应用一个相关单递减生命表来分离停止使用避孕方法对怀孕的影响和其他影响（专栏 5.3 给出了一个假设的例子）。式（5.7）中加入系数 1.08 是考虑到不孕夫妇可能因为知道自己没有怀孕风险而不采取避孕措施。这样，避孕使用有效率低于 100% 时，指数应当接近于 0。

人工流产引起的 TFR 按比例减少指数 C_a 的估计如下：

$$C_a = \frac{TFR}{TFR + 0.4(1 + u)TA} \tag{5.8}$$

其中，TA 是总和人工流产率（分年龄人工流产率的和，与总和生育率的计算方法相同）。系数 $0.4(1 + u)$ 代表了一次人工流产减少的出生数，该数值小于 1，因为与活产相比，人工流产占用了更短的妇女生殖期。邦戈茨模型表明，如果不避孕，一次人工流产可避免 0.4 个孩子出生，如果妇女正在避孕，则一次流产可避免 0.8 个孩子出生。

C_i 是由于产后不孕引起的生育减少指数，该指数估计如下：

$$C_i = \frac{20}{18.5 + i} \qquad (5.9)$$

其中，i 是以月为单位的产后不孕期长度。如果 i 是 1.5 个月，则不会降低最大自然生育率。如果无法直接估计 i，则可以通过哺乳期的平均月数 $\overline{BF}$ 近似得到（Bongaarts，1982：188）：

$$i = 1.753\exp(0.1396\,\overline{BF} - 0.001872\,\overline{BF}^{\,2}) \qquad (5.10)$$

专栏 5.3　用相关单递减生命表计算避孕失败率
（假设各时期的失败风险固定不变）

x = 使用避孕方法的持续时间（按月计算）

l_x = 期初使用避孕方法的妇女人数

$_nd_x^P$ = 期内怀孕妇女人数

$_nd_x^D$ = 期内停止避孕妇女人数

$_nL_x = \dfrac{(l_{x+n} - l_x) \cdot n}{\ln(l_{x+n}/l_x)}$ = 期内使用避孕方法的人月数，假设避孕失败率固定不变

$_nM_x^P = \dfrac{_nd_x^P}{_nL_x} = x$ 至 $x+n$ 时间段的避孕失败率

$_nP_x^P = e^{-n \cdot _nM_x^P}$ = 避孕失败是停止避孕的唯一原因时的期内未怀孕概率

$^*l_x^P$ = 避孕失败是停止避孕的唯一原因时的期初使用避孕方法的妇女人数

理论例子

x	l_x	$_nd_x^P$	$_nd_x^D$	$_nL_x$	$_nM_x^P$	$^*_nP_x^P$	$^*l_x^P$
0	100	5	15	268.89	0.0186	0.9457	1,000
3	80	4	6	224.67	0.0178	0.9480	946
6	70	5	5	194.61	0.0257	0.9258	897
9	60	2	2	173.93	0.0115	0.9661	830
12	56	—	—	—	—	—	802

使用避孕方法的第一年未怀孕概率 $= \dfrac{^*l_{12}^P}{^*l_0^P} = 0.802$

使用避孕方法的第一年避孕失败概率 $= 1 - \dfrac{^*l_{12}^P}{^*l_0^P} = 0.198 = 19.8\%$

最大可能生育率估计为 15.3。该数值表明在一个没有避孕、没有人工流产、最短产后不孕期为 1.5 个月，且所有妇女在 15 岁结婚并在 50 岁还仍然在婚的人口中，总和生育率将是 15.3。这一数值高于任何一个观测到的高生育率人口，包括哈特莱特。没有人口能满足所有这些条件以达到最高的生育率。

斯托尔(Stover，1998)总结了应用邦戈茨模型的 100 多个结果，并建议对指数进行某些调整。其中最重要的调整可能是用性活动代替婚姻来表示受孕的可能性。

5.3 队列生育

与死亡分析一样，也可以从队列视角分析生育。不过，队列分析方法在生育分析中更为重要，因为事实上总体生育水平是一个累积过程，并且妇女的生育史会影响她们未来的生育。第 2 章中已经定义了队列年龄别率。对队列年龄别生育率求和可以得到队列总和生育率。队列总和生育率是同一出生队列妇女的平均生育数，假设她们都存活到生殖期结束，并且按照实际观测到的该队列各年龄存活成员的生育率生育。如果死亡队列成员与存活队列成员在每个年龄有同样的生育率，那么队列总和生育率就是该队列存活到生殖期末妇女的平均曾生子女数。

队列总和生育率只能在该出生队列的所有存活妇女度过整个生殖期后才能计算。如果不同时期各年龄的人口率固定不变，那么纵向(队列)和横向(时期)测度就没有区别。不过在某些情况下，时期测度可能会为真实队列的行为提供误导性的指标值。法国的亨利(Henry，1953)和美国的莱德(Ryder，1965 and 1986)对生育的时期测度和队列测度的关系探讨作出了最多贡献。即便队列总和生育率保持不变，如果生育年龄模式改变，生育的队列测度和时期测度也会存在差异。假定在一个人口中，妇女一般生育 5 个孩子，在 15 ~ 19、20 ~ 24、25 ~ 29、30 ~ 34 和 35 ~ 39 岁年龄段各生 1 个。但是，由于特别情况，在某个 5 年期间没有生育。假定妇女在 40 ~ 44 岁再生育 1 个孩子来"补偿"这个"错过的生育"，如表 5.3 所示，在这个例子中，时期总和生育率将在 0 到 6 之间波动，而队列总和生

表 5.3　时期和队列总和生育率的区别

| 年龄 | 年龄别生育率 | | | | | | | | |
| | 时　期 | | | | | | | | |
	1930 ~ 1934 年	1935 ~ 1939 年	1940 ~ 1944 年	1945 ~ 1949 年	1950 ~ 1954 年	1955 ~ 1959 年	1960 ~ 1964 年	1965 ~ 1969 年	1970 ~ 1974 年
15 ~ 19	0.2	0.2	0	0.2	0.2	0.2	0.2	0.2	0.2
20 ~ 24	0.2	0.2	0	0.2	0.2	0.2	0.2	0.2	0.2
25 ~ 29	0.2	0.2	0	0.2	0.2	0.2	0.2	0.2	0.2
30 ~ 34	0.2	0.2	0	0.2	0.2	0.2	0.2	0.2	0.2
35 ~ 39	0.2	0.2	0	0.2	0.2	0.2	0.2	0.2	0.2
40 ~ 44	0	0	0	0.2	0.2	0.2	0.2	0.2	0
时期 TFR	5.0	5.0	0	6.0	6.0	6.0	6.0	6.0	5.0

育率——通过追踪表 5.3 对角线的一个队列确定——将保持在 5.0 不变。

分析不同队列改变生育模式的影响，一个简单的方法是将时期总和生育率 TFR^P 分解成一个时间成分和一个数量成分：

$$TFR^P = \sum_{i=1}^{l} F_i^P = \sum_{i=1}^{l} \frac{F_i^P}{TFR^{Ci}} \cdot TFR^{Ci} = \sum_{i=1}^{l} p_i^P \cdot TFR^{Ci}$$

其中，TFR^{Ci} 是时期 P 处于年龄段 i 的 C_i 队列的队列总和生育率。这样 p_i^P 就可以解释为队列 C_i 在时期 P（即处于年龄段 i）的生育数占生育总数（TFR）的比例。这种解释明确说明，时期 TFR 取决于在该时期有生育的各队列的生育数量（TFR^{Ci}）及一个时间成分 p_i^P，它代表了在该时期出生人数的比例。

为了比较实际时期 TFR 和无生育时间效应的假设时期 TFR，可以用某队列的终生队列生育率分布作为标准分布 p_i^s，然后计算生育时间标准化的时期 TFR。凯泽等（Kiser，Grabill and Campbell，1968：255 - 264）用此方法研究发现，用生育时间因素标准化方法将大幅减小美国的时期总和生育率的波动。换句话说，生育时间因素增强了队列总和生育率中的数量因素，使时期 TFR 比队列 TFR 更不稳定。高生育时期既是当期生育队列生育水平高（即家庭规模大）的时期，同时也是生育高度集中的时期。在美国的战后婴儿潮期间，时期 TFR 最高达 3.7，但没有任何一个当期生育队列的总和生育率高于 3.3。

使用上述方法需要完整的生育史。它并不能解决当前受到极大关注的问题：部分后工业化国家和地区的低生育率在多大程度上可归因于生育时间因素——由于平均生育年龄上升，拉长了生育孩子的时间——或归因于数量因素。邦戈茨和费尼（Bongaarts and Feeney，1998）研究出消除时期 TFR 因生育时间而波动的方法，但是其假设条件限制了它的应用（Kim and Schoen，2000）。

在解释来自时期数据的生育测度时，应当注意生育的时期测度和队列测度的区别。是时期还是队列的年龄标准化生育率更合适，并不是个测量问题，而是取决于时期和队列对生育率影响的相对重要性。在这个概念问题上，人口学没有达成共识（Bhrolchain，1992）。

队列的总和生育率可以从普查或调查中有关妇女生育孩次和活产子女数直接估计。如果填报准确，并且各胎次之间的死亡和迁移没有差别，那么已经完成生育期的妇女队列的平均孩次或平均曾生子女数等于队列总和生育率。可以用推导式（4.10）的同样逻辑研究死亡和迁移作用的差别。

生育过程不仅可以通过妇女从一个年龄向下一年龄的移动表示，也可以通过妇女从一个孩次向下一孩次的移动表示。后者可以用亨利（Henry，1953：22）引入的孩次递进比表示。妇女的孩次是其活产子女数量，所以从 i 到 $i+1$ 孩次的孩次递进比就是至少有 i 孩的妇女中再生至少一孩的比例。

$$PPR_{(i,i+1)} = \frac{\text{生育了 } i+1 \text{ 孩及以上的妇女人数}}{\text{生育了 } i \text{ 孩及以上的妇女人数}} = \frac{P_{i+1}}{P_i}$$

专栏 5.4 已完成生育队列的孩次递进比计算

$W_i = $ 孩次 i 的妇女数 $\qquad P_i = \sum_{a=i}^{l} W_a = $ 孩次 i 及以上的妇女数

$B_i = $ 孩次 i 的出生数 $= P_i$（对于所有 $i > 0$）

$$PPR_{(i, i+1)} = \frac{P_{i+1}}{P_i} = \frac{B_{i+1}}{B_i} \qquad PPR_{(0, i)} = \frac{P_i}{P_0} = \prod_{a=0}^{i-1} PPR_{(a, a+1)}$$

$$TFR = \frac{B}{W} = \frac{\sum_{i=1}^{l} B_i}{W} = \sum_{i=1}^{l} PPR_{(0, i)}$$

例：1980 年 903 名 45 岁及以上曾婚埃及妇女的曾生子女数

孩次	W_i	P_i	B_i	$PPR_{(i, i+1)}$	$PPR_{(0, i)}$
0	33	903	—	0.9635	—
1	37	870	870	0.9575	0.9635
2	38	833	833	0.9544	0.9225
3	33	795	795	0.9585	0.8804
4	65	762	762	0.9147	0.8439
5	85	697	697	0.8780	0.7719
6	91	612	612	0.8513	0.6777
7	117	521	521	0.7754	0.5770
8	108	404	404	0.7327	0.4474
9	101	296	296	0.6588	0.3278
10	91	195	195	0.5333	0.2159
11	41	104	104	0.6058	0.1152
12	37	63	63	0.4127	0.0698
13	12	26	26	0.5385	0.0288
14	9	14	14	0.3571	0.0155
15	2	5	5	0.6000	0.0055
16	2	3	3	0.3333	0.0033
17	1	1	1	0.0000	0.0011
18	0	0	0	—	0.0000
合计	903	—	6,201	—	6.867

$$W = \sum_{i=0}^{18} W_i = 903 \qquad B = \sum_{i=1}^{18} B_i = 6,201 \qquad \sum_{i=1}^{18} PPR_{(0, i)} = 6.867$$

$$TFR = \frac{B}{W} = \sum_{i=1}^{18} PPR_{(0, i)} = \frac{6201}{903} = 6.867 \text{（孩子／妇女）}$$

资料来源：Egypt Central Agency for Public Mobilisation and Statistics, World Fertility Survey ［WFS］. *The Egyptian Fertility Survey*, 1980. Cairo. Central Agency for Public Mobilisation and Statistics, 1983。

队列测度通常只计算已经完成生育期的队列。在对 50 岁妇女的调查中，队列总和生育率估计为该队列妇女生育总数除以该队列妇女总数。这可以像常规 TFR 那样对各年龄组求和，也可以按照出生顺序求和（第一孩、第二孩等）。如果我们定义 P_i 为生育 i 孩及以上的妇女人数，W 为妇女总人数，第一孩人数为 P_1，第二孩人数为 P_2 等，于是有：

$$TFR^C = \frac{P_1}{W} + \frac{P_2}{W} + \frac{P_3}{W} + \cdots = \frac{P_1}{W} + \frac{P_1}{W} \cdot \frac{P_2}{P_1} + \frac{P_1}{W} \cdot \frac{P_2}{P_1} \cdot \frac{P_3}{P_2} + \cdots \qquad (5.11)$$

$$= PPR_{(0,1)} + PPR_{(0,1)} \cdot PPR_{(1,2)} + PPR_{(0,1)} \cdot PPR_{(1,2)} \cdot PPR_{(2,3)} + \cdots$$

按照这个形式，完全可以从孩次递进比推导出队列总和生育率。孩次递进比在研究人口中的生育限制行为模式时很有用，这些行为往往与妇女的曾生子女数相关（Henry，1961a；Feeney and Feng，1993）。专栏 5.4 演示了孩次递进比方法的应用。

值得注意的是，从孩子角度统计和从妇女角度统计的生育数量经常不同。母亲生育的平均数 $\overline{C}$ 不仅取决于妇女的平均孩次 $\overline{P}$，还取决于孩子在妇女中的分布。如果队列中的一半妇女生 5 个孩子，另一半生 1 个孩子，妇女的平均孩次显然是 3，而每个孩子的平均兄弟姐妹数（包括自己）则是：

$$\frac{0.5 \times 5 \times 5 + 0.5 \times 1 \times 1}{0.5 \times 5 + 0.5 \times 1} = \frac{13}{3} = 4.33$$

产生差距的原因是，与一孩妇女的孩子相比，五孩妇女的孩子在孩子中过度加权了（乘数为 5）。这两个均值往往有很大差距。例如，大萧条时期的美国母亲（1950 年 45～49 岁的妇女）平均孩次为 2.29，而这些妇女的孩子则是由平均孩次为 4.91 的母亲所生（Preston，1976b）。一般来说，两个均值之间的关系是：

$$\overline{C} = \overline{P} + \frac{\sigma^2}{\overline{P}}$$

其中，σ^2 是妇女孩次的方差（Preston，1976b）。仅当所有妇女有相同数量的孩子时，两个均值才会相等。显然，我们不应该错误地（相当普遍）以孩子报告的母亲生育孩次直接估计过去的生育水平。

5.4 出生间隔分析

出生间隔分析明确识别了生育过程中独特的更新特征。人口学者特别是美国的谢普斯和孟根（Sheps and Menken，1973）及法国的亨利（Henry，1957 and 1961b）已经推导出终身生育率的数学表达式。出生间隔分析考虑妇女生殖期内一胎向下一胎的递进过程，而不是通过加总年龄别生育率计算总和生育率。因为女性生殖期是有限的，所以，出生间隔分析的原则是，一个妇女的总生育率可以从她第一次有生育风险到第一次生育之间的间隔以及后续生育的平均间隔来考虑。如果人口中的所有生育间隔长度相同，那么该人口的平均总和生育率就等于从第一间隔开始到最后一个间隔结束的整个生殖期长度除以间隔的长度。

出生间隔可以被分解为：不可受孕期，包括怀孕和生育后的不排卵期，其长度主要取决于哺乳期的长度；等待期 W，一个可生育的妇女在此期间暴露于受孕风险，其长度取决于妇女的受孕条件和避孕的使用状况；其余时间，是受孕结果不是活产的风险时期。

生育间隔的长度可以利用第 3 章和第 4 章中讨论的生命表技术来研究。将出生等价于"死亡"，时间维度不再是年龄，而是出生间隔的持续时间，即从上一次生育开始的时间长度（对第一次生育而言是自结婚至生育的时间长度）。当生命表技术运用于试图怀孕的妇女时，表中的时期通常指"等待时间"。和婚姻分析一样，生育的风险总是伴随着死亡风险，所以多递减生命表和相关单递减生命表是合适的分析工具。然而，生育期的死亡率相当低，为了简化计算，假设这些年龄没有死亡通常是可接受的。

出生间隔长度的一个重要生物决定因素是受孕率，基尼（Gini，1924）将其定义为在没有避孕和没有临时不孕条件下的月受孕概率。跟踪一个新婚、未怀孕、未避孕的妇女队列可以估计平均受孕率。例如，珀尔（Pearl，1933）建议用在这些妇女中观测到的怀孕数量除以有怀孕风险的妇女人月数，来代替离散的排卵"试验"人数。

由于人口的异质性致使不同群体的受孕率差别较大时，用上述方法估计受孕率就会出现问题。为了说明这一点，我们假定一个女性人口由两个规模相同、但受孕率不同的子群体组成，受孕率分别为 0.1 和 0.3，平均受孕率为 0.2。表 5.4 为没有避孕前提下的婚后生育时期生命表。研究受孕率往往是截取一段时期（通常是 6 个月或 12 个月），然后计算期内的估计受孕率。但是当人口具有异质性时，估计受孕率的计算值将随着时间的推移而下降。在本例中，一个月后的值将是：

$$p(1) = 400/2,000 = 0.200, \text{这是对该队列的正确估计}$$

但三个月后的值是：

$$p(3) = (400 + 300 + 228)/(2,000 + 1,600 + 1,300) = 0.189$$

六个月后的值就是：

$$p(6) = (400 + \cdots + 109)/(2,000 + \cdots + 758) = 0.178$$

因为低受孕率群体在未怀孕人群中的比例越来越大，估计值随着持续时间延长而下降。只有第一个月的估计值是人口整体受孕率的无偏估计。只有当每个妇女的受孕率相同时，每个群体不同持续期的估计值才会一致。遗憾的是，不同妇女的受孕能力通常是变化的。亨利（Henry，1961b，1964）建议人口中不同个体的受孕率可以用皮尔逊分布表达：

$$f(p) = \frac{p^{a-1} q^{b-1}}{\int_0^1 p^{a-1} q^{b-1} dp}$$

其中 $q = 1 - p$，a 和 b 是待定参数①。

――――――――――

① 关于分布参数值的估计参见 Leridon（1977）。

表5.4　不同受孕率群体怀孕的等待时间

婚后持续时间（月）	第一组		第二组		合　计	
	l_x	$_nd_x$	l_x	$_nd_x$	l_x	$_nd_x$
0	1,000	100	1,000	300	2,000	400
1	900	90	700	210	1,600	300
2	810	81	490	147	1,300	228
3	729	73	343	103	1,072	176
4	656	66	240	72	896	138
5	590	59	168	50	758	109
6	531	53	118	35	649	88

注：死亡风险假设为0。我们还假设所有的怀孕刚好发生在月末。x 至 $x+n$ 岁的怀孕数记为 $_nd_x$。

估计了受孕率之后，也可以估计平均等待期 W。W 是出生间隔生命表中的"出生时预期寿命"。如果假定各生育年龄段和不同妇女的受孕率为常数，那么出生间隔的平均等待期就是受孕率的倒数 $(1/p)$。等待 n 个月的概率就是该月受孕概率 p 乘以前 $n-1$ 个月的未怀孕概率 $(1-p)^{n-1}$，所以：

$$p[W = n] = p(1 - p)^{n-1}$$

平均等待期（W 的期望值）就是：

$$E[W] = \sum_{n=1}^{\infty} n \cdot p(W = n) = \sum_{n=1}^{\infty} n \cdot p(1 - p)^{n-1}$$

由于下式成立：

$$\sum_{n=1}^{\infty} n \cdot x^{n-1} = \frac{1}{(1 - x)^2}$$

那么，平均等待期就是：

$$E[W] = p \cdot \frac{1}{[1 - (1 - p)]^2} = \frac{1}{p}$$

这就如同静止人口中出生预期寿命和粗死亡率之间的倒数关系。

以上证明了如果所有的妇女有相同的受孕率 p，那么从初次有受孕风险到初次受孕之间的预期时间间隔是 $1/p$。另一方面，如果妇女是异质性的，且 $f(p)$ 是妇女中受孕率为 p 的比例，那么平均等待期则是 $f(p)$ 的调和平均值：

$$E[W] = \int_0^1 \frac{1}{p} f(p) \, dp$$

在一次生育和下次生育之间的预期间隔要长于结婚和初次生育之间的间隔，因为前者包括9个月的怀孕期加上生育后的一段不可受孕期 s_b。假定在年龄 α 和 β 间所有妇女的受孕率都为 p，其他年龄段为0，那么两次怀孕间的预期间隔为 $(1/p) + 9 + s_b$。假定没有胎儿死亡，那么结婚后平均 $(1/p) + 9$ 个月生第一个孩子，此后每隔 $(1/p) + 9 + s_b$ 个月再生下一个孩子。将第一次生育后的时间除以平均生育间隔再加上第一次生育，$TMFR$ 就可以写为：

$$TMFR = 1 + \frac{\beta - \alpha - \left(\frac{1}{p} + 9\right)}{\frac{1}{p} + 9 + s_b} = \frac{\beta - \alpha + s_b}{\frac{1}{p} + 9 + s_b}$$

假定每个妇女在年龄 α_m（按月计算，$\alpha_m > \alpha$）"结婚"（即开始有受孕风险），并且既没有离婚也没有婚外生育，那么 TFR 就是：

$$TFR = \frac{\beta - \alpha_m + s_b}{I_b} \tag{5.12}$$

其中 $I_b = \frac{1}{p} + 9 + s_b$。

最后来区分一下结果为活产的怀孕和其他怀孕。假定与受孕相关的不可受孕期（怀孕和孕后无排卵）为 s_w。活产的出生间隔由于一次自然流产增加 $(1/p) + s_w$。假定怀孕结果不是活产的概率为 ω，那么活产的出生间隔将按照活产的 ω 比例增加 $(1/p) + s_w$，按照活产的 ω^2 比例增加 $(1/p) + s_w$（连续两次怀孕均自然流产），依此类推。活产的平均出生间隔就是：

$$
\begin{aligned}
I_b &= \frac{1}{p} + 9 + s_b + \omega\left(\frac{1}{p} + s_w\right) + \cdots + \omega^n\left(\frac{1}{p} + s_w\right) + \cdots \\
&= \frac{1}{p} + 9 + s_b + \frac{\omega}{1 - \omega}\left(\frac{1}{p} + s_w\right) \\
&= \frac{1}{p(1 - \omega)} + 9 + s_b + \frac{s_w \omega}{1 - \omega}
\end{aligned} \tag{5.13}
$$

胎儿流失对结婚和初次生育之间的间隔增加了同样的平均时间。所以式（5.12）中 TFR 仍然可以使用式（5.13）中的 I_b。

以下演示这个模型与邦戈茨模型相联系的应用。假定每个 15 ~ 45 岁妇女的受孕率为 0.2。产后不可受孕期为 7.5 个月。不考虑胎儿流失，妇女将在 14 个月后生第一胎（平均等待期为 5 个月，怀孕 9 个月），此后每 21.5 个月生另一胎。如果胎儿流失的概率是 0.2，相应的不可受孕期 s_w 为 5 个月，每个平均间隔（包括结婚和初育之间以及与更高胎次之间）增加 $(0.2/0.8) \times (5 + 5) = 2.5$ 个月。因此，结婚和初育间隔变为 16.5 个月，各胎次之间的间隔变为 24 个月。若假定所有妇女 15 岁结婚，那么根据式（5.12）TFR 就是：

$$TFR = TMFR = (30 + 7.5/12)/2 = 15.3$$

这就是邦戈茨模型中的最大总和生育率。如果所有妇女在 25 岁结婚，那么 TFR 将是 10.3。

避孕效率 e 的定义为使用避孕方法导致的月怀孕概率的减少比例。如果没有避孕时的

怀孕概率是 p，那么避孕时的怀孕概率就是 $p(1-e)$。将避孕加入模型，式 (5.12) 中的 TFR 不会改变，但是出生间隔变为：

$$I_b = \frac{1}{p(1-e)(1-\omega)} + 9 + s_b + \frac{s_w\omega}{1-\omega} \tag{5.14}$$

假定避孕效率是 0.9，月怀孕概率会下降到 0.02，平均出生间隔则为 $62.5 + 9 + 7.5 + 1.25 = 80.25$ 个月，或 6.6875 年。如果所有妇女 25 岁结婚，那么：

$$TFR = (20 + 7.5/12)/6.6875 = 3.08$$

值得注意的是，避孕将月怀孕概率降低至原来的 1/10，而仅仅将 TFR 从 10.3 降低到 3.08。原因是受孕等待期是出生间隔中唯一受避孕影响的部分。怀孕期、产后不可受孕期和胎儿流失相关的不孕期并没有改变。出生间隔中任何一个部分的变化所导致的整个出生间隔变化的比例，将小于该部分自身变化的比例。

该模型的另一个应用是研究流产对 TFR 的影响。一次流产（自然流产或人工流产）使出生间隔增加 $1/[p(1-e)] + s_w$，于是其减少 TFR 的绝对量为：

$$\frac{\dfrac{1}{p(1-e)} + s_w}{\dfrac{1}{p(1-e)(1-\omega)} + 9 + s_b + \dfrac{s_w\omega}{1-\omega}} \tag{5.15}$$

这个表达式是小于 1 的。因为与活产相比，妇女流产后能更快恢复到待孕状态，所以一次流产只能减少不到一次生育。应用之前用过的参数，不考虑避孕，一次流产使出生间隔从 24 个月延长到 34 个月（因为 $1/p + s_w = 5 + 5 = 10$），并减少了 $10/24 = 0.417$ 个孩子出生。若避孕效率为 90%，则一次流产可使出生间隔从 80.25 个月延长到 135.25 个月 $\{1/[p(1-e)] + s_w = 50 + 5 = 55\}$ 并减少了 $55/80.25 = 0.685$ 个出生数。当避孕效率非常高时（如 99%），有一次流产的出生间隔实质上等于没有流产的出生间隔的 2 倍，所以一次流产有效地"避免"一次生育。原因在于，在避孕高度有效的情形下，出生间隔主要受怀孕等待期影响，而一次流产的怀孕等待期和一次活产的怀孕等待期相同。用包括人工流产和自然流产的概率代替自然流产概率 ω，可以将人工流产正式纳入上述 TFR 模型。

这个简单模型使我们能更好地理解生育率影响因素变化的潜在作用。显然，模型忽略了一些潜在的重要因素，如婚姻中断。模型假设生育参数在整个生育期是常数。模型还将平均数应用于每个妇女，因此就无法考虑人口的异质性。微观模拟技术可以构建更复杂的生育过程模型并引入异质性（Menken，1977）。活产的过程也可表示为马尔可夫更新过程，在此过程中，每个妇女面临在不同状况间转换的风险，每种状况有不同的受孕率（结婚、离婚、丧偶、再婚、产后不可受孕），并且有着出现不同怀孕结果（自然流产、活产、死产）的概率。

可以通过这个简单模型的数量应用来说明人口异质性的影响。假定所有妇女的受孕率为 0.2，不过其中一半妇女以 90% 的效率避孕，因此她们的有效受孕率是 0.02。我们还假定一半妇女哺乳期为 1 年，所以 s_b 是 13.5，而另一半妇女则完全不哺乳，所以 s_b 是 1.5。最后，我们假定一半妇女 20 岁结婚，而另一半妇女 30 岁结婚。其他值与上文相同，并且对同一群体内每个妇女都相同。

如果哺乳、结婚和避孕是独立的，我们定义 8 组规模相等的妇女。每组的 TFR 都列在表 5.5 中。最下面一行列出了平均 TFR，其值可以通过每组的受孕率和不可受孕期的算术平均值计算出来。我们可以根据平均参数值计算出 TFR 为 8.50，而该人口的实际 TFR 值是 8 个等规模子人口 TFR 的均值，即 $(16.75 + 10.08 + \cdots + 2.24)/8 = 7.01$。

表 5.5 一个异质性人口的总和生育率

避 孕	哺乳	出生间隔①	结婚年龄（岁）	TFR②
否 $p = 0.2$	否 $s_b = 1.5$	18	20	16.75
			30	10.08
	是 $s_b = 13.5$	30	20	10.45
			30	6.45
是 $p(1-e) = 0.02$	否 $s_b = 1.5$	74.25	20	4.06
			30	2.44
	是 $s_b = 13.5$	86.25	20	3.63
			30	2.24
平均概率 $p(1-e_m) = 0.11$	$s_b = 7.5$	29.11	25	8.50

注：①根据式(5.14)计算出生间隔，其中 $s_w = 5$，$\omega = 0.2$。
②根据式(5.12)计算 TFR，其中出生间隔应用式(5.14)计算，$\beta = 45$。

出生间隔模型的复杂性、假设条件的严格性和分布影响的敏感性限制了模型在测量总和生育率方面的应用。在很多场合，模型参数的数据也不充分。但正如以上几个例子所示，这些模型为理解生育的影响因素及其相互作用提供了非常有用的分析工具。

在处理横向调查的出生间隔数据时，区分"封闭"和"开放"的出生间隔十分重要。封闭间隔是两个观测事件之间的间隔，如在经典死亡生命表中的出生事件与死亡事件之间，或者妇女生育史的两次生育之间。在回顾性调查中，也有开放间隔，即因为调查时结束事件尚未发生而"删失"了时间间隔。在死亡分析中，年龄（从出生以来的时间）就是这样一个开放间隔；在生育分析中，从上次生育以来的时间就是一个开放间隔。

显然，当所有封闭间隔长度相同时，一个调查的平均（随机选择）开放间隔将是封闭间隔长度的一半。例如，如果所有妇女每 24 个月生育一胎，并且妇女根据上次生育以来的时间随机分布，那么自上次生育以来的平均长度将是 12 个月。但是如果有些封闭间隔比其他的短，那么情况更为复杂。如果人口中一半妇女每 12 个月生育一胎，另一半妇女每 36 个月生育一胎，并且妇女根据上次生育以来的时间随机分布，那么妇女自上次生育以来的平均长度仍然是 12 个月。第一组妇女的平均长度为 6 个月，第二组为 18 个月，由于两组人口规模相等，人口的平均"开放"间隔依然是 12 个月。另外，封闭间隔较短的妇女比其他妇女生育次数更多，因此在任何一个给定时期内，12 个月后的生育会多于 36 个月后的生育。如果采用封闭间隔长度的出生数加权测量（基于特定时期的出生数而不是随机妇女样本来测量间隔），那么平均封闭间隔长度将少于 24 个月。在这个例子中，短间隔组的妇女生育数在任何时期都是长间隔组的 3 倍。于是，封闭间隔的出生数加权平均长度（无论是向后测量上次生育还是向前测量下次生育）是：

$$0.75 \times 12 + 0.25 \times 36 = 18(月)$$

这个值明显小于开放间隔的平均长度 12 个月的 2 倍。普雷萨（Pressat，1972）给出了开放间隔的平均长度 L_0 为：

$$L_0 = \frac{L_c + \frac{\sigma^2}{L_c}}{2} \qquad (5.16)$$

其中 L_c 和 σ 分别是封闭间隔的出生数加权均值和标准差[①]。应用在本例中，有：

$$12 = (18 + 108/18)/2$$

这个关系不仅可用来进行回顾性调查的出生间隔分析，还可以应用于以死亡生命表为代表的传统静止人口。在生命表中，死亡人口分布的平均死亡年龄（封闭间隔）就是静止人口的出生时预期寿命。于是可以将人口的平均年龄（从出生到死亡的开放间隔的长度）表示为：

$$\bar{A} = \frac{e_0 + \frac{\sigma^2}{e_0}}{2}$$

需要注意的是，当所有时期的递减率相同时，递减的数量（死亡数）总是与有死亡风险的（存活）人数成一定比例，所以存活人口的平均年龄（开放间隔）将等于死亡人口平均年龄（封闭年龄）。另一方面，如果每个人死于同一年龄，即等于出生时预期寿命，那么 $\sigma^2 = 0$，并且静止人口的平均年龄刚好等于出生时预期寿命的一半。

---

① Sheps 和 Menken（1973：154）给出了更概括性的关系式：

$$E(x^r) = \frac{m^{(r+1)}}{(r+1)m}$$

其中，x 是上次发生事件以来的时间，$E(x^r)$ 是人口的期望值，$m^{(n)}$ 是事件分布 $f(x)$ 的第 n 阶矩，即：

$$m^{(r)} = \int_0^\infty x^r f(x) dx$$

当 $r = 1$ 时，人口中上次事件以来的期望时间等于开放间隔（自上次事件以来的时间）的平均长度，则一阶矩等于生育分布的封闭间隔的平均长度，所以：

$$E(x) = \frac{m^{(2)}}{2m} = \frac{m^2 + \sigma^2}{2m}$$

5.5   人口再生产的度量

生育和死亡过程共同决定了人口的自然增长。第 1 章中介绍了人口增长率以及考虑生育和死亡的综合贡献的方法，即粗出生率和粗死亡率之差就是时期自然增长率。另一种分析人口增长的方法是比较连续两代人口的规模。TFR 度量了妇女在整个生育期生育的孩子数。如果只考虑出生女孩数，就得到平均每个妇女生育的女孩数指标，这可以近似度量生育的妇女是否在数量上"复制了她们自己"。我们定义生女孩的年龄别生育率为：

$$_nF_x^F[0,T] = \frac{时间\ 0\ 和\ T\ 之间\ x\ 至\ x+n\ 岁妇女生育的女孩数}{时间\ 0\ 和\ T\ 之间\ x\ 至\ x+n\ 岁妇女存活人年数}$$

当这些率不会与生命表中年龄别死亡率的记号混淆时，通常用 $_nm_x$ 来表示女婴生育率，它们的连续形式是年龄的生育函数 $m(a)$。

粗再生产率（GRR）与 TFR 等价，但是粗再生产率使用女婴生育率而不是生育率：

$$GRR[0,T] = n \cdot \sum_{x=\alpha}^{\beta-n} {}_nF_x^F[0,T] \tag{5.17}$$

GRR 代表了若妇女能够存活到生育期末将平均生育的女孩数。因为没有考虑死亡，它是对人口再生产的粗略测量。

对人口再生产的实际度量必须考虑死亡。引入生命表中的 $_nL_x$ 列就可以实现。由于 $_nL_x$ 值代表了出生人口 l_0 的队列在 x 至 $x+n$ 岁之间存活的人年数，所以根据时期死亡状况，平均一个妇女的整个生育期当中每个年龄段的存活年数是 $_nL_x^F/l_0$。于是定义净再生产率为：

$$NRR[0,T] = \sum_{x=\alpha}^{\beta-n} {}_nF_x^F[0,T] \cdot \frac{_nL_x^F}{l_0} \tag{5.18}$$

NRR 可以解释为，如果一个出生队列的女性成员按照观测的年龄别女婴生育率（$_nF_x^F$）和死亡率（体现在 $_nL_x^F$）终其一生，她们将平均生育的女孩数。如果 NRR 大于 1.00，一个女孩出生队列将生育一个大于本队列规模的女儿队列。专栏 5.5 列出了 1991 年美国的时期粗再生产率和净再生产率的计算。

需要注意的是，如果所有妇女都存活到 β 岁，$_nL_x^F/l_0$ 将等于 n，并且 GRR 和 NRR 相等。通常，NRR 应当更小。寇尔（Coale，1972）推导出 GRR 和 NRR 的近似关系式。这个关系式用连续符号推导最容易。NRR 是生育函数 $m(a)$ 与存活到 a 岁的概率 $p(a)$ 乘积的求和：

$$NRR = \int_\alpha^\beta m(a)\ p(a)\,da \tag{5.19}$$

专栏 5.5 时期粗再生产率和净再生产率的计算

$_nW_x = x$ 至 $x+n$ 岁妇女年中人口数

$_nB_x^F = x$ 至 $x+n$ 岁妇女当年生育女孩数

$_nL_x^F = $ 女性时期生命表中出生人口为 l_0 的假想队列在 x 至 $x+n$ 岁间的存活人年数

$_nF_x^F = \dfrac{_nB_x^F}{_nW_x} = $ 年龄别女婴生育率

$$GRR = n \cdot \sum_{x=\alpha}^{\beta-n} {_nF_x^F} \qquad NRR = \frac{1}{l_0} \cdot \sum_{x=\alpha}^{\beta-n} {_nF_x^F} \cdot {_nL_x^F}$$

例：美国，1991 年，$l_0 = 100,000$

年龄(x)	$_5W_x$	$_nB_x^F$	$_nL_x^F$	$_nF_x^F$	$_nF_x^F \cdot {_nL_x^F}$
10	8,620,000	5,816	494,603	0.0007	333.71
15	8,371,000	253,979	493,804	0.0303	14,982.18
20	9,419,000	532,712	492,552	0.0566	27,857.35
25	10,325,000	596,823	491,138	0.0578	28,389.58
30	11,125,000	431,694	489,356	0.0388	18,988.95
35	10,344,000	162,005	486,941	0.0157	7,626.34
40	9,496,000	25,531	483,577	0.0027	1,300.15
45	7,188,000	829	478,475	0.0001	55.18
合计	—	—	—	0.2026	99,533.45

$GRR = 5 \times 0.2026 = 1.013$（女儿/妇女）

$NRR = 99,533.45/100,000 = 0.995$（女儿/妇女）

资料来源：National Center for Health Statistics，1996。

所以：

$$NRR = \frac{\int_\alpha^\beta m(a)p(a)da}{\int_\alpha^\beta m(a)da} \cdot \int_\alpha^\beta m(a)da$$

上式中第二部分就是 GRR。第一部分是年龄 α 和 β 之间的生存函数 $p(a)$ 的加权平均，权重来自生育函数。根据中值定理，在区间 $[\alpha,\beta]$ 存在一个年龄 γ，且加权平均值为 $p(\gamma)$，所以 $NRR = p(\gamma) \cdot GRR$。如果 $p(a)$ 函数在年龄 α 和 β 之间是线性的，那么 $p(a)$ 可以写成 $\alpha_0 + \alpha_1 a$，并且：

$$\frac{\int_\alpha^\beta m(a)p(a)da}{\int_\alpha^\beta m(a)da} = \frac{\int_\alpha^\beta m(a)(\alpha_0 + \alpha_1 a)da}{\int_\alpha^\beta m(a)da} = \alpha_0 + \alpha_1 \cdot \frac{\int_\alpha^\beta m(a)a\,da}{\int_\alpha^\beta m(a)da} = p(A_M)$$

其中，$p(A_M)$ 是存活到女婴生育函数的平均年龄的概率。

于是：

$$NRR \simeq p(A_M) \cdot GRR \qquad (5.20)$$

当生育期间的生存函数是线性的，NRR 和 GRR 之间的这个关系式正好成立，而且在大多数情况下也是很好的近似。A_M 可用离散形式计算：

$$A_M = \frac{\int_\alpha^\beta m(a) \cdot a\, da}{\int_\alpha^\beta m(a)\, da} = \frac{\sum_{x=\alpha}^{\beta-n} {}_n F_x^F \cdot \left(x + \frac{n}{2}\right)}{\sum_{x=\alpha}^{\beta-n} {}_n F_x^F} \qquad (5.21)$$

通常假定出生男性与女性之比（普遍称为出生性别比，SRB）不随年龄变化是合理的。因为年龄别女婴生育率是年龄别生育率与女性出生人口比例的乘积，如果所有母亲年龄的女性出生比例都相等，那么可以推导出另一个近似式：

$$TFR = (1 + SRB) \cdot GRR = \frac{(1 + SRB)}{p(A_M)} \cdot NRR \qquad (5.22)$$

NRR 为 1 意味着一个长期有 $m(a)$ 和 $p(a)$ 年龄分布的女性人口刚好替代她们自己。尽管有无穷个 $m(a)$ 可以与 $p(a)$ 组合得到 $NRR = 1$，与 $NRR = 1$ 相对应的生育率通常称为更替水平生育率。生育的更替水平对应一个 $GRR \simeq 1/p(A_M)$ 和一个 $TFR \simeq (1 + SRB)/p(A_M)$。在低死亡率的人口中，如大部分发达国家，$TFR$ 的更替水平约为 2.1。在高死亡率人口中，特别是在高儿童死亡率的人口中，活到年龄 A_M 的概率可能相当低，则 TFR 的更替水平可能高达 3.5 或 4。

这些人口再生产的度量反映了女性人口是否在"复制"她们自己，而不是包括两性的全体人口。如果计算男性人口，人口再生产度量通常与女性人口的再生产度量有一点差别，这是一个经典人口学问题，称为两性问题（Karmel，1947；Henry，1969）。在分析生育和死亡如何共同决定人口变动时，两个性别的结算一般来说差别极小，且对女性再生产的分析往往可以提供令人满意的答案。

当 $NRR > 1$ 时，每一代人口规模大于上一代，所以人口将逐代自然增长。但是 NRR 并不说明人口的年度增长速度。$NRR > 1$ 仅仅意味着新生女孩终生将平均生育不止一个女儿。人口的年度增长速度还取决于妇女一生中生育的时间。生女儿的模式和时间并没有包含在 NRR 中。增长率和人口再生产度量的联系将在第 7 章中介绍。生育率、人口再生产和人口增长的关系也可以通过人口预测进行经验分析，下一章将介绍这些内容。

6

人口预测

人口预测是人口学"用户"经常使用的人口分析技术。政府部门为了解各种公共需求的规模，如道路、学校、医务人员和国家公园等，需要对未来人口参数进行预测。私营业主为了解未来潜在的市场规模，也需要对未来人口进行预测。在美国，人口预测已上升为制定税收和支出政策的最重要的工具之一：美国要求社会保障信托基金在未来 75 年内保持精算平衡，而人口预测结果是确定其是否平衡的最核心要素。

在满足不同用户的需求以外，人口学家也运用人口预测技术分析更为抽象的问题，如特定人口要素的变动将如何影响人口规模、结构和增长情况。人口预测的结果展示了特定人口学变量（由使用者选择的模型输入参数）对人口参数随时间变化的影响（模型输出结果）。多数人口预测主要考察在一定的生育、死亡和迁移假设下人口将如何变化，不过，人口预测也可以用来反映不同婚姻模式、避孕使用模式以及其他人口过程的影响。

6.1　预测与预报

人口预测是指在对未来生育、死亡和迁移的特定假设下，计算人口如何变化的过程。

一般而言，人口预测仅仅是对假定人口条件下可能出现的人口状况的单纯计算。而人口预报则是基于未来人口发展可能的假设进行的人口预测（United Nations，1958：45）。按照这一定义，人口预测的质量取决于其内在效度，即人口预测是否准确一致地拟合了人口变量之间的关系。与之相对，人口预报的质量则取决于其外在有效性，即预测结果是否与后来实际发生的人口现象相吻合。人口学者认为，内在效度较高的人口预测通常也具有较高的外在效度。

与人口预报不同，人口预测既可以研究过去也可以预测未来。预测参数不必与实际人口参数完全相似，它可以用于纯假设的情境，回答"如果……那么……"的问题。例如，尽管 1900 年后美国的实际死亡率下降了很多，我们依然可以计算如果美国死亡率一直保持在 1900 年的水平，那么目前美国人口将具有什么样的特征（White and Preston，1996）。再如，我们可以计算一个高生育率国家如果生育水平在未来 50 年内保持不变，其人口规模将如何变化。一个众所周知的例子便是，寇尔（Coale，1974）计算指出，如果世界人口增长速度保持在当年的水平（年增长约 2%），那么：不到 200 年，地球表面平均每平方英尺就会有 1 个人；不到 1200 年，人类的重量将超过地球重量；用不了 6000 年，人类的身体所构成的空间将以光速膨胀。

很显然，这个计算结果并非意味着人口增长速度将保持不变，而是相反，它试图显示如此快的人口增长速度是不可持续的。

然而，多数人口预测结果的使用者想知道的是，未来某个日期的实际人口参数。许多预测的价值也就在于其结果用作预报的相对成功程度。由于未来充满不确定性，人口预测往往使用多种不同的假设情境。尽管如此，人口学者往往更需要根据自己对未来的估计，提供核心的或最为可能的假设情境。这一假设情境经常被用作预报（Keyfitz，1972）。人口预测方法的最新发展对核心预测结果的置信区间提供了有用信息。

6.2　人口预测方法

由于人口预报的精度只能在事后进行评估，所以需要用其他标准选择预测方法。最显而易见的选择标准为内在效度，即预测方法必须遵循本书介绍的人口学计量关系。在此基础上，预测模型也应当尽可能多地考虑相关事实和人口学关系。此外，了解预测模型在以往预测中的精度，也是选择预测方法的重要依据，尽管以往预测的成功可能纯属巧合，过去的失败也可能与某些不可预见的事件有关。

人口预测方法的选择也隐含着对模型输入条件的要求以及对可能得到的输出结果的限制。选择预测方法既应当考虑所需结果的详尽程度，也必须保证可得数据能够满足模型输入条件的要求。选择标准有可能与考虑相关人口关系的目标相冲突。复杂的预测方法通常对数据要求更高；而能更真实地反映人口变化的预测模型的优越性，有时不足以抵消因额外的数据输入要求带来的误差。

我们先从最简单的预测需求入手：假设已知时点 0 的人口总数，需要估计时点 T 的人口总数。第 1 章已经介绍了两个时点的人口总量之间的关系：

$$N(T) = N(0)e^{\int_0^T r(t)dt} = N(0)e^{r[0,T] \cdot T}$$

其中，$\bar{r}[0,T]$ 是 0 和 T 之间的年均人口增长率。

该式可用于人口预测。如果我们能够准确估计 $N(0)$，并对时点 0 和 T 之间的平均增长率有准确的设定，就能准确预测时点 T 的人口数 $N(T)$。在缺乏人口增长的相关信息时，最简单的预测就是假设人口规模将保持不变。由于多数人口的实际年增长率不超过百分之几，这一假设往往在极短期的预测中（如一年及以下）可以近似使用。这一假设表明，在短期内，未来人口规模的主要组成部分为在前期已经存活的人口数。

如果能够估计人口增长率 r，最简单的预测方法是假设这一人口增长率保持不变。这样，任一时点 T 的人口规模可以表示为：

$$N(T) = N(0)e^{r \cdot T} \tag{6.1}$$

早期的人口预测者采用指数外推法，如博宁（Bonynge，1852）。博宁运用该方法预测美国 2000 年人口将达到 7.03 亿。

此外，其他仅使用人口总数进行预测的方法也有相当的发展，尤其是在早期的人口预测实践中。这些预测方法包括多元预测模型（Pritchett，1891）和 logistic 函数模型（Verhulst，1838；Pearl and Reed，1920）等。有兴趣的读者可以参见多恩（Dorn，1950）对早期人口预报的介绍与评价。

第 1 章中讲到，粗增长率可以用粗出生率、粗死亡率、粗迁入率和粗迁出率来表达（式 1.2）。这一代数关系式表明，可以直接应用生育、死亡和迁移进行人口预测。第 2 章中接着介绍了年龄构成对粗事件率的重要影响。由此可见，当生育、死亡和迁移状况在预测期内变化不大，且人口年龄分布相对稳定时，常数指数增长模型［式(6.1)］是合理的人口预测模型。然而，年龄分布本身是生育、死亡和迁移过程的结果，也就是说，年龄结构内生于这些人口变化过程。因此，改进的预测模型应当通过拟合生育、死亡与迁移过程对年龄分布变化的影响，而将年龄分布效应考虑进来。这一视角正是现代人口预测方法的基础。在人口预测中直接考虑年龄分布效应的另一原因在于，人口年龄分布也是人口预测的重要结果之一。

6.3　队列要素预测法

考虑了人口年龄分布效应的预测方法，即队列要素预测法，是最常用的预测方法。这个方法的思路可以追溯到坎南（Cannan，1895），但具体预测方法是由惠尔普顿（Whelpton，1928；1936）独立提出的（Smith and Keyfitz，1977：193 - 194）。目前，该方法几乎是人口预测中唯一使用的方法，代表了社会科学中罕见的一致认同。队列要素预测法将人口划分为具有不同生育、死亡和迁移风险的历险人群，并分别计算各历险人群随时间的变化。所有人口中经历人口事件的风险都因年龄和性别而异，因而，队列要素预测法要求至少按年龄和性别进行划分。有的预测也按种族、国别、地域（地区、城乡）、受教育程度或宗教信仰等特征对人口细分。

队列要素法用离散时间模型表述人口变动过程，不同于第6章第2节介绍的以数学函数为基础的连续时间模型。队列要素法仅计算较长间隔特定时点的人口特征。通常将预测期划分为与年龄间隔等长的预测区间，分别对各区间进行预测。在每一预测区间内，预测过程主要包括以下三步。

第一步：根据预测区间起始时点每一人群中的存活人数，预测下一区间开始时仍存活的人数；

第二步：计算每一人群在预测区间内的新生人数，将新生人口加入对应人群，并计算这些新生人口中存活到下一预测区间开始时点的人数；

第三步：在每一人群中加入相应预测区间内的迁入人数，减去迁出人数；计算这些迁移者在预测区间内的生育数量；并预测这些迁移人口及其新生人口中能够存活到下一预测区间开始时点的人数。

如果人口仅按年龄和性别分组，上述第一步的操作就相对简单了：分别运用男女单递减生命表，计算基期尚存人口能存活到下一时点的人数。这里需要用到每一人群的存活概率，存活人数被计入相应性别的下一年龄组中（由于预测区间和年龄间隔等长）。如果人口还按个体的可变特征来划分，如婚姻状况，就必须用更为详细的生命表，以反映存活者在不同特征人群中的转化。如第12章将介绍的，由于这些详细的生命表既包括进入各历险状态的事件，也包括不同类型的退出事件，因而被称作多增减生命表。相应的预测也被称为多状态预测（Rogers，1995b）。

由于生育事件都是由两个人完成的，所以上述第二步较为复杂。理想的情况是，将新生人口与其父母的婚姻实体相联系，并将这些婚姻实体的建立与解体直接反映在预测模型中。在实践中，常用的策略是假设生育由妇女单独完成，于是就可以通过生育率与妇女人数来估计生育数量，这种方法被称为"女性为主"的模型。当预测需要区分除了性别和年龄以外更多特征的人群时，将新生人口分配到相应人群中也是预测步骤的另一难点。按照女性为主模型的逻辑，简单的做法是假设新生人口与母亲属于同一群体。

第三步在操作上难度更大。由于生育和死亡的时间都与迁移者进入或退出相应人群的时间有关，因而这一步不仅要考虑每一预测区间内的迁移总数，而且要考虑预测区间内迁移发生的具体时间。

下文首先介绍队列要素法在封闭系统的女性人口中的应用。假设没有迁移且男性人数与生育率无关，则人口仅按年龄分组。这一简化的人口能最清楚地展示预测的逻辑。要使模型更接近现实，可以在此基础上增加问题的复杂性，这样虽然会使模型的表述更复杂，但不会改变预测的基本逻辑。

6.3.1 封闭女性人口的预测

用队列要素法预测封闭系统中未来女性人口的数量，需要用到各年龄组女性人口基数的估计。除最后一组为开放组外，各年龄组必须是等长的。预测期也应当划分为与年龄组等长的区间。在每一预测区间内，尽管所用参数可能不同，但预测方法完全相同。上一区间内预测所得的人数就是下个预测区间的人口基数。每个预测区间都需要生命表和一组年龄别生育率数据分别反映预测时期内各年龄组的死亡率和生育率水平。生命表和年龄别生育率数据必须使用与预测人口相对应的年龄间隔，因而，年龄组数据的构建可能需要合并某些年龄组，如合并生命表中 0 ~ 1 岁与 1 ~ 5 岁组。

我们以 5 岁年龄组、5 年预测区间为例来介绍基本的预测方法。预测区间开始和结束时点 x 到 x + 5 岁的女性人口数分别记为 $_5N_x^F(t)$ 和 $_5N_x^F(t+5)$。

第一步：用各年龄组的存活比预测未来 5 年后存活的妇女数。除最年轻和最老的年龄组外，基本的计算公式为：

$$_5N_x^F(t+5) = {}_5N_{x-5}^F(t) \cdot \frac{_5L_x}{_5L_{x-5}} \tag{6.2}$$

其中，存活比 $_5L_x/_5L_{x-5}$ 是指生命表对应的静止人口中 x - 5 到 x 岁的人在 5 年以后依然存活的比例。假设我们已经用 $\mu(x)$ 函数表达式计算出死亡率，当 x - 5 到 x 岁人口的年龄分布与生命表对应的静止人口中相应年龄组的年龄分布一致时，上式中的存活比将完全正确。对于 5 岁组而言，人口的非静止状态导致的年龄分布偏差不会带来很大的影响[①]。

对于开放年龄组而言，预测过程需要综合前两个年龄组中存活的人数：

$$_\infty N_x^F(t+5) = \left[{}_5N_{x-5}^F(t) \cdot \frac{_5L_x}{_5L_{x-5}} \right] + \left[{}_\infty N_x^F(t) \cdot \frac{T_{x+5}}{T_x} \right]$$

上式中第一个乘积项是 t 时点开放年龄组之前相邻的 5 岁组中妇女的存活人数，第二个乘积项是在预测区间开始时已处于开放年龄组的妇女中存活的人数。在这里，存活比的计算也是借助于静止人口，等于 x + 5 岁以上的存活人年数与 x 岁以上存活人年数之比。我们注意到，这一计算过程要求，生命表中开放年龄组的下限比实际人口中相应开放组的下限高 5 岁。如果缺乏详细数据，就需要使用：

$$_\infty N_x^F(t+5) = \left[{}_5N_{x-5}^F(t) + {}_\infty N_x^F(t) \right] \cdot \frac{T_x}{T_{x-5}}$$

该公式假设 x - 5 岁及其以上年龄的人口结构为静止状态。

[①] 如果预测区间内死亡率随年龄增长，人口年龄分布比使用同一 $\mu(x)$ 函数计算的静止人口年龄结构要轻，这时，生命表中存活比例偏低，但偏差幅度通常较小。年龄分布带来的最大偏差可以通过比较 $_5L_x/_5L_{x-5}$ 和相应年龄组内分布最年轻情况下（即 x 到 x + 5 岁中所有人均为 x 岁）的存活比例 l_x/l_{x-5} 来估计。

最后，估计最低年龄组(0~4岁)中女性的存活人数，这就需要使用年龄别生育率来估算预测期内出生的人口数。常用的做法是，在预测区间 t 到 $t+5$，估计 x 到 $x+n$ 岁妇女的生育数量：

$$_5F_x \cdot 5 \left[\frac{_5N_x^F(t) + _5N_x^F(t+5)}{2} \right] = _5F_x \cdot 5 \left[\frac{_5N_x^F(t) + _5N_{x-5}^F(t) \cdot \frac{_5L_x}{_5L_{x-5}}}{2} \right] \qquad (6.3)$$

该年龄组妇女的生育数量，是用时期年龄别生育率 $_5F_x$ 乘以预测区间内相应年龄组妇女的存活人年数来计算。式(6.3)的等号左边，预测区间内 x 到 $x+n$ 岁妇女的存活人年数近似等于预测区间长度乘以该区间开始和结束时点存活妇女数的平均值[①]。后者可以表达为预测区间开始时的妇女数在相应区间内存活情况的函数，如式(6.3)等号右侧所示。

将各年龄组母亲的生育数量加总，便可得到相应时间段的出生人口总数：

$$B[t, t+5] = \sum_{x=\alpha}^{\beta-5} \frac{5}{2} \, _5F_x \cdot \left[_5N_x^F(t) + _5N_{x-5}^F(t) \cdot \frac{_5L_x}{_5L_{x-5}} \right] \qquad (6.4)$$

其中 α 和 β 分别为生育年龄的下限和上限。新生女婴数通常用男婴总数和女婴总数之比(出生性别比，SRB)来计算：

$$B^F[t, t+5] = \frac{1}{1+SRB} \cdot B[t, t+5] \qquad (6.5)$$

如果出生性别比不随母亲年龄变化，则上述公式正确。这一假设基本都能满足。另一种计算方法是，如果有按婴儿性别划分的年龄别生育率数据，也可以用年龄别女婴生育率 $_5F_x^F$ 代替生育率 $_5F_x$。

最后，根据新生女婴存活到 $t+5$ 时点的存活率，计算预测区间末 0~4 岁的女性人口数。如果 t 到 $t+5$ 之间出生事件均匀分布，则可以利用静止人口中人口学关系来计算女婴存活率。在静止人口中，0~4 岁人口数与前 5 年内的新生婴儿数之比为 $_5L_0/(5l_0)$。于是有：

$$_5N_0(t+5) = \frac{B[t, t+5] \cdot _5L_0}{5 \cdot l_0} \qquad (6.6)$$

将式(6.6)中的新生婴儿数替换为新生女婴数，便可求得 0~4 岁女性人口数。将式(6.4)和式(6.5)中新生女婴数的表达式代入式(6.6)，则有：

[①] 如第 1 章所述，如果相应时期内该年龄组的妇女数呈线性变化时，该近似表达没有误差。当区间内增长率恒定时(即人口呈指数增长而非线性变化)，人年数可以用下式估计。
$$\left[_5N_x^F(t+5) - _5N_x^F(t) \right] \cdot 5 / \ln\left[_5N_x^F(t+5) / _5N_x^F(t) \right]$$
这里没有使用指数方法估计时期人年数只是出于表述形式上的方便。将 $_5N_x^F(t+5)$ 表示为 $_5N_{x-5}^F(t)$ 的函数关系式，式(6.4)中的出生人数就可以表示为预测区间开始时各年龄组人口数的线性组合，这样就可以使表述方式和矩阵代数式进一步简化(参见本章第 4 节)。

$$_5N_0^F(t+5) = B^F[t,t+5] \cdot \frac{_5L_0}{5 \cdot l_0}$$

$$= \frac{_5L_0}{2 \cdot l_0} \cdot \frac{1}{1+SRB} \cdot \sum_{x=\alpha}^{\beta-5} {_5F_x} \cdot \left[_5N_x^F(t) + _5N_{x-5}^F(t) \cdot \frac{_5L_x}{_5L_{x-5}} \right]$$

该表达式中，分子和分母中的常数 5 相互抵消。

6.3.2　封闭的两性人口预测

与女性人口预测相类似，应用男性生命表中的存活比例和男性生育率同样可以对男性人口进行预测。使用该方法存在一个问题，即单独对男性和女性出生人口数进行预测，不能保证得到合理的出生性别比。解决这一问题最简单的方法是，利用妇女的生育率计算出生人口总数(包括男婴和女婴)，然后用新生女婴数和出生性别比来计算新生男婴数。这一做法是以女性为主的预测方法。

在以女性为主的预测模型中，估算男性人口的步骤为：根据式(6.2)预测未来男性人口数：

$$_5N_x^M(t+5) = {_5N_{x-5}^M(t)} \cdot \frac{_5L_x^M}{_5L_{x-5}^M}$$

且对开放年龄组有：

$$_\infty N_x^M(t+5) = \left[_5N_{x-5}^M(t) \cdot \frac{_5L_x^M}{_5L_{x-5}^M} \right] + \left[_\infty N_x^M(t) \cdot \frac{T_{x+5}^M}{T_x^M} \right]$$

通过式(6.4)中的新生婴儿总数计算得到新生男婴数：

$$B^M[t,t+5] = \frac{SRB}{1+SRB} \cdot B[t,t+5]$$

运用男性生命表中相应的存活比，计算未来这些新生男婴的存活人数，便得到最低年龄组的男性人口预测值：

$$_5N_0^M(t+5) = B^M[t,t+5] \cdot \frac{_5L_0^M}{5 \cdot l_0}$$

当然，也可以使用以男性为主的预测模型。在以男性为主的模型中，新生婴儿总数是利用男性生育率和男性年龄分布来计算的。如前所述，这两种方法可能产生不同的预测结果，这也是第 5 章提及的两性问题的另一特点。专栏 6.1 展示了以女性为主的人口预测实例。

6.3.3　开放人口的预测

在前面介绍的预测方法中，能够很容易将迁出事件纳入模型。迁出对所研究人口而言是单递减事件，因此，我们可以计算分年龄、分性别的迁出率，并结合死亡和迁出风险构建双递减生命表。利用双递减生命表中相应的存活比可以进行人口预测。这一方法对于以

专栏 6.1（第一部分）

用队列要素法预测以女性为主的封闭人口（不考虑迁移）

1. 女性

$_5N_x^F(t) = t$ 时点 x 到 $x+5$ 岁妇女人数

$_5L_x^F = x$ 到 $x+5$ 岁妇女存活人年数（生命表数据）

$_5F_x = x$ 到 $x+5$ 岁的年龄别生育率

$$_5N_x^F(t+5) = {}_5N_{x-5}^F(t) \cdot \frac{_5L_x^F}{_5L_{x-5}^F} \qquad _\infty N_{85}^F(t+5) = \left[{}_5N_{80}^F(t) + {}_\infty N_{85}^F(t) \right] \cdot \frac{T_{85}^F}{T_{80}^F}$$

$$_5B_x[t,t+5] = 5 \cdot {}_5F_x \cdot \frac{_5N_x^F(t) + {}_5N_x^F(t+5)}{2} = \text{时点 } t \text{ 到 } t+5 \text{ 之间 } x \text{ 到 } x+5 \text{ 岁妇女}$$

的生育总数

$$B[t,t+5] = \sum_{x=\alpha}^{\beta-5} {}_5B_x[t,t+5] = t \text{ 到 } t+5 \text{ 之间新生人口总数}$$

$$B^F[t,t+5] = B[t,t+5] \cdot \frac{1}{1+1.05} = t \text{ 到 } t+5 \text{ 之间新生女婴总数（其中 } SRB = 1.05 \text{）}$$

$$_5N_0^F(t+5) = B^F[t,t+5] \cdot \frac{_5L_0^F}{5 \cdot l_0}$$

2. 男性

$_5N_x^M(t) = t$ 时点 x 到 $x+5$ 岁男性人数

$_5L_x^M = x$ 到 $x+5$ 岁男性存活人年数（生命表数据）

$$_5N_x^M(t+5) = {}_5N_{x-5}^M(t) \cdot \frac{_5L_x^M}{_5L_{x-5}^M}$$

$$_\infty N_{85}^M(t+5) = \left[{}_5N_{80}^M(t) + {}_\infty N_{85}^M(t) \right] \cdot \frac{T_{85}^M}{T_{80}^M}$$

$$B^M[t,t+5] = B[t,t+5] \cdot \frac{1.05}{1+1.05} = t \text{ 到 } t+5 \text{ 之间新生男婴总数}$$

$$_5N_0^M(t+5) = B^M[t,t+5] \cdot \frac{_5L_0^M}{5 \cdot l_0}$$

迁出为主的人口迁移情况完全适用。考虑到读者能够在第 4 章所学方法的基础上构建多递减生命表，在此不再赘述。

相对而言，将迁入事件纳入预测模型比较复杂。由于现有人口不是迁入的历险人群，这样，与死亡和生育事件不同，将迁入人口按年龄和性别与现有人口相联系没有现实意义。通常情况下，迁移入境事件受移民政策的规范，而移民政策往往只规定最大移民数量，

专栏 6.1（第二部分）

例：以 1993 年为预测基期的瑞典女性人口预测结果（$l_0 = 100,000$）

年龄（x）	$_5N_x^F$ (1993.0)	$_5L_x^F$	$_5F_x$	$_5N_x^F$ (1998.0)	$_5B_x$ [1993.0, 1998.0]	$_5N_x^F$ (2003.0)	$_5B_x$ [1998.0, 2003.0]
0	293,395	497,487	—	293,574	—	280,121	—
5	248,369	497,138	—	293,189	—	293,368	—
10	240,012	496,901	—	248,251	—	293,049	—
15	261,346	496,531	0.0120	239,833	15,035	248,066	14,637
20	285,209	495,902	0.0908	261,015	123,993	239,529	113,624
25	314,388	495,168	0.1499	284,787	224,541	260,629	204,394
30	281,290	494,213	0.1125	313,782	167,364	284,238	168,193
35	286,923	492,760	0.0441	280,463	62,554	312,859	65,414
40	304,108	490,447	0.0074	285,576	10,909	279,147	10,447
45	324,946	486,613	0.0003	301,731	470	283,344	439
50	247,613	480,665	—	320,974	—	298,043	—
55	211,351	471,786	—	243,039	—	315,045	—
60	215,140	457,852	—	205,109	—	235,861	—
65	221,764	436,153	—	204,944	—	195,388	—
70	223,506	402,775	—	204,793	—	189,260	—
75	183,654	350,358	—	194,419	—	178,141	—
80	141,990	271,512	—	142,324	—	150,666	—
85 +	112,424	291,707	—	131,768	—	141,960	—
女性人口总数	4,397,428	—	—	4,449,570	604,866	4,478,712	577,148

$$B[1993.0, 1998.0] = 604,866 \qquad B[1998.0, 2003.0] = 577,148$$

$$B^F[1993.0, 1998.0] = 295,057 \qquad B^F[1998.0, 2003.0] = 281,536$$

$$B^M[1993.0, 1998.0] = 309,810 \qquad B^M[1998.0, 2003.0] = 295,612$$

并不规定迁移率。

鉴于以上原因，迁移假设往往只设定迁移数量而不设定迁移率。在计算中，将迁移事件纳入预测模型的难点在于，迁移事件持续对生育和死亡的历险人群产生影响。如果迁移仅间断性地发生，而且恰好发生在每一预测区间末，预测过程只需要加减相应年龄的迁移人数。然而，在现实中有些迁移者并不能存活到预测区间末，而有的迁移者可能生育子女，其子女能够存活到预测区间末。

专栏 6.1（第三部分）

例：以 1993 年为预测基期的瑞典男性人口预测结果

年龄（x）	$_5N_x^M(1993.0)$	$_5L_x^M$	$_5N_x^M(1998.0)$	$_5N_x^M(2003.0)$
0	310,189	496,754	307,798	293,693
5	261,963	496,297	309,904	307,515
10	252,046	495,989	261,800	309,711
15	274,711	495,113	251,601	261,338
20	296,679	493,460	273,794	250,761
25	333,726	491,475	295,486	272,692
30	296,774	489,325	332,266	294,193
35	299,391	486,487	295,053	330,339
40	314,295	482,392	296,871	292,569
45	338,709	476,532	310,477	293,265
50	256,066	467,568	332,338	304,637
55	208,841	452,941	248,055	321,941
60	199,996	428,556	197,598	234,701
65	197,282	390,707	182,333	180,146
70	184,234	336,027	169,672	156,815
75	133,856	261,507	143,377	132,044
80	86,732	172,333	88,211	94,485
85 +	49,095	128,631	58,052	62,512
男性人口总数	4,294,585	—	4,354,685	4,393,358
总人口数	8,692,013	—	8,804,255	8,872,071

注：该预测实例中，假设预测期内死亡率和生育率一直保持在 1993 年的水平。

资料来源：United Nations, *1993 Demographic Yearbook. 45th*. New York, United Nations, Department for Economic and Social Information and Policy Analysis, Statistical Division, 1995。

对连续的迁移过程进行模拟的简便方法是，将预测区间内的迁移人数分成两部分，假设其中一半的迁移事件恰好发生在预测区间开始时点，另一半的迁移事件恰好发生在预测区间末。记 $_5I_x^F[t,t+5]$ 为预测期内 x 到 $x+5$ 岁的净迁入人数（如果相应年龄组的净迁移为迁出，该数值可以为负）。这样，任一预测区间末，x 到 $x+n$ 岁的存活人数表达式中多了两项：

x 到 $x+5$ 岁的净迁入人口的一半，直接加入预测区间末；

$x-5$ 到 x 岁的净迁入人口的一半，在预测区间开始时点加入，并存活到 x 到 $x+5$ 岁组。

预测相应年龄的存活人数（上述第一步），式（6.2）变为：

$$_5N_x^F(t+5) = \left\{ \left[_5N_{x-5}^F(t) + \frac{_5I_{x-5}^F[t,t+5]}{2} \right] \cdot \frac{_5L_x}{_5L_{x-5}} \right\} + \frac{_5I_x^F[t,t+5]}{2} \qquad (6.7)$$

开放年龄组的女性存活人数以及男性存活人数均应做相应调整。

预测期内出生的新生人口数也需要做相应的调整。预测区间末迁入的人口不会影响该区间内的新生人口数；而预测区间开始时迁入的人口，通常假设其按照流入地人口的生育率进行生育。这样，迁入者的生育数量可以由式（6.4）计算求得，其中 $_5N_x^F(t)$ 应替换为 $_5N_x^F(t) + _5I_x^F[t, t+5]/2$。换句话说，由迁移导致的新生人口数的增加部分可以用下式表示：

$$\Delta B[t, t+5] = \sum_{x=\alpha}^{\beta-5} \frac{5}{4} {_5F_x} \cdot \left[_5I_x^F(t) + _5I_{x-5}^F(t) \cdot \frac{_5L_x}{_5L_{x-5}} \right] \qquad (6.8)$$

应注意到，当净迁移流向为迁出时，这一数值为负，表明由于可能生育的妇女迁出，减少了人口中本应出现的新生人口数。最后，根据出生性别比将这些新生人口按性别划分，并根据生命表预测其期末存活人数，从而确定迁移事件对 0~4 岁组人口的修正。由于 0~4 岁的迁移者中一半直接加入预测区间末，该年龄组的预测公式为：

$$_5N_0^F(t+5) = B^F[t, t+5] \cdot \frac{_5L_0}{5 \cdot l_0} + \frac{_5I_0^F[t, t+5]}{2} \qquad (6.9)$$

利用迁移效应的近似估计，可以通过调整封闭人口预测公式来预测开放人口，而不必使用更为复杂的方法。当迁移事件在预测区间内分布相对均匀且在 5 岁年龄组之间变化不大时，该近似估计结果相当精确。为了使表述更为清楚，我们把有关迁移的讨论放在最后。而最简单的预测办法是，在预测步骤开始之前先在每一细分组中加入预期迁移人口的一半，然后在第一步之后加入预期迁移人口的另一半。专栏 6.2 为相应的预测实例。

上述所有调整都是针对净迁入人口，即迁入和迁出相抵消之后的部分。这样做可以使表述相对简化，而不必重复对迁入和迁出的相似调整。然而，这一做法在分析中会有问题。迁入和迁出的原因及其限制条件不尽相同。如前所述，在可能的情况下，最好利用多递减生命表来处理迁出，而可以用上述方法考虑迁入。尽管预测中迁入和迁出都是针对规模而言的，但我们也可能要对两类人群使用不同的死亡率与生育率。迁出者可能在死亡率和生育率的相关变量中存在选择性；而迁入者的行为和人口事件发生的可能性也不一定与当地人口一致。

6.3.4 进一步分解

队列要素预测法的实质在于该方法区分了不同的年龄组。由于男女的死亡率往往存在显著差异，而常见的生育率数据也仅仅是女性生育率，因此有必要按年龄和性别对人口分组。如果需要了解更为详细的子人口信息，或者当人口事件发生率在不同子人口中存在差

专栏 6.2　用队列要素法预测以女性为主的开放人口（考虑迁移）

$_5I_x^F(t, t+5) = t$ 到 $t+5$ 之间净迁入妇女人数

$$_5N_x^F(t+5) = \left[_5N_{x-5}^F(t) + \frac{_5I_{x-5}^F[t, t+5]}{2} \right] \cdot \frac{_5L_x^F}{_5L_{x-5}^F} + \frac{_5I_x^F[t, t+5]}{2}$$

$$_\infty N_{85}^F(t+5) = \left[_5N_{80}^F(t) + _\infty N_{85}^F(t) + \frac{_5I_{80}^F[t, t+5] + _\infty I_{85}^F[t, t+5]}{2} \right] \cdot \frac{T_{85}^F}{T_{80}^F} + \frac{_\infty I_{85}^F[t, t+5]}{2}$$

$$_5B_x[t, t+5] = 5 \cdot {}_5F_x \cdot \frac{_5N_x^F(t) + _5I_x^F[t, t+5]/2 + _5N_x^F(t+5)}{2}$$

$$_5N_0^F(t+5) = B^F[t, t+5] \cdot \frac{_5L_0^F}{5 \cdot l_0} + \frac{_5I_0^F[t, t+5]}{2}$$

例：以 1993 年为预测基期的瑞典女性人口预测实例（见专栏 6.1）

年龄 (x)	$_5N_x^F$ (1993.0)	$_5L_x^F$	$_5F_x$	$_5I_x^F$ [1993.0, 1998.0]	$_5N_x^F$ (1998.0)	$_5B_x$ [1993.0, 1998.0]
0	293,395	497,487	—	6,840	302,392	—
5	248,369	497,138	—	4,150	298,682	—
10	240,012	496,901	—	3,365	252,007	—
15	261,346	496,531	0.0120	5,270	244,150	15,244
20	285,209	495,902	0.0908	9,240	268,267	126,688
25	314,388	495,168	0.1499	8,230	293,515	229,354
30	281,290	494,213	0.1125	5,470	320,624	170,057
35	286,923	492,760	0.0441	3,155	284,767	63,203
40	304,108	490,447	0.0074	1,770	288,031	10,971
45	324,946	486,613	0.0003	1,115	303,166	472
50	247,613	480,665	—	1,075	322,062	—
55	211,351	471,786	—	845	243,989	—
60	215,140	457,852	—	645	205,841	—
65	221,764	436,153	—	530	205,516	—
70	223,506	402,775	—	465	205,270	—
75	183,654	350,358	—	300	194,771	—
80	141,990	271,512	—	250	142,565	—
85 +	112,424	291,707	—	175	131,966	—
女性人口总数	4,397,428	—	—	—	4,507,581	615,988

$B[1993.0, 1998.0] = 615,988$

$B^F[1993.0, 1998.0] = 300,482$

1998 年妇女总数（含迁移人口）$= 4,507,581$

1998 年妇女总数（不含迁移人口）（见专栏 6.1）$= 4,449,570$

资料来源：United Nations, *Demographic Yearbook*（various years）。

异、从而研究子人口有利于提高总人口的预测精度时，就需要对人口进行更为详细的划分[①]。队列要素预测法允许按照出生时既定的人口特征（如种族）细分。在各细分子人口中，利用队列要素法可以对男女分别进行预测，并按照一定的规则分配新生人口数。在以女性为主的预测中，最简单的分配规则是假设新生婴儿与母亲属于同一子人口，运用出生性别比来计算男婴和女婴的数量。在现实中，这一方法往往由于太过简单而难以令人满意，例如，孩子的种族特征更倾向于同父亲而不是母亲的种族特征相联系。

队列要素法不能直接适用于按生命周期中可变人口特征划分的子人口的预测。多状态预测法可以直接区分不同子人口之间转换的年龄和性别模式，是处理相应预测问题的最佳方法（见第 12 章）。不过，如果相关人口特征随生命周期的变化存在一定的规律，也可以先对分年龄、分性别的人口进行预测，再将相应特征的年龄模式应用于预测结果，从而得到多状态预测的近似估计。与多状态预测法相比，该近似方法假设可变特征的年龄模式，要比假设进入和退出各年龄组的事件率更为简单；模型输入数据也只需用到一个时点的截面数据，而估计多状态预测中的转换率则往往需要跟踪调查数据。

6.4　预测的矩阵表述

队列要素预测法可以简明地表达为矩阵形式，其矩阵表述法是由贝尔纳代利（Bernardelli，1941）、刘易斯（Lewis，1942）、特别是莱斯利（Leslie，1945；Smith and Keyfitz，1977：193 – 194，215 – 238）不断发展而形成的。使用矩阵表述法往往便于计算机处理，也使用矩阵算法建立重要的人口变化关系成为可能。本节将介绍简化的矩阵表述式，其间并没有引入新的概念，因而不熟悉矩阵代数的读者可以跳过。

为了演示用矩阵式表述的队列要素预测方法，我们仅将人口划分为 5 个年龄组（0 ~ 14 岁、15 ~ 29 岁、30 ~ 44 岁、45 ~ 59 岁、60 +），分别记为年龄组 1 到年龄组 5（T_6 中的 6 指年龄组 75 +）。对于封闭的女性人口（记做 W）而言，从时点 t 开始预测 15 年后的人口数意味着，对于 $i = 2$、3、4，有：

$$W_i(t + 15) = W_{i-1}(t) \cdot \frac{L_i}{L_{i-1}}$$

对于 $i = 5$，有：

$$W_5(t + 15) = W_4(t) \cdot \frac{L_5}{L_4} + W_5(t) \cdot \frac{T_6}{T_5}$$

[①] 注意，当某些子人口的增长速度明显快于其他子人口增长速度时，单独对各子人口进行预测，并对预测结果求和得到的增长速度要比对总人口直接预测的结果更快。因为从直观上来看，增长最快的子人口在总人口中所占比重不断上升，从而影响了总人口的增长速度。在对人口总体的预测中，由于人口结构被固定在初始水平，这一影响并不是显而易见的（证明过程可参见 Keyfitz，1985：14 – 17）。

假设生育事件仅发生在 15 ~ 45 岁，则式(6.4)可以表示为：

$$B[t,t+15] = \frac{15}{2}F_2 \cdot \left[W_2(t) + W_1(t) \cdot \frac{L_2}{L_1} \right] + \frac{15}{2}F_3 \cdot \left[W_3(t) + W_2(t) \cdot \frac{L_3}{L_2} \right]$$

这样，15 年后最低年龄组的人数为：

$$W_1(t+15) = B[t,t+15] \cdot \frac{1}{1+SRB} \cdot \frac{L_1}{15 \cdot l_0}$$

$$= k \cdot \left[F_2 \cdot \frac{L_2}{L_1} \cdot W_1(t) + \left(F_2 + F_3 \cdot \frac{L_3}{L_2} \right) \cdot W_2(t) + F_3 \cdot W_3(t) \right]$$

其中 $k = [1/(1+SRB)][L_1/(2 \cdot l_0)]$。

用矩阵形式可表示为：

$$\begin{pmatrix} W_1(t+15) \\ W_2(t+15) \\ W_3(t+15) \\ W_4(t+15) \\ W_5(t+15) \end{pmatrix} = \begin{pmatrix} k \cdot F_2 \cdot \frac{L_2}{L_1} & k \cdot \left(F_2 + F_3 \cdot \frac{L_3}{L_2} \right) & k \cdot F_3 & 0 & 0 \\ \frac{L_2}{L_1} & 0 & 0 & 0 & 0 \\ 0 & \frac{L_3}{L_2} & 0 & 0 & 0 \\ 0 & 0 & \frac{L_4}{L_3} & 0 & 0 \\ 0 & 0 & 0 & \frac{L_5}{L_4} & \frac{T_6}{T_5} \end{pmatrix} \cdot \begin{pmatrix} W_1(t) \\ W_2(t) \\ W_3(t) \\ W_4(t) \\ W_5(t) \end{pmatrix} \quad (6.10)$$

记 t 时点各年龄组人口数的列向量为 $\mathbf{W}(t)$，时点 t 到 $t+15$ 的预测矩阵(莱斯利矩阵)为 $\mathbf{L}[t,t+15]$，于是预测过程可表示为：

$$\mathbf{W}(t+15) = \mathbf{L}[t,t+15] \cdot \mathbf{W}(t)$$

假设该预测矩阵适用于 n 个连续的 15 年长的预测区间，则有：

$$\mathbf{W}(t+15 \cdot n) = \mathbf{L}^n \cdot \mathbf{W}(t)$$

值得注意的是，在一些几乎总能满足的假设条件下，当矩阵 $\mathbf{L}$ 的乘方数 n 足够大时，人口年龄结构 $\mathbf{W}(t+15 \cdot n)$ 开始趋于稳定，每一预测区间内的人口增长率也成为常数。这一结果与下一章介绍的稳定人口理论密切相关。矩阵算法为稳定年龄结构和稳定增长率的推导提供了简洁办法。当人口达到稳定状态时，其后续任一预测区间均有：

$$\mathbf{W}^s(t+15) = \mathbf{L} \cdot \mathbf{W}^s(t) = \lambda \cdot \mathbf{W}^s(t)$$

这时，矩阵公式最大的实数特征值是 λ，即 15 年期的增长率，对应的特征向量是稳定人口分布 $\mathbf{W}^s(t)$：

$$(\mathbf{L} - \lambda \cdot \mathbf{I}) \cdot \mathbf{W}^s(t) = 0$$

其中 $\mathbf{I}$ 为单位矩阵，0 为零向量。

6.5 人口预报

用恒定的死亡率和生育率拟合人口发展过程不失为好的预测示例，但在多数情况下并不反映实际人口的发展情境。利用队列要素法进行人口预报的根本要义，是确定年龄别死亡率、生育率以及预测区间内分年龄、分性别的迁入和迁出人数。如果预测是对进一步细分的子人口进行的，就需要有各子人口中的相应数据。联合国是对世界多数国家进行人口预测的主要机构，本节将介绍联合国是如何设定相关假设的（United Nations，1999）。表6.1 展示了联合国对 2050 年世界人口的中等水平假设的预测结果。下节将介绍美国普查局对美国人口进行的一次预测（Day，1996）。

表 6.1　2000 年、2020 年与 2050 年主要地区的人口数

单位：千人

地　区	2000 年	2020 年	2050 年
世界	6,055,049	7,501,521	8,909,095
非洲	784,445	1,187,424	1,766,082
亚洲	3,682,550	4,545,249	5,268,451
欧洲	728,887	711,909	627,691
拉丁美洲和加勒比地区	519,143	665,093	808,910
北美洲	309,631	353,904	391,781
大洋洲	30,393	37,943	46,180

资料来源：United Nations，1999. Medium variant。

联合国和美国普查局都采用队列要素预测法，并使用了多种假设情境对人口进行预测。1999 年以前，联合国对男女各分 17 个年龄组（从 0～4 岁到 80 岁及以上），因此，要完成一个假设情境的预测，理论上需要在每个预测区间内有 36 个存活比数值（男女各 18 个，包括从出生到第一个年龄组）、6 个年龄别生育率数值（15～19 岁组到 40～44 岁组）、1 个出生性别比数值以及 34 个迁入和迁出人口数（每个年龄组男女各一个值）。这样，每个 5 年的预测区间需要确定 111 个人口参数。应用模型事件年龄模式可以简化这一数据要求（见第 9 章），这也可以保证事件发生率在不同年龄组之间的一致性。研究者需要对每一预测区间内各人口事件确定年龄模型的合理水平和类型。关于合理年龄模式的选择将在第 9 章中介绍，本章主要考察未来的生育、死亡和迁移水平。多数预测机构在设定人口事件的假设时有一定之规，即都试图从过去的人口发展规律中寻找答案，特别是死亡率下降和生育转变的规律。

寇尔（Coale，1981）根据许多国家预期寿命随时间延长的趋势，提出了 e_0^0 的年增长率与其当前水平之间存在线性关系的假设。按这一关系进行预测，当近期的平均预期寿命增长较快时，预期未来平均预期寿命增长也较快；当预期寿命已处于较高水平时，其增长速度将放慢。联合国(United Nations, 1995：144 – 145)使用的方法与之相类似。从某一预测区间到下一预测区间预期寿命的增长幅度与当时预期寿命的水平相关,其增长模式有三种(较慢、中等、较快),选择哪种模式是根据近期的增长情况设定的①。表6.2 展示了联合国对部分国家女性预期寿命的估计和相应假设。

表6.2　联合国关于部分国家死亡率水平的估计和预测

单位：岁

国　　家	出生时平均预期寿命（女性）		
	1995~2000 年	2015~2020 年	2040~2050 年
尼日利亚	51.5	57.7	70.2
印　　度	62.9	70.3	76.6
巴　　西	71.0	75.6	79.7
中　　国	72.0	76.9	81.0
德　　国	80.2	82.2	84.5
美　　国	80.1	82.1	84.4
日　　本	82.9	84.5	86.7

资料来源：United Nations, 1999. Medium variant。

　　寇尔模型中的线性关系表明,人口最终会达到某个最高预期寿命。联合国方案同样表明,当平均预期寿命接近人类寿命的极限时,其增长速度将放缓。然而,是否存在这样一个增长极限是值得讨论的(Le Bras, 1976；Vaupel, 1997；Wachter and Finch, 1997)。死亡率已处于低水平的国家,其近年来平均预期寿命的增长速度并没有减慢的迹象。李和卡特(Lee and Carter, 1992)利用美国过去的死亡率数据拟合函数如下：

$$\ln[M(x,t)] = a_x + K(t) \cdot b_x$$

其中,$M(x,t)$ 为 t 时点 x 岁的死亡率,a_x 与 b_x 分别为固定年龄效应和死亡率变化的年龄模式,$K(t)$ 为 t 时点的死亡率水平。他们的分析表明,20 世纪的 $K(t)$ 值一直以相当稳定的速度线性递减。

　　类似地,生育率的假设中也往往设定生育率的年龄模式和生育率水平的参数,通常为总和生育率。由于生育率变化趋势远不如死亡率趋势有规律,通常认为生育率变化的可预见性不如死亡率的变化。在高生育水平国家中,拉丁美洲和亚洲的多数地区生育率已经开始下降,而撒哈拉以南的大部分非洲大陆地区和西亚部分地区的生育率仍在较高的水平上保持相对稳定。低生育率水平中的生育率变化趋势同样千差万别。处于生育转变过程中的国家,其生育率变化趋势最为有序：在达到更替水平以前,生育率水平可以用线性外推法来合理估计。对于生育率较高且基本保持不变的国家,联合国对其生育率的假设为,在生育率预期开始下降和预期实现更替水平之间,生育率线性下降。对于较为发达的国家,联

---

①　注意,对有些国家,有必要根据预测艾滋病数量对死亡率下降的基本模式进行调整(见 United Nations, 1995：145 – 146)。

合国根据各国国家统计机构提供的全国预测数据设定其生育率水平，通常假定生育率或保持不变或不断向更替水平收敛。表6.3为联合国关于部分国家总和生育率的估计和相关假设。国家研究理事会（National Research Council，2000）对1950年以来联合国关于世界人口的预测方案和预测结果进行了详尽的回顾。

表 6.3　联合国关于部分国家生育水平的估计与预测

国　　家	总和生育率		
	1995~2000 年	2015~2020 年	2040~2050 年
尼日利亚	5.15	3.52	2.10
印　　度	3.13	2.10	2.10
巴　　西	2.27	2.10	2.10
美　　国	1.99	1.90	1.90
中　　国	1.80	1.90	1.90
日　　本	1.43	1.68	1.75
德　　国	1.30	1.51	1.64

资料来源：United Nations, 1999. Medium variant。

尽管死亡率和生育率预测中也存在种种困难，但许多人口学家认为迁移是最难预测的人口要素。由于迁移取决于国际移民政策和一些不可预期的突发事件或危机，通常被视为人口变化的外生性因素。这种观点并非源于实证数据，相反，是一种对迁移决定因素缺乏了解的表现，在人口学界，迁移尚未得到与死亡和生育同等程度的重视。迁移有时候是对短期局势的反应，如难民潮，其变化趋势缺乏规律，不过迁移也与可预期的人口要素有关。例如，20世纪70年代许多西欧国家大规模的人口迁入正反映了二战期间出生人口数较少，这些队列进入劳动年龄时劳动力市场出现短缺。因此，移民政策并不完全是外生性因素，其变化往往反映人口形势的变化。类似地，人口迁移出境也可能是国内劳动力的增长幅度超过国内就业增长幅度的结果。尽管我们可以对人口形势与迁移建立类似的联系，但在设定迁移假设时，很少会考虑迁移的决定因素及其具体影响。多数情况下，我们假设持久的、结构性的迁移将持续保持相应迁移水平，而新近出现的、非常规性的迁移将逐渐消失（United Nations，1995）。

6.6　美国普查局对美国人口的预测

美国普查局对美国人口进行的预测中，对未来死亡率、生育率分别做了3种不同的假设，对迁移水平做了4种不同的假设。在这些假设所有可能的组合中，保留了10个组合进行人口预测。根据这些假设对未来人口规模的影响程度，可以分为低水平假设、中等水平假设和高水平假设，第四种迁移假设为零迁移假设。这三个人口变量的中等水平假设对应于中等水平的人口预测。高生育率、高预期寿命（低死亡率）和高迁移水平（由于迁移事件中迁入占绝对优势）假设对应于高水平人口预测结果；相应的，低水平假设对应于低水平人口预测。此外，与其他两种人口要素的中等水平假设相结合，还展示了高水平和低水平生育假设、死亡假设，以及高水平、低水平和零迁移假设对应的假设情境。表6.4对近期美国普查局人口预测的假设进行了总结(Day，1996)。

表6.4　美国普查局人口预测假设

参数	1995 年估计水平	2050 年假设水平		
		低水平	中等水平	高水平
TFR	2.055	1.910	2.245	2.580
e_0	75.9	74.8	82.0	89.4
迁移	820	300	820	1370

注：迁移数据为每年净迁入人口数，单位为千人。

资料来源：Day，1996。

上述假设与前面一节介绍的发达国家的人口假设一致。中等水平的生育假设为各种族人口的生育水平将保持在目前的生育水平左右，死亡假设是根据死亡率的下降速度而设定的(注意：在低水平假设下，死亡率的预期下降在很大程度上被预期的艾滋病流行趋势所抵消)。中等水平的迁移假设为迁移绝对数保持不变，此外，预测过程也对其他不同的迁移假设进行了模拟。其变化幅度主要考虑了上一节讨论的移民数量的可变性以及移民对未来人口增长的重要性。在中等水平的预测结果中，1995~2050年移民数将占2050年人口总数的25%，为这一时期的人口增长贡献了60%。

高水平与低水平的生育假设对应的2050年预期人口数量相差1.02亿，而高水平与低水平的死亡率假设所对应的预测人口数相差0.48亿，相应的迁移假设对应的预期人口数量相差0.87亿。这些人口预测结果表明，生育率的小幅变化将导致未来人口规模的重大差异。相对而言，死亡率的变化对总人口数的影响较小，但对人口结构的影响相当显著。上述预测中，死亡因素对2050年65岁及以上与25~64岁人口之比影响最大，而该年龄比具有重要的经济意义。

6.7　其他人口预报方法

如前所述，队列要素法在人口预测和预报中具有不可替代的重要地位。作为人口预测工具，该方法能够满足人口学的基本计量关系，因此具有很高的内在效度。为便于计算，该方法引入了一系列假设，如年龄组内的静止状态假定、用区间开始与结束时点的人口数计算人年数、出生性别比不变等，这些假设对预测结果的影响可以忽略不计。然而，这一结论对最高的开放年龄组内的静止状态假定并不成立。当最高年龄组人口的增长率为正时，静止状态假设就会低估预测人口数。因此，开放年龄组的起始年龄过低会带来重要的预测误差。

作为人口预报工具，队列要素预测法的普遍使用比检验该方法在以往预报中的准确性更具有说服力（Rogers，1995a）。至少在美国历史数据中，年龄结构标准化后的年龄别生育率（*TFR* 或 *GRR*）比粗出生率变化幅度更大。如第 5 章所示，粗出生率与年龄别生育率有如下关系：

$$CBR[t, t+5] = \sum_{x=\alpha}^{\beta-5} {}_5F_x[t, t+5] \cdot {}_5C_x^F[t, t+5]$$

其中，${}_5C_x^F[t, t+5]$ 为预测区间内 x 到 $x+5$ 岁妇女存活的人年数与总人口存活人年数之比。当育龄妇女的比重变化在一定程度上抵消年龄别生育率的变化时，即如果 ${}_5C_x^F$ 和 ${}_5F_x$ 的时间序列之间负相关时，粗出生率的变化比年龄别生育率的变化更规则、更平滑。事实上，美国 1900 ~ 1990 年的数据证实了这种现象。有几种可能的解释：伊斯特林（Easterlin，1980）指出，规模较大出生队列的成员经济地位相对较低，于是他们更倾向于减少生育数量；另一可能的解释与婚姻市场有关，由于女性比男性较早进入婚姻市场，当育龄人口迅速增长时，婚姻市场往往出现女性过剩，这可能进一步导致结婚可能性和生育率的下降；最后一种解释是，妇女数量与其生育率的负相关关系可能纯属偶然。

许多人口变化模型都是以个人为分析单位，但家庭户等较大的单位也可以用于相关分析（van Imhoff and Keilman，1991）。两性模型便是一种选择，其中，男女两性组成婚姻实体，其所生子女属于这些婚姻实体。婚姻实体的建立可以用模型拟合如下（Schoen，1988）：

$$U_{ij} = \alpha_{ij} \cdot \frac{M_i W_j}{M_i + W_j}$$

其中，α_{ij} 为子人口 i 中的男性与子人口 j 中的女性之间的吸引力。婚姻解体可以用丧偶率和离婚率来拟合，这样，人口预测可以同时预测未婚人数和婚姻家庭数。在这个更接近现实的模型中，生育率对应于婚姻实体而不是个人，生育率的高低取决于婚姻实体中每个成员的年龄。

6.8 准确性和不确定性

人口预报的准确性评估只能在事后进行。测度人口总量预报准确性的最直接指标是，预报人口数与实际人口数的绝对差距或相对差距（后者为绝对差距与预报人口数之比）。相对差距还不能对预报的时间维度进行调整。同样是 10% 的预报误差，在长期预测和短期预测中所反映的预报质量完全不同。

下式所示的相对误差是人口预报质量评估的较好指标：

$$E = \frac{N(T) - N^P(T)}{N(T) - N(0)}$$

其中，$N^P(T)$ 是 T 时点预测人口数，$N(0)$ 和 $N(T)$ 分别为时点 0 和 T 的实际人口数。可根据人口预报时可得的最新人口数估计的时点来确定时点 0。该指标没有直接控制预测期的长度，但控制了其间实际人口数的变化。将预报误差与其他基本预报方法的误差进行对比，也可以设计出类似的指标。举例来说，上式中的 $N(0)$ 可以用人口增长率保持不变假设下的预报结果来替换（Keyfitz，1985：230 – 233）。

评估预报质量的另一种方法是比较实际增长率与预测增长率（Stoto，1983）[①]：

$$\varepsilon = \bar{r}^p[0,T] - \bar{r}[0,T] = \frac{\ln\left[\dfrac{N^p(T)}{N(T)}\right]}{T}$$

注意当 T 是以年为单位测量时，该比值为年均预报误差。

根据预报误差的测量指标和对过去预报的分析，可以考虑确定预报结果的置信区间（Keyfitz，1981；Stoto，1983）。确定置信区间的最好方法是将人口事件发生率视为随机变化过程，并利用时间序列分析法估计其变化趋势和变化幅度。这种方法也可以用来外推事件发生率的未来变化趋势，从而不必单纯依赖专家对未来变化的判断或对过去预报误差的估计（Lee，1998）。上文在讨论死亡率时曾提到一个极富说服力的实例，即李和卡特（Lee and Carter，1992）对死亡率的估计。李（Lee，1993）、李和图嘉普卡（Lee and Tuljapurkar，1994）对这一方法进一步扩展，并对生育率变化趋势进行了类似的估计。类似的研究成果还包括年龄分布特征的置信区间，这一成果对于估计社会保障和医疗保险计划的财政支付能力具有重要意义（Tuljapurkar，1992；Lee and Tuljapurkar，1998）。关于预报不确定性的全面介绍，读者可以参见国家研究理事会（National Research Council，2000：第 7 章）和阿罗（Alho，1998）的相关文献。

6.9　人口预测方法的其他应用

尽管人口预测法最常见的用途是进行人口预报，但队列要素预测法所包含的一系列人口变量之间的关系也有重要的分析价值。其实际应用之一为，人口预测法可以展示现有人口年龄结构如何影响未来人口增长，即"人口惯性"现象。狭义的人口惯性是指封闭人口中即使其生育率已处于"更替"水平，其人口总数仍可能继续增加的现象（见第 7 章第 7 节）。一般而言，人口增长不仅与当前的生育率和死亡率有关，而且与人口年龄结构有关，而人口年龄结构是由过去的生育率和死亡率决定的（见第 8 章）。布儒瓦—皮查特和塔利布（Bourgeois-Pichat and Taleb，1970）利用墨西哥数据分析指出，由于墨西哥当时人口年龄结构中蕴含着增长潜力，在 2000 年实现零增长率并不现实。要使人口增长率出现相应幅度的下降，生育率必须急剧下降，这种急剧下降趋势极有可能产生长期的不利后果。邦戈茨（Bongaarts，1994）按照世界银行长期预测结果，将未来世界人口增长划分为三部分：因人口惯性增长的部分（即使全世界生育率立即稳定在更替水平，人口数仍继续增加）、因意愿生育高于更替水平而导致的人口增长、由"非意愿"生育而导致的额外人口增

[①]　斯托特的测度指标还包括一项，即时点 0 的估计人口数与实际人口数之比（事前误差）。

长（当然，意愿生育和非意愿生育并没有明显的界限）。由于该研究在重新审视全球人口政策的情况下，分析了未来人口的增长途径，邦戈茨的文章成为人口学历史上最具影响力的研究之一。

人口预测方法也具有理论价值。上文中我们提到，人口预测法可以展示在生育率与死亡率保持不变的情况下，封闭人口将逐渐收敛于稳定状态的事实。这一结论和稳定人口的特征也可以用分析方法推导而得，将在下一章中详细介绍。预测方法与分析方法互为补充：分析方法便于掌握稳定人口的一般性，而预测方法则可以模拟和展示人口如何实现稳定状态以及实现这一状态的周期长短。

7

稳定人口模型

　　第 3 章和第 4 章中都涉及静止人口模型，该模型有时候被用来研究人口过程。形成静止人口的条件是，长期持续的出生常数（每天、每月和每年的出生人数固定）、一个不变的生命表以及所有年龄的迁移均为零。这样的人口拥有不变的年龄结构，且人口参数之间存在一定的简单关系。比如静止人口出生率是出生预期寿命的倒数。人口计算的简便方法通常可应用于静止人口。

　　本章将介绍第二种主要的人口模型，即稳定人口模型。它和静止人口模型有密切的关系，实际上，静止人口是稳定人口的一种特殊情况。人口学者通常用稳定人口模型说明长期维持某种短期人口变动模式的影响，并确定某个参数值变化对其他参数值的影响。人口学者最常使用稳定人口来研究人口结构和过程的不同要素之间的关系。如果某个人口可以看作是稳定人口的话，它也可以用来估计相应的人口参数值。

7.1　稳定人口的简单例子

　　假设某一人口的生命表是不变的，所有年龄组的净迁移都为零。这两个假设与构造静止人口的假设相同。但是，静止人口模型的第三个和最后一个假设需要修改，即出生数不变。我们假设出生是按一个固定的年均增长率呈指数增长：

$$B(t) = B(0) \cdot e^{rt}$$

为了便于描述，我们假定一个(非人类的)群体的生命表，其中所有个体都在 5 岁前死亡。假设的生命表值就是：

确切年龄 (a)	l_a	l_a/l_0
0	100,000	1.000
1	60,000	0.600
2	40,000	0.400
3	20,000	0.200
4	5,000	0.050
5	0	0.000

假设在 1800 年 1 月 1 日的出生数是 1,000。因此，在 1801 年 1 月 1 日确切年龄为 1 岁的有 600 个(1,000×0.600)，在 1802 年 1 月 1 日确切年龄为 2 岁的有 400 人，以此类推。1800 年 1 月 1 日出生队列的过程显示在表 7.1 的最左侧对角线上。由于出生数以年率为 r 的速度增长，所以在 1801 年将会有 $1000 \cdot e^r$ 个出生。跟踪该出生队列，在 1802 年 1 月 1 日年龄为 1 岁的有 $1000 \cdot e^r \cdot 0.600$ 个，在 1803 年 1 月 1 日年龄为 2 岁的有 $1000 \cdot e^r \cdot 0.400$ 个，以此类推，如表 7.1 的第二条对角线上所示。下一个生于 1802 年 1 月 1 日的队列，将有 $1000 \cdot e^{2r}$ 个出生，且会沿第三条对角线度过一生。以此类推。

表 7.1　1800 年 1 月 1 日至 1806 年 1 月 1 日的分年龄人口

年龄 \ 时间	1800.1.1	1801.1.1	1802.1.1	1803.1.1	1804.1.1	1805.1.1	1806.1.1
0	1000	$1000 \cdot e^r$	$1000 \cdot e^{2r}$	$1000 \cdot e^{3r}$	$1000 \cdot e^{4r}$	$1000 \cdot e^{5r}$	$1000 \cdot e^{6r}$
1		600	$600 \cdot e^r$	$600 \cdot e^{2r}$	$600 \cdot e^{3r}$	$600 \cdot e^{4r}$	$600 \cdot e^{5r}$
2			400	$400 \cdot e^r$	$400 \cdot e^{2r}$	$400 \cdot e^{3r}$	$400 \cdot e^{4r}$
3				200	$200 \cdot e^r$	$200 \cdot e^{2r}$	$200 \cdot e^{3r}$
4					50	$50 \cdot e^r$	$50 \cdot e^{2r}$
5						0	0

比较 1805 年 1 月 1 日和 1806 年 1 月 1 日的年龄别人数，1806 年的每个年龄都多出 e^r 人。两个年龄分布互成比例。成比例的年龄分布即通常所指的人口年龄构成是稳定不变的。显然，只要出生人口持续地以一个恒定的率增长，同时生命表也不变，那么年龄结构在 1806 年之后也会是不变的。将按年率 r 增长的出生数填入其他日子[比如，1800 年 1 月 2 日的出生数为 $1000 \cdot e^{r \cdot (1/365)}$]也不会改变结果，而是直接生成了一个更为平滑的人口年龄分布。考虑这种人口类型的最为有效的思路是，出生数是以年率 r 持续变化的。

由于出生数是以年率 r 增长的，总人口在 1805 年之后也以同样速度增长，那么粗出生率在此之后一定是不变的。而由于粗出生率和增长率是常数，粗死亡率(即粗出生率与增长率之差)也必定是常数。由于年龄别死亡率(体现在生命表中)和年龄结构是不变的，所以粗死亡率不变。

表 7.1 所描述的从 1805 年开始的人口是一个稳定人口。尽管人口总数在增长，但它具有不变的出生率、死亡率、增长率以及年龄结构。每个年龄组的人口以同样的速率增长，即年出生数的增长率。这一系列特征将会一直保持下去，直到人口由于出生增长率的变化或者当时的生命表变化的影响而变得不稳定。

稳定人口的年龄结构由两个因素决定：当时的生命表和年出生人数的增长率。为了更清楚地展示，我们把 1805 年 1 月 1 日各年龄段的人数与 1805 年 1 月 1 日出生的人数之比表示为：

$$\frac{N(1)}{B} = e^{-r}p(1)$$

$$\frac{N(2)}{B} = e^{-2r}p(2)$$

1 岁人数少于出生数，不仅是因为一些新生儿在 1 岁之前死去［表示为 $p(1)$，这个存活率值小于 1.000］，而且由于 e^{-r} 因子（假设 r 为正）的作用，即 1804 年的出生队列小于 1805 年的出生队列。1805 年的 2 岁人数比 1805 年的出生人数更少，因为更多的出生者在 2 岁前死去，而由于 e^{-2r} 因子的作用，1803 年的出生队列小于 1805 年的出生队列。

沿用此例，由于 $p(2) = p(1)\,_1p_1$，1805 年的 2 岁人数与 1 岁人数之比是：

$$\frac{N(2)}{N(1)} = e^{-r}\,_1p_1$$

不仅由于总有一些人在相应的年龄段中死去，还由于年轻队列的出生数更多，所以年轻的队列人数仍是大于年长的队列人数。这个增长因素，而不是更高的死亡率，才是发展中国家的年龄结构比发达国家的年龄结构更年轻的主要原因。

1804 年以后，可以用 t 时点的出生数来表达 t 时点的 a 岁人数：

$$N(a,t) = B(t) \cdot e^{-ra} \cdot p(a)$$

在等式的两边同时除以 t 时点的总人数 $N(t)$，可得 t 时点 a 岁的人口比例，记为 $c(a,t)$。

$$c(a,t) = b(t) \cdot e^{-ra} \cdot p(a)$$

其中 $b(t)$ 是 t 时点的出生率。但前面已经定义出生率在 1804 年后保持不变，因此有 $b(t) = b$，以及：

$$c(a,t) = b \cdot e^{-ra} \cdot p(a) = c(a)$$

这表明年龄结构将会保持不变，并能够以出生率、增长率和生命表存活函数的形式表示。如果一个人口是稳定的，人口各种过程之间的联系就可以得到简洁表达。对于静止人口模型也是这样，但是静止人口模型并不普遍，因为它将出生数的增长率限定为 0。静止人口是稳定人口中 $r = 0$ 时的特例。

7.2　洛特卡提出的产生稳定人口的条件

我们已经用不太严格的方式展示了，只要以下三个条件持续足够长的时间，就会出现稳定人口：

①年出生数的增长率保持不变；

②年龄别死亡率(即生命表)保持不变；

③年龄别净迁移率为零。

对于一个所有年龄段中都保持"稳定"的人口，这些条件必须持续一段时间，确保任何人都能存活到最高年龄。

作为人口学最为重要的发展之一，洛特卡(Lotka，1939)提出，另一组条件也可以产生稳定人口。他证明保持一套不变的年龄别生育率并结合条件②和③，最终会产生一个年出生数不变的增长率。他实际上提出了条件①可以替换为：年龄别生育率不变。他还证明年龄别生育率和死亡率共同产生年出生数的增长率以及总人口的增长率。

该证明具有重大意义。首先，它意味着变化率恒定的人口(在人类历史的长河中这应当是合理的近似)将会成为稳定人口。反过来，也可以利用一个稳定人口的数量关系研究其人口学属性。其次，它意味着如果这些率保持不变，每个人口的年龄别生育率和死亡率都暗示着一个潜在的稳定人口。这个潜在的模型人口经常被称作"近似稳定（stable equivalent）"人口，为当前人口参数对人口前景的预示提供了详细说明。最后，洛特卡建立的关系为研究某个人口参数对其他参数的影响提供了一种研究手段。

洛特卡的成果相当重要，也有必要对他的证明进行梳理。假设：

①年龄别生育率长期保持不变；

②年龄别死亡率长期保持不变；

③所有年龄的净迁移率都是零。

需要注意的是，洛特卡仅用了单性别人口，没有明确地把另一性别加入人口再生产中。他首先检查了在以上条件运行下自研究初始点 0 时以后的出生人口序列：

$$B(t) = \int_0^t N(a,t)m(a)da + G(t) \tag{7.1}$$

其中，$B(t)$ = t 时点的出生数，

　　　$N(a,t)$ = t 时点 a 岁人数，

　　　$m(a)$ = a 岁妇女的女孩生育率，

　　　$G(t)$ = 0 时点存活妇女在 t 时点的生育数。

这些函数都有统计密度函数的形式，即从 t 到 $t + dt$（当 $dt \to 0$）极短时间段内的出生数是 $B(t)dt$。dt 和密度函数总是以年表示的。

生于时点 0 之后的妇女的 $N(a,t)$ 函数可以表示为其队列的出生数和存活到 a 岁的概率 $p(a)$ 的乘积，如下式所示：

$$N(a,t) = B(t-a) \cdot p(a), t > 0$$

将其代入式(7.1)得到：

$$B(t) = \int_0^t B(t-a)p(a)m(a)da + G(t) \tag{7.2}$$

$G(t)$ 最终会为零，即 50 年以后，没有 0 时点存活者还能生育。因此，出生序列最终可表示为：

$$B(t) = \int_0^t B(t-a)p(a)m(a)da, \ t > 50 \tag{7.3}$$

式(7.3)被称作齐次积分方程。之所以称为积分方程，是因为包含了函数 $B(t)$ 以及该函数的积分，而被称为齐次是因为没有常数项。通过一系列试错过程可求解积分方程。得到 $B(t)$ 的表达式后，将其代入式(7.3)后能使左右两边相等时，就得到方程的解。洛特卡证明了指数的出生序列可以求解方程，如图 7.1 所示。

$$B(t) = B \cdot e^{\rho t} \tag{7.4}$$

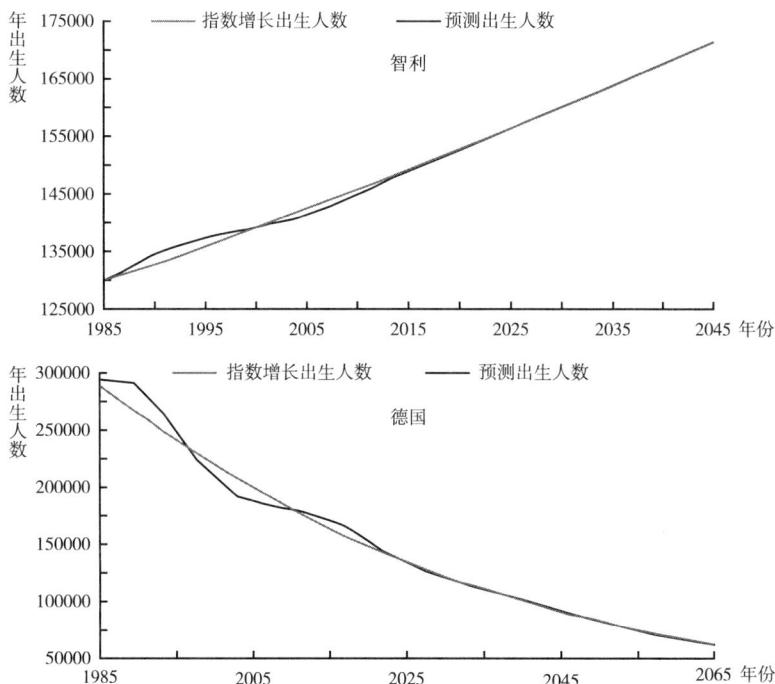

图 7.1　人口率不变的两个人口的出生轨迹

资料来源：Keyfitz and Flieger, 1990。

将式 (7.4) 的这个试验解代入式 (7.3) 中，有：

$$B \cdot e^{\rho t} = \int_0^t B \cdot e^{\rho(t-a)}p(a)m(a)da, t > 50$$

在等式两边同时消去 $B \cdot e^{\rho t}$，有：

$$1 = \int_0^t e^{-\rho a} p(a) m(a) da, t > 50 \tag{7.5}$$

因此，如果能找到一个 ρ 值使式(7.5)的右边等于1，式(7.4)就是齐次积分方程的解。如果将式(7.5)视为只有 ρ 是未知的，那么总能找到一个值使右边等于1。因为 $p(a)$ 和 $m(a)$ 都是取正值的函数，所以式(7.5)的右边就是 ρ 的连续递减函数 $y(\rho)$。如果 $\rho = -\infty$，等式右边的值就总是 $+\infty$。如果 $\rho = +\infty$，那么等式右边就总是等于零。当 ρ 取值在 $-\infty$ 与 $+\infty$ 之间时，等式右边将在0与 $+\infty$ 之间取值［假设 $m(a)$ 和 $p(a)$ 具有连续性］。特别是如图7.2所示，存在一个独特的 ρ 值，记为 r，使 $y(r)$ 正好等于1。r 的值是式(7.4)所求解的年出生数的增长率，也就是稳定人口本身的增长率。它通常被称为"内在增长率"，即由 $m(a)$ 和 $p(a)$ 模式内在产生的人口增长率。式(7.5)决定了 r 的取值。定义 α 是生育的最低年龄，β 是最高生育年龄，因此在所有其他年龄的 $m(a) = 0$，式(7.5)可以被改写为：

$$1 = \int_\alpha^\beta e^{-ra} p(a) m(a) da \tag{7.6}$$

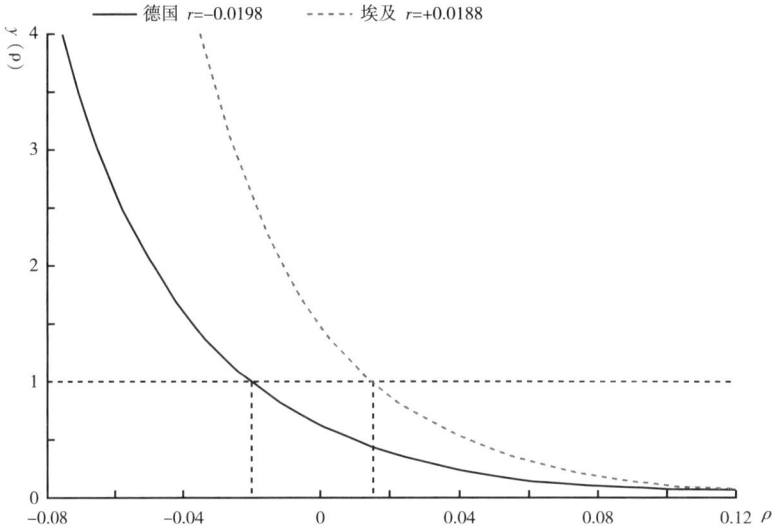

图7.2　1995～2000年德国和埃及的 $y(\rho)$ 函数

资料来源：Unite Nations, 1994 and 1995。

洛特卡的其他证明还有，式(7.4)的试验解最终（即当 t 增大时）为该方程唯一恰当的解，所有其他解从数值上看都没有意义。有关洛特卡证明的更详细内容，请参看凯菲茨（Keyfitz, 1968b）相关文献。也可以应用矩阵代数和离散时间以及年龄间隔进行证明（McFarland, 1969; Keyfitz, 1968b; Parlett, 1970）。

7.3　稳定人口的特征方程

如上所示，一个稳定人口具有一种指数型的出生序列：$B(t) = B \cdot e^{rt}$。在某个特定应

用中的 r 值就是当给定 $m(a)$ 和 $p(a)$ 模式后满足式(7.6)的值。在 t 时点的 a 岁人数将等于 $t-a$ 年的出生数乘以存活到 a 岁的概率：$N(a,t) = B(t-a) \cdot p(a)$。把前面的等式代入后面，就得到：

$$N(a,t) = B \cdot e^{r(t-a)} \cdot p(a) = B \cdot e^{rt} \cdot e^{-ra} \cdot p(a) = B(t) \cdot e^{-ra} \cdot p(a) \qquad (7.7)$$

对式(7.7)的两边从 0 岁到人口可达到的最高年龄 ω 岁积分，经调整后可得：

$$\int_0^\omega N(a,t)\,da = B(t)\int_0^\omega e^{-ra}p(a)\,da$$

或

$$\frac{B(t)}{\int_0^\omega N(a,t)\,da} = \frac{B(t)}{N(t)} = b(t) = \frac{1}{\int_0^\omega e^{-ra}p(a)\,da} = b \qquad (7.8)$$

式(7.8)通过人口的增长率和存活模式表示了稳定人口的粗出生率 b，它不随时间变化。

再回到式(7.7)，将其两边同时除以 t 时点的总人口数 $N(t)$，并推导出该人口的年龄分布比例 $c(a,t)$：

$$c(a,t) = \frac{N(a,t)}{N(t)} = \frac{B(t)}{N(t)}e^{-ra}p(a) = be^{-ra}p(a) = c(a) \qquad (7.9)$$

人口的年龄分布比例也是不变的。式(7.9)可以解释其各年龄部分的形成规律：a 岁队列在出生时代表了人口比例 b(出生率)；继出生之后，死亡率影响通过 $p(a)$ 因子减小了队列规模；同时，整个人口受 e^{ra} 因子的作用增长，因此相对于人口中其他队列来说，a 岁队列在 e^{-ra} 因子作用下缩小；这三个因子共同决定了 a 岁队列的相对规模。

为了把这些表达式和生育率联系起来并形成完整的循环过程，我们在式(7.9)的两边同时乘以 $m(a)$，然后从生育年龄 α 到 β 积分。完成之后，等式右边就是人口的粗出生率 $\int_\alpha^\beta c(a)m(a)\,da$，与左边的 b 相抵消后，得到：

$$\int_\alpha^\beta e^{-ra}p(a)m(a)\,da = 1 \qquad (7.10)$$

式(7.10)重复了式(7.6)的推导，但它是从年龄分布的角度考虑。式(7.10)中积分号内的乘积项代表稳定人口中育龄妇女的年龄分布比例，所以在生育年龄求和必然等于 1。

稳定人口的年龄分布、生育率、死亡率和增长率完全取决于 $m(a)$ 和 $p(a)$ 这两个序列模式。无论 $m(a)$ 和 $p(a)$ 所形成的人口有何特征，该人口终将具有这些模式的"内在"特点。如图 7.3 所示，如果赋予意大利和尼日利亚相同的模式，这两个人口的人口学特点最终会变得彼此相似(除了它们的人口总量)。人口"忘记过去"是被称为遍历性的一个性质：人口的特点完全取决于它们所经历的生育率和死亡率模式。洛佩斯

（Alvaro Lopez，1961）证明，即使 $m(a)$ 和 $p(a)$ 是变化的，这种遍历性也适用[①]。如果出生率和死亡率持续变化，只要率的变化顺序相同，意大利和尼日利亚的人口就会最终相似。

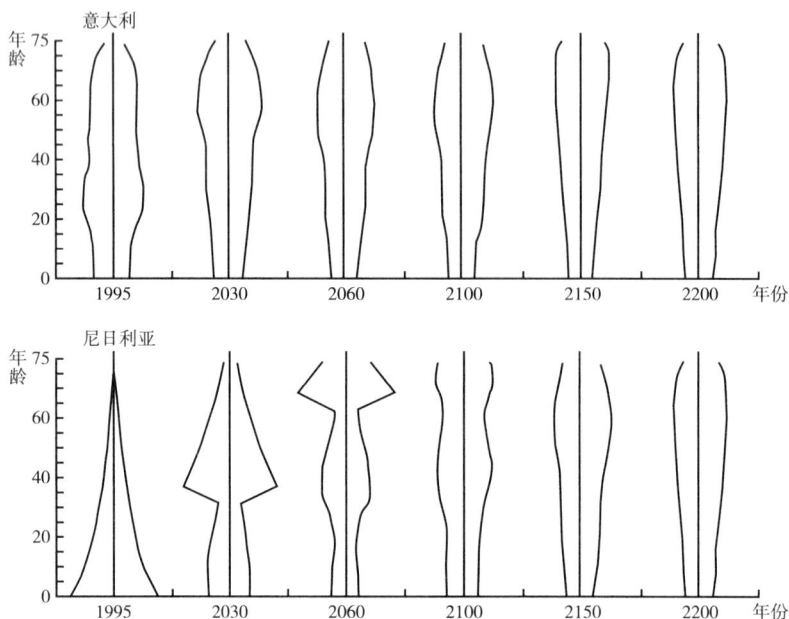

图 7.3　意大利和尼日利亚的相对年龄结构

注：两者均根据 1995 年意大利的出生率和死亡率预测。

资料来源：Unite Nations，1995 and 1996。

在一套不变的 $m(a)$ 和 $p(a)$ 的作用下，需要多长时间人口能够"稳定"下来呢？对这个问题没有确切答案。答案部分取决于研究所需要的精确度，也取决于在 $m(a)$ 和 $p(a)$ 作用下的人口与最终形成的稳定人口之间的年龄结构差异。通常情况下，差异越大，形成稳定人口的时间越长。如果差别非常大，又要求高度精确，就需要超过一个世纪的时间长度。对大多数的实际应用来说，70 年是常用的经验数据。庆幸的是，现有的人口预测方法意味着不必抽象地回答这个问题。

洛特卡通过假设所有年龄别净迁移率为零，或者说人口对迁移是"封闭"的，构造出稳定人口模型。而实际上，这是一个不必要的限定假设。如果年龄别净迁移率的模式长时间保持不变，也会形成稳定人口。只需要从代表出生和 a 岁队列规模之间成比例变化的 $p(a)$，就可以看到这点。这个模式可以扩展到包含迁移和死亡对队列规模的影响。如果净迁移率和死亡率不变，那么扩展的 $p(a)$ 也不变，人口将会稳定。当然，对参数的解释也需要扩展至涵盖迁移。

[①]　这一特性有时指与稳定人口的强遍历性相对的"弱遍历性"。

7.4 "近似稳定"人口

由于每个人口都有一套年龄别出生率 $m(a)$ 和死亡率 $p(a)$，每个人口都暗含着一个潜在的稳定人口，如果这些率无限地持续，该稳定人口就会实现。这个潜在稳定人口模型往往被称为"近似稳定"人口。如 1996 年的美国有一个近似稳定人口。为了测定它的特性，可以使用前面章节的式(7.8)到式(7.10)求出相关参数，从式(7.10)中求解参数 r。当然，可以使用美国 1996 年的 $m(a)$ 和 $p(a)$。这个模型人口的增长率、出生率、死亡率和年龄结构被称为"内在的"；它们内在于 $m(a)$ 和 $p(a)$ 模式中，不受美国 1996 年实际的年龄结构所影响，实际的年龄结构是极不规则的。

把这些方程应用于 1996 年美国 $m(a)$ 和 $p(a)$ 所产生的模型人口，等同于使用前一章中讲述的预测方法[1]、设定生育率和死亡率为美国 1996 年的情况且保持不变时进行预测所产生的人口。需要注意到，在向后预测中使用的基线人口不一定是 1996 年或者其他年的美国人口，只要生育率和死亡率保持不变，无论基线人口如何，人口变动历程的遍历性都保证了模型稳定人口和最终预测的人口是相等的。

如果一个实际人口的年龄别生育率和死亡率长期不变，人口就会稳定。在这种情况下，近似稳定人口将与实际人口的粗出生率、死亡率、增长率和年龄结构相等。如果生育率和死亡率发生了变化，那么实际人口就必定会在某些特征或所有特征上与近似稳定人口不同。以下介绍对实际人口是否稳定的检验。简言之，如果年龄别增长率不随年龄变化，人口就是稳定的，且式(7.8)至式(7.10)适用。这种检验通常需要利用两次人口普查来比较人口年龄结构的变化。不变的年龄别增长率意味着年龄结构(即年龄分布比例)不变。

判断近似稳定人口的特点需要将式(7.8)至式(7.10)应用于人口数据通常具有的离散年龄间隔形式。在单岁年龄间隔时，等同于式(7.8)至式(7.10)的表达式为：

$$b = \frac{1}{\sum\limits_{a=0,1}^{\omega} e^{-r(a+0.5)} \, \frac{{}_1L_a}{l_0}} \tag{7.8a}$$

$$_1c_a = b e^{-r(a+0.5)} \, \frac{{}_1L_a}{l_0} \tag{7.9a}$$

$$1 = \sum\limits_{a=\alpha,1}^{\beta-1} e^{-r(a+0.5)} \, \frac{{}_1L_a}{l_0} \, {}_1m_a \tag{7.10a}$$

5 岁年龄间隔的表达式为：

$$b = \frac{1}{\sum\limits_{a=0,5}^{\omega} e^{-r(a+2.5)} \, \frac{{}_5L_a}{l_0}} \tag{7.8b}$$

---

[1] 人口预测在估计未来总人口规模以及估计其他向稳定状态转变过程中的人口参数方面，具有更多优点。

$$_5c_a = be^{-r(a+2.5)} \frac{_5L_a}{l_0} \tag{7.9b}$$

$$1 = \sum_{a=\alpha,5}^{\beta-5} e^{-r(a+2.5)} \frac{_5L_a}{l_0} {_5m_a} \tag{7.10b}$$

10 岁间隔则太宽，无法提供可靠的信息。

判断近似稳定人口的特点要先从估算内在增长率 r 开始。这是个应用式(7.10b)的试错过程(通常使用五岁间隔)。寇尔(Coale，1957)提供了一种快速估算 r 值的实用策略。将式(7.10)的积分值作为一个函数 $y(\rho)$：

$$y(\rho) = \int_\alpha^\beta e^{-\rho a} p(a) m(a) da$$

对 ρ 求导得：

$$\frac{dy(\rho)}{d\rho} = -A_B y(\rho)$$

或

$$d\rho = -\frac{dy(\rho)}{y(\rho) A_B} \tag{7.11}$$

其中，$A_B = \int_\alpha^\beta e^{-ra} p(a) m(a) a da$ ，是稳定人口的平均生育年龄。[①]

式(7.11)显示了 r 估计值误差和所产生的 y 值之间的联系。假设任意选择一个 r_0 值，使用这个值估计 $y(r_0)$。如果 $y(r_0)$ 的试验值是1.10，那么 y 的比例误差是 $+0.10$，因为其真实值应当是1.000。式(7.11)告诉我们，这个 r 值太低，因为 r 的误差产生出方向相反的 $y(r)$ 的误差(即偏离1.000)。那么下一个 r 试验值 r_1 就应当提高 $0.10/A_B$。为此，A_B 值取27是合适的，且会最终得到正确答案；直到求得 r 值的解，才能知道 A_B 的真实取值。这一过程可能会持续两三回合，直到 r_n 的新值产生一个新的 $y(r_n)$，且这个值比较接近1.000。下节将证明选择 $r_0 = \ln(NRR)/27$ 的初始值的过程，而且如果可以容忍足够多的迭代步骤，任何取值都可以。专栏7.1展示了使用寇尔迭代步骤估计内在增长率的例子。专栏7.2则是构造美国1991年近似稳定人口的详细例子。图7.4显示了实际的和内在的年龄结构。

---

① A_B 作为平均年龄，可以被写作：

$$A_B = \frac{\int_\alpha^\beta e^{-ra} p(a) m(a) a da}{\int_\alpha^\beta e^{-ra} p(a) m(a) da}$$

不过基于稳定人口的性质式(7.6)，分母是1。

专栏 7.1　内在增长率的估算

$_5L_a = a$ 到 $a+5$ 岁之间的存活人年数（来自于女性时期生命表，$l_0 = 1$）

$_5m_a = a$ 到 $a+5$ 岁之间的女婴生育率

$$r_0 = \frac{\ln NRR}{27} = \frac{\ln\left(\sum_{a=15,5}^{45} {}_5L_a \cdot {}_5m_a\right)}{27}$$

$$y(r_n) = \sum_{a=15,5}^{45} e^{-r_n(a+2.5)} {}_5L_a \cdot {}_5m_a$$

$$r_{n+1} = r_n + \frac{y(r_n) - 1}{27}$$

例：1997 年埃及人口的内在增长率估算

年龄 a	$_5L_a$	$_5m_a$	$_5L_a \cdot {}_5m_a$	$r_0 = 0.01569$	$r_1 = 0.01415$	$r_2 = 0.01425$	$r_3 = 0.01424$
				\multicolumn{4}{c}{$e^{-r_n(a+2.5)} {}_5L_a \cdot {}_5m_a$}			
15	4.66740	0.00567	0.02648	0.02012	0.02067	0.02063	0.02064
20	4.63097	0.06627	0.30687	0.21561	0.22322	0.22268	0.22273
25	4.58518	0.11204	0.51371	0.33371	0.34816	0.34714	0.34723
30	4.53206	0.07889	0.35751	0.21472	0.22575	0.22497	0.22504
35	4.46912	0.05075	0.22681	0.12595	0.13344	0.13291	0.13296
40	4.39135	0.01590	0.06982	0.03585	0.03828	0.03810	0.03812
45	4.28969	0.00610	0.02616	0.01242	0.01336	0.01329	0.01330
合计	—	—	1.53	0.95838	1.00289	0.99973	1.00002

$NRR = $ 每名妇女 1.53 个女孩

$r_0 = \ln(1.53)/27 = 0.01569$　　　　　　$y(r_0) = 0.95838$

$r_1 = 0.01569 + (0.95838 - 1)/27 = 0.01415$　　　$y(r_1) = 1.00289$

$r_2 = 0.01415 + (1.00289 - 1)/27 = 0.01425$　　　$y(r_2) = 0.99973$

$r_3 = 0.01425 + (0.99973 - 1)/27 = 0.01424$　　　$y(r_3) = 1.00002$

在三次迭代后，得到 1997 年埃及的内在增长率为 0.01424。

资料来源：United Nations, 1995。

　　表 7.2 显示了一些人口的内在增长率、粗自然增长率和净再生产率的值。对于欧洲和北美的人口来说，在内在增长率和粗自然增长率之间显然存在巨大差异；如果生育和死亡状况持续下去，自然增长率将会降低。两个率之间的差异表现出这些人口在发展历史中生育率和（或）死亡率的巨大变化。其他国家两个率之间的差异较小，表明了过去生育率和死亡率的变化并没有严重到使这些人口结构变得"不稳定"。

专栏 7.2　近似稳定人口的构建

$$_5C_a^{actual} = \frac{_5W_a}{\sum_{x=0}^{85} {}_5W_a} = 人口的实际年龄结构$$

$$b = \frac{1}{\sum_{\alpha=0,5}^{80} e^{-r(a+2.5)} \frac{_5L_a}{l_0}}$$

$$_5C_a^{stable} = b e^{-r(a+2.5)} \frac{_5L_a}{l_0} = 人口的近似稳定年龄结构$$

对于 85 岁以上年龄组，用 T_{85} 替代 $_5L_{85}$；函数 e^{-ra} 所适用的年龄是（$85 + e_{85}^o$）岁而不是 87.5 岁。

例：1991 年美国女性（$l_0 = 100,000$）

年龄 a	$_5C_a^{actual}$	$_5L_a$	$_5m_a$	$e^{-r(a+2.5)} \frac{_5L_a}{l_0}$	$_5C_a^{stable}$
0	0.0726	495,804	—	4.9603	0.0624
5	0.0689	495,002	—	4.9567	0.0623
10	0.0667	494,603	0.0007	4.9572	0.0623
15	0.0648	493,804	0.0303	4.9536	0.0623
20	0.0729	492,552	0.0566	4.9455	0.0622
25	0.0799	491,138	0.0578	4.9358	0.0621
30	0.0861	489,356	0.0388	4.9223	0.0619
35	0.0801	486,941	0.0157	4.9024	0.0617
40	0.0735	483,577	0.0027	4.8729	0.0613
45	0.0556	478,475	0.0001	4.8258	0.0607
50	0.0464	470,374	—	4.7484	0.0597
55	0.0421	457,712	—	4.6247	0.0582
60	0.0436	438,502	—	4.4346	0.0558
65	0.0429	410,756	—	4.1578	0.0523
70	0.0365	371,990	—	3.7688	0.0474
75	0.0294	319,192	—	3.2368	0.0407
80	0.0203	249,203	—	2.5293	0.0318
85 +	0.0176	273,044	—	2.7759	0.0349
合计	1.0000	—	—	79.5087	1.0000

$r = -0.00018$（参见专栏 7.1 的估算步骤）

$b = 1/79.5087 = 0.01258$

$d = b - r = 0.01258 - (-0.00018) = 0.01276$

注：本例中 $e_{85}^o = 6.79$

资料来源：National Center for Health Statistics，1996。

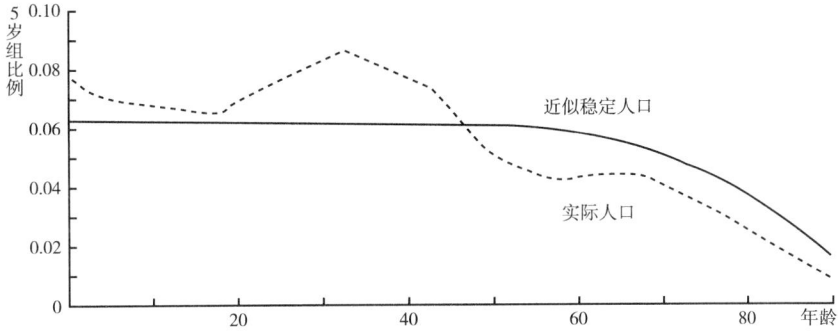

图 7.4 1991 年美国女性实际和近似稳定人口年龄结构的对比

资料来源：National Center for Health Statistics，1996。

表 7.2 与近似稳定人口参数对比的人口参数

地区	年份	NRR	内在率（女性）			粗率（女性）		
			r	b	d	CRNI	CBR	CDR
美国	1970～1974	1.00	0.0000	0.0133	0.0133	0.0073	0.0154	0.0081
美国	1978	0.86	− 0.0057	0.0103	0.0159	0.0067	0.0145	0.0078
比利时	1978	0.80	− 0.0083	0.0094	0.0177	0.0010	0.0119	0.0109
联邦德国	1978	0.65	− 0.0145	0.0066	0.0211	− 0.0015	0.0126	0.0141
瑞典	1975～1979	0.81	− 0.0080	0.0091	0.0171	0.0017	0.0114	0.0097
美国	1975	0.88	− 0.0048	0.0104	0.0152	0.0069	0.0150	0.0081
巴拿马	1960～1964	2.45	0.0333	0.0411	0.0077	0.0333	0.0406	0.0073
委内瑞拉	1964	2.79	0.0369	0.0441	0.0072	0.0362	0.0431	0.0069
马来西亚	1966～1969	2.29	0.0290	0.0361	0.0073	0.0285	0.0351	0.0066
斯里兰卡	1965	2.09	0.0256	0.0341	0.0085	0.0261	0.0339	0.0078
中国台湾	1985	0.89	− 0.0042	0.0111	0.0153	0.0141	0.0180	0.0039

资料来源：Population index，vol. 47，no. 2. （Summer 1981）：pp. 402 – 415；Keyfitz and Flieger，1990。

7.5 内在增长率和净再生产率之间的关系

内在增长率和净再生产率的计算需要完全相同的要素，即一个特定人口的 $m(a)$ 和 $p(a)$ 序列表。且两个测量指标都是从长期增长的视角出发的，一个是指在各种率保持不变条件下最终适用的年增长率，另一个则是两代人之间的增长因子。如果这两个指标在分析中没有紧密联系则会令人意外，因为它们确实有联系。

回顾第 5 章的净再生产率公式(5.19)：

$$NRR = \int_{\alpha}^{\beta} p(a) m(a) da$$

对 $p(a)m(a)$ 的积分也在式(7.10)中出现过,该式确定了内在增长率的值。但是,这里的 $p(a)m(a)$ 在对所有年龄求和之前,乘了一个 e^{-ra}。如果 r 是负值,e^{-ra} 的取值将在所有年龄中都大于 1.000;如果 r 是正值,则会小于 1.000;如果 $r = 0$,则等于 1。由于式(7.10)的整个函数必须积分到 1.000,所以必须有:

如果 $NRR > 1.000$,那么 $r > 0$,

如果 $NRR < 1.000$,那么 $r < 0$,

如果 $NRR = 1.000$,那么 $r = 0$。

这种 NRR 和 r 之间的关系是为了解释:如果一个人口中的 $p(a)$ 和 $m(a)$ 引起了每一代人口的增长($NRR > 1.000$),那么,该人口也会每年增长($r > 0$)。表 7.2 显示了实际人口中的这些关系。

洛特卡用以下方式描述内在增长率和净再生产率之间的关系。

$$NRR = e^{rT} \tag{7.12}$$

其中 T 被称为平均世代间隔。这个等式定义了 T,T 也不可能与该式分离。具体而言,T 是某个以速度 r 增长的人口增长到 NRR 的时间长度(以年为单位)。例如,若 NRR 是 2.000、r 是 0.025,T 就是 $\ln2/0.025 = 27.73$,即这个稳定人口需要增长 27.73 年实现由 NRR 决定的一代人的增长。

虽然式(7.12)定义了 T,但显然 T 的值在某种程度上取决于妇女的生育年龄。实际上,T 值是稳定人口的平均生育年龄的均值(即前面定义的 A_B)和服从 $m(a)$ 与 $p(a)$ 模式的队列平均生育年龄(即下面定义的 μ)的近似值 (Coale,1972:19):

$$A_B = \frac{\int_\alpha^\beta e^{-ra}p(a)am(a)da}{\int_\alpha^\beta e^{-ra}p(a)m(a)da} \left[= \int_\alpha^\beta e^{-ra}p(a)am(a)da \right]$$

$$\mu = \frac{\int_\alpha^\beta p(a)am(a)da}{\int_\alpha^\beta p(a)m(a)da}$$

$$T \simeq \frac{A_B + \mu}{2}$$

T 的值几乎总是在 26 和 33 之间,众数在 27~28。有关 T 的经验值表格,请参看凯菲茨和弗利格(Keyfitz and Flieger,1990)的文献。

将 T 作为明确的与平均生育年龄有关的指标,我们就可以用式(7.12)来说明决定长期人口增长率的因素。重新安排方程并对两边取自然对数,则有:

$$r = \frac{\ln NRR}{T} \tag{7.13}$$

在此引入第 5 章中寇尔的实用估计方法,见式(7.14)。

$$NRR = GRR \cdot p(A_M) \tag{7.14}$$

其中，GRR 是粗再生产率，即服从 $m(a)$ 模式的一个妇女队列平均生育的女孩数：

且 $GRR = \int_0^\infty m(a)\,da$。

$p(A_M)$ 是存活到平均生育年龄的概率，

且 $A_M = \dfrac{\int_\alpha^\beta m(a)\,a\,da}{\int_\alpha^\beta m(a)\,da}$。

如果对所有年龄母亲而言，生育女孩的比例是常数 S，这是另一个很合理的近似，那么式(7.14)变为：

$$NRR = TFR \cdot S \cdot p(A_M) \tag{7.15}$$

其中 TFR 是总和生育率。

将式（7.15）中 NRR 的表达式代入式(7.13) r 的表达式中，得到：

$$r = \frac{\ln TFR + \ln S + \ln p(A_M)}{T} \tag{7.16}$$

式(7.16)包含许多有价值的信息。首先，它表明生育水平和死亡水平对内在增长率的影响是可以分开的，也就是说，式(7.16)分子上的死亡率和生育率两项对 r 的影响是累加的，而两项之间没有更为复杂的关系，预测生育率的变化对内在增长率的影响并不需要知道死亡率的水平。[①]

其次，该式表示内在增长率是总和生育率对数值的可加函数，而不是总和生育率本身。该式的这个特点几乎无人评论，然而实际上这一点对于长期人口增长来说具有重要意义。

假设我们比较总和生育率下降之前和之后的内在增长率，保持 S、$p(A_M)$ 和 T 值不变。那么 TFR 下降导致的内在增长率的变化就是：

$$\Delta r = \frac{\ln \dfrac{TFR(2)}{TFR(1)}}{T} \tag{7.17}$$

其中，$TFR(1)$ 和 $TFR(2)$ 分别为生育率变化之前的时点 1 和变化之后的时点 2 的总和生育率。

因此，对内在增长率的影响只取决于 TFR 的相对下降，而不是绝对下降。TFR 从 3 下降到 2 将产生从 6 下降到 4 的相同效果，从 7 下降到 3.5 与从 3.5 下降到 1.75 也具有相同效果。从生育率下降对长期增长率的影响来看，则明显有递增的效果。

这一结果反映出人口长期增长率取决于两代人之间的相对规模。如果这一代到下一代的增长因子乘以 1.5，无论 TFR 从 2 增长到 3 还是从 4 增长到 6，其结果都是将增长率提

[①]　这一表述忽略了死亡率或生育率变化导致的对 T 值的微小影响。参见寇尔（Coale，1972）或凯菲茨（Keyfitz，1968b）的相关文献。

高了大约 ln1.5/27.5 = 0.015(27.5 为 T 值)。

表 7.3 显示了 1995～2000 年 TFR 下降一个孩子对世界上不同地区内在增长率所产生的不同影响。显然，这对生育率最高的非洲影响最小，而对生育率最低的欧洲影响最大。如果欧洲每名妇女平均少生一个孩子将会使该地区的 TFR 下降 50% 以上，并将以每年 0.056 的负增长率导致极快的人口数量递减。这种人口下降速度要远远快于 20 世纪任何时期任何区域的人口增长速度。

表 7.3　总和生育率下降一个孩子对不同地区内在增长率的影响

地　　区	1995～2000 年水平			Δr
	TFR	NRR	r	
非洲	5.31	2.03	0.026	−0.008
东亚	1.78	0.80	−0.008	−0.030
中南亚	3.42	1.43	0.013	−0.013
东南亚	2.86	1.27	0.009	−0.016
西亚	3.82	1.70	0.019	−0.011
欧洲	1.45	0.69	−0.013	−0.043
拉丁美洲和加勒比地区	2.65	1.22	0.007	−0.017
北美	1.93	0.93	−0.003	−0.027

注：假设 T = 27.5。

资料来源：United States，1997。

另一方面，对于发展中国家旨在降低人口增长率的项目来说，式(7.16)表达了积极的信息。即使在达到较低生育水平时，生育率下降的过程会减慢，但对长期增长率下降的影响将会增长。例如，邦戈茨(Bongaarts，1982)和其他学者已经做了很有用的证明，TFR 的生物社会因素会随着不同人口的 TFR 水平而改变。为了理解生物社会因素变化对增长的含义，我们必须认识到，TFR 的变化对不同水平的人口增长率有十分不同的影响。

最后，式(7.16)显示了 T 值会对内在增长率有重要影响。寇尔和泰伊(Coale and Tye，1961)讨论了增长型人口的情况，说明如果 r 是正值，即使 TFR 保持不变，生育年龄的推迟也会降低 r，因为平均世代间隔增长了，代际增长因素将会被延长。T 从 28 增加到 32 将会使内在增长率乘以 0.875。类似的，可能也是更为意外的是，当内在增长率如同当前欧洲一样为负值时，由于推迟生育造成 T 的增长实际上会提高内在增长率，也就是减小负值的绝对值。从一代到下一代的下降因素将会在两代之间延长。内在的(近似稳定的)年龄分布将会在生育末期有更多的妇女，而非初期。因此，妇女生命历程中生育年龄的推迟，比如说，年龄别生育率沿着年龄轴移动并拱起，将会通过提高更多年长妇女的生育水平而提升出生率。[①]

[①]　如果死亡率足够高，更少的妇女存活到某段生育时期的话，在低于更替水平人口的年龄轴上向上移动年龄别生育模式，不会导致增长率上升(使其负值的绝对值更小)。但是，对于低生育水平人口(其生育年龄的死亡率通常也非常低)来说不是这样，不过对于其他动物来说这种现象并不罕见。参见 Hoogendgk 和 Estabrook (1984)的相关文献。

代际间隔对人口增长的影响已经体现在试图推迟生育年龄的人口政策中，如中国的"晚、稀、少"政策。如果想了解更多有关中国的生育年龄推迟改变人口增长的内容，请查阅邦戈茨和葛苏珊的相关文献（Bongaarts and Greenhalgh，1985）。

上节讨论了利用已知的年龄别生育率和死亡率计算内在增长率，但是没有指出如何选择一个 r_0 的初始值来进行迭代计算。式（7.13）提供了一种简单的方法：首先使用第5章介绍的步骤计算净再生产率，然后除以 T 的估计值，如27或者29。在对 r 求解之前，我们也无法确切地知道 T，但是假设 T 在较窄区间内，是求解 r 的有用策略。

7.6　生育率和死亡率的变化对年龄结构、增长率、出生率和死亡率的影响

稳定人口模型中最重要的经验是，如果年龄别生育率和死亡率保持足够长的时间（比如70年）不变，那么人口的年龄结构也不变。这一结果意味着，生育和死亡水平与一个人口是变老还是变年轻无关，只有生育率和死亡率的变化才会导致人口年龄结构的变化。

稳定人口模型是研究生育率和死亡率变化对年龄结构和其他人口特征产生长期影响的便捷工具。标准的方法是经济学家所称的"比较静态分析"。这种方法对比两个生育或死亡特征不同的稳定人口。这种方法的应用等同于询问：如果改变生育率或死亡率，一个先前的稳定人口最终会发生哪些变化？在人口达到新的稳定均衡后，我们分析转变后的人口结构，然后将其与转变前的稳定人口相比较。无论向新均衡转变的变化过程如何，稳定人口原理确保该人口终究会达到新的均衡。

一个常被提出但是无法回答的相关问题是：人口增长率的变化对人口年龄结构的影响是什么？因为人口增长率本身就是生育率和死亡率的结果，所以无法回答这个问题。正如下文所述，生育率和死亡率的变化对人口年龄结构的影响十分不同，所以在回答这个问题之前，应当了解增长率转变的来源。这时，将人口增长率和年龄结构看成生育率和死亡率情况的联合作用结果更为恰当。

为方便起见，以下再次列出稳定人口的三个基本方程：

$$b = \frac{1}{\int_0^\omega e^{-ra} p(a) \, da} \tag{7.8}$$

$$c(a) = b e^{-ra} p(a) \tag{7.9}$$

$$1 = \int_\alpha^\beta e^{-ra} p(a) m(a) \, da \tag{7.10}$$

7.6.1　生育率变动的影响

我们来进一步考虑本章第5节提到的，如果一个稳定人口的生命表保持不变，但生育

率在所有年龄段提高，将会发生什么变化。$m(a)$ 值的增长将会导致式(7.10)的不平衡，除非 r 有相应的补偿性变化[因为已经假设 $p(a)$ 不变]。为了保持等式的左边等于 1.000，必须提升 r，以保证 e^{-ra} 的值在所有年龄下降。因此从长期来看，生育水平的增长将会提升人口增长率。这个结果毫不意外，不过是证实了我们的直觉。

生育率和 r 的增长对出生率将产生什么影响？式(7.8)中出生率表达式的分母将会下降，所以出生率将会提高，这也毫不意外。

可以将式(7.9)中比例年龄结构表达式的对数对 r 求微分，得到受生育率影响的 r 的提高对年龄结构的影响(Lotka，1939；Keyfitz，1985)：

$$\frac{d\ln c(a)}{dr} = \frac{d\{-ra + \ln p(a) - \ln[\int_0^\omega e^{-ra}p(a)da]\}}{dr} = -a + \frac{\int_0^\omega ae^{-ra}p(a)da}{\int_0^\omega e^{-ra}p(a)da}$$

最后一个表达式是稳定人口的平均年龄：

$$A_P = \frac{\int_0^\omega c(a)a\,da}{\int_0^\omega c(a)da}$$

所以有：

$$\frac{d\ln c(a)}{dr} = A_P - a \tag{7.18}$$

式(7.18)富有诗意。它以简练和优雅的表达式说明，当生育率增长，新的稳定人口将有更大比例位于平均年龄之下(导数为正)、更小比例位于平均年龄之上(导数为负)。新旧年龄分布比例将在平均年龄相交(因为导数涉及无穷小变化，所以平均年龄也以无穷小的方式变化)。年龄距离平均年龄越远，比例变化就越大。对于非无穷小的变动，两者大约会相交于两个稳定人口的平均年龄的均值。表 7.4 显示出 1991 年美国生育率 20% 的增长对内在人口增长率的影响，其对近似稳定年龄结构的影响显示在图 7.5 中。

表 7.4　1991 年美国生育率 20% 的提高对内在人口增长率的影响

	生育率提高前	生育率提高后
NRR	0.99560	1.19472
内在增长率	− 0.00018	0.00675
内在出生率	0.01258	0.01650
内在死亡率	0.01276	0.00975

资料来源：National Center for Health Statistics，1996。

以相似方法可得到生育率变动对死亡率的影响。死亡率表示为：

$$d = \int_0^\omega c(a)\mu(a)da = \int_0^\omega be^{-ra}p(a)\mu(a)da = b \cdot \int_0^\omega e^{-ra}p(a)\mu(a)da$$

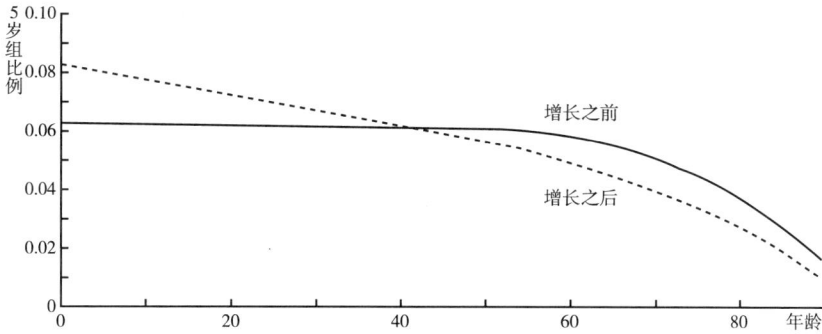

图 7.5 **1991 美国生育率 20％的提高对于近似稳定人口年龄结构的影响**

资料来源：National Center for Health Statistics, 1996。

对其取对数，再对 r 求导数，得到：

$$\frac{d\ln d}{dr} = \frac{d\ln b}{dr} + \frac{\dfrac{d}{dr}\displaystyle\int_0^\omega e^{-ra}p(a)\mu(a)\,da}{\displaystyle\int_0^\omega e^{-ra}p(a)\mu(a)\,da}$$

第一项可从计算以下导数得到：

$$-\ln\left[\int_0^\omega e^{-ra}p(a)\,da\right]$$

也可以应用式(7.18)设年龄为 0，有：

$$\frac{d\ln(b)}{dr} = A_P$$

第二项是：

$$\frac{-\displaystyle\int_0^\omega ae^{-ra}p(a)\mu(a)\,da}{\displaystyle\int_0^\omega e^{-ra}p(a)\mu(a)\,da} = -\frac{\displaystyle\int_0^\omega be^{-ra}p(a)\mu(a)a\,da}{\displaystyle\int_0^\omega be^{-ra}p(a)\mu(a)\,da} = -\frac{\displaystyle\int_0^\omega c(a)\mu(a)a\,da}{\displaystyle\int_0^\omega c(a)\mu(a)\,da} = -A_D$$

其中，A_D 是稳定人口的平均死亡年龄。因此，死亡率对数的导数为：

$$\frac{d\ln(d)}{dr} = A_P - A_D \tag{7.19}$$

这个表达式显示，如果平均死亡年龄大于人口的平均年龄，即死亡偏向于更高年龄，生育率上升时，死亡率会下降。大多数人口会有这种情况，但并非所有人口都如此。死亡率高的年轻型人口的死亡年龄可能低于人口平均年龄，所以生育率的上升将赋予极低年龄组的高死亡率更多的权重，进而实际使得死亡率上升。当今世界没有这样的人口，但是在历史上有过不少。如今，生育率的提高将不可避免地降低长远的粗死亡率(Preston，1972)。

7.6.2 死亡率变动的影响

因为死亡率变化的后果取决于死亡率发生变化的年龄，所以无法用如此简练的方式表达。x 岁年龄别死亡率的下降会提升 x 岁以上的 $p(a)$ 值。式(7.10)显示，在其他条件相同的情况下，β 岁以下的部分或所有年龄的 $p(a)$ 函数的上升将改变积分的值。必须提升增长率才能保持等式两端平衡。所以如同直觉告诉我们的那样，死亡率下降将会加速长期的人口增长。

但是也有例外。如果死亡率下降仅发生在最高生育年龄 β 岁之后，就不会影响内在增长率。原因在于，在生育年龄之后的死亡率变化不会影响年出生量，而出生的增长率是决定稳定人口增长率的终极因素。在大于生育年龄段的死亡率降低之后，新的人口规模将会大于旧的人口规模，但它最终会以与稳定状态相同的速度增长。

假设所有的生育都发生在一个年龄 A^o，从式(7.13)可以推导出死亡率变化对内在增长率影响的简单表达式。这时，A_M 和 T 就都等于 A^o，将等式化简为：

$$r = \frac{\ln[p(A^o)] + \ln GRR}{A^o} = \frac{-\int_0^{A^o} \mu(a)\,da + \ln GRR}{A^o} = -\bar{\mu}(0, A^o) + \frac{\ln GRR}{A^o} \qquad (7.20)$$

其中 $\bar{\mu}(0, A^o)$ 是 0 岁到 A^o 岁之间的未加权平均死亡率。当死亡率下降的时候，增长率的上升将等于出生到生育年龄之间的平均年龄别死亡率的下降。可能令人意外的是，A^o 以下所有的年龄在这个表达式中有同样的权重；死亡率在 12 岁的变化与在婴儿期的变化影响相同。其原因在于它们对到生育年龄的生存概率影响相同，所以对年出生量影响也相同。

死亡率下降对稳定年龄结构的影响分析起来更为复杂。从一般规律来说，影响并不大，例如所谓的均匀的死亡率变化不会对稳定年龄结构产生什么影响。均匀的死亡率变化是指所有年龄死亡率有相同的绝对值下降：

$$\mu'(a) = \mu(a) - k, a \geqslant 0$$

$\mu'(a)$ 表明是死亡率变化之后的年龄别死亡率。在本例中，所有年龄的死亡率都降低了常数 k。当 $\mu(a)$ 以这种方式变化时，对 $p(a)$ 函数的影响将会是：

$$p'(a) = e^{-\int_0^a [\mu(x) - k]\,dx} = p(a)e^{ka}$$

幅度为 k 的死亡率均匀降低对 r 的影响是使增长率上升幅度为 k。令式(7.10)变化之前和变化之后相等可以展示这个结果，两者的相等是服从它们都必须等于 1.000 这个事实：

$$1 = \int_\alpha^\beta e^{-ra} p(a) m(a)\,da = \int_\alpha^\beta e^{-r'a} p(a) e^{ka} m(a)\,da$$

后两个积分只有在 $r' = r + k$ 时才相等。最后检验对年龄结构的影响，根据式(7.9)有：

$$c'(a) = \frac{e^{-r'a} p'(a)}{\int_0^\omega e^{-r'x} p'(x)\,dx} = \frac{e^{-(r+k)a} p(a) e^{ka}}{\int_0^\omega e^{-(r+k)x} p(x) e^{kx}\,dx} = \frac{e^{-ra} p(a)}{\int_0^\omega e^{-rx} p(x)\,dx} = c(a)$$

所以，均匀的年龄别死亡率变化对年龄结构没有影响，从而对出生率也没有影响，因为年龄别生育率不变。粗死亡率将下降 k 以保持等式的平衡。

年龄别死亡率下降对年龄结构没有影响，会令许多人感到吃惊。死亡率的降低将会提高预期寿命，使更多人可以存活到更高的年龄。为什么它不能导致人口变老呢？这种出于常识关注队列生命周期的疑问，并没有考虑队列的生育。下降的死亡率将会增加出生数。在死亡率均匀下降 k 的情况下，每一岁的存活率都会上升一个因子 e^k。因此，死亡率下降一年后的各年龄人数将会以相同因子增长。在生育率不变的情况下，出生数也会以相同因子增长，于是年龄结构不会改变。

均匀的死亡率下降成为实际死亡率下降用以比较的标准。死亡率下降在其他各年龄都相等，但在婴儿期下降更大，将使人口更加年轻；死亡率下降在其他各年龄都相等但在较高年龄段（如 50 岁以上）超常大幅度下降将使人口变老。非均匀的集中在早期婴儿的死亡率下降对年龄结构的影响会与生育率上升对年龄结构的影响相同，因为年龄结构无法区分早期婴儿死亡和没有出生之间的差别。与上节分析的生育率增长相同，仅婴儿期死亡率的下降就可以使年龄结构在平均年龄左右起伏。

于是，了解死亡率的实际下降影响稳定年龄结构的问题，转化为识别死亡率主要在哪些年龄下降的问题。如上所述，至关重要的是年龄别死亡率的绝对下降而非相对或者成比例下降。实际数据显示，死亡率下降的典型模式为 5 岁以下和 45 岁以上有异常大幅度的下降。如图 7.6 所示，左边的下降幅度远大于右边，最大的下降发生在婴儿期。

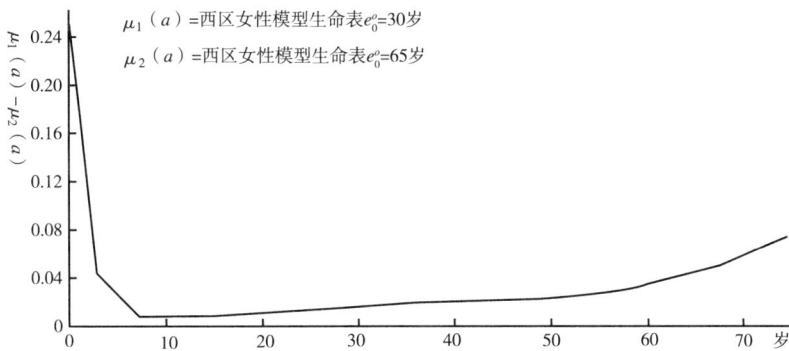

图 7.6　死亡率下降的典型模式

资料来源：Coale（1972：35）。

在人类历史中，死亡率下降的结果曾一度使人口更加年轻。一旦人口达到大约 65 岁的预期寿命，随后的死亡率下降则导致了更老的人口。由于这些死亡率下降一般都导致育龄人口比例的微小下降，所以它们对粗出生率只有轻微的抑制作用。表 7.5 显示了对一个 GRR 为 2 和年龄别死亡率模型（参见第 9 章第 1 节）假想人口而言，死亡率下降对内在增长率和内在年龄结构的影响。更多细节参见 Coale（1972）或 Preston（1974）的相关文献。

表 7.5　死亡率下降对内在增长率和年龄结构的影响

出生预期寿命的变化	相应的绝对变化			
	内在增长率	人口平均年龄	0 ~ 14 岁人口比例	65 岁以上人口比例
40 ~ 50 岁	+ 0.0068	− 0.83	+ 1.98%	− 0.01%
50 ~ 60 岁	+ 0.0054	− 0.71	+ 1.62%	− 0.12%
60 ~ 70 岁	+ 0.0040	− 0.34	+ 1.03%	+ 0.14%
70 ~ 80 岁	+ 0.0021	+ 0.60	− 0.10%	+ 1.20%

注：GRR 为 2。

资料来源：寇尔—德曼（Coale and Demeny, 1983）的西区女性模型生命表。

稳定人口模型提供了有关生育率和死亡率变化对年龄结构长期影响的信息。研究短期的影响不需要使用这种精密的工具。当一个持续的生育率增长在时点 t 开始时，时点 $t + 1$ 的 1 岁以下人数将会增加，时点 $t + 2$ 的 2 岁以下人数将会增加，依次类推。这些增加的出生者最终将会开始生育，则稳定模型将更具有启发性。类似地，时点 t 的 x 岁死亡率持续降低将会增加 $t + 1$ 时 x 到 $x + 1$ 岁的人数、$t + 2$ 时 x 到 $x + 2$ 岁的人数，等等。稳定模型为研究这种变化的最终影响提供了研究方法（Keyfitz, 1972）。

7.7　人口增长惯性

凯菲茨（Keyfitz, 1971）对稳定人口模型的重要应用是与人口数量有关，而不是与年龄结构或出生率、死亡率有关的。凯菲茨提出的问题是，如果将一个增长型稳定人口的生育率立即减少到更替水平（$NRR = 1.000$），并在此之后保持该水平直到形成新的稳定平衡状态，这个人口的规模会发生什么变化。在这个问题中，新的平衡是一个规模固定的静止人口。达到更替水平的方式，是使所有年龄别生育率乘以一个因子 $1/NRR$ 来成比例降低，其中 NRR 是下降之前的净再生产率。答案是这些人口将会继续增长，通常会以相当可观的数量增长。这个结果对政策具有影响力，因为其证实了即使在生育率下降到更替水平以后，要停止人口增长是如何困难。

最初的凯菲茨公式有几点局限。第一，它需要达到更替水平的初始人口是"稳定的"，即生育和死亡水平必须在此前的 70 ~ 100 年不变，几乎没有现代人口能够接近这种标准。第二，达到更替水平的方式必须将同一因子应用于初始人口的各年龄生育率，但是，年龄别生育的形状往往会随着生育水平的变化而改变。第三，人口惯性的表达式很繁琐，无法直观地表达形成惯性的因素。

凯菲茨本人提出了更为一般化的基础表达式（Keyfitz, 1985：155 – 157）。他应用洛特卡的出生率和死亡率不变人口的出生轨迹积分方程，证明当更替生育率 $m^*(a)$ 应用于年龄结构为 $N(a)$、存活概率为 $p(a)$ 的封闭人口时，其最终静止人口的年出生数[1]是：

---

[1]　如果应用于女性人口，表达式的分子则为达到更替水平时存活妇女的女婴出生总数。对于那时的每位 a 岁妇女，期望生育数取决于她存活到 y 岁的概率 $p(y)/p(a)$，还取决于 y 岁女婴生育率 $m^*(y)$。

$$B_S = \frac{\int_0^\beta N(a) \int_\alpha^\beta \frac{p(y)}{p(a)} m^*(y) dy da}{A^*}$$

其中 A^* 是静止人口的平均生育年龄。将函数 $\int_\alpha^\beta p(y) m^*(y) dy / A^*$ 表示为 $w(a)$ 并重新整理，可以将表达式简化为：

$$B_S = \int_0^\beta \frac{N(a)}{p(a)} \cdot w(a) da$$

静止人口的最终规模是：

$$N_S = B_S \cdot e_0^o = \int_0^\beta \frac{N(a)}{p(a)} \cdot w(a) da \cdot e_0^o$$

现在将 N_S 除以初始人口数，得到任意封闭人口的人口惯性表达式（Preston and Guillot，1997）：

$$M = \frac{N_S}{N} = \int_0^\beta \frac{N(a)}{N} \cdot \frac{e_0^o}{p(a)} \cdot w(a) da$$

或

$$M = \int_0^\beta \frac{c(a)}{c_S(a)} \cdot w(a) da \tag{7.21}$$

式（7.21）包含三个分布，每个分布的所有年龄之和都是 1.000。第一个 $c(a)$ 是更替生育水平开始时的年龄分布比例。第二个 $c_S(a)$ 是更替生育水平保持多年后，最终形成的静止人口的年龄分布比例。后一个年龄结构完全是人口生命表或存活函数 $p(a)$ 的函数，因为这个存活函数不可避免地随年龄增长而降低，静止人口的年龄结构也会如此，0 岁人数要多于其他各年龄人数。

式（7.21）的第三个分布 $w(a)$ 不太常见。其分子是在更替水平生育率时 a 岁以上的期望终身生育数：

$$\int_\alpha^\beta p(y) m^*(y) dy$$

而其分母则是所有年龄的预期生育数之和（未加权），等于静止人口的平均生育年龄 A^* [①]。$w(a)$ 函数的形状在不同人口中会非常相似。假定 15 岁是生育的最早年龄，它在 0 ~ 15 岁

---

① $\int_a^\beta p(y) m^*(y) dy$ 和 A^* 之间的关系如同 e_0^o 和 $p(a)$ 之间的关系。$p(a)$ 表示每个新生儿 a 岁以后的预期死亡数，而通过对 $p(a)$ 函数的积分得到的 e_0^o 是预期死亡年龄。$\int_a^\beta p(y) m^*(y) dy$ 表示每个新生儿 a 岁以后的预期生育数，而 A^* 是对 $\int_a^\beta p(y) m^*(y) dy$ 函数的积分得到的预期生育年龄。这两种关系都是分别对平均年龄的表达式求不同年龄段积分而得到的。

年龄段中的最大值为 $1/A^*$。假定 50 岁是最高生育年龄，则其在 50 岁平稳下降到 0。图 7.7 显示了非洲和欧洲的 $w(a)$ 函数估计，使用了联合国的区域死亡率估计以及欧洲的"晚"更替水平生育模式和非洲的"中等"更替水平生育模式（Uinted Nations，1995：150）。很明显，尽管死亡率和生育率年龄模式存在地区差异，但两者 $w(a)$ 的模式在形状上仍相似。

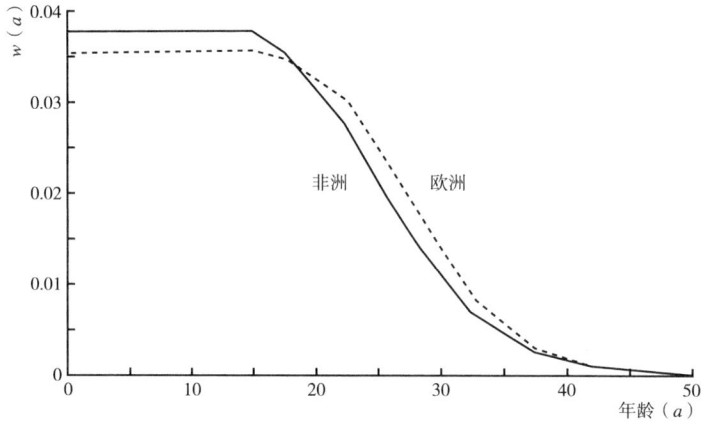

图 7.7　非洲和欧洲的 $w(a)$ 函数

资料来源：United Nations，1994 and 1997；Coale and Demeny，1983。

因此式（7.21）显示，人口惯性是一个实际年龄结构和最终稳定的年龄结构之间相对简单的差异函数。如果在 $w(a)$ 高的年龄上，即在 15、20 或 25 岁以下，实际人口的比例高于静止人口，那么惯性因子将大于 1.00（Kim et al.，1991）。如果这些年龄的比例在实际人口中低于静止人口，那么惯性就会小于 1，且人口规模将会在生育率达到更替水平后下降。如果初始年龄结构已经是静止的，即所有年龄的 $c(a)=c_S(a)$，那么当然有 $M=1.00$。

式（7.21）有助于说明为什么发展中国家的惯性因子往往大于 1.00。由于人口已经是正增长，年轻人口比例高于最终静止人口的比例。如本章前文所述，一个增长的稳定人口与一个同样死亡水平的静止人口相比，前者平均年龄以下的人口有更高比例，而且离平均年龄越远，与静止人口差异越大（Keyfitz，1968b）。另外，负增长的稳定人口与最终的静止人口相比，其年轻人口比例更小。图 7.8 为预期寿命为 70 岁、增长率为 +0.02 和 −0.02 的初始稳定人口的 $c(a)/c_S(a)$。

表 7.6 显示了 1997 年世界主要地区以及几个低生育国家的人口惯性值。如果 1997 年的生育率下降到更替水平，非洲和西亚的人口将会以最大的惯性因子 1.56 增长，这一增长直接反映了这些地区当今人口结构的年轻程度。欧洲人口将会下降 2%。欧洲的惯性因子 0.98 是平均值，有些国家高于这个值还有一些国家低于 1.00。俄罗斯、奥地利、意大利和德国的人口惯性因子都小于 1.00，德国处于低端的边缘，为 0.88。显然，正如人口

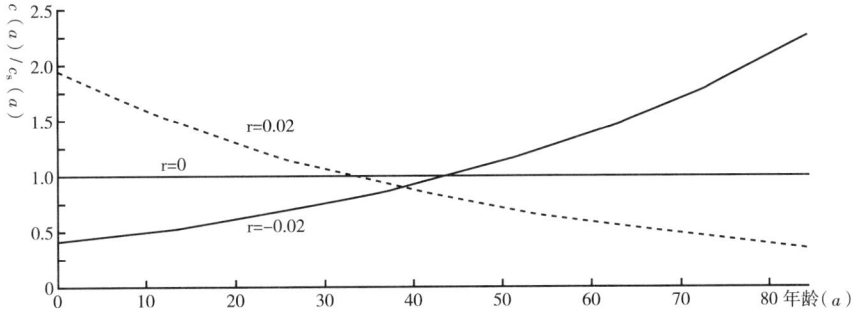

图 7.8　出生预期寿命为 70 岁的初始稳定人口的 $c(a)/c_s(a)$

资料来源：Coale and Demeny，1983。

增长存在惯性一样，人口减少也存在惯性。专栏 7.3 显示了使用实际离散数据估计人口惯性的详细步骤。

表 7.6　世界主要地区和部分国家的人口惯性值

地区或国家	人口惯性	地区或国家	人口惯性
非　洲	1.56	北　美	1.10
东　亚	1.22	奥地利	0.96
中南亚	1.47	俄罗斯	0.94
东南亚	1.48	意大利	0.91
西　亚	1.56	德　国	0.88
欧　洲	0.98	世　界	1.35
拉丁美洲和加勒比地区	1.48		

资料来源：Preston and Guillot，1997。

人口惯性是人口学中最被广泛误解的现象之一。通常认为大于 1 的惯性因子反映了生育率达到更替水平人口的年轻年龄结构。正如以上所示，这是一种正确的直觉。可其实这和凯菲茨（Keyfitz，1971）初始的惯性公式毫无关系，该公式并未直接表达年龄结构特征的部分。

但是大多数解释者会接着说，人口增长的惯性反映了必须度过育龄期的大量人群，暗含了极大的生育潜能。这一说法也许过于模糊而无法被称为不正确，但是它具有误导作用。在生育率达到更替水平以后，已经出生的年轻队列将仅能更替自身，他们不会把出生人数提升到高于此前的规模。实际上，如果死亡率不变，生育率达到更替水平之后的年出生数，将会是达到更替水平生育率之前年出生数的加权平均数（Preston，1988）。紧随生育率达到更替水平之后，决定年出生数的加权函数将正好是以上定义的 $w(a)$ 函数，即赋予 a 年前出生数的权重（Preston，1988）。如果死亡率一直在改善，那么在生育率达到更替水平之后的年出生数将低于这个加权的平均出生数。

专栏 7.3（第一部分）人口惯性的估计

1. 数据

$_5N_a^F$ = 实际人口中 a 至 $a+5$ 岁组妇女人数

$_5L_a^F$ = 基数为 1 的实际女性生命表中 a 至 $a+5$ 岁存活人年数

N_F = 人口中女性总人数

N_M = 人口中男性总人数

e_0^{oF} = 女性出生预期寿命

e_0^{oM} = 男性出生预期寿命

2. 估计人口更替水平生育率

$_5m_a$ = 实际年龄别女婴生育率

$$NRR = \sum_{a=15}^{45} {_5m_a} \cdot {_5L_a^F} = 实际净再生产率$$

$$_5m_a^* = \frac{_5m_a}{NRR} = 更替水平的年龄别女婴生育率$$

3. 估计最终静止人口的妇女生育数量

$$A^* = \sum_{a=15}^{45} (a+2.5) \cdot {_5m_a^*} \cdot {_5L_a^F} = 静止人口的平均生育年龄$$

$$_5w_a = \frac{\left(\frac{_5L_a^F}{2} \cdot {_5m_a^*} + \sum_{y=a+5}^{45} {_5L_y^F} \cdot {_5m_y^*} \right)}{A^*}$$

$$B_S^F = \sum_{a=0}^{45} \frac{_5N_a^F}{_5L_a^F/5} \cdot {_5w_a}$$

4. 估计最终人口规模和人口惯性

$N_S^F = B_S^F \cdot e_0^{oF}$ = 最终人口的女性人数

$N_S^M = B_S^F \cdot SRB \cdot e_0^{oM}$ = 最终人口中的男性人数，SRB 是出生性别比

$$人口惯性 = M = \frac{N_S^F + N_S^M}{N^F + N^M}$$

　　生育率达到更替水平之后出生数将会增长的说法，仅对于后—后对比是正确的，而对前—后对比来说则不然。一旦生育率达到更替水平，此前增长人口中的育龄人群还在增长，大约一代人的出生人数还会增长。但是对于达到更替水平之后的人口，其出生数将不会多于达到更替水平之前的出生数。达到更替水平之后出生人数的逐年变化反映了出生时间序列的加权函数的变化。

　　在快速增长的人口中，人口惯性源于达到更替生育水平时的年长队列在出生时的数量

专栏 7.3（第二部分）

例：1995～2000 年西亚人口惯性的估计

年龄 (a)	$_5N_a^F$ （千人）	$_5L_a^F$	$_5m_a$	$_5m_a \cdot$ $_5L_a^F$	$_5m_a^*$	$_5m_a^* \cdot$ $_5L_a^F$	$(a+2.5) \cdot$ $_5m_a^* \cdot _5L_a^F$	$_5w_a$	$\dfrac{_5N_a^F}{_5L_a^F/5} \cdot _5w_a$
0	12,023	4.834	—	—	—	—	—	0.03759	468
5	11,027	4.803	—	—	—	—	—	0.03759	432
10	9,856	4.789	—	—	—	—	—	0.03759	387
15	8,614	4.773	0.043	0.205	0.025	0.121	2.11	0.03533	319
20	7,694	4.748	0.112	0.532	0.066	0.312	7.03	0.02719	220
25	6,893	4.716	0.112	0.528	0.066	0.310	8.53	0.01549	113
30	6,135	4.678	0.058	0.271	0.034	0.159	5.18	0.00667	44
35	5,318	4.631	0.029	0.134	0.017	0.079	2.96	0.00219	13
40	4,376	4.570	0.007	0.032	0.004	0.019	0.80	0.00035	2
45	53,510	4.483	0.000	0.000	0.000	0.000	0.00	0.00000	0
总计	—	—	—	1.703	—	1.000	26.60	—	1,996

$N_F = 87,176$；$e_0^{oF} = 70.30$（年）

$N_M = 91,845$；$e_0^{oM} = 65.90$（年）

实际 $NRR = 1.703$；$A^* = 20.60$（年）

$B_S^F = 1,996$

$N_S^F = 1,996 \times 70.30 = 140,332$

$N_S^M = 1,996 \times 1.05 \times 65.90 = 138,126$

$M = \dfrac{140,332 + 138,126}{87,176 + 91,845} = 1.56$

资料来源：United Nations，1991 and 1995。

少于随后进入年长阶段的队列在出生时的数量。当他们在年长时被后来出生的队列所代替，则这些年龄的人口将会增长。所以正如图 7.9 所示，先前增长人口的人口惯性与人口老化同时存在。普雷斯顿（Preston，1986）的研究显示，生育率达到更替水平之后的所有人口增长，通常发生在育龄中期左右及以后的年龄段。金等人（Kim et al.，1991）、金和舍恩（Kim and Schoen，1993）提供了判断该年龄的更为精确的表达式。金和舍恩（Kim and Schoen，1997）还构建了人口惯性和人口老化之间一些明确的关系。

如果生育率在达到更替水平之前低于更替水平，情况则相反；人口将会在达到更替水平之后变得更年轻。正如图 7.8 所示，如果初始人口是稳定的且增长率为负值，必定会如此。但是还没有这样的人口实例（尽管日本的生育率已经低于更替水平 40 年了）。在所有

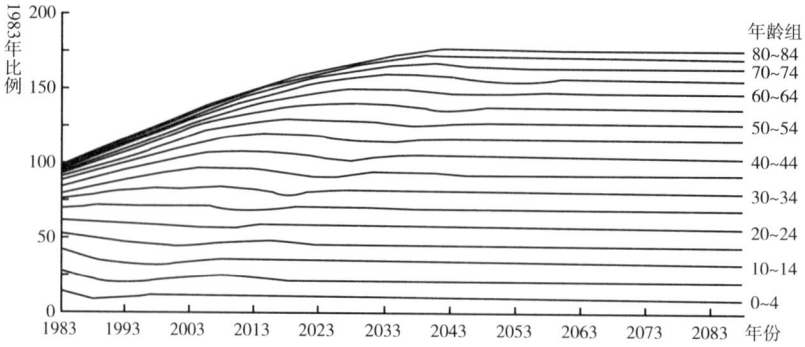

图7.9 1983年墨西哥人口惯性和年龄组的演变

资料来源：Keyfitz and Flieger，1990；Kim et al.，1991。

实例中，都是通过存活队列降低更替水平以上生育率而达到低于更替水平的生育率。在这种情况下，施加更替水平生育率导致的年龄结构变化会更复杂。图7.10对比了1997年欧洲人口的年龄结构和根据1997年欧洲生命表计算的静止人口的年龄结构。

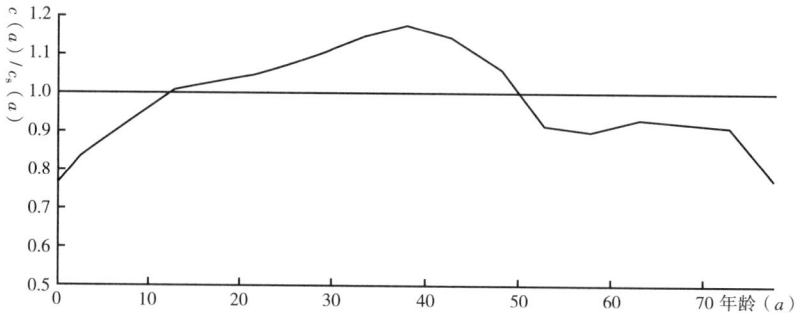

图7.10 1997年欧洲的 $c(a)/c_s(a)$ 函数

资料来源：United Nations，1994 and 1997。

7.8 稳定人口模型在人口估计中的作用

如果一个人口是人口学意义上的稳定人口，即年龄结构不变，那么所有稳定人口的方程都适用。上节证明了死亡率的均匀变化对年龄结构没有影响，这一说法可能会使人困惑，而且同时它也违背了形成稳定人口的条件之一。这是一种情形（且只有这种情形），在此一个稳定人口经历了某种人口波动，然后立即以新的生育率和死亡率达到新的稳定均衡状态。基于旧率的方程在变化前适用，而基于新率的方程在变化后立即适用。更为普遍的是，死亡率变化的历史模式对年龄结构的影响，远不如生育率变化的模式对年龄结构的影响大，即使死亡率发生相当大的变化，稳定方程有时也适用，且不会产生严重偏差。

直到1950年前后，多数亚洲、非洲和拉丁美洲的人口接近人口学意义上的稳定人口。

虽然它们经历了死亡率下降，但这些下降并不足以否定稳定方程的适用性。人口学者经常用稳定人口方法来研究这些人口的性质。方法的应用有很多，最有影响力和有价值的方法是寇尔和德曼提出的(United Nations，1967)。这些方法总是从普查的人口结构入手，也需要另外一些信息，常用的是两次人口普查之间的增长率。寇尔和德曼为此应用也构建了一系列模型生命表(参见第 9 章第 1 节)。这些表显示了年龄别死亡率的典型模式和特定死亡率水平人口的其他生命表函数。阿里亚格(Arriaga，1968)将模型生命表与稳定方程结合起来应用，将式(7.9)重写为：

$$\ln[c(a)/p(a)] = \ln(b) - r \cdot a$$

他通过不断的试验，在一系列的模型生命表中寻找 $p(a)$ 函数，其产生的 $\ln[c(a)/p(a)]$ 的斜率最接近观察到的普查间增长率 r。这一过程也估计了稳定出生率作为该方程的截距(以对数形式)。另一个估计可从式(7.8)获得。阿里亚格应用这种方法制作了拉丁美洲历史人口的生命表。寇尔和德曼推荐一种基于累计年龄分布而非 $c(a)$ 本身的方法，因为累计分布对年龄报告中的误差不那么敏感。

当高龄老年人口的信息被汇集成一个开放年龄组时，稳定人口模型也可用于进行高龄老年人口估计。第 3 章曾用年龄组死亡率的倒数估计开放年龄组起始年龄的预期余寿。具体而言，对于一个从 a 岁开始的开放年龄组，可以直接用 $1/{}_\infty M_a$ 估计 e_a^o。如果该年龄组的人口是静止人口，即 ${}_\infty M_a = {}_\infty m_a$ 时，这个估计是正确的。但是，对于多数人口来说，这一假定不成立。高龄的死亡率一直在下降，结果是高龄组人口在增长而非静止。这一增长的老年人口所具有的死亡率 ${}_\infty M_a$，往往会低估了 ${}_\infty m_a$，即假定人口是静止的并实际有 $\mu(x)$ 函数时观察到的死亡率。于是，用 $1/{}_\infty M_a$ 估计的 e_a^o 也会高估了真实的 e_a^o 值。例如，1995 年瑞典的 ${}_\infty M_{85}$ 是 0.1528，据此估计的 85 岁预期余寿是 6.54 年。使用更为精确的方法估计后发现，它高估了真实的 e_{85}^o 的幅度为 0.44 年。

当高年龄组数据不可得时，应用稳定人口模型可以改善 e_a^o 估计值的准确性。假设 a 岁以上人口的死亡力遵循冈泊茨曲线(关于冈泊茨曲线的定义请参看第 9 章第 1 节)且 a 岁以上年龄人口遵循人口稳定分布，堀内和寇尔(Horiuchi and Coale，1992)推导出 e_a^o 的公式，该式除了需要最后一个年龄组的死亡率 ${}_\infty M_a$ 之外，还需要知道该年龄组增长率(${}_\infty r_a$)的信息：

$$e_a^o = \frac{1}{{}_\infty M_a} \cdot \exp[-0.0951 \cdot {}_\infty r_a \cdot ({}_\infty M_a)^{-1.4}], a \geqslant 65 \tag{7.22}$$

应用于 1995 年的瑞典数据，使用 ${}_\infty M_{85} = 0.152807$ 以及 ${}_\infty r_{85} = 0.0347$ 时，式(7.22)得出 85 岁的平均预期余寿是 6.25 年，只比真实值多 0.15 年。该式适用于自 65 岁以上(包含 65 岁)任何年龄起始的开放年龄组。

堀内和寇尔的等式也可用于估计 ${}^*e_a^{-i}$，即排除死因 i 后的 a 岁预期余寿。第 4 章使用传统方法，假设 ${}_\infty^* m_a^{-i} = {}_\infty m_a^{-i}$(如果没有官方主生命表，令其等于 ${}_\infty M_a^{-i}$)。堀内和寇尔的公式使我们可以在与式(7.22)相同的假设条件下进一步改善对 ${}^*e_a^{-i}$ 的估计。我们必须意识到其他死因对实际年龄分布的作用（即我们关注的死因以外的所有其他死因）与增长过程的作用是相似的。人口增长和外部原因的作用都会使实际的年龄结构比只有一种特定递减因素作用的静止年龄结构更加年轻。这启发我们可以将死因 i 的死亡率等同于仅有 $-i$ 原因作用下构建模型的增长率。如果 a 岁及其以上的死因 i 死亡率不变，并假设增长率恒定，那么它们将会完全相同。因此有：

$$ {}^*e_a^{-i} = \frac{1}{{}_\infty M_a^{-i}} \cdot \exp\left[-0.0951 \cdot ({}_\infty r_a + {}_\infty M_a^i) \cdot ({}_\infty M_a^{-i})^{-1.4} \right], a \geq 65 \tag{7.23} $$

应用于 1995 年瑞典的数据时，式(7.23)会得出 ${}^*e_a^{-i} = 6.74$ 年，$R^{-i} = 0.90$。这一估计仅仅比使用去死因生命表的冈泊茨模型估计的结果高 0.18 年。相对于简单公式 $1/({}_\infty M_{85} \cdot R^{-i})$ 而言这是个改进，在本例中使用该公式估计的结果是 ${}^*e_{85}^{-i} = 7.27$ 年，比冈泊茨模型高 0.71 年。

应用稳定人口方程的这些方法和其他相关的方法通常需要年龄结构和增长率的数据。我们总是可以应用两次普查的人口规模比较得到增长率。不过，如果有了两次普查数据，可以应用其他一系列不需要稳定人口假设的技术。下一章将介绍这些方法。

8 非稳定人口的人口学关系

上一章讲到，第 3 章介绍的静止人口是稳定人口的一种特例。本章将接着介绍，稳定人口反映的是所有现实人口中人口学关系的特例。人口学关系将特定时期的主要人口学函数联系起来，而所有联系的纽带是常见的年龄别增长率函数。事实上，使用该函数进行"增长率调整"，可以推导出静止人口中的所有人口学关系。调整后的表达式更具一般性，不仅有利于理解人口变化特征，而且为人口估计提供了有力的工具。

8.1 实例

人口学关系的数学推导，需要计算几个变量。然而，理解这些关系的来龙去脉及其使用方法，并不需要数学计算。按照惯例，定义 $[0,T]$ 区间内 x 至 $x+n$ 岁人口的增长速度为：

$$_n r_x [0,T] = \frac{\ln \dfrac{_n N_x(T)}{_n N_x(0)}}{T}$$

注意，x 至 $x+n$ 岁人数的变化包括死亡、迁移、新进入 x 岁及新进入 $x+n$ 岁的人数；其中，新进入 x 岁的人属于递增因素，相当于 x 岁年龄组的"出生率"，而新进入 $x+n$ 岁的为递减因素。

假设研究的时间段为 1995 年 1 月 1 日到 1996 年 1 月 1 日。1996 年 1 月 1 日完全年龄为 10 岁的人数，可以用 1995 年 1 月 1 日 10 岁组的人数和相应时间该年龄组的增长率来表示[1]：

---

[1] 为简化表述，将年龄别增长率的时间参照省略，即 $_1 r_{10}$ 指 $_1 r_{10}[1995,1996]$。

$$_1N_{10}(1996) = {}_1N_{10}(1995)e^{{}_1r_{10}}$$

或者

$$_1N_{10}(1995) = {}_1N_{10}(1996)e^{-{}_1r_{10}}$$

另一种表达方式是，将 1996 年 1 月 1 日时完全年龄在 10 岁的人数与该队列在 1995 年的人数以及 1995 年该队列的存活状况相联系：

$$_1N_{10}(1996) = {}_1N_9(1995)\frac{{}_1L_{10}}{{}_1L_9}$$

第二种表达方式假设人口中不存在迁移，该假设将在后续讨论中放宽。将第二种表达式代入第一种可得：

$$_1N_{10}(1995) = {}_1N_9(1995)e^{-{}_1r_{10}}\frac{{}_1L_{10}}{{}_1L_9}$$

我们注意到，该表达式将 1995 年相邻两个年龄的人数通过其后续一年的增长率和存活概率联系起来。应用同一方法，可以对 1995 年 11 岁和 10 岁的人数建立如下关系：

$$_1N_{11}(1995) = {}_1N_{10}(1995)e^{-{}_1r_{11}}\frac{{}_1L_{11}}{{}_1L_{10}}$$

结合以上两个表达式便得到：

$$_1N_{11}(1995) = {}_1N_9(1995)e^{-{}_1r_{10}}e^{-{}_1r_{11}}\frac{{}_1L_{10}}{{}_1L_9}\frac{{}_1L_{11}}{{}_1L_{10}}$$

或

$$_1N_{11}(1995) = {}_1N_9(1995)e^{-\sum_{x=10,1}^{11}{}_1r_x}\frac{{}_1L_{11}}{{}_1L_9}$$

于是，我们用 9 岁到 11 岁的存活概率和两个年龄别增长率将 11 岁人数与 9 岁人数联系起来。更为一般的表达式为：

$$_1N_x(1995) = {}_1N_y(1995)e^{-\sum_{\alpha=y+1,1}^{x}{}_1r_\alpha}\frac{{}_1L_x}{{}_1L_y}$$

其中 $x > y$。

8.2　以连续年龄和时间表示的人口学关系

如果上式中的年龄间隔和时间间隔越来越小，会发生什么变化？贝内特和堀内（Bennett and Horiuchi，1981）应用多个变量的算术推导得出：

$$N(x,t) = N(y,t)e^{-\int_y^x r(a,t)da} \frac{l_x}{l_y} \tag{8.1}$$

其中，$N(x,t)$ 为 t 到 $t+dt$ 时间内 x 至 $x+dx$ 岁的人数，$r(a,t)$ 为 t 到 $t+dt$ 时间内 a 至 $a+da$ 岁人口的增长率，l_x/l_y 为 t 到 $t+dt$ 时期对应的时期生命表中人口从 y 岁存活到 x 岁的概率。

式(8.1)是本章介绍的所有人口学关系的基础。普雷斯顿和寇尔(Preston and Coale, 1982)指出，在式(8.1)中增加一项便可以纳入迁移事件：

$$N(x,t) = N(y,t)e^{-\int_y^x [r(a,t)-i(a,t)]da} \frac{l_x}{l_y} \tag{8.2}$$

其中，$i(a,t)$ 为 t 到 $t+dt$ 时间内 a 至 $a+da$ 岁人口的净迁入率(即迁入人数减去迁出人数再除以存活人年数)。为了简化表述，本章主要讨论封闭人口的情况。本章介绍的所有关系式均可以在 $r(a)$ 项中加入上述迁移项，从而适用于开放人口。

假设式(8.1)中年龄下限 y 为 0 岁，记 $N(0,t)$ 为 $B(t)$，即确切年龄为 0 岁的人口为新生人口。于是：

$$N(x,t) = B(t)e^{-\int_0^x r(a,t)da} p(x,t) \tag{8.3}$$

其中，$p(x,t)$ 为 t 时点对应的时期生命表中人口从 0 岁到 x 岁的存活概率。式(8.3)表明，t 到 $t+dt$ 时期内任何年龄的人数都可用该时期内新生人数、时期生命表和一套年龄别时期增长率来表达。图 8.1 以 1995~2000 年的日本人口为例，展示了式(8.3)的不同部分。由此可见，$N(x)$ 和 $e^{-\int_0^x r(a)da}$ 的相对差异对应于 $p(x)$ 函数。当 $p(x)$ 相当平滑时，如 1995~2000 年日本的情况，$N(x)$ 和 $e^{-\int_0^x r(a)da}$ 函数的形状极为相似，两者在老年组差距逐渐增大。

普雷斯顿和寇尔(Preston and Coale, 1982)展示了如何用新的表达式来推导稳定人口中人口学关系的一般形式[①]。由于所有函数均是针对 t 到 $t+dt$ 时间段而言的，为简化推导过程，下面将省略 t 标识。将式(8.3)两边除以 t 时点的人口总数 N(更准确地说，是 t 到 $t+dt$ 之间的存活人年数)。

$$\frac{N(x)}{N} = \frac{B}{N}e^{-\int_0^x r(a)da} p(x)$$

或

$$c(x) = be^{-\int_0^x r(a)da} p(x) \tag{8.4}$$

式(8.4)与稳定人口中年龄分布的相应表达式〔第 7 章的式(7.9)〕极为相似：

$$c(x) = be^{-rx} p(x)$$

---

① 其他的补充介绍参见阿瑟和沃泊(Arthur and Vaupel, 1984)相关文献。

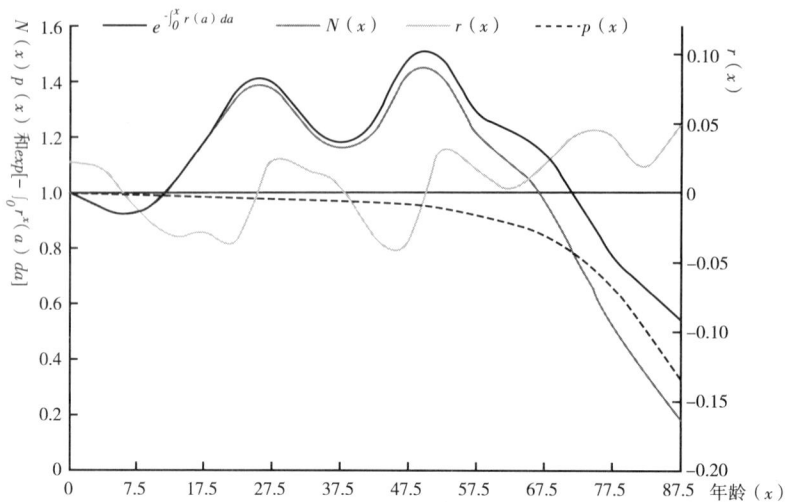

图 8.1 1995～2000 年日本 $N(x)$、$r(x)$ 和 $p(x)$ 之间的关系

注：$N(x)$ 中，$N(0) = B = 1$。

资料来源：Japan Aging Research Center（JARC）.（1996）*Statistical Abstracts of Aging in Japan*，Tokyo。

特别是当所有年龄别增长率保持恒定，即对所有的 a 都有 $r(a) = r$ 时，$\int_0^x r\,da = rx$，所以 $e^{-\int_0^x r(a)\,da} = e^{-rx}$，这时，式（8.4）就简化为式（7.9）。这一等价关系（以及下面将要介绍的其他等价关系）表明，年龄别增长率是否恒定是检验人口是否稳定、稳定人口关系是否成立的正确方法。如果年龄别增长率保持不变，不管过去的生育率和死亡率水平如何，人口必然处于稳定状态，稳定人口的所有关系均成立。图 8.2 展示了由 1995～2000 年日本主要人口事件率计算的近似稳定人口的 $N(x)$、$r(x)$ 和 $p(x)$。这些 $N(x)$、$r(x)$ 和 $p(x)$ 函数也满足式（8.3）中的关系。与式（8.3）不同的是，图中所示的年龄别增长率恒定不变，即 $r(x) = r$（在本例中等于 -0.011），因而，函数：

$$e^{-\int_0^x r(a)\,da}$$

等于简单指数函数 e^{-rx}。

将式（8.4）等号两边从年龄 0 到 ∞ 取积分，便得到出生率的一般表达式。由于各年龄的分布比例加总必定为 1，因而有：

$$1 = \int_0^\infty b\, e^{-\int_0^x r(a)\,da} p(x)\,dx$$

或

$$b = \frac{1}{\int_0^\infty e^{-\int_0^x r(a)\,da} p(x)\,dx} \tag{8.5}$$

如果所有年龄别增长率均为常数 r，式（8.5）便可简化为稳定人口的出生率公式，即上一

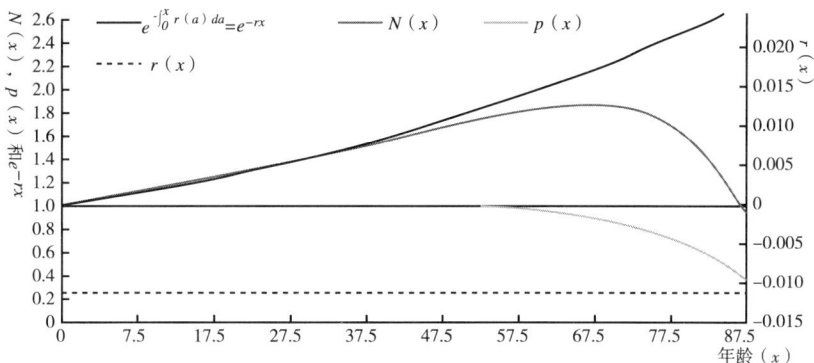

图 8.2　1995~2000 年日本近似稳定人口中 $N(x)$、$r(x)$ 和 $p(x)$ 之间的关系

　　注：$N(x)$ 中，$N(0) = B = 1$。

　　资料来源：Japan Aging Research Center（JARC）.（1996）*Statistical Abstracts of Aging in Japan*，Tokyo。

章的式(7.8)：

$$b = \frac{1}{\int_0^\infty e^{-rx} p(x) \, dx}$$

最后，我们将出生率表示为年龄分布和 t 到 $t + dt$ 时期内年龄别女婴生育率 $m(x)$ 的函数：

$$b = \int_\alpha^\beta c(x) m(x) \, dx$$

将式(8.4)中 $c(x)$ 的表达式代入上式得[①]：

$$b = \int_\alpha^\beta b e^{-\int_0^x r(a) \, da} p(x) m(x) \, dx$$

或

$$1 = \int_\alpha^\beta e^{-\int_0^x r(a) \, da} p(x) m(x) \, dx \tag{8.6}$$

若年龄别增长率为常数 r，式(8.6)便再一次简化为稳定人口中的相应公式，即式(7.10)：

$$1 = \int_\alpha^\beta e^{-rx} p(x) m(x) \, dx$$

---

①　为了与前面的定义保持一致，从现在开始应当使用单性别人口标识。对于两性人口，式(8.6)的女婴生育率函数可用其他方式来定义，并保持前后一致。最简单的方法是将每个新生婴儿分别与父亲和母亲的生育年龄相联系，这样就形成一系列按父亲年龄划分的出生人口数 $B^M(x)$ 和按母亲年龄划分的出生人口数 $B^F(x)$。然后，再对每个新生婴儿一半赋值给父亲的生育年龄，另一半赋值给母亲的生育年龄，这样 x 岁的生育率为

$$m(x) = \frac{\frac{1}{2} B^M(x) + \frac{1}{2} B^F(x)}{N^M(x) + N^F(x)}$$

其中，$N^M(x)$ 和 $N^F(x)$ 分别为 x 岁的男女人口数。另一种方法是将男婴与父亲的生育年龄相联系，女婴与母亲的生育年龄相联系。

由此可见，稳定人口中的三个基本表达式在任一封闭人口均有类似的表达式。在相应表达式中加入迁移项，便可以扩展为适用于开放人口的人口学关系。需注意的是，稳定人口的人口学关系是针对单性别人口而言的，而一般化的表达式既适用于单性别人口，也适用于两个性别人口。

这些表达式中有一点可能比较令人费解。很明显，人口的年龄分布是过去的死亡、生育和迁移事件的结果，且在前面的章节中已经证实。然而，为什么能用同一时期的出生率、生命表数据和年龄别增长率函数来表达年龄分布呢？这一问题的答案在于，所有相关事件的历史都已隐含在年龄别增长率函数中。年龄别增长率函数用一系列的增长率，将联系当前生育、死亡和年龄分布信息的所有历史数据都包括在内，而这些增长率都可以从任何两次普查数据中计算获得。举例来说，如果过去的死亡率较高，那么相对于原有较高死亡率情况下的人数来说，死亡率的后续下降会提高至少一个队列的人数，从而在相应的年龄别增长率中留下永久性痕迹。下文将专门介绍人口事件史与当前人口增长率的联系。

8.3 人口学基本关系的拓展

包含了随年龄变化的增长率的人口学关系，有时也称为 r 变量的人口学关系，而这些关系并不仅仅是经典稳定人口关系的翻版。时期净人口再生产率就可以用以下方式表示为年龄别增长率的函数。对于女性的单性别人口而言，记 $v(x) = B(x)/B$ 为妇女生育年龄的比例分布。由于 $B(x) = N(x)m(x)$，用式（8.3）替代 $N(x)$ 可得：

$$v(x) = \frac{Be^{-\int_0^x r(a)da}p(x)m(x)}{B} = e^{-\int_0^x r(a)da}p(x)m(x)$$

由上式整理可得：

$$v(x)e^{\int_0^x r(a)da} = p(x)m(x)$$

在上式两边对生育年龄 α 到 β 之间取积分，则等式右边为净人口再生产率 NRR 的表达式：

$$\int_\alpha^\beta v(x)e^{\int_0^x r(a)da}dx = NRR \tag{8.7}$$

这个有些奇特的表达式表明，净人口再生产率的计算不必使用潜在的生育率或死亡率数据，而只需要用到年龄别增长率和母亲的生育年龄分布，这两个函数在多数发展中国家也可以通过人口普查或调查数据获得。利用 1973～1977 年瑞士各年的可靠人口数据，由此式计算的 NRR 与使用年龄别生育率和死亡率计算的结果相比，每年误差不超过 1%（Preston and Coale，1982）。由该表达式可见，如果 β 以下各年龄的年龄别增长率均为 0，则 NRR 必然等于 1，这些关系显然普遍存在于静止人口中。同样，无论生育模式如何，如果生育率高于更替水平，则 β 以下某些年龄或所有年龄的年龄别增长率必然为正。表

8.1 以 1995~2000 年日本数据为例，展示并比较了用变量 r 方法和传统方法计算的 NRR。从式(8.7)计算可得，1995~2000 年日本的 $NRR = 0.7416$。如果 1995~2000 年的 $_5L_x$ 用两次普查之间的存活比例来计算，则与传统方法计算的 NRR 完全相同。当传统算法中使用的 $_5L_x$ 不同于利用存活比计算的 $_5L_x$ 时，两种方法计算的结果将出现差异。

在式(8.3)等号两边分别乘以 x 岁的死亡率 $\mu(x)$，则可以推导出有用的死亡人数（而非死亡率）的表达式：

$$N(x)\mu(x) = Be^{-\int_0^x r(a)da}p(x)\mu(x)$$

上式等号左边为 t 到 $t+dt$ 之间 x 岁的实际死亡人数 $D(x)$，更确切地说，$D(x)$ 为密度函数，x 至 $x+dx$ 岁的死亡人数为 $D(x)dx$。等号右边的 $p(x)\mu(x)$ 为根据时期生命表，新生婴儿在 x 岁死亡的概率，该值在所有年龄上求和，其值必然为 1。因此，对上述公式重新整理，并在 0 到 ∞ 上求积分可得：

$$B = \int_0^\infty D(x)e^{\int_0^x r(a)da}dx \tag{8.8}$$

表 8.1　对比 *NRR* 的两种计算方法（以 1995~2000 年日本女性为例）

方法一（变量 r 计算法）：$S_x = {}_5r_x$ 在区间中点前的累积值

$$_5v_x = {}_5B_x/B$$

$$NRR = \sum {}_5v_x \cdot \exp(S_x)$$

方法二（传统算法）：$NRR = \sum {}_5m_x \cdot {}_5L_x$

年龄(x)	$_5N_x$ (1995)	$_5N_x$ (2000)	两次普查之间出生人数 $_5B_x$	变量 r 计算法				传统算法		
				$_5r_x$	$\exp(S_x)$	$_5v_x = {}_5B_x/B$	$_5v_x \cdot \exp(S_x)$	$_5L_x$	$_5m_x$	$_5m_x \cdot {}_5L_x$
0	2,988	3,280	—	0.0186	1.0477	—	—	4.9787	—	—
5	3,160	2,976	—	−0.0120	1.0653	—	—	4.9588	—	—
10	3,647	3,157	—	−0.0289	0.9619	—	—	4.9540	—	—
15	4,156	3,641	39	−0.0265	0.8376	0.0118	0.0099	4.9459	0.0020	0.0099
20	4,874	4,140	482	−0.0326	0.7226	0.1463	0.1057	4.9269	0.0215	0.1057
25	4,335	4,862	1,453	0.0229	0.7053	0.4411	0.3111	4.9147	0.0633	0.3111
30	3,998	4,329	1,033	0.0159	0.7772	0.3136	0.2437	4.9079	0.0497	0.2437
35	3,860	3,988	258	0.0065	0.8220	0.0783	0.0644	4.8956	0.0132	0.0644
40	4,470	3,846	28	−0.0301	0.7750	0.0086	0.0066	4.8779	0.0014	0.0066
45	5,284	4,443	1	−0.0347	0.6592	0.0003	0.0002	4.8484	0.0000	0.0002
合计	—	—	$B = 3,294$	—	—	1.0000	$NRR = 0.7416$	—	—	$NRR = 0.7416$

资料来源：Japan Aging Research Center（JARC），1996. *Statistical Abstracts of Aging in Japan*，Tokyo。

该表达式将人口中的出生数量和死亡数量直接联系起来。这就意味着，当死亡人口函数是根据 $r(a)$ 函数进行增长率调整时，出生人口数可以直接从死亡人口数中推导而得。在静止人口中，各年龄均满足 $r(a) = 0$，因此有：

$$B = \int_0^\infty D(x)\,dx$$

则出生人数将等于各年龄死亡人数之和。当各年龄的增长率为正时,出生人数必然多于死亡人数。

任一年龄 y 岁的人数也可以用 y 岁以上的死亡人数来表示:

$$N(y) = \int_y^\infty D(x)\,e^{\int_y^x r(a)\,da}\,dx \tag{8.9}$$

普雷斯顿和寇尔(Preston and Coale,1982)将式(8.9)扩展到多增减的情况。贝内特和堀内(Bennett and Horiuchi,1981)用该公式考察了不同人口中死亡登记的完善程度。将人口中 y 岁以上的死亡人数和年龄别增长率相结合,可以估计 y 岁人口的统计总数。如果该值过低,则意味着 y 岁以上死亡登记中存在漏登现象(或人口总数多登记了,不过这种可能性相对较小)。

即使死亡人数存在漏报,使用变量 r 的人口学关系仍可以准确重建相应生命表。由于 $p(x)\mu(x) = d(x)$ 为基数等于 1 的时期生命表中 x 岁的死亡人数,那么必然有:

$$D(x) = Be^{-\int_0^x r(a)\,da}d(x)$$

或

$$\frac{d(y)}{d(x)} = \frac{D(y)}{D(x)}e^{\int_x^y r(a)\,da}, y > x \tag{8.10}$$

研究者只要对现实人口中观察到的各年龄死亡人数进行增长率调整,便可以推导出潜在生命表中死亡人口的年龄分布。在此基础上,运用第 3 章介绍的方法来完成生命表中剩余列的计算。如果各年龄登记死亡人数中存在的偏差比例相同,那么 $D(y)/D(x)$ 并不会因登记误差而受影响,这时,可以运用增长率调整法来重构生命表。普雷斯顿等(Preston et al.,1996)运用这一方法估计了美国黑人在较高年龄的死亡率。

最后,上述人口学关系还可以运用于多死因的情形。假设在式(8.3)等号两边同时乘以第 i 种死因的时期死亡率 $\mu^i(x)$,而不是所有死因的死亡率,则等号左边为相应时期内观察到的第 i 种死因的死亡人数 $D^i(x)$。等号右边的 $p(x)\mu^i(x)$ 为新生婴儿在存活到 x 岁时死于第 i 种死因的概率。将该表达式在所有年龄上求积分,便得新生婴儿最终将死于第 i 种死因的概率,这一概率为多递减生命表中的基本结果之一。使用同前面一致的表达式,则有:

$$\frac{l_0^i}{l_0} = \frac{\int_0^\infty D^i(x)\,e^{\int_0^x r(a)\,da}\,dx}{B} \tag{8.11}$$

式(8.11)表明,用增长率调整的 i 死因的死亡人数除以出生人口数,可以计算最终死于死因 i 的人口死亡概率〔若无法得到出生人口数,可以用式(8.8)中全死因的死亡人数来推导〕。在静止人口中〔所有 a 均满足 $r(a) = 0$〕,由式(8.11)可得,某种死因的死亡概率可以用该死因的死亡人数与出生人口总数之比来计算,而出生人口总数与全死因的死亡人口总数相等。在增长型人口中,所有年龄的增长率均为正,这时,由式(8.11)可知,死亡人数与出生人数之比往往会低估相应的死亡概率。例如,当对所有 a 均有 $r(a) > 0$ 时(即持续 a 年的婚姻数的增长率总为正),特定时期的离婚数与结婚数之比往往会低估时期婚姻生命表中最终离婚的概率。

式(8.11)也可以应用在流行病学中(Preston,1987b)。"病死率"(或比例)是指患某种疾病的人中,最终将死于该疾病的概率。这里将死亡原因划分为两类,即所研究疾病和该疾病以外的其他所有死因。个人在被确诊特定疾病时便进入历险状态,式(8.11)中 x 为从确诊时点起经历的时期长度(即病程)。这样,某一时期新确诊的病人数量为 B,确诊 x 年后死于相应疾病的人数为 $D^i(x)$。在静止人口中,可以用年病死人数与年确诊疾病数之比直接估计病死率,但在增长型人口中,同一比率往往会低估病死率。

表 8.2 为利用增长率调整方法来估计某假想人口的病死率的示例。在这一例子中,病例总数呈增长趋势(即每一时期的 $_1r_x$ 均大于 0),观察到的死亡数与确诊疾病数之比(47.54%)低估了用增长率调整法估算的实际病死率(63.65%)。若病例总数呈递减趋势,增长率调整因子 $\exp(S_x)$ 在各年龄都将低于 1,实际病死率要低于观察到的死亡数与确诊数之比。

表 8.2 假想的非稳定人口中病死率的估计

$_1N_x(t) = t$ 时点确诊后 x 到 $x+1$ 年之间的病例数;

$_1D_x^i[t, t+1] = $ 时点 t 到 $t+1$ 之间死于死因 i 的人数;

$_1r_x = $ 确诊时期别病例增长率;

$S_x = $ 在区间中点累计的确诊时期别增长率;

$_1D_x^i \cdot \exp(S_x) = $ 增长率调整后的死因 i 的死亡人数,即时期生命表中死因 i 的死亡数。

时期 x	$_1N_x(t)$	$_1N_x(t+1)$	$_1D_x^i[t, t+1]$	$_1r_x$	$\exp(S_x)$	$_1D_x^i \cdot \exp(S_x)$
0	1,619	1,804	185	0.108	1.056	195
1	1,048	1,265	271	0.188	1.224	332
2	599	668	245	0.109	1.420	348
3	265	287	163	0.080	1.561	254
4	57	68	63	0.176	1.774	112
合计	—	—	927	—	—	1,241
新确诊数 $[t, t+1]$	—	—	1,950	—	—	1,950
死亡数/确诊数	—	—	47.54%	—	—	63.65%

8.4 年龄别增长率的分解

对年龄别增长率函数进行分解,有助于更好地理解其前述作用的原理。我们先回到本章第一节的实例,即 1995 年 1 月 1 日到 1996 年 1 月 1 日之间完全年龄为 10 岁的人口增长情况。假设不存在迁移,1995 年 1 月 1 日完全年龄为 10 岁的人数,等于 1984 年的出生人

数 $B(1984)$ 乘以该队列中新生婴儿存活到 1995 年初的概率，即平均存活到确切年龄为 10.5 岁的概率。将该存活概率记作 $p(10.5,1984c)$ ，其中 1984c 代表 1984 年的出生队列。同样记 1996 年初 10 岁的人数为 $B(1985) \cdot p(10.5,1985c)$ 。这样，完全年龄为 10 岁的人口增长率为：

$$
\begin{aligned}
_1r_{10}[1995,1996] &= \ln \frac{_1N_{10}(1996)}{_1N_{10}(1995)} = \ln \frac{B(1985)p(10.5,1985c)}{B(1984)p(10.5,1984c)} \\
&= \ln \frac{B(1985)}{B(1984)} + \ln \frac{p(10.5,1985c)}{p(10.5,1984c)} = r_B - \int_0^{10.5} \Delta\mu(a)\,da
\end{aligned}
\tag{8.12}
$$

其中， r_B 为 1984~1985 年新生人数的增长率，$\Delta\mu(a)$ 为 1984 年与 1985 年出生队列在 a 岁时的死亡率之差 $[\mu(a,1985c) - \mu(a,1984c)]$ 。由此可见，特定年龄段的人口增长率反映的是该年龄段内两个出生队列的新生人数增长率以及年龄别死亡率的累计差异。如果有迁移发生，则需要加入另外一项，即 $[i(a,1985c) - i(a,1984c)]$ 。其中 $i(a,1985c)$ 为 1985 年出生队列在 a 岁时的净迁入率。堀内和普雷斯顿（Horiuchi and Preston，1988）详细介绍了该公式的推导过程。于是，t 时点 a 岁增长率的一般表达式（包含迁移事件）为：

$$
r(a,t) = r_B(t-a) - \int_0^a \Delta\mu(y,t)\,dy + \int_0^a \Delta i(y,t)\,dy
\tag{8.13}
$$

其中，$r_B(t-a)$ 为 $t-a$ 时点新生人数的增长率；$\Delta\mu(y,t)$ 为 t 时点 a 岁与 $a+da$ 岁队列在 y 岁时的死亡率之差；$\Delta i(y,t)$ 为 t 时点 a 岁与 $a+da$ 岁两个队列在 y 岁时的净迁入率之差。

第 7 章已讲过，稳定人口的年龄结构恒定不变，因而，各年龄的增长率也保持恒定。假设在一个原本处于稳定状态的人口中，70 年前出生人数骤增；其后人口变量又恢复原值并持续至今。那么，目前该人口的实际年龄分布中在 70 岁呈现凸起，图 8.3 为该假想人口的年龄分布。年龄别增长率函数也受到相应的影响，在 70 岁时出现凸起，而由于超大队列的突然出现，使 70 岁前的年龄组人口相对变小，增长率则呈现波谷。反映在式 (8.12) 中，由于生育率重新恢复较低水平时，新生人口数的增长率 r_B 出现下降，所以造成相应波谷。

因此，年龄分布的特殊形状与年龄别增长率函数的特殊值存在一一对应关系。这也就是式 (8.4) 能够在当前的人口年龄结构与当前的生育率、生命表数据以及年龄别增长率函

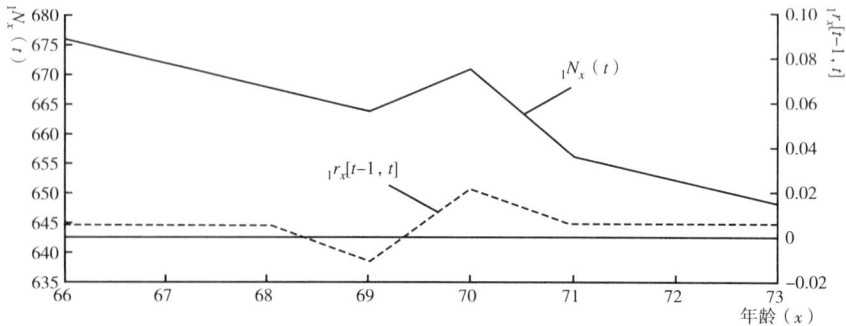

图 8.3 假想的失稳人口的 $_1N_x$ 和 $_1r_x$ 函数

数之间建立简单人口学关系的原因。

年龄别增长率函数能及时反映生育率和死亡率的变化。式(8.6)给出了增长率与生育率、死亡率之间的必然关系。x 岁人口死亡率的变化将立即反映在 x 岁的增长率中，任意年龄的生育率变化将立即反映到 0 岁增长率中。因此，净人口再生产率可以从年龄别增长率推导而得，如式(8.7)所示。

8.5   年龄结构的变化

稳定人口模型表明，当生育率、死亡率和迁移率保持长期不变时，人口年龄结构趋于稳定。因此，人口年龄结构的变化与生育率、死亡率和迁移率的水平没有关系，而是受这些人口条件变化的影响。稳定人口模型有助于理解生育率和死亡率变化对年龄结构的长期影响，常用来对比人口条件变化前后稳定人口的年龄分布，但稳定人口模型并不说明人口是如何从一种稳态过渡到另一种稳态的。年龄别增长率函数则可以在两种稳态之间建立联系。更广义地讲，年龄别增长率函数还能够展示非稳定人口中人口年龄结构的变化。

年龄分布比例的任何变化都必然是源于各年龄增长率的不同变化。假设在原本稳定的人口中生育率开始持续下降，显然新生人数的增长率 r_B 会下降。假设所有年龄的生育率平均每年下降 1%，那么，最初 15 年新生人数的增长率将下降为 $r_B = r - 0.01$，而不再是原稳定人口的增长率 r。15 年后，年龄别增长率函数在 15 岁以上将稳定在 r 水平(由于 15 岁以上的各队列未受影响)，在 15 岁以下稳定在 $r - 0.01$ 的水平。此后，由于生育年龄人数的增长率低于 r，且生育率持续下降，新生人数的增长率将下降到 $r - 0.01$ 以下。因此，增长率的年龄模式逐渐演变为随年龄递增的模式。由于较高年龄的增长率超过较低年龄的增长率，人口将不断老化。只要生育率不断下降，人口就将不断老化。

如果生育率保持不变，死亡率开始出现持续下降，那么原本稳定的人口将会发生什么变化? 正如第 7 章所述，这一问题的答案取决于死亡率下降的年龄模式。如果应用第 7 章中展示的寇尔(Coale，1972)所描述的死亡率下降模式，则 5 岁以下及 50 岁以上各年龄的死亡率下降幅度最大。那么，从死亡率开始下降起，这些年龄组将开始以极快的速度增长。式(8.12)表明，年龄别增长率是相邻队列的年龄别死亡率累计差值的函数。因此，死亡率的变化在年龄别增长率函数中累积反映，增长率随年龄递增，呈现类似 U 形的随年龄变化趋势。U 形曲线左边的变化趋势远没有右边明显，这是因为 5 岁以下人口死亡率的下降，使各队列相对于较早的队列而言低龄人口数有所增加。如果 $\Delta u(y)$ 在各队列间相对稳定，则增长率的年龄模式在较低年龄组相对平缓，直到因死亡率下降而额外存活下来的人到达生育年龄，该模式才发生明显变化。另外，较高年龄组的死亡率下降仅使相应队列人口在较高年龄堆积，以致年龄别增长率在相应年龄出现急速上升。图 8.4 展示了在原本稳定的人口中，死亡率出现持续下降时年龄别增长率的变化特征。

年龄别增长率函数也可以用来更好地阐释迁移对人口年龄结构的影响。或许有人会认为迁移是一种非自然的力量，不可避免地对人口年龄结构产生影响。而式(8.13)表明，特定年

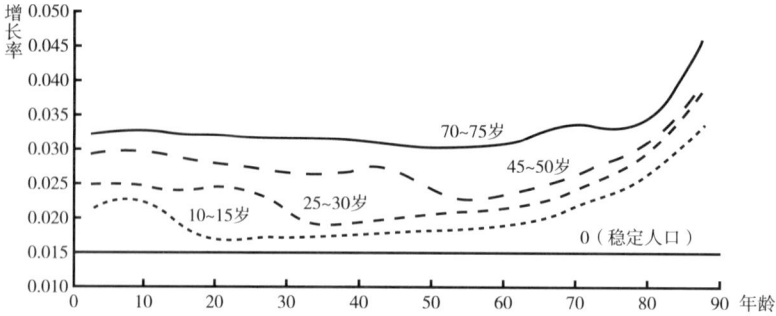

图 8.4 死亡率开始下降后年龄别增长率随年龄的
变化特征(中等幅度的下降)

资料来源:Horiuchi and Preston,1988:433。

龄的增长率是迁移率变化幅度的函数,而不是迁移水平的函数。如果队列中任何时候迁移率
均保持不变,则年龄别增长率不会因迁移而发生变化。换言之,如果从出生到 a 岁,每一队
列中人口数因迁移而变化的幅度相同,则这些人口 a 岁时相对规模的变化仅来自本队列出生
人口的相对规模(假定死亡率水平保持不变)。而如果某些年龄的净迁入率上升,则这些年
龄的年龄别增长率将上升;这些上升趋势将进一步反映在此后较高年龄组的增长率中。

　　人口平均年龄可以反映生育、死亡和迁移事件对年龄结构变化的综合影响。t 时点人
口平均年龄为:

$$A_p(t) = \frac{\int_0^\infty N(a,t)\,a\,da}{\int_0^\infty N(a,t)\,da} \tag{8.14}$$

上式对时间求导,整理、合并同类项后可得:

$$\frac{dA_p(t)}{dt} = \int_0^\infty c(a,t)r(a,t)[a - A_p]\,da \tag{8.15}$$

其中,$c(a,t)$ 是 t 时点确切年龄为 a 岁的人口比重。

　　式(8.15)的右边可以看成年龄与年龄别增长率的协方差(Preston, Himes and Eggers,
1989)。当年龄与年龄别增长率的协方差(或相关系数)为正时,相应人口的平均年龄将上
升;当协方差(或相关系数)为负时,平均年龄下降。因此,该公式简明地回答了"什么情
况下人口会老化"的问题,答案是当年龄别增长率与年龄正相关时。

　　用式(8.13)中的出生、死亡和迁移三项来代替 $r(a,t)$,式(8.15)中的协方差便分解
为三个协方差项。普雷斯顿等(Preston, Himes and Eggers, 1989)使用该方法证明了 20 世
纪 80 年代美国和瑞典人口平均年龄上升的主要原因为其死亡率下降的历史,反映在年龄
与死亡率累积变化的协方差项中。在瑞典,20 世纪早期迁出率的下降直接导致了 20 世纪
80 年代较高年龄组的快速增长,因而,迁移变化史同样重要。

　　最后,年龄别增长率也有助于深入理解上一章所讨论的人口惯性现象。人口惯性是指在

原本增加的人口中，生育率达到更替水平后，其增长趋势将持续一段时间的现象。更替水平生育率是指净人口再生产率为 1.000。式(8.7)展示了净人口再生产率与年龄别增长率的关系。从该公式可得，当 $NRR = 1.000$ 时，生育年龄段 $\exp\left[\int_0^x r(a)da\right]$ 函数的(加权)平均值也必然为 1.000(权重为母亲的生育年龄)。当累积增长率为 0.000 时，该函数值也为 1.000。

因此，当生育率达到更替水平时，生育年龄段的年龄别增长率之和必然接近 0 值。由中值定理可知，生育年龄段必然存在一个点，在该点以下年龄别增长率之和为 0。普雷斯顿(Preston，1986)通过数据仿真得出，在原本稳定的人口中，当设定 NRR 为 1.000 时，平均代际间隔 T 岁以下的人口数将基本固定不变。其原因在于，从生育率达到更替水平起，每个队列的出生人口数仅替代其本身。因此，在实现更替水平生育率后，所有人口增长基本上都发生在 T 岁以上。人口增长惯性来源于较高年龄组(Kim and Schoen，1997)。

8.6 变量 r 方法在人口估计中的应用

前面几节介绍的公式在人口估计中相当有用。具体而言，这些公式展示了如何应用增长率调整方法推导假想静止人口中的人口学关系。

人口事件率是离散时间间隔的人口指标，而不是一个时点的人口指标。因此，有必要将前面介绍的人口学公式进行调整，使之对应于离散的时间间隔。调整的方法很多，这里介绍最简单的一种。由于基本公式(8.1)对任一时点 t 均适用，那么在时点 t_1 和 t_2 就有：

$$N(x,t_1) = N(y,t_1)e^{-\int_y^x r(a,t_1)da}\,_{x-y}p_y(t_1)$$

$$N(x,t_2) = N(y,t_2)e^{-\int_y^x r(a,t_2)da}\,_{x-y}p_y(t_2)$$

将以上两式相乘，再在等式两边取平方根便得：

$$N^*(x) = N^*(y)e^{-\int_y^x \frac{[r(a,t_1)+r(a,t_2)]}{2}da}\,_{x-y}p_y^*$$

其中 $N^*(x) = \sqrt{N(x,t_1)\cdot N(x,t_2)}$，$_{x-y}p_y^* = \sqrt{_{x-y}p_y(t_1)\cdot\,_{x-y}p_y(t_2)}$。于是式(8.1)也适用于两个时点的几何平均数。假设两个时点分别为观测区间的起点和终点，如两次普查时点；满足该等式的增长率则为该区间起点和终点增长率的均值。为简便起见，假设增长率在相应区间内线性变化，这样，区间起点和终点增长率的均值便等于整个区间的平均增长率：

$$\frac{r(a,t_1)+r(a,t_2)}{2} = \frac{\ln\left[\dfrac{N(a,t_2)}{N(a,t_1)}\right]}{t_2-t_1} = \bar{r}(a)$$

在这里，有：

$$N^*(x) = N^*(y)e^{-\int_y^x \bar{r}(a)da}\,_{x-y}p_y^* \tag{8.16}$$

用相应区间起点和终点人口数的几何平均数以及平均人口增长率可以对上述问题求解。然而，如果增长率函数在相应区间内变化极不规则，则式(8.16)中的等式可能不再成立。需要注意的是，该等式中的存活经历是相应时期起点和终点存活状态的几何平均。通常，这一数值与整个区间的平均存活状态相当接近。只有当相应区间内 $\mu(a,t)$ 函数为常数或在各年龄之间呈线性变化时，两者才完全相同。

使用该近似表达式，式(8.3)便可以表示为：

$$N^*(x) = B^* e^{-\int_0^x \bar{r}(a)\,da} p^*(x) \qquad (8.17)$$

其中，B^* 可以用区间内新生人口总数除以区间长度来估计。

另一问题在于，通常情况下都是在年龄区间上测度数据（除出生人数外），因此需要将公式中确切年龄的表达式转化为年龄区间的表达式。若观察数据是以 5 岁组为单位的，简单的转化办法是假设式(8.17)中的数值为年龄区间中点的值，可以用 5 岁组的合计数值除以 5 来近似。这样就有：

$$_5N_x^* = B^* e^{-S_x} {}_5L_x^* \qquad (8.18)$$

其中：$S_x = 5 \cdot \sum_{a=0,5}^{x-5} {}_5r_a + 2.5\,{}_5r_x$

考虑到使用这些近似表达的必要性，可以肯定的是，当观察数据能够直接提供队列存活信息时，这些近似表达式对队列存活经历的计算完全准确。当数据以 5 岁组为单位、每隔 5 年进行一次观察时，应用式(8.18)将使 ${}_5L_{x+5}^*/{}_5L_x^*$ 和 ${}_5N_{x+5}(t+5)/{}_5N_x(t)$ 相等（Preston，1987a）。

式(8.18)可以用来分析任意单递减的存活过程。其实质在于，存活状况可以从两个不同时点存活于特定状态的人数来间接估计。如果年龄区间与时间区间等长，则如上一段所述，式(8.18)没有优势。当年龄区间和时间区间长度不等时，使用该公式能够简化估算过程。因而，它已被广泛应用于研究两次普查之间的人口存活状况（Preston and Bennett，1983；United Nations，1983：218-222）、多递减条件下的婚姻持续状况（Preston，1987a）、癌症患者的存活状况（Preston，1987b）等。在多递减情况下，研究单递减原因的存活状况也可以使用该公式。哈伊纳尔（Hajnal）假设单身者和已婚人口的死亡率不存在差异，根据该假设，普雷斯顿和斯特朗（Preston and Strong，1986）基于两次普查间的经历信息，用式(8.18)分析了单身状态的持续状况。与第4章第6节介绍的哈伊纳尔（Hajnal，1953）单次普查数据的方法相比，该方法不必假设过去的结婚率保持不变，且能够对婚姻状况提供更为及时的估计。

专栏8.1展示了用上述方法估算的美国1975~1980年婚姻持续状况。数据包括1975年和1980年按婚姻持续时间划分的完好婚姻数量。婚姻生命表基数为1975~1980年的新结婚数量，该基数信息往往不易获得，这种情况下，需要提高生命表的开始年龄。如果数据是以5岁组（5年间隔）统计的，则 l_x 列必须从5岁开始。生命表中 x 岁（婚姻持续 x 年）的存活人数 l_x 可以通过假设该函数在以 x 为中点的10岁区间内线性变化来估计。这样就有：

$$l_x \cong \frac{({}_5L_x + {}_5L_{x-5})}{10}$$

专栏 8.1 运用变量 r 方法估计婚姻持续状况

$_nN_x(t_1)$ = 在时点 t_1 按婚姻持续时期划分的初婚妇女人数

$_nN_x(t_2)$ = 在时点 t_2 按婚姻持续时期划分的初婚妇女人数

$_nN_x^* = [_nN_x(t_1) \cdot {}_nN_x(t_2)]^{1/2}$ = 时点 t_1 和 t_2 之间妇女人数的几何平均值

$_nr_x[t_1, t_2] = \dfrac{\ln \dfrac{_nN_x(t_2)}{_nN_x(t_1)}}{(t_2 - t_1)}$ = 婚姻持续时期别增长率

S_x = 区间中点时累积婚姻持续时期别增长率

$_nL_x = {}_nN_x^* \cdot e^{S_x}$ = 时期内婚姻持续的人年数

$l_x = \dfrac{1}{2 \cdot n} \cdot (_nL_x + {}_nL_{x-n})$ = 持续到 x 年时的婚姻数

l_0 = 生命表基数 = 时点 t_1 和 t_2 之间的平均初婚数量

T_x = x 年以上婚姻持续的人年数

e_x^o = x 年的婚姻预期持续时间

例：按 1975～1980 年美国离婚和死亡水平计算的女性初婚生命表（$l_0 = 1,534$）

持续时间(x)	$_nN_x(1975)$	$_nN_x(1980)$	$_nN_x^*$	$_nr_x$	S_x	$_nL_x$	l_x	T_x	e_x^o
0	1,428	1,395	1,411	−0.00468	−0.00234	1,408	1,534	43,216	28.17
1	1,448	1,432	1,440	−0.00222	−0.00579	1,432	1,420	41,808	29.44
2	1,457	1,411	1,434	−0.00642	−0.01011	1,419	1,426	40,377	28.32
3	1,436	1,246	1,338	−0.02838	−0.02751	1,301	1,360	38,957	28.64
4	1,315	1,288	1,301	−0.00415	−0.04377	1,246	1,274	37,656	29.57
5	1,462	1,242	1,348	−0.03262	−0.06216	1,266	1,256	36,410	28.99
6	1,383	1,180	1,277	−0.03175	−0.09434	1,162	1,214	35,144	28.94
7	1,258	1,317	1,287	0.00917	−0.10563	1,158	1,160	33,981	29.29
8	1,104	1,217	1,159	0.01949	−0.09130	1,058	1,108	32,823	29.62
9	1,020	1,161	1,088	0.02590	−0.06861	1,016	1,037	31,765	30.63
10	1,039	1,143	1,090	0.01908	−0.04612	1,041	1,028	30,749	29.90
11	975	1,118	1,044	0.02737	−0.02290	1,020	1,031	29,709	28.83
12	943	1,071	1,005	0.02546	0.00352	1,009	1,014	28,688	28.28
13	943	908	925	−0.00756	0.01246	937	973	27,680	28.46
14	954	1,022	987	0.01377	0.01557	1,003	970	26,743	27.57
15	4,477	4,477	4,477	0.00000	0.02245	4,579	988	25,740	26.04
20	4,424	4,200	4,311	−0.01039	−0.00353	4,295	887	21,161	23.85
25	4,712	3,984	4,333	−0.03357	−0.11342	3,868	816	16,866	20.66
30	6,475	7,553	6,993	0.03080	−0.04334	6,697	767	12,998	16.95
40	3,277	3,621	3,445	0.01996	0.21048	4,252	547	6,301	11.51
50	1,351	1,343	1,347	−0.00119	0.30436	1,826	304	2,049	6.74
60	170	167	168	−0.00356	0.28062	223	102	223	2.18

资料来源：Preston，1987a。

专栏8.2　以死亡人数为基础的变量r方法在死亡率估计中的应用

$_nN_x(t_1) = t_1$ 时点 x 到 $x+n$ 岁人口数

$_nN_x(t_2) = t_2$ 时点 x 到 $x+n$ 岁人口数

$_nD_x^* = t_1$ 到 t_2 之间平均每年死亡人数

$$_nr_x\left[t_1, t_2\right] = \frac{\ln\left[\dfrac{_nN_x(t_2)}{_nN_x(t_1)}\right]}{(t_2 - t_1)} = t_1 \text{ 到 } t_2 \text{ 之间年龄别增长率}$$

$$\frac{_nd_x}{_nd_{x-n}} = \frac{_nD_x}{_nD_{x-n}} \cdot e^{n \cdot \frac{_nr_{x-n} + _nr_x}{2}}$$

$_nd_x = {_nd_{x-n}} \cdot \dfrac{_nd_x}{_nd_{x-n}}$，对于最低年龄组，假设 $_nd_0 = {_nD_0}$

例：变量r方法估计的1979～1989年越南两次普查之间的人口存活状况

年龄 (x)	$_nN_x$ (1979.75)	$_nN_x$ (1989.25)	$_nD_x^*$	$_nr_x$	$\dfrac{_nD_x}{_nD_{x-n}}$	$\dfrac{_nd_x}{_nd_{x-n}}$	$_nd_x$	l_x	T_x	e_x^o
0	3,946,224	4,668,915	48,580	0.0177	—	—	48,580	556,269	34,014,619	61.15
5	3,928,795	4,403,654	8,029	0.0120	0.1653	0.1780	8,648	507,689	31,438,282	61.92
10	3,632,555	3,884,561	3,928	0.0071	0.4892	0.5131	4,437	499,041	28,921,458	57.95
15	2,954,333	3,402,000	3,783	0.0149	0.9631	1.0173	4,514	494,603	26,437,347	53.45
20	2,281,171	2,935,087	3,856	0.0265	1.0193	1.1304	5,103	490,089	23,975,617	48.92
25	1,742,277	2,764,189	3,469	0.0486	0.8996	1.0855	5,539	484,986	21,537,929	44.41
30	1,177,320	2,280,903	3,053	0.0696	0.8801	1.1826	6,551	479,447	19,126,847	39.89
35	966,580	1,564,740	3,093	0.0507	1.0131	1.3686	8,966	472,896	16,745,991	35.41
40	919,291	1,041,388	3,345	0.0131	1.0815	1.2686	11,374	463,930	14,403,926	31.05
45	994,602	883,098	4,836	-0.0125	1.4457	1.4479	16,469	452,556	12,112,711	26.77
50	825,356	864,699	6,215	0.0049	1.2852	1.2609	20,766	436,087	9,891,104	22.68
55	680,996	904,734	9,138	0.0299	1.4703	1.6040	33,308	415,321	7,762,585	18.69
60	540,920	714,534	12,070	0.0293	1.3209	1.5316	51,014	382,012	5,769,252	15.10
65	419,164	527,053	13,645	0.0241	1.1305	1.2920	65,909	330,998	3,986,726	12.04
70	284,003	326,747	14,310	0.0148	1.0487	1.1558	76,175	265,089	2,496,509	9.42
75	183,222	213,768	14,357	0.0162	1.0033	1.0841	82,582	188,914	1,361,503	7.21
80	64,153	95,528	7,560	0.0419	0.5266	0.6090	50,288	106,332	623,389	5.86
85	39,620	47,662	7,227	0.0195	0.9560	1.1144	56,044	56,044	217,450	3.88

注：计算 $_nL_x$ 列（未显示）时，假设 $_0n_5 = 0.78$ 和 $_\infty n_{85} = 3.88$[①]，其他年龄 $_na_x$ 均为2.5。

资料来源：Vietnam General Statistical Office. 1983. *1979 Vietnam Census Report*；Vietnam Census Steering Committee. 1994. *Vietnam Population Census – 1989*；Merli，1998。

①　此处 n 疑为 a 的误写。——译者注

专栏 8.3　计算婚姻以离婚而终结的概率

$_n r_x = t_1$ 与 t_2 之间所有完好婚姻数(不分婚次)的结婚时期别增长率

$_n D_x^i = t_1$ 与 t_2 之间按婚姻持续时期划分的离婚总数

$S_x =$ 婚姻持续 0 到区间中点长度的合计增长率

$$\frac{_n d_x^i}{l_0} = \frac{_n D_x^i \cdot e^{S_x}}{N(0)} = 新婚在 x 到 x+n 年之间离婚的概率$$

$N(0)$ 是 t_1 与 t_2 之间的结婚总数

$$\sum_{x=0,n}^{\infty} \frac{_n d_x^i}{l_0} = 婚姻最终以离婚而结束的概率$$

例：1975 ~ 1980 年美国　$[N(0) = 11,218,240]$

持续时间 (x)	$_n r_x$	$_n D_x^i$	S_x	$\dfrac{_n d_x^i}{l_0}$
0	0.00603	251,888	0.00302	0.0225
1	0.01270	458,995	0.01238	0.0414
2	0.00558	506,574	0.02152	0.0461
3	− 0.01319	506,574	0.01772	0.0460
4	0.01300	464,592	0.01762	0.0422
5	− 0.02505	405,819	0.01159	0.0366
6	− 0.01454	352,642	− 0.00820	0.0312
7	0.01799	323,460	− 0.00648	0.0286
8	0.02607	265,881	0.01555	0.0241
9	0.01948	229,497	0.03833	0.0213
10	0.01649	766,858	0.08930	0.0747
15	− 0.00164	442,202	0.12642	0.0447
20	− 0.01092	299,466	0.09502	0.0294
25	− 0.03556	179,120	− 0.02118	0.0156
30	0.02494	156,730	0.13932	0.0161
合计	—	—		0.5205

资料来源：Preston，1987a。

寇尔提出了另一种估算方法，从同一人口的两次观察值来估算存活状况，这些观察值或为人口的年龄分布，或为人口中处于某一状态的时期分布。该方法使用迭代插值法来推导存活率，应用实例见第 11 章。当数据中年龄信息较为详尽且准确时，该方法往往比前面介绍的方法能够提供更为准确的估计。当数据不够详细或不够准确时，选择哪种估算方法并不重要，但前面介绍的方法要相对简单。

其他几种情况只能使用变量 r 的方法。例如，在有专门的死亡人数登记的情况下，对于单递减过程的分析，式(8.10)给出了用简单的增长率调整方法将登记的死亡人数转化为时期生命表中死亡人数的方法。如果死亡登记不全或只涵盖了人口中的某一群体，就需要用到上述方法。此外，如果长期存在严重的年龄误报现象，也需要用到上述方法。即使人口年龄分布很不准确以致无法构造普通生命表，但如果两次观察的年龄误报模式相近，也仍可以使用年龄别增长率方法。专栏 8.2 展示了梅里（Merli，1998）运用该方法计算的 1979～1989 年越南两次普查之间的人口存活状况。

这一方法也可以用于估计时期多递减生命表的某些特征。式（8.11）展示了如何用人口中观察到的某一死因的死亡人数，通过增长率调整来推导该死因的死亡率。这个推导过程不需要其他死因死亡人数的信息，而是用年龄别增长率所反映的人口数量的变化模式来推导。这一特点对估计婚姻最终以离婚而结束的概率尤为有利。婚姻持续时间是婚姻多递减生命表的一个重要维度，但死亡率并不按婚姻持续时间来统计。好在变量 r 方法并不需要这些信息。专栏 8.3 为该方法在美国婚姻持续状况研究中的应用实例。

变量 r 方法的其他应用还包括死亡率的年龄模型的应用。这将在下一章中介绍，其后还将介绍人口学指标的其他间接估计方法。

构建生命事件的年龄别模型

本书中一直强调人口事件发生的频繁程度(即强度,intensity)随年龄呈急剧变化。例如,在描述一个人口的死亡率时,分析者往往需要将人口细分成不同的年龄组,每个年龄组内的死亡率更为相近;又如,在简略生命表中,死亡力被具体分为 19 个年龄组的死亡率,1 岁以下,1~4 岁,此后每 5 年为一组直到 85 岁,最后是 85 岁以上的开放年龄区间。

虽然分组有助于更为准确地表述所研究的现象,但在用大量的数字表述时很麻烦。因而,人口学者寻找了更为简便的方式表述人口事件的年龄变动。他们研究有文献记载的年龄模式,从中寻找规律性,进而提炼出相对简便的、可用少量参数表述的不同年龄人口事件发生率。这些简便的表述方式,或称年龄别模型,在人口学分析中用途广泛。

这些模型代表标准的或规范的模式,因为它们总结了许多具有良好数据基础的人口经验。因而,通过比较真实数据和模型,有助于识别实际数据的特征,包括由于数据错误形成的特征。与现有模型显著不一致的实际数据是存有疑问的,除非有已知的特殊原因。应用模型可以平滑不规则的数据,对于不完整的数据也可以参照最接近的、最适合的模型加以完善。

年龄别模型可以简化人口预测的准备工作。如第 6 章所介绍的,人口队列要素预测法需要每个预测时期的分性别和年龄组的年龄别死亡率、出生率和迁移率。应用年龄模式替代对每个发生率的单独假设,分析者可以使用更少的模型参数设定人口变动的趋势,并从这些参数中得到整套的年龄别发生率。

模型可以用来间接估计人口参数。通过假设年龄别模型的属性,使用者往往只需要求解一两个参数,而不是估计很多参数。第 11 章将介绍间接估计技术。

尽管构建模型的初衷只是用于描述,不过由于模型是对很多人口经验规律的总结,有可能通过这些模型来研究年龄差异的决定因素，以及将年龄差异归因于不同人口的特殊生理或行为因素。有些参数具有直接的行为含义，确定最适合一个人口年龄模式的模型参数值可以解释该人口的某些行为因素。

建立年龄别模型有三种方法。第一种方法是将风险概率作为数学函数来总结年龄差异，其中年龄是关键变量。第二种方法是列出完整的年龄别率表，以强度的综合测量为标记，例如出生预期寿命。第三种方法结合了数学和列表两种方法，用一组或者两组完整年龄别表格建立一个"标准"，然后使用一个数学函数把标准发生率和所研究人口的估计或者预测发生率相关联。

本章将描述死亡率、生育率、婚姻和迁移的年龄别模型。死亡率的年龄模式研究具有最悠久的传统，其他人口事件的年龄模式很大程度上受到死亡年龄模式分析的启发。本章将首先重点介绍死亡率的年龄别模型。

9.1 死亡的年龄别模型

9.1.1 数学表示法

死亡率和年龄之间的关系是人口学中最古老的研究主题。正是这项研究工作使人口学成为一个独立的研究领域。格兰特（Graunt，1662）、哈雷（Halley，1693）和德帕西厄（Deparcieux，1746）的开拓性工作，创建了作为描述和分析基础工具的生命表。寻找死亡风险随年龄变化（"死亡法则"）的数学模型工作也有悠久的历史。死亡率曲线的形状（图3.2）意味着需要很多参数来代表所有年龄的死亡风险。然而，中年以上的死亡率曲线表现出更有规律的接近指数式增长。冈泊茨（Gompertz，1825）首次注意到在很多人口中某个年龄之后呈现的"几何级数扩散定律"，并提出将死亡风险（按照本书的标注方法）记为：

$$\mu(x) = \alpha \cdot e^{\beta x} \tag{9.1}$$

因而，$\ln\mu(x) = \ln(\alpha) + \beta x$，死亡率的对数是年龄的线性函数。这个函数实际上只是用于代表"基础"死亡率，即排除意外和传染病等引起的死亡的死亡率。为了包括这两类被假定为独立于年龄之外的死亡原因，梅卡姆（Makeham，1860）建议在冈泊茨的死亡函数基础上增加一个常数项：

$$\mu(x) = \alpha \cdot e^{\beta x} + \gamma$$

现在这些公式仍然常用于平滑数据，特别是在高龄人口中（Horiuchi and Coale，1982）。专栏9.1展现了式（9.1）在生命表中的应用，用来外推能够直接计算最后一个年龄之后的 $l(x)$[①]。

---

① 如果超过特定年龄 y 的死亡力遵循在式（9.1）中提出的两参数冈泊茨死亡法则，那么生存函数 $l(x)$ 在该年龄后遵循专栏9.1中定义的三参数函数。第三个参数是根据存活到 y 岁人数调整的常数。

专栏 9.1　使用冈泊茨的死亡法则估算存活老年人

一般方程：$l(x) = C \cdot a^{b^x}$，该式推导自式（9.1），

参数 C、a 和 b 可以从生命表存活函数 $l(y)$、$l(y+n)$ 和 $l(y+2n)$ 的三个最近值估计得到：

$$b = \left(\frac{\ln \frac{l(y+2n)}{l(y+n)}}{\ln \frac{l(y+n)}{l(y)}} \right)^{\frac{1}{n}} ; \quad a = \exp\left(\frac{\ln \frac{l(y+n)}{l(y)}}{b^y(b^n - 1)} \right); \quad C = l(y) \cdot \exp(-b^y \cdot \ln a)$$

例：使用死亡法则估算的 1992 年奥地利男性存活老年人数

x	$l(x)$	$\hat{l}(x)$
75	53,803	53,803
80	37,441	37,441
85	21,123	21,123
90		8,575
95		2,067
100		219
105		6
110		0

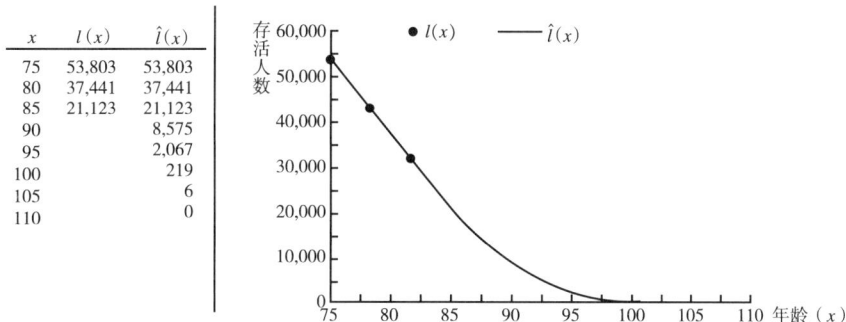

$$b = \left(\frac{\ln \frac{l(85)}{l(80)}}{\ln \frac{l(80)}{l(75)}} \right)^{\frac{1}{5}} = 1.09543 \qquad a = \exp\left(\frac{\ln \frac{l(80)}{l(75)}}{b^{75}(b^5 - 1)} \right) = 0.99933$$

$$C = l(75) \cdot \exp(-b^{75} \cdot \ln a) = 100,819$$

$$\hat{l}(x) = 100,819 \times 0.99933^{1.09543^x}$$

可以看出，通常最高年龄组（80 岁或 90 岁以上）的死亡概率按照递减的增速增长，用来拟合较低年龄组死亡率的冈泊茨或者梅卡姆的死亡函数往往会高估高龄组的死亡率（Vaupel et al.，1979；Horiuchi and Coale，1990）。珀克斯（Perks，1932）提议使用 logistic 模型表示高龄人口的次指数函数的增长。Logistic 曲线的最简单形式为：

$$\mu(x) = \frac{\beta\gamma^x}{1 + \beta\gamma^x}$$

如果用这个公式计算死亡率，那么完整的死亡率方程是：

$$1 - \mu(x) = \frac{1}{1 + \beta\gamma^x}$$

和

$$\frac{\mu(x)}{1 - \mu(x)} = \beta\gamma^x$$

这里的 $\ln\{\mu(x)/[1 - \mu(x)]\}$ [即 $\mu(x)$ 的 logit] 是年龄的线性函数。

相反，在最年轻的年龄段，死亡率随着年龄增长快速下降，布儒瓦—皮查特（Bourgeois-Pichat，1946，1951）建议将婴儿死亡率分解为基础的（或内生的）和外生的两个组成部分，外生组成部分由个人的环境因素（如意外事件或传染病）决定。他用以下公式拟合了一个队列中分年龄 n（以天为单位）、从出生第一个月末到第一年末的累积死亡比例：

$$q(n) = a + b[\ln(n + 1)]^3$$

其中常数项 a 表示内生过程。但是，有人发现这个模型的偏差，且偏差与哺乳期的行为有关（Knodel and Kintner，1977）。朗图瓦纳和普雷萨（Lantoine and Pressat，1984）提出了该式的另一种特殊界定。

一个通用于所有年龄的死亡率数学公式必然是复杂的。比如，赫里格曼和波拉德（Heligman and Pollard，1980）发现需要 8 个参数才能建立在 x 岁至 $x+1$ 岁的死亡概率模型：

$$\frac{{}_1q_x}{{}_1p_x} = A^{(x+B)^C} + De^{-E[\ln(x) - \ln(F)]^2} + GH^x$$

公式的第一部分（参数 A、B 和 C）表示生命早期的死亡率。系数 C 是负数，所以第一部分随年龄的增长而快速下降，并在儿童期以后变得非常小。求和公式的最后部分与高龄组的 logistic 公式类似。公式的第二部分为意外事件的凸起，通常用以表示年轻成人的死亡率（一般在男性中更为显著）。

建立一个适用于不同人口的死亡法则的主要困难在于不同死因的死亡率年龄模式不同（Sutter and Tabah，1952）。总死亡率的年龄模式反映了具体死因各自的重要性（Preston，1976a），而这些死因在不同人口之间是不一样的（如死于车祸或疟疾）。具有普遍性的死亡法则只适用于内在的或内生死亡率（Carnes et al.，1996）。但是，所有死亡或疾病都可能受到环境因素或行为的影响。

拟合死亡年龄模式的数学函数需要特定年龄死亡率的准确数据。往往会有得不到任何数据的情况，因此必须从其他资料推断死亡水平，例如比较两次普查间各队列规模的变化。年龄别模型的表格法就是为了应对数据缺失、数据不足和数据不准确等情况。

9.1.2　表格法

表格法采用模型生命表的形式。它们代表在特定死亡"层次"人口的所有标准生命表函数，通常以出生预期寿命来反映。这些表格的应用基于不同人口的多套死亡率之间的高度相关。这种相关关系广泛存在于拥有高质量数据的人口中。也就是说，如果 1～4 岁年龄组的死亡率高，40～44 岁和 80～84 岁年龄组的死亡率也高。

首次公布的一套模型生命表是由瓦拉若斯（Valaoras）为联合国（United Nations，1955）编写的，其实证基础来自 158 个人口的分性别生命表。这些用来建立模型的生命表没有经过严格的数据质量检查，而且，建立该模型的方法在估计相关关系时会出现偏差。基于上述原因，这套模型生命表已不再使用。

现在最常使用的模型生命表是寇尔和德曼（Coale and Demeny）在 1966 年制作的（第二版，1983）。他们在联合国体系的基础上，使用更多套经过更严格筛选的实际数据，并考虑到死亡水平和年龄模式之间关系的地区差异，建立了多套模型生命表。不过按照今天的统计标准来看，当初构造模型生命表的方法还相当粗糙。

他们首先收集了 326 个男性和 326 个女性的实际分年龄死亡率明细表，每个表都根据死亡登记和普查的分年龄人口数据两方面信息构建。每个年龄的 $_n q_x$ 值按照从低到高的顺序排列，对每一组排列建立一个初步模型生命表。然后比较每个实际的生命表和具有相似死亡水平的组合生命表，将两者之间的差异记为年龄的函数。通过直观地检查两表之间的差异，可以筛掉数据质量较差的生命表。最后根据剩下的 192 个生命表，区分出四种模式。有趣的是，这四个类别的国家在地理位置上分别聚集在一起。这样就建立了四组模型生命表，每组模型生命表都对应着相应数据来源的欧洲地区。

第一组生命表是根据瑞典（1920 年之前）、挪威和冰岛的 9 个生命表制作的，称为北区模型生命表，它代表较低婴儿死亡率和 50 岁以上人口的低死亡率。第二组生命表称为南区模型生命表，因为它建立在西班牙、葡萄牙和意大利南部的 22 个生命表的基础之上，其特征为 5 岁以下和 65 岁以上的高死亡率，但在 40~60 岁之间死亡率较低。第三组是东区模型生命表，是根据奥地利、德国、意大利北部、匈牙利和波兰的 31 个生命表制成的，其特点是婴儿期死亡率较高，50 岁以上人口的死亡率越来越高（见图 9.1）。第四组模型

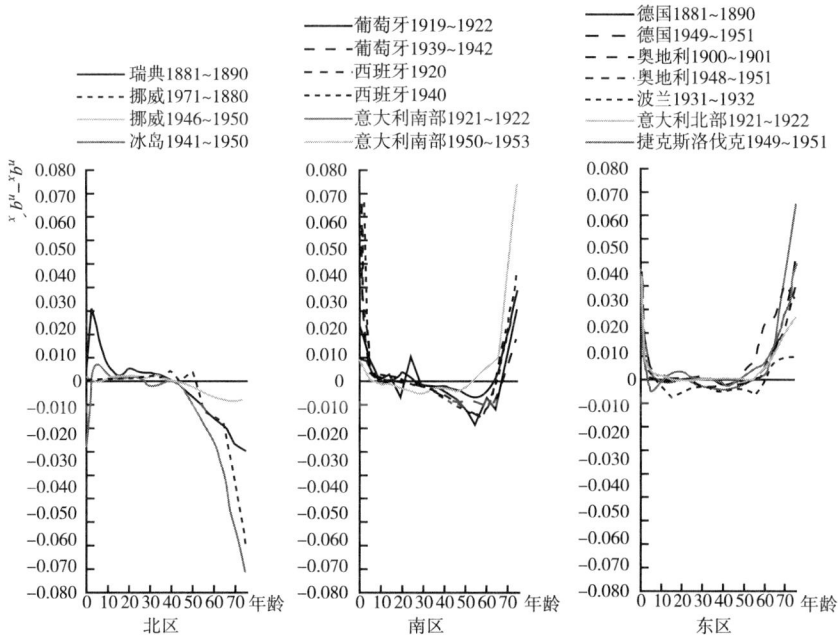

图 9.1 北区、南区和东区模型生命表的具体年龄偏差

资料来源：Coale and Demeny, 1983：11。

生命表（西区）是由其他西欧、海外欧洲人口和 20 世纪中期日本和中国台湾的 130 个生命表组成的，这组模型生命表被认为是没有显著偏差的生命表。

寇尔—德曼的模型生命表建立了"双输入条件"的体系：每个生命表都是根据地区（北区、南区、东区和西区）和 e^o_{10} 值构建的。每个地区模型中，生命表按照死亡率层次从 1 到 24 排列，较高的死亡率层次对应着较高的 e^o_{10} 值。年龄模式的地区差异范围可以从表 9.1 推断出来，表 9.1 中比较了不同地区女性人口在同一出生预期寿命水平下的婴儿死亡率（$_1q_0$）。

表 9.1　分出生预期寿命和地区的女性婴儿死亡率（每千人）

模　型	出生预期寿命				
	30 岁	40 岁	50 岁	60 岁	70 岁
西　区	256.11	178.22	118.79	71.16	31.16
北　区	224.30	156.92	106.02	66.28	32.64
东　区	306.50	216.83	147.40	89.70	40.96
南　区	228.81	172.52	130.97	94.91	59.11

资料来源：Coale and Demeny，1983。

由于模型生命表选自单一的年龄别死亡率，因此对区域模式的选择非常敏感。为了选择合适的模型生命表，我们需要一些其他的死亡年龄模式的独立信息。在缺乏这方面信息的情况下，可以参照周边有较好数据国家的死亡率经验值。这种借用方法建立在周边国家具有相似的流行病学环境的假设之上，这将反映在死因分布和死亡年龄模式上。普雷斯顿（Preston，1976a）的研究表明，欧洲南部国家形成南区模型的主要特点是因为腹泻导致的高死亡率。这种模式能最恰当地代表当前中美洲、南亚、中东和部分撒哈拉以南非洲地区的死亡模式。寇尔—德曼的经验生命表中没有纳入与现在热带非洲相同的、由于疟疾导致高死亡率的类型。但因为疟疾死亡率的年龄模式在某种程度上和结核病死亡率模式相似，所以对热带非洲的情况一般首选北区模型，它反映了 19 世纪末和 20 世纪初北部欧洲的高结核病死亡发生率。西区模型是最一般化的，因而在分析者认为现有信息不足以选择某个更具有特点的模型时，可以优先选择西区模型。

寇尔—德曼的模型生命表是对联合国生命表体系的显著改进。这些模型生命表被广泛使用，实际的生命表或后续的模型生命表仍然以寇尔—德曼的模型生命表作为比较标准。随着第二版将生命表拓展到较高年龄阶段，该模型生命表的使用会更加普遍。模型生命表的每个版本都提出了与特定模型生命表和假设人口增长率（或者总人口再生产率）相应的稳定人口年龄分布。

在使用模型生命表时需要注意应用步骤。模型生命表在使用时非常方便，因为它们不仅提供了 $_nq_x$ 的预测值，而且还有完整的生命表。在一个区域模型中，可以依据任何生命表的值来选择一个生命表。例如，我们可能依据一个估计的婴儿死亡率选择生命表。不过从生命表构建来说，应当从 e^o_{10} 的估计值推断"最好"的 $_nq_x$ 估计值，而不能保证模型生命表能够基于婴儿死亡率估计值来获得最好的$_5q_{40}$估计值；提供这种估计值需要不同的生命表建构方法。在大多数情况下，这不会引起什么大问题。

但是在最高和最低死亡率水平下会出现较严重的问题，因为它们超出了模型生命表建构所依据的经验数据的范围。原始模型生命表中最高的出生预期寿命水平是西区的75.2岁，而在南区仅有69.8岁。评估性研究表明，使用外推法估计极高死亡率水平的效果很差，例如，模型生表中10岁预期寿命（根据预测值$_nq_x$重新计算）和用于预测的e_{10}初始值之间会出现自相矛盾的差异。在有些情况下两者之间的差异高达几岁（Bhat，1987），这提醒我们在处理出生预期寿命的极端值时要谨慎使用寇尔—德曼模型生命表。寇尔和郭（Coale and Guo，1989）使用更新的数据发布了一版低死亡率水平的模型生命表。普雷斯顿、麦克丹尼尔和格鲁什卡（Preston，McDaniel and Grushka，1993）为高死亡率水平的人口建立了一套生命表。

莱德曼和布雷（Lederman and Breas，1959）使用最普通的方法来解决减少生命表中经验数据冗余的问题。他们将因子分析方法应用于一套数据，与联合国（United Nations，1955）模型生命表所使用的数据几乎相同。因子分析能够识别能有效代表一个更为复杂的数据集的最小维度（因子），这里年龄别发生率$_nq_x$在每个年龄组有一个原始维度。他们发现三个因子可以解释90%以上的变异。第一个因子看起来是不同年龄概率的具有相当同质性的组合，可以解释为死亡的一般水平。第二个因子代表的主要是儿童死亡率和成人死亡率之间的关系。第三个因子与"极端"年龄的死亡率相关。分析结果有力地支持了无法由少数参数的简单系统表达死亡率模式变化的论断。因子的解释还有助于理解死亡的维度（Bourgeois-Pichat，1963）。该分析一直具有影响力，但是从分析衍生出的模型生命表（Le Bras，1968；Lederman，1969）一直未被应用，部分原因是该生命表所依据的数据已经陈旧并有缺陷。这个表格体系包括了7套单入口生命表（即仅用单一的死亡率指标）和2套双入口生命表。

以上介绍的方法都有一个共同的局限，就是实际数据中几乎没有发展中国家的经历，可是大部分模型生命表的应用都是针对没有完整数据的发展中国家。于是，联合国（United Nations，1982）颁布了一套针对发展中国家的模型生命表，混合使用了以上几种方法（做图检验、选择分层、主成分分析）分析了经济合作与发展组织（OECD，1979）所收集的数据。OECD数据包括54个非洲国家、50个拉丁美洲国家和39个亚洲国家的143个分性别生命表，不过大部分数据质量较差。联合国应用了标准一致的严格筛查，在原有的286个生命表中仅保留了72个（非洲只保留了突尼斯）。像寇尔—德曼方法一样，分析发现死亡率模式显现出区域聚集的特点。每个区域生命表预先考虑了出生预期寿命的增加。此外，还列出了相应的年龄别稳定人口。

联合国生命表体系包括五个"区域"模式（见图9.2）。第一个是拉丁美洲模式，其使用的数据不仅来自拉丁美洲，还包括菲律宾、斯里兰卡和泰国的数据。相对于寇尔—德曼的西区模型，它的特点是在婴儿、儿童和青年成人中死亡率较高，但在年长的人群中死亡率较低。第二组仅有智利的数据（1950年、1960年和1970年），它的特点是婴儿死亡率

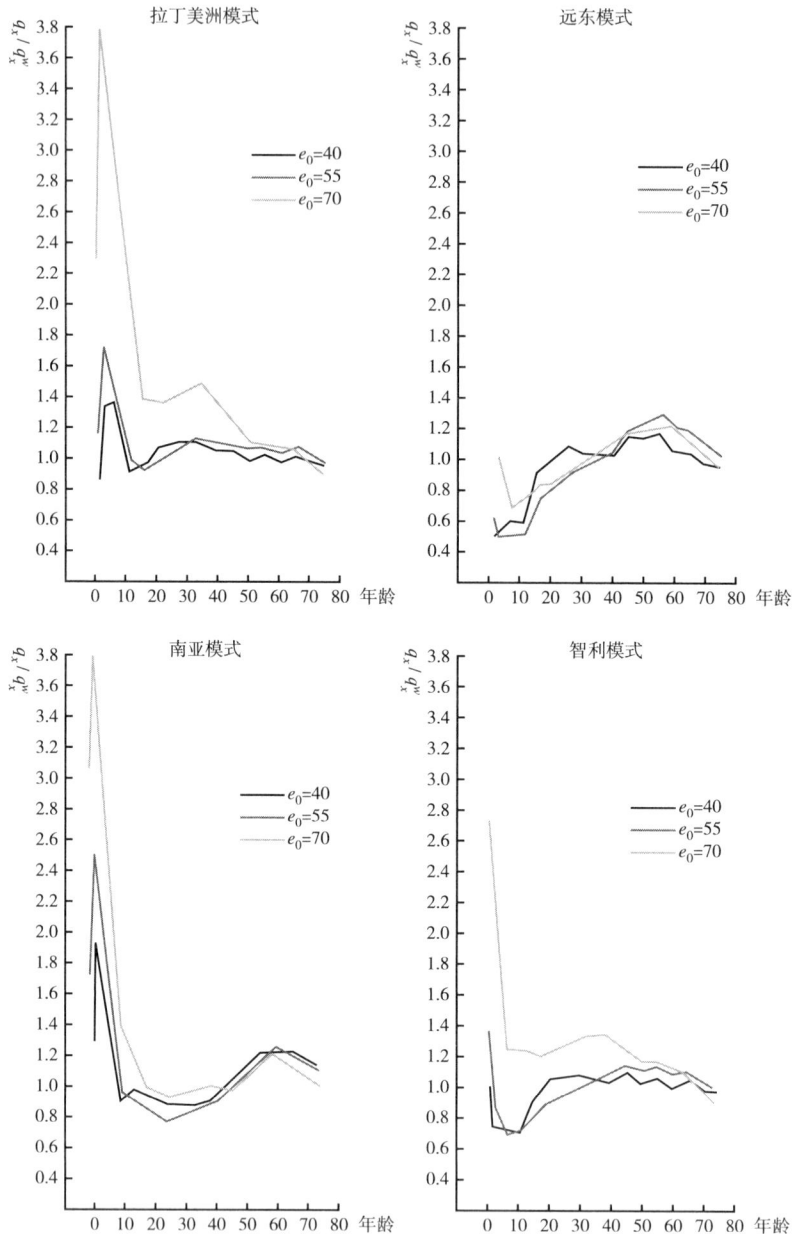

图9.2 寇尔—德曼西区生命表与拉丁美洲、远东、
南亚和智利模式(女性)的偏差

资料来源:United Nations,1982:12。

非常高(可能是由于呼吸系统疾病)。第三个模式是南亚模式(基于南亚和西亚以及突尼斯的数据),特点是在年龄两端15岁以下和60岁以上的死亡率较高。第四个模式是远东模式(包括东亚、马来西亚、圭亚那以及特立尼达和多巴哥),这种模式的特点是老年的死亡率较高,部分原因可能是由于肺结核或乙型肝炎导致的高死亡率。最后一个模式则基于所有符合数据质量标准的生命表,是综合模式。

9.1.3 关联模型

关联模型是死亡率年龄别模型的第三种类型，结合了表格法和数学方法的特点。关联模型包括一套"标准"死亡率函数和数学规则，用来将标准与任意人口的死亡率相关联。死亡率标准表达了年龄别死亡率的复杂性，而模型参数则描述了与标准的偏差。因此，这些模型所需要的参数少于数学死亡率函数。

布拉斯（Brass，1971）首次建立了这类模型，基于 $q(x)$ 的 logit 转换[①]，在 x 岁以前的死亡概率为：

$$logit[q(x)] = \frac{1}{2}\ln\frac{q(x)}{1-q(x)}$$

这种转换在数学上的优点是当 $q(x)$ 在 0 与 1 之间变化时，$q(x)$ 的 logit 转换取值在 $-\infty$ 与 $+\infty$ 之间。因而，任何在 $-\infty$ 与 $+\infty$ 之间的 $q(x)$ 的 logit 预测值都能够在 0 与 1 之间找到对应的 $q(x)$ 值。如果能够预测 $q(x)$ 的 logit 转换值［记为 $Y(x)$］，我们就能够将 $Y(x)$ 转换回来，然后通过公式预测在 x 岁之前的死亡概率：

$$\hat{q}(x) = \frac{\exp[2\hat{Y}(x)]}{1+\exp[2\hat{Y}(x)]}$$

而从出生到 x 岁的存活概率则为：

$$\hat{p}(x) = 1 - \hat{q}(x) = \frac{1}{1+\exp[2\hat{Y}(x)]} \tag{9.2}$$

布拉斯提出了一个简单关联模型，用标准人口中 $q(x)$ 的 logit 值 $Y^s(x)$ 预测 $Y(x)$：

$$\hat{Y}(x) = \alpha + \beta \cdot Y^s(x) \tag{9.3}$$

布拉斯提出了两个标准，分别称为一般化标准和非洲标准。但在式(9.3)体系中可以使用对研究背景更为适合的任何标准（例如寇尔—德曼模型生命表或者联合国模型生命表）。尽管 logit 转换的数学优势和简洁表述具有吸引力，但是模型仅仅在死亡率年龄模式能够准确表达实际变动的情况下才有用。检验方法之一是，检查在多大程度上能从同一类型的另一个模型生命表再现寇尔—德曼的模型生命表。一些研究显示，在此情况下这个模型表现良好。

因此，关联模型的成功取决于两个独立的特征：一是选择与所研究的人口相适应的标准；二是选择合适的规则，即确定标准死亡率如何与同一"家族"中其他人口的死亡率相关联。

虽然布拉斯的关联模型易于使用，但两个参数值的选择可能出现问题，因为这些参数不像寇尔—德曼体系中的区域和出生预期寿命那样具有实际含义。不过，我们也许注意到

[①] 我们使用布拉斯原有的标记。现在的大多数统计书籍中不再将因数 1/2 放在 logit 的定义中。

当 α 增加时，所有年龄的 $Y(x)$ 都会上升、$p(x)$ 都会下降 [式 (9.2) 和式 (9.3)]。因此，参数 α 是死亡率"水平"的一个指标，在同一个方向上影响所有年龄的死亡率：较高的 α 值意味着较高的死亡率（即存活到任意年龄 x 的可能性较低，且在年龄 x 和 y 之间存活的可能性较低）。为了解释参数 β，先要看到 $q(x)$ 和 $Y(x)$ 都随年龄上升，而 $Y^s(x)$ 在低年龄段为负值，即当分数小于 1 时其对数为负。到了 $Y^s(x)$ 等于 0 的年龄时，在标准人口中该出生队列人口的一半已经死亡，在随后的年龄中变为正值。当 β 上升，$Y(x)$ 在所有 $Y^s(x)$ 为正的年龄上升，但在 $Y^s(x)$ 为负的较低年龄下降（成为更大的负数）。因而，β 对不同年龄的影响不同：较高的 β 提升了 $p(x)$ 函数的斜率（即加速了随年龄的下降）。所以，β 经常被称为死亡率函数的斜率，同时 α 代表了死亡率的"水平"。图 9.3 展示了布拉斯 logit 模型中 α 和 β 值变动的影响。

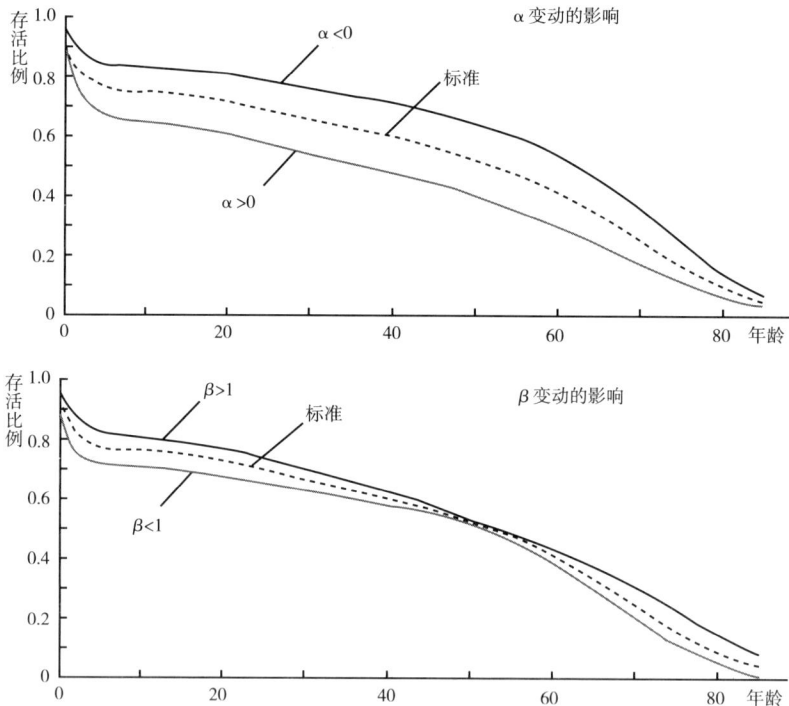

图 9.3 布拉斯 logit 模型中参数 α 和 β 变动的影响

如果能够获得不同年龄的存活概率估计值，研究者可以先计算人口的 $Y(x)$ 再与这些年龄段相应的 $Y^s(x)$ 比较。因为 $Y(x)$ 和 $Y^s(x)$ 之间的转换是线性的，所以能用标准的线性估计技术估计参数 α 和 β，比如用最小二乘法回归。得到 α 和 β 的估计值后，可以用式 (9.2) 和式 (9.3) 计算任何年龄的 $Y(x)$ 和 $p(x)$。使用这种方式可以将该模型应用于平滑实际数据或修补残缺的生命表。当无法获得实际死亡率的数据时，常用的方法是选择一个 β 值（相当于在模型生命表体系中选择一个"地区"或者"家族"），并使用间接证据来估计 α 的水平。例如，用两次人口普查之间队列的生存经历。专栏 9.2 为布拉斯关联模型的一个应用实例。

专栏 9.2　布拉斯的死亡关联模型参数估计

$q^s(x)$ = 布拉斯一般标准化 x 岁前死亡概率

$$Y^s(x) = logit\ q^s(x) = \frac{1}{2}\ln\frac{q^s(x)}{1-q^s(x)}$$

$q(x)$ = 所研究人口在 x 岁前死亡概率

$$Y(x) = logit\ q(x) = \frac{1}{2}\ln\frac{q(x)}{1-q(x)}$$

$Y(x) = \alpha + \beta Y^s(x) + \epsilon(x)$，其中 α 和 β 是最小二乘法的估计值，$\epsilon(x)$ 是误差项

例：1991 年美国男性的布拉斯死亡关联模型参数估计

年龄(x)	$q(x)^s$	$Y^s(x)$	$q(x)$	$Y(x)$
0	0.0000	—	0.0000	—
1	0.1501	-0.8669	0.0100	-2.2986
5	0.2309	-0.6016	0.0120	-2.2050
10	0.2498	-0.5498	0.0132	-2.1560
15	0.2638	-0.5132	0.0148	-2.0981
20	0.2870	-0.4550	0.0211	-1.9179
25	0.3174	-0.3829	0.0292	-1.7518
30	0.3475	-0.3150	0.0380	-1.6153
35	0.3777	-0.2497	0.0488	-1.4853
40	0.4102	-0.1816	0.0621	-1.3572
45	0.4465	-0.1074	0.0783	-1.2330
50	0.4894	-0.0212	0.1009	-1.0935
55	0.5415	0.0832	0.1334	-0.9355
60	0.6035	0.2100	0.1836	-0.7460
65	0.6790	0.3746	0.2566	-0.5319
70	0.7620	0.5818	0.3548	-0.2991
75	0.8500	0.8673	0.4790	-0.0421
80	0.9240	1.2490	0.6228	0.2508
85	0.9710	1.7555	0.7735	0.6142

用 $Y(x)$ 对 $Y^s(x)$ 做最小二乘法回归：

$\alpha = -1.2222$，美国 1991 年男性人口死亡水平低于标准人口；

$\beta = 1.2527$，美国 1991 年男性人口死亡年龄模式比标准人口更为集中在较老的年龄段。

资料来源：National Center for Health Statistics，1996。

尤班克、戈麦斯·德里昂和斯托特（Ewbank，Gomez de Leon and Stoto，1983）扩展了布拉斯最初提出的 logit 转换。为了更确切地表述儿童期和成年期的死亡率，他们增加了两个变量，于是存活到 x 岁的概率转换变为：

$$T^s(x) = \frac{\left[\dfrac{p^s(x)}{1 - p^s(x)}\right]^\kappa - 1}{2\kappa}, \quad p^s(x) \geqslant 0.5$$

$$= \frac{1 - \left[\dfrac{1 - p^s(x)}{p^s(x)}\right]^\lambda}{2\lambda}, \quad p^s(x) < 0.5$$

当 κ 和 λ 趋近于 0 时，该转换接近于经典的 logit 转换。但当 κ 和 λ 值更高时，可以提高最低年龄段或降低最高年龄段的生存概率。

一些死亡率的比较研究证明关联模型非常有用。第 6 章第 5 节已经介绍了李和卡特（Lee and Carter，1992）建立了一个标准来描述美国 20 世纪死亡率的变化模式。海姆斯、普雷斯顿和康德拉（Himes，Preston，and Condran，1994）提出了分析低死亡率国家较高年龄段的标准死亡率函数和一个两参数的关联模型。

本节介绍了人口学者建立死亡率年龄别模型的三种方法。这三种方法已经被成功地应用于死亡率研究的不同方面，并增进了我们对人类死亡率的理解。研究死亡率年龄模式的传统方法还影响到其他人口研究领域，人口学者也尝试发现婚姻、生育或迁移的年龄变化规则。

9.2 婚姻的年龄模式

作为一个不可重复事件，初婚和初婚的年龄变化可以使用类似于死亡率的研究方法。虽然由于结婚和死亡共同作用于未婚人口的减员，我们无法直接观察初婚力（force of nuptiality），但可以用第 3 章第 11 节和第 4 章第 6 节介绍的方法，从实际数据中测量婚姻的独立作用。

上节已经介绍了死亡率年龄别模型的三种不同方法。关联方法结合了实际数据和数学成分，一直是分析婚姻年龄模式最成功的方法。

寇尔（Coale，1971）以及寇尔和麦克尼尔（Coale and McNeil，1972）研究了许多人口中已婚妇女比例的年龄分布，观察到最终结婚的妇女比例存在着相当大的差异。例如，在一些亚洲人口中，婚姻几乎是普遍现象，然而在一些西欧人口中，有 20% 的妇女到 50 岁还没有结婚。平均初婚年龄也从一些亚洲和非洲国家的低于 15 岁到一些欧洲国家的 25 岁以上。更为显著的特点是，已婚妇女结婚比例相对于她们自身结婚年龄的均值和标准差的增长非常相似。具体地说，年龄别已婚妇女占 50 岁已婚者的比例在对年龄标准化后，其变化趋势非常相似，这里对年龄标准化调整是为了使两者的均值和标准差一致。

正如第 4 章第 6 节所介绍的，给定年龄的已婚比例反映出该队列在这个年龄的初婚率总和。调整后已婚比例的相似性意味着潜在的初婚行为在很多人口中服从于相应的年龄别进度变化。寇尔和麦克尼尔提出一个关联模型，通过婚姻标准化的方式（使用瑞典 1865 ~ 1869 年的初婚强度数据构建）得到已婚妇女的结婚年龄别分布强度方程 $g(a)$，从标准人口的比例推导出 a 岁已婚比例 $G(a)$：

$$G(a) = C \cdot G^s\left(\frac{a - a_0}{\kappa}\right) \tag{9.4}$$

参数 a_0 表示在人口中婚姻的"初始"年龄（其经验值大约为 1% 的人口已经结婚时的年龄）。当两个结婚年龄模式的唯一区别是"初始"年龄时，可以通过在一个模式的年龄轴上直接水平移动（平移）年龄别已婚比例推演出另一个模式。第二个参数 κ 是衡量分布扩展的指标，即妇女在初始年龄 a_0 后成婚的速度有多快。κ 值表示在人口的婚姻进度表中，多少年相当于标准化婚姻的一年。第三个参数 C 是最终结婚比例的度量因子。

寇尔—麦克尼尔的初婚标准化强度表达为以下形式：

$$g^s(x) = 0.19465\exp\{-0.174(x - 6.06) - \exp[-0.288(x - 6.06)]\} \tag{9.5}$$

寇尔—麦克尼尔根据不同的 C、a_0 和 κ 的假设值给出 $G(a)$ 值。图 9.4 展示了寇尔—麦克尼尔模型中不同 C、a_0 和 κ 的假设值下，各年龄妇女的已婚比例。

罗迪格斯和特拉赛尔（Rodriguez and Trussell，1980）注意到在上式中的平均结婚年龄是 a_0 和 κ 的函数，且结婚年龄的方差仅是 κ 的函数：

$$\mu = \int_0^\infty aG(a)da = a_0 + 11.36\kappa$$

$$\sigma^2 = \int_0^\infty (a - \mu)^2 G(a)da = 43.34\kappa^2$$

于是可以用人口中结婚年龄的均值和标准差重新表达该模型。这个公式的优势在于，与直接计算 a_0 和 κ 相比，用已知分布的均值和方差拟合模型更为简便。

式（9.5）中的双指数函数实际上近似于一个正态曲线和三个近似算术序列指数函数的结合。可以认为正态曲线代表有结婚风险的人口的年龄分布，而另外三项则是在婚姻过程中不同阶段等待结婚的时间分布，每项有一个稳定的发生风险。比如，第一项是从适婚到

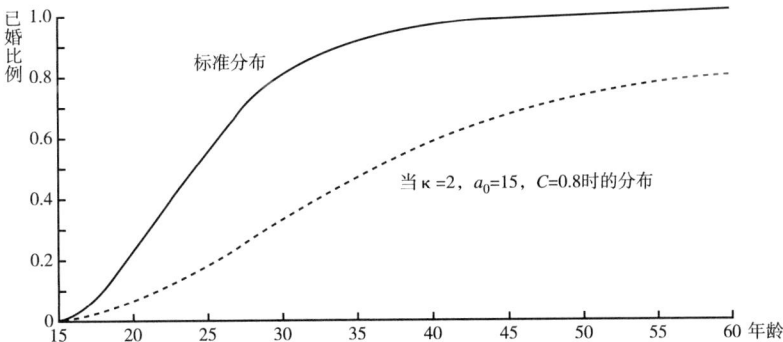

图 9.4　寇尔—麦克尼尔婚姻模型中已婚妇女比例

遇见最终配偶的时间，第二项是从相遇到订婚的时间，第三项是从订婚到结婚的时间。试图在此模型基础上获得婚姻行为信息的实证研究并不成功，因为从可解释的实际含义来说，参数取值往往不太可信。不过，在队列记录不完整的情况下，这个模型对"平滑"数据和预测已婚比例很有用。

9.3　生育的年龄模式

由于在大多数人口中婚姻是生育的重要组成部分，所以婚姻进度的方法也能应用于生育进度的研究。最初的方法是基于对婚姻进度的行为解释，直接在婚姻年龄模式中增加第四个指数项（代表从婚姻到受孕的等待时间）和一个常数（代表妊娠期），推导出初育的年龄分布。但这种尝试并不完全令人满意，因为无法区分有四个指数项的年龄模式和有三个指数项的年龄模式（Trussell，Menken and Coale，1982）。在实际应用中，寇尔—麦克尼尔的婚姻模型也可当作初育的年龄别模型。

更为成功的尝试是结合双标准的寇尔—麦克尼尔婚姻关联模型与婚内生育关联模型，推导出一个生育年龄别模型。寇尔和特拉赛尔（Coale and Trussell，1974）建构了生育率模型，该模型结合了初婚年龄别模式和婚内生育年龄模式。如果不存在婚外生育和婚姻解体，年龄别生育率就简化为：

$$f(a) = G(a) \cdot r(a)$$

其中 $r(a)$ 为年龄别婚内生育率，$G(a)$ 与上节一样为年龄 a 的已婚比例。严格来讲，这两个条件在实际人口中都不能得到满足，但是这种分解为建立寇尔—特拉赛尔生育模型提供了框架。结合现有的婚姻模型，剩下的工作就是构建婚内生育的年龄别模型。

为此，寇尔和特拉赛尔首先利用了亨利（Henry，1961a）关于自然生育率的实证研究。亨利定义的自然生育率存在于没有特意避孕的人口中。他将生育控制界定为夫妻的生育行为取决于已出生子女数量，且当孩子的数量达到夫妻不想超过的极限值时，他们会改变生育行为。在亨利的定义中，生育控制不包括可能会降低生育率、但不受已出生孩子数量影响的因素，比如哺乳期的禁欲。寇尔和特拉赛尔观察了 43 个明显控制生育的人口与平均自然生育进度之间的偏离，获得了控制生育与自然生育率之间的年龄别背离特征的经验函数，提出了确切年龄 a 岁的婚内生育率函数 $r(a)$ 如下：

$$r(a) = M \cdot n(a) \cdot e^{m \cdot v(a)} \tag{9.6}$$

其中 $n(a)$ 是亨利的平均自然生育年龄模式的 a 岁分娩率，$v(a)$ 代表与自然生育年龄模式之间偏差的年龄模式，m 是与自然生育偏差程度的指标。另外一项 M 决定婚内生育率，但不影响年龄模式，它的功能类似于寇尔和麦克尼尔的婚姻模型中的 C。函数 $v(a)$ 是一个负数，因为生育控制有降低生育率的影响，随着年龄增长而降低。预计随着年龄增长，夫妇更接近他们的理想生育子女数，通过生育控制降低自然生育率的部分预期会增加。表9.2 展示了 $n(a)$ 和 $v(a)$ 函数的年龄变化。还有研究将自然生育进度的估计值和其与自然生育进度之间的偏离值加以改良，但对模型应用的影响不大（Xie，1990；Xie and Pimentel，1992）。

表 9.2　$n(a)$ 和 $v(a)$ 函数的年龄变化

函数	年龄组 a					
	20～24 岁	25～29 岁	30～34 岁	35～39 岁	40～44 岁	45～49 岁
$n(a)$	0.460	0.431	0.395	0.322	0.167	0.024
$v(a)$	0	-0.279	-0.667	-1.042	-1.414	-1.671

资料来源：Coale and Trussell，1978：205。

通过估计 m 和 M 值可以拟合一个经验生育进度。有几种方法可以估计这两个参数。最简单的方法是将标准线性估计应用于下述关系，如应用最小二乘法：

$$\ln \frac{r(a)}{n(a)} = \ln M + m \cdot v(a)$$

上式是对式(9.6)两边取对数得到的。布罗斯特伦（Broström，1985）提出了一种更为复杂的方法，即应用泊松分布的最大似然估计。专栏 9.3 展示了使用实际数据估计 M 和 m 的实例。根据寇尔和特拉赛尔（Coale and Trussell，1978）的建议，回归模型仅包括从 20～24 岁到 40～44 岁的年龄组。

这些模型的一个主要应用，是根据估计的 m 值检验是否有婚内生育控制（例如，Knodel，1988）。根据亨利的自然生育率定义，m 仅仅把握了年龄别生育控制，但无法检验是否使用避孕方法延长了生育间隔[①]。模拟显示 m 作为生育控制指标还有其他解释局限（Ewbank，1993；Okun，1994）。首先，m 可能受到其他因素的影响，比如永久性不育的始发年龄。其次，对不同的 m 值无法赋予特定的行为意义（例如，推导出已婚夫妇自愿实行生育控制的比例），m 值只能和 0 比较，并根据偏离的"大"或"小"加以解释。最后，m 对低水平下的生育控制行为变化不太敏感。尽管如此，它在数据非常有限的情况下还是提供了有用的信息。

特拉赛尔和吉南（Trussell and Guinnane，1993）发展了需要更多复杂数据的事件史分析方法，或更具体的队列孩次分析（David et al.，1988）。使用这些方法的目的，是检测自愿的孩次别生育控制导致的生育间隔是否存在统计上的显著差异。

还有其他一些表述生育年龄模式的模型，不过这些模型不像寇尔—特拉赛尔模型那样被广泛应用。另有一个按照布拉斯的死亡模型方法建立的生育关联模型（Booth，1984）。$Y(x)$ 作为 x 岁生育率的转换，与 x 岁的标准生育率转换线性相关：

$$Y(x) = \alpha + \beta \cdot Y^S(x)$$

[①]　生育间隔的一些影响因素将反映在 M 值中。然而，无法将这些影响与其他和自愿节育有关的行为区分开，比如母乳喂养。

专栏 9.3　*M* 和 *m* 的估计值

$n(a)$ = 自然生育率

$v(a)$ = 偏离自然生育率时间表的年龄模式

$r(a) = M \cdot n(a) \cdot e^{m \cdot v(a)}$　观察到的婚内生育率

$$\ln \frac{r(a)}{n(a)} = \ln M + m \cdot v(a)$$

使用最小二乘法回归估计 *M* 和 *m*。

例：1995 ~ 1996 年马里人口的 *M* 和 *m* 估计

年龄(a)	$n(a)$	$v(a)$	$r(a)$	$\ln[r(a)/n(a)]$
20 ~ 24	0.460	0.000	0.350	− 0.273
25 ~ 29	0.431	− 0.279	0.313	− 0.320
30 ~ 34	0.395	− 0.667	0.254	− 0.442
35 ~ 39	0.322	− 1.042	0.212	− 0.418
40 ~ 44	0.167	− 1.414	0.095	− 0.564

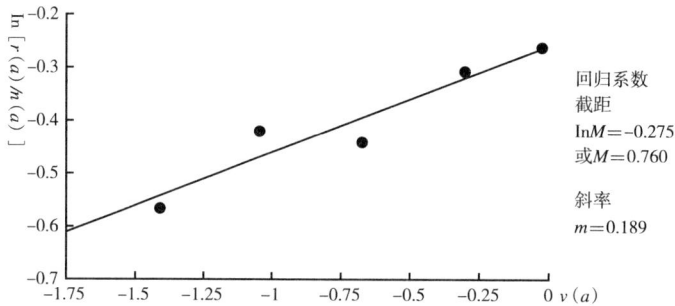

回归系数
截距
$\ln M = -0.275$
或 $M = 0.760$

斜率
$m = 0.189$

$\ln[r(a)/n(a)]$ 与 $v(a)$ 的散点图

注：20 ~ 24 岁马里人口的婚内生育率在 1995 ~ 1996 年大约为自然生育率的 76%，几乎与自然生育率年龄模式相同。

资料来源：Coulibaly, S. et al. (1996). *Enquête Démographique et de Santé, Mali 1995 – 1996.* Calverton, Md., USA：Cellule de Planification et de Statistique du Ministère de la Santé, Direction Nationale de la Statistique et de l' Informatique et Macro International Inc。

不同于 $Y(x)$ 的 logit 表达形式，生育率的转换是双对数形式：

$$Y(x) = \ln[-\ln f(x)]$$

其中 $f(x)$ 是到年龄 x 岁时的比例累积生育率（即一个队列的妇女在年龄 x 岁时已经生育的出生数占终身出生数的比例）。标准生育进度来自寇尔—特拉赛尔对应于高生育率人口的生育进度。这种方法的优点是简洁。但是 α 和 β 没有相对应的行为含义。建议的生育标准是 Y^S 在 24 岁左右时等于 0。于是该年龄的 $Y(x)$ 等于 α，所以 α 越高，这个年龄的比例累积生育率越高，因此，α 是早期生育年龄模式的指标。参数 β 是生育年龄模式方差的指标，$\beta=1$ 的生育模式具有与生育标准相同的方差。正如在死亡率分析中，关联模型对平滑或者完善实际的年龄别生育模式非常有用，如预测尚未完成生育周期的人口队列的生育率。

本章集中介绍人口事件的年龄别模型。然而，在婚内生育率的研究中，婚姻的持续时间显然是另一个预期具有经验规律的相关维度。佩奇（Page，1977）提出将年龄 a、婚姻持续时期 d 和时点 t 的生育率分解为时点－时期效应、年龄效应和历险时长效应的乘积：

$$r(a,d,t) = L(t)R(a)D(d)$$

实际数据表明，当 $D(d)$ 为指数函数的形式 $\exp(-\sigma d)$ 时[1]，可以通过自然生育进度 $r(a)$ 近似计算 $R(a)$。这个模型对瑞典的一个长时间系列数据的拟合非常令人满意，当限定为离婚和再婚发生率低或仅包括初婚人口时，模型拟合依然良好（Rodriguez and Cleland，1988）。模型的两个参数是时期生育水平的指标 $L(t)$ 和婚内生育水平下降速度的指标 σ。这两个指标类似于寇尔—特拉赛尔模型的参数 M 和 m。这两个模型实际上可以视为同一个模型。在不考虑时间的情况下有：

$$r(a) = M\,n(a)\exp[mv(a)]$$

$$r(a,d) = L\,n(a)\exp(-\sigma d)$$

各年龄的年龄别婚内生育率是年龄别和历险时长别率在该年龄的加权平均：

$$r(a) = \frac{\int_0^a W^L(a,d)r(a,d)\,dd}{\int_0^a W^L(a,d)\,dd}$$

其中 $W^L(a,d)$ 是 a 岁结婚 d 年的妇女数量。代入佩奇的 $r(a,d)$ 表达式，得到：

$$r(a) = L\,n(a)\frac{\int_0^a W^L(a,d)e^{-\sigma d}\,dd}{\int_0^a W^L(a,d)\,dd} \tag{9.7}$$

根据中值定理，分子中的积分等于：

$$\exp[-\sigma d^*(a)] \cdot \int_0^a W^L(a,d)\,dd$$

其中 $d^*(a)/a$ 在 0 和 a 之间[2]。于是佩奇模型就产生以下的 $r(a)$ 表达式：

$$r(a) = L\,n(a)\exp[-\sigma d^*(a)] \tag{9.8}$$

---

① 在 0 时点需要更为复杂的考虑（详见 Page，1977）。

② 原文如此，"$d^*(a)/a$" 疑为 "$d^*(a)$" 之误。——译者注

这个公式明显类似于寇尔—特拉赛尔公式，该式特别突出了函数 $v(a)$ 以及与自然生育率偏差的意义（Trussell, Menken and Coale, 1982）。从式（9.8）可见，$-v(a)$ 与 a 岁妇女初婚后的平均持续期成比例。如果所有的婚姻都发生在一个年龄 a_0，所有 a 岁妇女初婚后的持续期都相等，则 $-v(a)$ 会随着年龄线性增长。表 9.2 显示了 $-v(a)$ 随年龄的规律性增长，但并不完全是线性的，可能是因为所有人口中的结婚年龄都存在差异。

9.4　迁移的年龄别模型

迁移往往发生在生命历程中的转折点，比如上大学、换工作或者退休。由于这些潜在的转换在某些年龄段比其他年龄段更为频繁，也能够预料与迁移相关的明显的年龄选择性。成年人迁移率往往在年轻的成年阶段达到高峰。第二个较低的迁移高峰在较发达国家明显出现在退休年龄前后。儿童时期的迁移率反映了父母的迁移。罗杰斯和卡斯特罗（Rogers and Castro, 1981）应用相当于死亡法则的方法，用 11 个参数的数学函数建立了年龄别迁移模型（见图 9.5）。其中 7 个参数决定了分年龄迁移的形状，其余 4 个参数描述了迁移强度。年龄 x 的迁移率公式为：

$$m(x) = a_1\exp(\alpha_1 x) + a_2\exp\{-\alpha_2(x-\mu_2) - \exp[-\lambda_2(x-\mu_2)]\} +$$
$$a_3\exp\{-\alpha_3(x-\mu_3) - \exp[-\lambda_3(x-\mu_3)]\} + c$$

式中第一项代表在儿童时期的迁移率随年龄增长而下降；a_1 代表出生时也是高峰时的迁移水平，α_1 代表出生后迁移率下降的斜率。类似的，第二项代表青年成人的迁移高峰，a_2 代表峰值水平，λ_2 和 α_2 代表峰值前后的斜率，μ_2 是迁移高峰的年龄。退休后的迁移也用类似的方式来表示。退休后的迁移在有些国家并不重要，可以将迁移模型简化至 4 个斜率参数和 3 个水平参数。

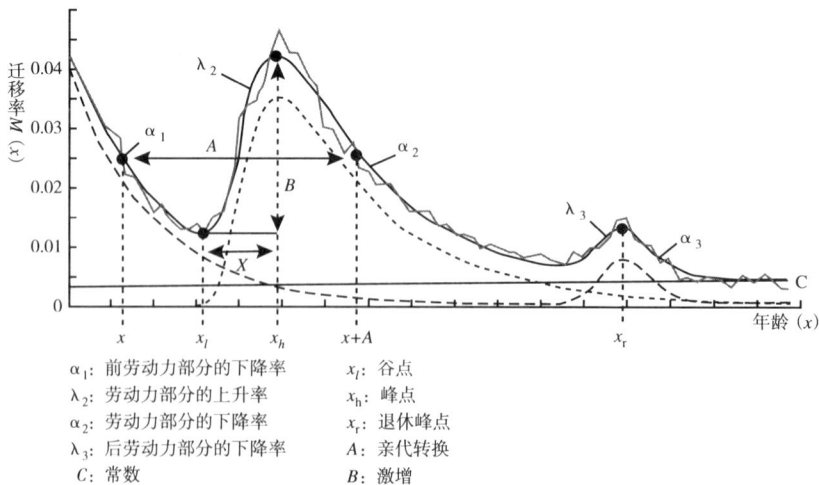

图 9.5　迁移的年龄别模型

资料来源：Rogers and Castro, 1981: 6。

　　尽管本章集中讨论年龄模式，但还可以从其他维度建立人口事件模型。如上文所讨论的，因为人口事件的基本决定因素随年龄发生变化，所以年龄至关重要。从年龄维度建立模型的一个更为实用的原因是，年龄在大多数文化中是一个突出的个人特征，因而在人口普查和调查中都定期收集。年龄别模型在 20 世纪 60 年代和 70 年代快速发展，近年来明显放缓。原因之一是这些模型已经能够相当好地满足人口学者的大部分需求。这些模型依然在人口预测（第 6 章）和间接估计技术（第 11 章）中经常使用。另一个原因是许多人口已经能获得新的调查数据，提供了有关年龄模式的更直接数据。相对于死亡研究来说，这些数据通常能够提供有关生育和婚姻的更多信息，而死亡模型仍然在人口学中有非常重要的价值，因为死人不能说话。

10

数据质量评估方法

10.1 判断覆盖误差的统计学方法
10.2 评估内容误差的统计学方法
10.3 评估数据质量的人口学方法

人口学者的基本任务之一是提供可靠的人口估计值，要完成这个任务，取决于数据质量的高低或能否发现并纠正误差。即便在纠正误差是不可行的情况下，至少要评估误差，因为误差评估可以说明这些人口估计值的可信程度。

要评估数据就需要了解收集数据的管理结构，比如，登记是否是义务性的，医生和官员是否能因准确收集数据而得到奖励等。同样也需要了解人们在普查、调查或登记时因报告准确会得到什么样的回报。在大多数工业国家，出生和死亡登记是义务性的；尽管极少检验，但都认为出生和死亡数据的完整性非常高。最可靠的数据通常来自有人口登记的国家，这些国家一直对个人信息进行跟踪。美国的数据不那么准确，因为没有常规的人口登记，出生和死亡登记直到1933年才覆盖全部地区。关于老年黑人人口的数据质量特别差，一方面因为南方各州属于最后一批实施义务性出生登记的地区，另一方面平均来看，黑人人口具有流动性极强的住户结构，因而增加了人口普查的难度。

习惯上把数据误差分为两类：覆盖误差和内容误差。覆盖误差是指数据系统中人或者事件统计的完整性，内容误差是指数据系统中特征统计的准确性。如果事件发生时间的错报跨越了人口估计的单位边界，那就算是覆盖误差。例如，1998年出生的人被登记为1999年出生的人会表现为1998年和1999年的覆盖误差。

还有两类判断误差的方法：一类是统计学者常用的匹配法，另一类是取决于身份特征统计的人口学方法。可以用下面的四格表区分不同误差和判断误差的方法：

误差类型	判断方法	
	匹配（统计学方法）	人口学方法
覆盖误差	1	3
内容误差	2	4

本章将依次讨论 1~4 格的内容，第 3 格和第 4 格的内容同时在第 3 节中讨论。因为这是人口学教科书，所以讨论的重点在人口学方法上。

10.1 判断覆盖误差的统计学方法

第 1 格中的方法通过对两个来源的数据进行案例匹配来估计数据的完整性。其目的是确定数据系统实际上包括了多大比例应覆盖的记录。这种方法在 20 世纪 60 年代和 70 年代估计发展中国家出生率和死亡率时，得到了普遍的应用。这个方法通常被称为双登记系统方法（Krotki，1978；Marks，1978）。例如，可以将登记系统中某段时期的出生记录与妇女调查中对同时期生育的回顾性信息进行比较。

钱德拉赛卡和戴明（Chandrasekar and Deming，1949）在一篇经典文章中提出了这个方法的思路。我们用以下方式来示范这种方法。假设有两个系统的出生数据，分别为出生登记和妇女调查。通过匹配出生案例，可以做出如下表格：

出生人口数量		是否统计在调查中	
		是	否
是否包括在登记系统中	是	100（A）	50（C）
	否	20（B）	（D）

由此可见，出生登记的出生人数是 150 人，调查统计的是 120 人；其中有 100 例出生人数在两个数据系统中都有。就此可以得出结论：总共出生人数为 170（登记系统中有 150 人，还有 20 人不在出生登记系统中却被调查统计到了）。这实际上是印度抽样登记系统的做法。但几乎可以肯定的是，在空格 D 中还有些人，即被两个系统都漏登的出生人。为了估计这个数字，可以假设登记系统的漏报概率与调查系统的漏报概率不相关，即：

$$\frac{A}{B} = \frac{C}{D}$$

则有：

$$D = \frac{C}{A} \cdot B = \frac{50}{100} \cdot 20 = 10$$

该假设推导出的结论是，在统计时期内总共有 180 人出生。换句话说，通过与调查匹配，得到登记系统的完整性是 100/120 = 0.8333。所以总出生人数是 150/0.8333 = 180。

这种方法假设两个数据来源的漏报概率不相关。但是这种假设往往是不现实的，因为在大多数情况下，有些人群与一般群体相比，更有可能被两个数据来源同样遗漏。假设将本例中的人口分为两个漏报概率不同的子群体：

第1组

出生人口数量		是否统计在调查中	
		是	否
是否包括在登记系统中	是	30	30
	否	15	（15）

第2组

出生人口数量		是否统计在调查中	
		是	否
是否包括在登记系统中	是	70	20
	否	5	（1.4）

注意在 A、B 和 C 中事件发生的总数与之前的例子相等。但假如对第1组和第2组分别应用独立性假设，则两个数据来源出生漏报的总数估计为 15 + 1.4 = 16.4，大于分组之前估计的 10。这个例子说明了"相关偏差"的问题，即不同数据来源漏报概率的相关性。这在美国人口普查中是个大问题，普查应用独立假设的匹配研究通常无法得到令人满意的结果，即便是在子群体中应用也得不到满意的结果。根据人口学分析的结果（在这种情况下更为可靠），相关偏差导致了对漏报的过低估计。

当面对这些问题时，理论上显然应该将总人口分解成几个漏报概率可能不相关的子群体。然而，总可能有些未观察到的特征会相互关联，例如有人不想在任何数据系统中保留个人记录。埃里克森和卡登（Ericksen and Kadane，1985）、贝勒（Bailar，1985）以及国家研究理事会（National Research Council，1999）都对校正美国人口普查的两次登记程序应用进行了讨论。

除了相关偏差之外，判断匹配正确也有困难。纽克姆（Newcombe，1988）提出确定来自两个数据来源的一对记录是否构成真实匹配的方法。1980 年美国人口普查中，有 9% 的个体没有与"实时人口调查"中的个体匹配上。当普查本身实际上只有约 2% 漏报时，这是个相当大的比例，而且带来了极大的不确定性。未能识别真正的匹配总是会提高两个数据来源的漏报估计概率，并降低了两者的估计覆盖完整性；而将错误的匹配判断为真实匹配，影响则会相反。对生育率和死亡率的匹配研究还会遇到另一个重要问题，叫做"超出范围"偏差，是指两个数据系统的报告不能够准确地对应相同时期或者相同地理范围所产生的偏差。

认识到上述问题会降低使用匹配研究来评估出生和死亡覆盖完整性的热情。不过这个方法仍然是评估普查覆盖率的有用工具，特别是对那些无法应用人口学分析的子群体。

10.2 评估内容误差的统计学方法

评估内容误差的匹配研究有两个目的：一是通过测试两个数据来源信息的一致性来评估数据的可靠性；二是评估其中之一种来源数据的准确性。只有在相当肯定两个数据系统中有一个是正确的情况下，才可能实现第二个目的。

许多人口学者关注年龄的数据质量，因为年龄是人口统计的核心。一个简单的方法是通过回访评估年龄数据的可信度，通常是对人口普查数据和普查不久之后的回访数据匹配。一项对世界不同地区回访方法的比较研究发现，回访的误差具有一些共同的模式（Ewbank，1981）。

一个共同的误差模式是在年龄上的四舍五入。考德威尔（Caldwell，1966）对1963年加纳幼儿的年龄准确性研究表明，估计有65%的人正确报告了完整年龄，有9%的人低报，还有26%的人高报。考德威尔发现年龄误报随年龄显著变动。在1岁以前不会高报，导致1岁年龄人口出现很大的缺口。

表 10.1　1963年加纳登记系统申报年龄的准确性（年龄组总人数的百分比）

年　龄	申报年龄低于实际年龄（岁）			申报年龄等于实际年龄	申报年龄大于实际年龄（岁）		
	3	2	1		1	2	3
0	—	—	—	99	1	—	—
1	—	—	1	76	23	—	—
2	—	—	1	66	27	5	1
3	—	—	9	63	25	3	—
4	—	1	7	61	25	4	2
5	—	3	11	62	25	—	—
所有年龄	1	1	7	65	22	3	1

资料来源：Caldwell，1966。

普雷斯顿、埃洛、罗森维克和希尔（Preston，Elo，Rozenwaike and Hill，1996）在一项判断正确死亡年龄的研究中，使用1985年或者1980年死亡的美国非洲裔老年人的死亡证明样本与这些样本在美国1900年、1910年和1920年的人口普查中的记录进行匹配，那时，这些老人还只是儿童或者年轻人。他们还将死亡证明与社会保障局的死亡主文件中的记录匹配，后者被认为比死亡证明中的年龄记录更为可靠。用来匹配的个人特征有本人姓名、父亲姓名、母亲姓名和出生的州。

这项研究表明，平均而言，死亡证明上的死亡年龄被低报了。然而，过多的死亡登记年龄在95岁以上。导致这种自相矛盾的结果是，事实上任何年龄区间的死亡报告人数，不仅是净年龄误报方向的函数，而且受死亡年龄分布的影响。因为真实的死亡年龄分布随年龄增长快速下降，将死亡年龄汇报到较高年龄段的基数远远大于从该年龄段向较低年龄段汇报的基数。因而，个体层次年龄报告的偏差方向并不必然与人口年龄误报的方向一致。

当然，匹配研究的焦点不仅是年龄，还包括所有在人口普查中普遍收集的人口特征。通常，会通过回访和事后质量抽查来分析不同变量的可靠性。当前美国数据质量中最重要的问题之一与种族相关。很多拉美裔人不接受人口普查中的种族分类（黑人、白人、亚裔等），因为他们不承认或者不接受美国人口普查表格中对种族和民族之间的区分。1980年有630万人用文字填入种族选项（即他们拒绝将自己纳入美国人口普查局设计的种族类别)。1990 年有 930 万人用文字回答了这个问题，其中大部分人是拉美裔，突出反映了他们是一个新兴的独特群体。后来对这些文字回答在统计时另归一类。但是最初公布的表格中没有分出这类。种族分类的问题导致计算分种族的死亡率和生育率产生偏差，因为计算分子（出生和死亡统计）的种族/民族系统和在计算分母（风险暴露人口）的系统可能不一样。埃洛和普雷斯顿（Elo and Preston，1997）发现因为分母和分子在民族分类上不可比，统计的美国拉美裔人口死亡率过低，大约低了 16%。

10.3 评估数据质量的人口学方法

10.3.1 一致性检验

所有分析数据质量的人口学方法都是基于人口数量等式。由于有一项冗余信息，这些等式是"超定"的。例如，根据传统的人口平衡方程（见第 1 章），两次普查间总人口规模的变化是：

$$\Delta N = B - D + I - O \tag{10.1}$$

其中所有标记都表示实际统计数字。任何一个元素的数值都可以从其他已知数值推算求得。当用这些数据估计真实值时，如果方程不能平衡，其导致的"闭合误差"表明至少有一个系统产生了错误的或者有矛盾的数据。

一种相关的一致性检验是将相同方程应用于第一次普查的存活队列（于是 B 为零）：

$$\Delta N_c = - D_c + I_c - O_c \tag{10.2}$$

其中 D_c、I_c 和 O_c 是队列 c 在两次普查之间的死亡、迁入和迁出的真实值。

式（10.2）的一个特殊版本已被广泛用于评价死亡登记与在 t 和 $t+y$ 时点之间人口普查的数据一致性（Condran et al.，1991）：

$$R_c = \frac{N_c(t + y)}{N_c(t) - D_c + I_c - O_c} \tag{10.3}$$

其中，$N_c(t)$ 是在 t 时点统计的队列规模，

D_c 是该队列在人口普查之间的死亡人数，

I_c 是该队列在人口普查之间的迁入人数，

O_c 是该队列在人口普查之间的迁出人数。

式（10.3）中的 R_c 是第二次人口普查观测值与预期值之比。R_c 偏离 1 可能是由于某个或者所有数据来源的覆盖误差和/或年龄误报。一般而言，发达国家的年龄误报比普查或者死亡登记的漏报问题更严重，特别是高龄人口的年龄误报，而 I_c 和 O_c 数据往往不可靠。康德拉等人（Condran et al.，1991）的模拟，显示了不同错误模式对 R_c 年龄模式的影响。图 10.1 展示了英格兰和威尔士的 R_c 模式。图中的"队列"尾部是开放式的，如第一次人口

普查中 60 岁以上的人口。根据对模拟结果的解释，图 10.1 的模式显示死亡统计中的年龄高估随年龄增长。

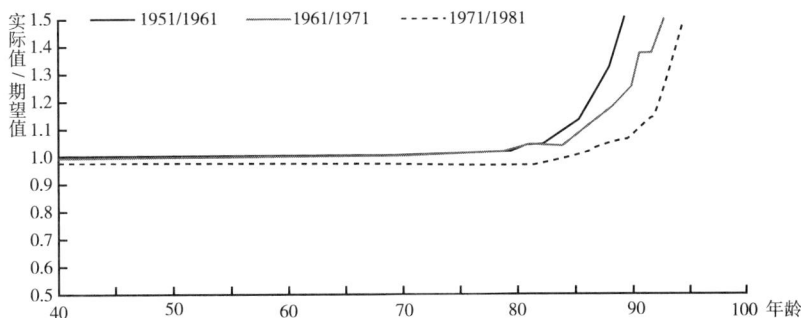

图 10.1　英格兰和威尔士在第二次人口普查中 x 岁以上的女性人口实际值与期望值之比

资料来源：Condran et al. , 1991：52。

这些方法检验了数据的一致性。有两种不同方法可以将一致性检验转换为准确性检验。第一种方法是优先考虑一个或几个数据来源，假定这些数据更为可靠，并应用它们评估其他数据。第二种方法有时候与第一种同时应用，涉及提出一个模型然后求解模型参数。以下依次讨论这两种方法。

10.3.2　应用一个或多个"可靠"指标评估数据

美国人口普查局主要依靠人口分析法进行普查完整性的估计。分析策略是假设出生、死亡和迁移人数均为来自普查以外的已知正确数据，应用这些出生、死亡和迁移数据估计普查时点每个出生队列的"真实"规模，再比较估计值和人口普查统计值，得到人口普查的覆盖误差估计。用下式估计队列的人口真实数量：

$$\hat{N}_c = B_c - D_c + I_c - O_c \tag{10.4}$$

其中右边的变量表示真实数据的估计值，对应于该队列人口自出生以来的累计数量。这种方法似乎对估计非洲裔美国人口很有用，但对其他人口而言，非法且未登记的移民产生了更大的不确定性。海姆斯和克洛格（Himes and Clogg，1992）对人口普查局的人口分析应用有精彩的综述。

文森特（Vincent，1951）首创的"世代消亡"方法是基于相似的思路，所不同的是从最高年龄累计队列死亡人数，而不是从最低年龄。这个方法通过计算 x 岁以上该队列所有的死亡人数，重建了该队列在 x 岁时的规模。下式以正规的表达方式得出 t 时点 x 岁的人数。

$$\hat{N}(x,t) = \int_0^\infty D^*(x+a,t+a)da \tag{10.5}$$

其中，$D^*(x+a,t+a)$ 是 $t+a$ 时点 $x+a$ 岁的死亡统计人数。如果该队列有迁移，则必须从 $D^*(x+a,t+a)$ 项中减去 $I^*(x+a,t+a)$，即 $t+a$ 时点 $x+a$ 岁的净迁移统计人数。

世代消亡法仅优先考虑一个数据来源，即死亡登记。这种方法曾在 1930～1990 年应用于非洲裔美国人口（Elo and Preston，1994）。图 10.2 以 1930 年女性人口为例，清楚揭示了这次人口普查中申报数字的偏好程度。世代消亡法的最主要应用之一是估计较高年龄人口的死亡率（Kannisto，1994；Kannisto，1996；Manton and Stallard，1997）。

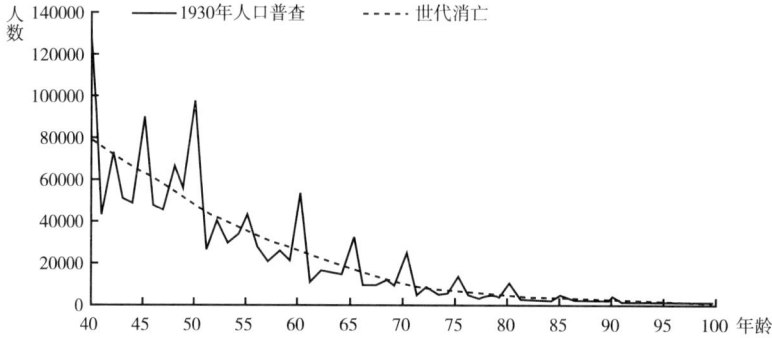

图 10.2　1930 年非洲裔美国女性人口普查统计和世代消亡估计人数

资料来源：Elo and Preston，1994：441。

世代消亡法的局限是不能应用在较年轻还没有消亡的世代。不过，可以应用变量 r 方程和世代消亡估计方法的思路，通过下式在人口规模和时期（而不是队列）死亡人数之间建立联系。

$$\hat{N}(y,t) = \int_y^\infty D^*(x+t)e^{\int_y^x r^*(a,t)da}dx \qquad (10.6)$$

式（10.6）与式（10.5）非常相似，$r^*(a,t)$ 项通过"纠正"时期死亡序列来估计在 t 时点 y 岁的队列死亡序列。如果所有增长率皆为零，则该人口为静止人口；而我们知道静止人口中某个年龄的死亡人数不随时间变化，所以式（10.6）压缩为式（10.5）。如第 8 章已经介绍的，式（10.6）更常用于评估死亡登记的完整性，而不是估计人口总量（Bennett and Horiuchi，1981）。在这种情况下，人口总量被作为优先考虑的要素，而不是死亡数量。当然，在死亡估计应用中，重要的是两个系统的相对完整性。

10.3.3　利用模型评估和修正数据

10.3.3.1　估计死亡登记数据完整性的布拉斯法

布拉斯（Brass，1975）首次使用人口模型对数据完整性进行明确的估计。这种方法用于分析死亡登记数据的完整性。它基于所有封闭人口中都成立的简单平衡式（出自第 1 章）：

$$r = b - d$$

其中，r、b 和 d 是一段时期的真实增长率、出生率和死亡率。该等式也适用于 x 岁以上的人口：

$$r(x+) = b(x+) - d(x+)$$

或者：

$$b(x+) = r(x+) + d(x+) \tag{10.7}$$

其中，$r(x+)$ 和 $d(x+)$ 是 x 岁以上人口的增长率和死亡率，$b(x+)$ 是 x 岁以上的"出生率"，即在一年中满 x 岁的人数与 x 岁以上总人口之比。通常应用下式从实际数据中估计这个"出生率"：

$$b^*(x,t) = \frac{N(x,t)}{N(x+,t)} = \frac{\frac{1}{10}\left[{}_5N_{x-5}(t) + {}_5N_x(t)\right]}{\sum\limits_{a=x,5}^{max} {}_5N_a(t)} \tag{10.8}$$

布拉斯提出人口为稳定的假设，在此假设下 $r(x+) = r$，即年龄别增长率不随年龄变化。第二个也是最后一个假设是，死亡登记的完整性 R（登记死亡与真实死亡人数之比）不随年龄变动。则 x 岁以上的"真实"死亡率等于：

$$d(x+) = \frac{d^*(x+)}{R}$$

其中，$d^*(x+)$ 是 x 岁以上的登记死亡率。根据这些假设，代入式（10.7）中，该式变为：

$$b^*(x+) = r + \frac{1}{R} \cdot \left[d^*(x+)\right] \tag{10.9}$$

如果假设完全正确，那么该式对所有年龄都成立，$b^*(x+)$ 与登记死亡率 $d^*(x+)$ 之间的关系必然是线性的。布拉斯提出用 $b^*(x+)$ 对 $d^*(x+)$ 的简单线性回归来估计死亡登记的完整性。直线的截距是增长率 r，斜率是登记完整性指标 R 的倒数 $1/R$。

当然，在现实中式（10.9）极少呈直线分布。特别是死亡年龄或者人口年龄的误报严重影响较高年龄的分布。这些高年龄点在估计参数时权重大，因为中年后期以下的大部分点都紧密集中，反映出绝大部分死亡发生在较高年龄。布拉斯建议忽视那些在较高年龄距离线性太远的点。

这种方法的应用结果对非稳定人口也非常敏感，特别是在非稳定突变的情况下（Martin，1980）。在死亡率快速下降的情况下，函数 $r(x+)$ 通常随年龄上升而不是保持为常数。结果使式（10.9）的斜率向上偏斜，因而导致低估登记完整性指标 R。当死亡率下降而其他假设依然成立时，R 的估计值可被作为真实完整性指标的下限。专栏 10.1 展示了布拉斯法应用于萨尔多瓦数据的实例。

专栏 10.1 估计死亡登记完整性的布拉斯法

$_5N_x = x$ 到 $x+5$ 岁的年中统计女性人口

$_5D_x = $ 研究年份 x 到 $x+5$ 岁的登记死亡人数

$$N(x+) = \sum_{a=x,5}^{\max} {}_5N_a \qquad N(x) = \frac{{}_5N_{x-5} + {}_5N_x}{10} \qquad D(x+) = \sum_{a=x,5}^{\max} {}_5D_a$$

$$d^*(x) = \frac{D(x+)}{N(x+)} \qquad b^*(x) = \frac{N(x)}{N(x+)}$$

例：布拉斯法对 1961 年萨尔瓦多女性人口死亡登计完整性的估计

x	$_5N_x$	$_5D_x$	$N(x+)$	$N(x)$	$D(x+)$	$d^*(x+)$	$b^*(x+)$
0	214,089	6,909	—	—	—	—	—
5	190,234	610	1,060,164	40,432	6,743	0.0064	0.0381
10	149,538	214	869,930	33,977	6,133	0.0070	0.0391
15	125,040	266	720,392	27,458	5,919	0.0082	0.0381
20	113,490	291	595,352	23,853	5,653	0.0095	0.0401
25	91,663	271	481,862	20,515	5,362	0.0111	0.0426
30	77,711	315	390,199	16,937	5,091	0.0130	0.0434
35	72,936	349	312,488	15,065	4,776	0.0153	0.0482
40	56,942	338	239,552	12,988	4,427	0.0185	0.0542
45	46,205	357	182,610	10,315	4,089	0.0224	0.0565
50	38,616	385	136,405	8,482	3,732	0.0274	0.0622
55	26,154	387	97,789	6,477	3,347	0.0342	0.0662
60	29,273	647	71,635	5,543	2,960	0.0413	0.0774
65	14,964	449	42,362	4,424	2,313	0.0546	0.1044
70	11,205	504	27,398	2,617	1,864	0.0680	0.0955
75 +	16,913	1,360	—	—	—	—	—

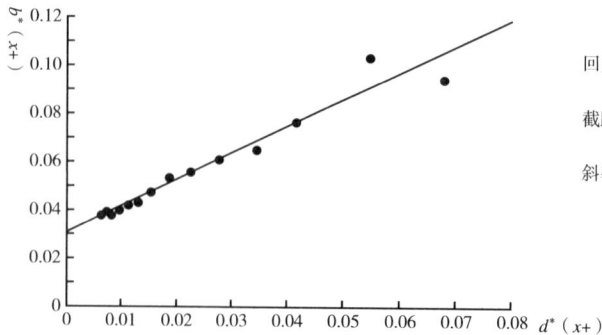

回归系数：

截距 $r = 0.0311$

斜率 $1/R = 1.1002$ 或 $R = 0.909$

$b^*(x+)$ 对 $d^*(x+)$ 的散点图

资料来源：United Nations, 1983：135。

10.3.3.2　两次普查间死亡登记完整性的估计方法

普雷斯顿和希尔（Preston and Hill，1980）提出了另外一种估计死亡登记数据完整性的方法，不需要稳定人口的假设。该方法基于式（10.2）中的基本人口学关系，但不考虑迁移，在第二次人口普查的队列规模与第一次普查中同一队列规模以及两次普查间队列成员的死亡人数之间建立联系：

$$N_c(2) = N_c(1) - D_c \qquad (10.10)$$

其中，$N_c(1)$ 和 $N_c(2)$ 是普查 1 和普查 2 的队列真实人数，D_c 是两次普查间队列成员的真实死亡人数。

作者假设死亡登记数据与两次普查的相对完整性可能不同，但在各数据来源内的不同年龄之间数据的相对完整性是相同的。那么，$N_c(1)^*$ 和 $N_c(2)^*$ 分别为普查 1 和普查 2 统计的队列人数，可以通过下列关系式与真实值相联系：

$$N_c(1)^* = N_c(1) \cdot E(1)$$

和

$$N_c(2)^* = N_c(2) \cdot E(2)$$

其中，$E(1)$ 和 $E(2)$ 分别是普查 1 和普查 2 的统计完整性。D_c^* 可以由类似的方程式表达：

$$D_c^* = D_c \cdot R$$

其中 R 是普查间死亡登记完整性指数。

将登记值代入式（10.10）再整理为下列表达式：

$$\frac{N_c^*(1)}{E(1)} = \frac{N_c^*(2)}{E(2)} + \frac{D_c^*}{R}$$

或者：

$$\frac{N_c^*(1)}{N_c^*(2)} = \frac{E(1)}{E(2)} + \frac{E(1)}{R} \cdot \frac{D_c^*}{N_c^*(2)} \qquad (10.11)$$

与布拉斯法相同，$E(1)/E(2)$ 和 $E(1)/R$ 的值可以通过对不同队列数据应用简单线性回归来估计。两个观察变量是 $N_c^*(1)/N_c^*(2)$ 和 $D_c^*/N_c^*(2)$。截距 $E(1)/E(2)$ 是两次人口普查的相对完整性，斜率 $E(1)/R$ 是死亡登记相对第一个人口普查的完整性。这个分析过程中所使用的队列可用通常方式界定，也可以是开放式的，即生于某个特定年份或更早。

应当指出，这种方法对登记数据完整性的估计不是绝对的，而是相对于第一次人口普查而言。这种相对性对死亡率估计不是个问题，因为对于调整死亡率而言，仅知道相对误差已经足够。这种方法的一个严重问题是其对年龄高估敏感，往往会使死亡登记相对完整性的估计产生偏差。该方法应用于东亚人口的效果要比在拉丁美洲人口中应用的效果好，拉美人口的年龄确认问题通常更为严重。

希尔（Hill，1987）对这种方法进行了修正，使其对年龄误报不那么敏感。它重点分析各年龄组规模的变化，而不是各次普查的队列规模变化。该方法基于式（10.7）且考虑到两次普查覆盖有差别以及死亡登记的不完整性。

10.3.3.3 使用模型生命表系统估计老年死亡率

如上所述，年龄误报是估计老年死亡率时的主要问题之一。因为全世界老年人口比例升高，这些年龄的准确性在死亡研究中日益重要。所幸年龄误报不会影响人口的粗死亡率。如果年龄误报仅发生在老年，比如说 65 岁以上，那么 65 岁以上人口的粗死亡率将不会受到影响。应用关于老年死亡率的某种模型生命表系统，来求解模型生命表系统内部的死亡率层次，就可以用模型生命表中的年龄别死亡率替换失真的统计死亡率（Elo and Preston，1994）。

这种方法的基本假设是，某个年龄以上的报告粗死亡率是真实死亡率的有效估计值；第二个假设是，如果普查中有年龄误报，它会以同样比例误差模式存在于两次普查中，所以两次普查间的年龄别增长率仍然准确。

该方法的第一步是确定最高年龄 Y，在该年龄以下的数据是一致的，比如应用本章前面介绍的一致性检验方法检验。在构建完整的最终生命表时，可以保留最高年龄以下的统计年龄别死亡率。第二步需要使用老年模型生命表系统。必须确定在某个生命表系统内的生命表与 Y 岁以上的统计粗死亡率一致。Y 岁以上的粗死亡率表达式如下：

$$DR_{Y+} = \frac{\int_Y^\infty N(a)\mu(a)\,da}{\int_Y^\infty N(a)\,da} \tag{10.12}$$

因为认为 $N(a)$ 在 Y 岁以上有偏差，最为理想的是将变量 r 关联方程（见式 8.1）：

$$N(a) = N(Y)e^{-\int_Y^a r(x)\,dx}\frac{p(a)}{p(Y)}$$

代入基本年龄分布方程（式 10.12）中，因而有：

$$DR_{Y+} = \frac{\int_Y^\infty e^{-\int_Y^a r(x)\,dx}p(a)\mu(a)\,da}{\int_Y^\infty e^{-\int_Y^a r(x)\,dx}p(a)\,da} = \frac{\int_Y^\infty e^{-\int_Y^a r(x)\,dx}d(a)\,da}{\int_Y^\infty e^{-\int_Y^a r(x)\,dx}p(a)\,da} \tag{10.13}$$

其中，$r(x)$ 是 x 岁的统计增长率，$d(a)$ 是 a 岁的模型生命表死亡人数，$p(a)$ 是模型生命表的 a 岁存活人数。于是应用式（10.13）[实际上是式（10.13）的离散近似，其形式更为复杂]选择模型生命表，该表与统计的年龄别增长率和 Y 岁以上粗死亡率一致。随着模型生命表系统内部的预期寿命增加，等式右边的值将会下降，直到找到一个等于左侧观测到的粗死亡率的值。

10.3.3.4 使用三次及更多的普查数据

替代美国人口普查局人口估计法的另一种方法，是使用人口普查数据的年龄/时期/队列模型来估计队列的真实规模（Preston et al.，1998）。与人口普查局的"人口估计"不用人口普查数据估计人口真实规模不同，这种方法将人口普查本身的数据和死亡登记数据联合应用，判断人口普查的系统误差，并估计每次普查时点的队列规模。

该方法的目标是估计一个队列人口在人口普查中首次出现时的真实规模，然后从第一次普查人数中减去两次普查间的死亡人数，加上两次普查间净迁移人数，从而重构后续普查时的队列规模。

假定不同时点存在一个年龄别误差常数，且时期别误差不随年龄变化，可用下式将统计的普查人数与真实值相关联：

$$C_{it} = \alpha_a \tau_t X_{it} + \varepsilon_{it} \tag{10.14}$$

其中：

C_{it} 是时点 t 人口普查统计的队列 i 的人数，

X_{it} 是时点 t 队列 i 的人口真实规模，

α_a 是 a 岁的普查覆盖完整性，

τ_t 是时点 t 普查覆盖的完整性，

ε_{it} 是对年龄、时期和队列均值为零的残差。

如果将 X_{it} 与队列首次出现时的真实规模 γ_i 相关联，并与队列 i 在首次出现与时点 t 之间的累积死亡人数和净迁出人数 D_{it} 相关联，似乎可以通过对式（10.14）中的误差项最小化，获得 α、τ 和 γ 的前后一致的估计值，表达为参数 α_a、τ_t 和 γ_i：

$$\text{Min} \sum_i \sum_t \left[C_{it} - \alpha_a \tau_t (\gamma_i - D_{it}) \right]^2 \tag{10.15}$$

从而式（10.15）可以推导最初队列规模的值。同美国人口普查局的人口估计法一样，这个方法的假设是死亡登记是准确的。然而，出生登记准确的假设被式（10.14）中定义的统计模型所取代，它把该队列首次出现时的真实规模估计值作为这个队列在每次人口普查时规模的函数。当应用于非洲裔美国人口时，这个方法强有力地证实了美国人口普查局对普查低估非洲裔美国人口数量的判断基本正确。

路德和雷瑟福德（Luther and Retherford，1988）提出了另一种方法，也是使用对同一个队列人口的多个观测数据和普查间的死亡人数。该方法旨在建立一套校正因子，校正两次或更多次普查的年龄别人口数量、两次普查间生育数量和两次普查间的年龄别死亡数量，从而使校正后的出生、死亡和存活人数满足各队列的传统人口平衡方程。要应用这种方法，首先需要应用现有不同数据来源覆盖情况的人口资料，或确定一个相对可靠的数据来源，建立一套初步校正因子。这套初步校正因子不需要保持一致性，即可以不必满足人口平衡方程。从这套可用但并不一致的校正因子入手，这个方法估计得到一套与初步校正因子统计上最为"接近"且具有一致性的校正因子。

与上文所述的年龄/时期/队列方法不同，这种方法具有灵活性，因其应用不需要任何假设条件。然而，最终估计值将高度取决于最初的校正因子，这是需要分析者来选择的。

11 间接估计方法

上一章介绍了主要根据不同人口数据之间的一致性检测来检验数据错误的方法。在全世界约占半数人口的地区，由于没有人口登记系统或者现有的人口登记系统质量较差，这些一致性检验方法无法应用。为此，人口学家提出了间接估计方法，这些方法仅需要使用普查或抽样调查数据，主要用来估计死亡率，从而评估一个人口的社会和卫生发展状况、政府项目的有效性、发现高危人群或是理解与健康相关行为的影响。由于死亡率估计是人口统计的核心，这些估计方法也有助于估计生育率和人口增长率。

前面几章已经介绍了一些传统的间接估计方法，本章将重点介绍其他两类方法：一类是利用亲人存活信息，另一类是利用两次普查数据。理解这些估计方法背后的逻辑关系，对于全面掌握这些方法十分重要。因此，我们不仅会介绍这些方法的估计技术，而且会讨论这些方法所依据的人口学等式。

11.1　利用子女存活信息估计儿童死亡率的布拉斯法

11.1.1　方法介绍

利用母亲所报告的其子女存活信息来估计儿童死亡率的布拉斯法，曾为欠发达国家的死亡率估计带来革命性的进展，而且该方法目前仍在广泛使用（Brass，1975）。布拉斯法利用妇女调查，收集两条最起码的回顾性信息，即活产子女数与存活子女数。这些问题在美国 1900 年和 1910 年的人口普查、巴西 1940 年的人口普查以及二战后不少非洲国家的抽样调查中均有收集。然而在布拉斯法提出之前，这些数据很少被利用。目前，这些问题已被列为联合国建议的全国性人口普查中应当调查的项目。

布拉斯法的基本思路是，将死亡比例转化为常用的类似于生命表中的测度。以下用一个简单例子来展示这一转化过程。假设某人口的生命表为：

年龄（x）	l_x	$q(x) = {}_xq_0 = 1 - \dfrac{l_x}{l_0}$
0	1000	0.000
1	880	0.120
2	850	0.150
3	840	0.160
4	835	0.165
5	830	0.170
10	800	0.200

进一步假设所有的生育行为均发生在确切年龄 19.5 岁，通过向妇女询问子女的存活状况，由此求得的 y 岁妇女的子女死亡比例，就非常接近生命表中 $y-19.5$ 岁儿童的死亡比例。例如，20 岁妇女（其年龄平均为 20.5 岁）的子女死亡比例非常接近于 $q(1)$。在极端规则的简化情形下，按妇女年龄划分的子女死亡比例如下表所示：

妇女的完整年龄	平均确切年龄	距离生育时期长度＝子女年龄	曾生子女中死亡比例	生命表值
20	20.5	1	0.120	$q(1)$
21	21.5	2	0.150	$q(2)$
22	22.5	3	0.160	$q(3)$
23	23.5	4	0.165	$q(4)$
24	24.5	5	0.170	$q(5)$
29	29.5	10	0.200	$q(10)$

将上述假设条件略微放松，设妇女的生育行为分散分布在不同年龄。这时，如果询问确切年龄为 25 岁妇女的曾生子女数和存活子女数，假设她们的曾生子女数为 200，具体生育年龄分布如下表所示，即 20.0 岁（5 年前）时共生了 20 个，21.0 岁（4 年前）时共生了 30 个，以此类推。如果这些儿童的年龄别死亡率如上表所示，则实际填答的死亡人数应等于下表中的最后一列。

妇女生育年龄（x）	生育后的年数（$a = 25 - x$）	生育子女数 $B(a)$	$q(a)$	死亡子女数 $B(a) \cdot q(a) = D(a)$
20.0	5	20	0.170	3.40
21.0	4	30	0.165	4.95
22.0	3	40	0.160	6.40
23.0	2	50	0.150	7.50
24.0	1	60	0.120	7.20
合　计	—	200	—	29.45

也就是说，这些确切年龄 25.0 岁妇女的 200 个曾生子女中应当报告有 29.45 个死亡子女，死亡比例为 $d_{25} = 29.45/200 = 0.147$。由 $q(a)$ 值可知，该死亡比例 0.147 约等于确切年龄 1.9 岁前死亡的概率。由此可见，这些妇女的曾生子女死亡比例非常接近于 $q(2)$，这是因为这些生育行为均发生在较近时期内，而累积死亡率随年龄增长上升缓慢，因而相应死亡比例受较低年龄组死亡率的影响相对更大。如果上述生育行为随年龄呈均匀分布，则相应结果为：

妇女生育年龄（x）	生育后的年数 （$a = 25 - x$）	生育子女数 $B(a)$	$q(a)$	死亡子女数 $B(a) \cdot q(a) = D(a)$
20.0	5	40	0.170	6.8
21.0	4	40	0.165	6.6
22.0	3	40	0.160	6.4
23.0	2	40	0.150	6.0
24.0	1	40	0.120	4.8
合　计	—	200	—	30.6

这种情况下，死亡子女数与曾生子女数之比为 $d_{25} = 30.6/200 = 0.153$，约等于 $q(2.3)$。因为这组儿童对死亡风险的历险时间更长，与前面的例子相比，该比值所对应的死亡概率的年龄更大。由此可见，死亡比例 d_x 是死亡率水平［函数 $q(a)$］和妇女生育年龄分布 $B(a)$ 的函数，而后者显然取决于年龄别生育率。

一般而言，i 岁妇女曾生子女中死亡子女的比例可表示为：

$$d_i = \frac{D_i}{B_i} = \frac{\int_0^{i-\alpha} D_i(a)\,da}{\int_0^{i-\alpha} B_i(a)\,da} \qquad (11.1)$$

其中，$B_i =$ 调查时点 i 岁妇女生育的子女总数，

$D_i =$ 调查时点 i 岁妇女曾生子女中死亡子女总数，

$D_i(a) =$ 调查时点 i 岁妇女曾生子女中 a 年前的死亡子女数，

$B_i(a) =$ 调查时点 i 岁妇女 a 年前的生育子女数，

$\alpha =$ 最早生育年龄。

式（11.1）可以改写为：

$$d_i = \frac{\int_0^{i-\alpha} B_i(a) \cdot \dfrac{D_i(a)\,da}{B_i(a)}}{\int_0^{i-\alpha} B_i(a)\,da} = \frac{\int_0^{i-\alpha} B_i(a) \cdot q(a)\,da}{B_i} = \int_0^{i-\alpha} c_i(a) \cdot q(a)\,da \qquad (11.2)$$

其中，$c_i(a)$ 为 i 岁妇女 a 年前生育的子女数量占子女总数的比例［$B_i(a)/B_i$］。由公式（11.2）可见，d_i 为 $q(a)$ 的加权平均值，其权重为调查时点 i 岁妇女已有生育的年龄分布。

由于 $q(a)$ 为增函数（累积死亡概率随年龄增长单调递增），年龄较大妇女的生育发生时间相对较早，所以她们的 d_i 值也较高。例如，d_{20} 对应于妇女较近时期的生育行为，相应子女年龄较小；而 d_{45} 则对应于妇女较早时期的生育行为。因此，如果没有死亡率上升或其他异常情形，d_{20} 会小于 d_{45}。

根据中值定理，由式（11.2）可得如下表达式：

$$d_i = \int_0^{i-\alpha} c_i(a) \cdot q(a) da = q(a^*) \cdot \int_0^{i-\alpha} c_i(a) da = q(a^*) \tag{11.3}$$

由式（11.3）可知，在 0 和 $i-\alpha$ 之间必然存在某一年龄 a^*，满足 $d_i = q(a^*)$。这一关系式体现了布拉斯法的基本思路，即在一系列汇报子女存活信息的母亲年龄 i 和死亡率水平最接近该岁母亲汇报的子女存活信息的儿童年龄 a^* 之间建立联系。

如果假设 $q(a)$ 为线性函数，则 $q(a) = K + j \cdot a$。显然 i 与 a^* 之间的对应关系应为：

$$\begin{aligned}
d_i &= \int_0^{i-\alpha} c_i(a) \cdot q(a) da = \int_0^{i-\alpha} c_i(a) \cdot (K + j \cdot a) da \\
&= K \cdot \int_0^{i-\alpha} c_i(a) da + j \cdot \int_0^{i-\alpha} c_i(a) \cdot a da = K + j \cdot A_b = q(A_b)
\end{aligned} \tag{11.4}$$

其中 A_b 为子女平均存活时间。也即当 a 值等于子女平均存活时间 A_b 时，$q(a)$ 值等于 i 岁妇女的曾生子女中死亡子女的比例。很显然，A_b 值随妇女年龄增加而增加，这是因为年龄较大的妇女生育子女的时间相对较早。

布拉斯在母亲年龄与子女年龄之间建立了一系列对应关系，这些对应关系已经在此后的研究中得到了广泛应用，如下表所示：

妇女年龄（i）	可以确定累积死亡率的子女年龄	妇女年龄（i）	可以确定累积死亡率的子女年龄
15～19	1	35～39	10
20～24	2	40～44	15
25～29	3	45～49	20
30～34	5		

然而，这些对应关系并不完全精确。正像本章前面的例子所展示的，这些对应关系因所调查妇女的具体生育史特征而异。为此，布拉斯提出了一组调整因子 k_i，用以调整具体的生育史所导致的差异，这些调整因子是根据不同年龄组妇女的累积生育胎次而产生的。计算这些因子的理想数据是 $c_i(a)$，这可以从调查中各组妇女的生育史计算求得。然而，这些信息往往并不可得。在这种情况下，需要通过对比不同队列的生育信息来估计调整因子。

布拉斯调整方法中需要用到的胎次数据包括：

$P_1 = P_{15～19} = 15～19$ 岁妇女的平均曾生子女数

$P_2 = P_{20～24} = 20～24$ 岁妇女的平均曾生子女数

$P_3 = P_{25 \sim 29}$ = 25 ~ 29 岁妇女的平均曾生子女数

布拉斯方法使用的基本调整因子取决于 P_1/P_2，该指数反映的是生育过程的早晚，因而也反映相应子女在死亡风险中的历险程度。P_1/P_2 值越大，子女出生时间越早，在 $q(a)$ 函数值不变的情况下，相应的子女死亡比例越高。举例来说，假设两个人口中 $d_{20 \sim 24}$ 值相同，均为 0.17，但两者的生育史不同：

人口	P_1/P_2
A	0.3
B	0.1

哪个人口的死亡率水平更高呢？答案是 B，因为尽管人口 B 中儿童的死亡历险时间相对较短，但两者的死亡比例相同。

布拉斯调整因子是通过模拟求解的。布拉斯利用一组生育率和儿童死亡率的模拟值，通过平移年龄别生育率，求解在生育率与死亡率的不同组合下，各年龄妇女的曾生子女数和存活子女数。然后，计算由前述年龄对应关系估计的 $q(x)$ 中误差的大小，从而根据 P_1/P_2 来确定调整因子的大小。沙利文（Sullivan，1972）通过扩展生育率和死亡率的可能组合，提出了一组新的调整因子；特拉赛尔（Trussell，1975）也计算了一组调整因子，目前已得到更广泛的应用。表 11.1 以寇尔—德曼的西区模型为例，展示与之相对应的特拉赛尔系数的计算过程。关于其他死亡模型所对应的特拉赛尔系数的完整介绍，可参见《联合国手册十》中的表 47（United Nations，1983：77）。

表 11.1　特拉赛尔提出的估计儿童死亡率调整因子的系数——以西区死亡模型为例

母亲年龄组	下标 i	子女年龄 x	系数		
			a_i	b_i	c_i
15 ~ 19	1	1	1.1415	− 2.7070	0.7663
20 ~ 24	2	2	1.2563	0.5381	− 0.2637
25 ~ 29	3	3	1.1851	0.0633	− 0.4177
30 ~ 34	4	5	1.1720	0.2341	− 0.4272
35 ~ 39	5	10	1.1865	0.3080	− 0.4452
40 ~ 44	6	15	1.1746	0.3314	− 0.4537
45 ~ 49	7	20	1.1639	0.3190	− 0.4435

计算公式：

$$k_i = a_i + b_i \cdot \frac{P_1}{P_2} + c_i \cdot \frac{P_2}{P_3}$$

$$q(x) = k_i \cdot d_i$$

资料来源：United Nations，1983：77。

很显然，存活到调查时点的子女比例反映的是过去的死亡率水平，而不是调查时点的死亡率水平。当然，如果死亡率未发生变化，过去的死亡率水平与调查时没有差别。但如果死亡率发生了变化，就必须要确定布拉斯法估计的死亡率最能反映的时期。寇尔和特拉赛尔（Coale and Trussell，1977）在菲尼（Griffith Feeney）研究成果的基础上，模拟了死亡率线性下降的情况，并根据模拟结果推导出了用来估计死亡率对应时期 $t(x)$ 的公式，即相应存活比例最能反映调查时点前 $t(x)$ 年的死亡率水平 $q(x)$。这些公式与估计调整因子 k_i 的公式形式一致。表 11.2 列出了寇尔—德曼西区模型对应的系数，其他区域模型的系数可参见《联合国手册十》中的表 48（United Nations，1983：78）。

表 11.2　估计死亡率 $q(x)$ 最能反映的时期 $t(x)$ 的系数

母亲年龄组	下标 i	子女年龄 x	系数		
			a_i	b_i	c_i
15～19	1	1	1.0970	5.5628	-1.9956
20～24	2	2	1.3062	5.5677	0.2962
25～29	3	3	1.5305	2.5528	4.8962
30～34	4	5	1.9991	-2.4261	10.4282
35～39	5	10	2.7632	-8.4065	16.1787
40～44	6	15	4.3468	-13.2436	20.1990
45～49	7	20	7.5242	-14.2013	20.0162

调查时点前年数 $t(x)$ 的计算公式：$t(x) = a_i + b_i \cdot \dfrac{P_1}{P_2} + c_i \cdot \dfrac{P_2}{P_3}$

资料来源：United Nations，1983：78。

11.1.2　布拉斯估计值的误差来源与误解

布拉斯法的影响已十分广泛，因此有必要讨论该方法可能存在的误差。其误差之一来源于对曾生子女数和死亡子女数的误报。通常，这些数据往往存在漏报，我们一般认为死亡子女数比存活子女数更容易被漏报，首先，因为已死亡的子女不可能在场提醒母亲；其次，妇女本人可能不愿意提及死去的孩子。此外，妇女也可能比较困惑是否应当包括死胎（这是不应包括的）和出生后不久夭折的孩子（这是应当包括的）。这两类死亡往往不易区分，因而妇女关于相应类型的汇报数据可信度极低。

可能导致死亡率高估的原因包括将死胎误报为活产、漏报离家外出的存活子女。对于年龄较大的妇女而言，后一种漏报的可能性更高。因而，有时候可以考虑在分析中不包括年龄较大的妇女。为了提高数据质量，建议分别具体询问同住的和离家外出的儿子和女儿，并直接询问已故子女数量。关于子女性别的数据还可以用来估计分性别的死亡率。

实际死亡率水平的变化是布拉斯估计法面临的另一问题。如果 $q(x)$ 的估计值是用来反映调查时点的死亡率，那么实际死亡率的变化必然导致相应估计值的偏误。前文已经讨论，$q(x)$ 的估计值并不一定要用来反映调查时点的死亡率，而是可以计算这些估计值能够准确反映的时期。因此，与死亡率变化相关的误差并不是布拉斯法自身的缺陷，而应该归咎于分析者的失误。

然而，实际生育水平的变化通常会导致估计结果的偏误。为了正确解释儿童死亡比例，最好能收集被调查妇女中每个队列的生育史信息。然而，这些数据往往不易获得。通常的做法是，对比同一时期不同队列妇女的平均累积子女数来间接推导儿童死亡比例。当低龄组妇女的生育率下降时，由于 20~24 岁队列在 15~19 岁时的生育率高于调查时点 15~19 岁组的生育率，使用调查时点的 P_1/P_2 会低估相应 20~24 岁队列的 P_1/P_2 值。而 P_1/P_2 值的低估对应着死亡率的高估，进而导致估计的儿童死亡历险时期比实际更接近调查时点。

布拉斯法利用 15~19 岁妇女汇报的子女信息计算的 $q(1)$ 往往会高估相应死亡率水平。这是因为多数低龄组妇女只生过一胎，而第一胎的死亡风险往往高于平均水平。此外，该偏差也与社会经济地位的选择性相关，较早开始生育的妇女社会经济地位往往较低，因而其子女的死亡风险也较高。例如尤班克（Ewbank，1982）对孟加拉的研究发现，由于胎次分布的差异，$q(1)$ 被高估了 20%。此外，15~19 岁妇女的曾生子女数量较少，这也可能成为子女死亡比例估计错误的原因，进而导致 $q(1)$ 的估计偏差。使用 20~24 岁妇女的曾生子女信息估计头胎子女的死亡比例存在同样的问题，尽管相应的偏差程度相对较小。尤班克（Ewbank，1982）针对这个问题提出了偏差估计和校正的办法。

母亲死亡的选择性影响也可能造成儿童死亡率的估计偏误。由于只有存活的母亲才有可能接受普查或调查并提供其子女的存活信息，当母亲已故的子女存活状况与母亲健在的子女存活状况有显著差异（即母亲是否存活与子女死亡率不独立）时，根据健在的母亲提供的子女信息估计儿童死亡率会有偏差。

偏差的方向取决于母亲健在与否两种情况下子女死亡的相对风险。因为母亲的死亡有可能加大子女死亡的风险，往往丧母的子女死亡率较高，这时 d_i 会被低估。在有艾滋病流行的情况下，存在艾滋病毒的母婴传播，显然母亲的死亡风险与子女的死亡风险并不独立，而且在几乎所有的人口中，各社会群体的年龄别死亡风险都是正相关；处于劣势群体的母亲与相应子女的死亡风险均明显较高。

值得欣慰的是，由于育龄妇女的死亡率较低，通常母亲死亡的选择性所致的偏差并不大（有较高的艾滋病毒感染率的人口除外）。即使 e_0^0 仅为 50 岁，从 20 岁存活到 45 岁的概率也约等于 0.83（由模型生命表求得）。此外，已故妇女的存活时间较短，因而各年龄已故妇女生育的子女数在本队列中所占比例非常低。尽管如此，在艾滋病流行地区，相应的死亡风险在代际高度相关，所以育龄妇女的死亡仍可能使估计结果有严重偏差。沃德和扎巴（Ward and Zaba，1998）对各种可能的偏差进行了模拟，并提出了相应的调整方案。

专栏 11.1 为应用布拉斯法分析津巴布韦数据的详细实例。

专栏 11.1   利用曾生子女与存活子女信息估计儿童死亡率 (布拉斯法)

数据要求：

$W_i = i$ 岁组妇女总数 (不论婚姻状况)

$B_i = i$ 岁组妇女汇报的曾生子女数

$S_i = i$ 岁组妇女汇报的存活子女数

计算方法：$D_i = B_i - S_i = i$ 岁组妇女的死亡子女数

$d_i = \dfrac{D_i}{B_i} = i$ 岁组母亲的死亡子女比例

$P_i = \dfrac{B_i}{W_i} = i$ 岁组妇女的平均生育胎次

应用实例：1994 年津巴布韦男女两性数据

母亲年龄组	下标 i	W_i	B_i	S_i	D_i	d_i	P_i
15 ~ 19	1	1,472	250	236	14	0.0560	0.17
20 ~ 24	2	1,269	1,396	1,282	114	0.0817	1.10
25 ~ 29	3	915	2,159	1,995	164	0.0760	2.36
30 ~ 34	4	871	3,388	3,101	287	0.0847	3.89
35 ~ 39	5	661	3,391	3,074	317	0.0935	5.13

死亡概率与存活概率的计算：

a_i、b_i、c_i 为估计儿童死亡率算子的系数 (西区模型对应的系数如下所示)

$$k_i = a_i + b_i \cdot P_1/P_2 + c_i \cdot P_2/P_3$$

$q(x) = k_i \cdot d_i$ 为 i 岁组妇女所生子女从 0 岁到 x 岁的死亡概率

$l(x) = 1 - q(x)$ 为从 0 岁到 x 岁的存活概率

母亲年龄组 (i)	a_i	b_i	c_i	k_i	d_i	子女年龄 (x)	$q(x) = k_i \cdot d_i$	$l(x)$	死亡率水平 (西区模型)
1	1.1415	− 2.7070	0.7663	1.0808	0.0560	1	0.0605	0.9395	18.6
2	1.2563	− 0.5381	− 0.2637	1.0503	0.0817	2	0.0858	0.9142	17.6
3	1.1851	0.0633	− 0.4177	1.0001	0.0760	3	0.0760	0.9240	18.6
4	1.1720	0.2341	− 0.4272	1.0090	0.0847	5	0.0855	0.9145	18.4
5	1.1865	0.3080	− 0.4452	1.0265	0.0935	10	0.0960	0.9040	18.3
				$P_1/P_2 = 0.1544$					
				$P_2/P_3 = 0.4662$					

估计死亡率所反映的时间：

a_i、b_i、c_i 为估计死亡率所反映时间的系数（西区模型对应的系数如下所示）

$t(x) = a_i + b_i \cdot \dfrac{P_1}{P_2} + c_i \cdot \dfrac{P_2}{P_3}$ 为 $q(x)$ 所对应的时间距调查时点的年数

死亡率所反映时间 ＝ 调查时点 － $t(x)$，此处调查时点为 1994.7

年龄组	下标 i	年龄 x	a_i	b_i	c_i	$t(x)$	对应时间
15 ~ 19	1	1	1.097	5.5628	− 1.9956	1.0	1993.7
20 ~ 24	2	2	1.3062	5.5677	0.2962	2.3	1992.4
25 ~ 29	3	3	1.5305	2.5528	4.8962	4.2	1990.5
30 ~ 34	4	5	1.9991	− 2.4261	10.4282	6.5	1988.2
35 ~ 39	5	10	2.7632	− 8.4065	16.1787	9.0	1985.7

资料来源：Central Statistical Office ［Zimbabwe］ and Macro International Inc., 1995. *Zimbabwe Demographic and Health Survey*；1994, Calverton, Md.：Central Statistical Office and Macro International Inc。

11.1.3　布拉斯法的变形

布拉斯法在人口学中应用十分广泛（Feeney，1991）。不少其他估计儿童死亡率的方法使用了同样的逻辑，尽管其复杂程度有所不同（Hill，1991）。其中一种估计方法使用的是按母亲结婚年数（即距离初婚的时间或婚龄）划分的子女死亡比例，而不是按母亲年龄。沙利文（Jerry Sullivan）提出的这个方法，其优点在于，由于初婚事件的发生时间相对较近，对某些人口而言，婚龄信息比年龄信息更可靠。另外，由于低龄组妇女的生育率变化及其社会地位差异往往与婚姻行为有关，因而婚龄别生育率相对更为稳定，使用婚龄别数据计算的时期 P_1/P_2 值的偏差更小。该方法的计算步骤与前面介绍的利用年龄别数据的布拉斯法类似，主要区别在于两者使用的估计系数不同。该方法所需系数可参见《联合国手册十》的表 56 和表 57（United Nations，1983）。在有些人口中，婚前生育行为较为普遍，婚姻对界定生育的作用不大，希尔和菲格罗亚（Hill and Figueroa，1999）为此提出了一种新的算法，该方法利用的是按头胎生育年数划分的数据。

布拉斯法的另一种简单变形是，仅利用过去 12 个月的生育信息进行估算。从妇女所生子女的存活比例可得到生命表中的 $_1L_0/l_0$ 估计值。然而，使用该方法估计的死亡率往往明显偏低，可能的原因包括母亲不太愿意报告近期死亡的子女，或者该方法难以确定死亡率水平真正对应的时期。

一种类似的方法询问的是育龄妇女最后一胎的存活状况。由于选择性偏差，该方法很难保证计算结果的准确性。以两年前的所有生育为例，如果子女夭折缩短了母亲的哺乳时间和产后不排卵时间，则妇女很有可能再生育来弥补夭折的子女。这种情况下，那些死亡的子女可能并不会被报告，于是该方法将低估真实死亡率。

一种更为有效且得到广泛应用的布拉斯法变形使用的是上一胎子女的存活信息，即在本胎之前生育的子女信息（Brass and Macrae，1984）。该方法通常是在医院或诊所通过询问产妇上一胎的存活状况，将相应的死亡比例转化为 $q(2)$ 的估计值。由于正常情况下，生育间隔平均约为 30 个月，这时上一胎的死亡比例约等于 $q(2)$。当然，仅调查在卫生机构分娩的妇女可能导致选择性偏差。由于在卫生机构分娩的婴儿健康状况可能明显较好，这样可能导致 $q(2)$ 值低估该人口中的真实死亡率水平。如果某一人口中绝大多数产妇在卫生机构分娩，可能偏差不大。就数据收集方法本身来说，该方法并没有收集产妇生育史中最后一胎子女的信息。这一方法的主要优点在于及时性和简单性，这使卫生机构有可能持续收集相关数据。这样，这种方法不需要依赖周期性调查数据，便可以简单、及时地监测到儿童死亡情况。

如果能够获得存活子女的年龄信息，如从一般家庭户普查数据中收集，还可以利用由普雷斯顿和帕洛尼（Preston and Palloni，1977）提出的布拉斯法的另一种变形。这时，利用存活子女的年龄信息可以更为准确地评估妇女的生育史，而不再需要对比假想队列以求解 P_1/P_2 值。事实上，该方法是从存活子女的年龄分布来推导妇女的生育史。当儿童死亡率与家庭社会地位（如丈夫的职业）相关时，这种推导方法尤为有用。这是因为用某一时期的 P_1/P_2 值代替实际队列的 P_1/P_2 值有可能产生严重错误。与布拉斯法本身不同，该方法不受生育率变化的影响。

然而，这一方法会受选择性年龄漏报和误报的影响。因而，只有在年龄信息足够准确的情况下才可以使用。

11.2　利用孤儿信息估计成人死亡率

11.2.1　方法介绍

在儿童死亡率的间接估计方法中，布拉斯法及其变形占据主导地位，这些方法利用了不同类型的回顾性数据。这是因为在多数情况下，母亲能够对子女状况提供较为准确的信息。对成人而言，或者更一般地说，对 5 岁或 10 岁以上的人群而言，没有类似占据主导地位的死亡率间接估计方法。目前有一系列估计成人死亡率的方法，这些方法都是针对不同的数据可得性与数据质量问题而提出的。当数据质量较好、模型假设可以满足时，这些方法都能提供理想的估计结果；但多数方法对数据中的错误和假设不成立的情况非常敏感。其主要原因在于，即使在高死亡率国家，成人死亡也属于小概率事件。举例来说，1985 年危地马拉 5 岁以上人口死亡率为 0.0060；相比之下，5 岁以下的死亡率则为 0.0212（Keyfitz and Flieger，1990：310）。因此，与假设条件略有出入或是数据稍有不准确，都有可能对成人死亡率的估计结果产生重要的影响。

尽管如此，布拉斯法估计儿童死亡率的理念也被推广到成人死亡率的估计，即利用调查数据中父母的存活状况来估计成人死亡率。这些方法主要是由布拉斯本人及其学生希尔和提麦奥斯（Kenneth Hill and Ian Timaeus）提出的。不过，最早使用孤儿信息估计成人死亡率的应当是路易斯·亨利（Louis Henry，1960）。成人死亡率估计方法的基本思路与儿童死亡率的估计相同，其操作过程也非常相似，即在普查或抽样调查中询问被访者其父亲和母亲存活状况的简单问题，然后，利用调查时点被访者父母的存活状况以及被访者的年龄信息，求解死亡率的估计值以及相应死亡风险对应的时期。

假设生育都发生在 30 岁，那么可以用 20 岁人口中母亲存活的比例来估计妇女从 30 岁存活到 50 岁的概率 $_{20}p_{30}^F$。在一次调查中，收集到母亲死亡信息的可能性与其符合调查条件的存活子女数量直接成比例。因此，使用母亲的存活比例估计人口存活概率隐含的假设是，妇女的死亡率与其有无子女以及存活子女的数量无关。

当然，妇女的生育行为并非集中在某一个年龄，而是分散在大约 35 年的区间内。在封闭人口中，t 时点 y 岁非孤儿数量的一般表达式为：

$$NO(y,t) = B(t-y) \cdot p(y) \cdot p_M(y) \qquad (11.5)$$

其中，$B(t-y) = y$ 年前出生人口数（即在时点 $t-y$ 出生的人口数），

$p(y) = y$ 年前出生的婴儿存活到 y 岁的概率，

$p_M(y) = y$ 年前出生的婴儿其母亲在产后存活 y 年的概率。

该式的乘积形式，隐含了母亲和子女的存活概率相互独立的假设。

类似地，一个封闭人口中 t 时点 y 岁人口数量的表达式为：

$$N(y,t) = B(t-y)p(y) \qquad (11.6)$$

因而，有：

$$\Pi(y,t) = \frac{NO(y,t)}{N(y,t)} = \frac{B(t-y) \cdot p(y) \cdot p_M(y)}{B(t-y) \cdot p(y)} = p_M(y) \qquad (11.7)$$

其中，$\Pi(y,t)$ 是 t 时点 y 岁非孤儿的人口比例，可直接用比例估计母亲的存活概率。接着来看存活概率与其所隐含的人口生命表之间的联系。假设母亲的存活概率与其他所有妇女都相同，不考虑多子女的情况（这种情况不会影响结果）。

设 t 时点存活、$t-y$ 时点生育过的母亲数量为 $W_{t-y}(t)$：

$$W_{t-y}(t) = \int_{15}^{50} B(x, t-y) \cdot {}_y p_x dx \qquad (11.8)$$

其中：

$B(x, t-y) = t-y$ 时点 x 岁妇女生育的子女数，

${}_y p_x = t-y$ 时点 x 岁的女性队列根据其队列生命表数据存活到 $x+y$ 岁的概率。

由于 $t-y$ 时点有生育行为的妇女数量 $W_{t-y}(t-y)$ 等于该时点出生人数，因此，有：

$$p_M(y) = \frac{W_{t-y}(t)}{W_{t-y}(t-y)} = \int_{15}^{50} \frac{B(x, t-y)}{B(t-y)} \cdot {}_y p_x dx = \int_{15}^{50} v(x, t-y) \cdot {}_y p_x dx \qquad (11.9)$$

其中，$v(x,t-y)$ 表示 $t-y$ 时点有生育行为的母亲年龄的成比例分布。

结合式(11.7)与式(11.9)可得：

$$\Pi(y,t) = \int_{15}^{50} v(x,t-y) \cdot {}_yp_x dx \tag{11.10}$$

由此可见，t 时点 y 岁人口中母亲存活的比例是成年女性存活概率的加权平均数，其权重为 y 年前母亲生育时的年龄分布。与布拉斯法相同，由于生育函数曲线的形状不同，有亲人存活的人口比例可能并不能反映实际的死亡率水平。公式(11.10)等号左边来源于人口抽样调查数据，被用以估计成年女性的死亡率函数的特征。

与前面的讨论相一致，在使用母亲存活比例来反映死亡率水平时，仍必须调整生育率的影响。假设 ${}_yp_x$ 是 x 的线性函数，即 ${}_yp_x = K - j \cdot x$，在年龄跨度较大的情况下，该假设比较接近现实。这时，

$$\Pi(y,t) = \int_{15}^{50} v(x,t-y) \cdot (K - j \cdot x)dx = K - j \cdot \int_{15}^{50} v(x,t-y) \cdot xdx = K - j \cdot M^*$$

或者：

$$\Pi(y,t) = {}_yp_{M^*} \tag{11.11}$$

其中，M^* 是 $t-y$ 时点有生育行为母亲的平均年龄。

式(11.11)的估计结果较为理想，不过，其操作过程还可以改进，使其更为人性化。与布拉斯估计儿童死亡率的方法相类似，也可以在被访子女的年龄与母亲的年龄之间建立一系列对应关系：

子女的年龄	利用该年龄的孤儿信息 估计的死亡函数
15~19	l_{45}/l_{25}
20~24	l_{50}/l_{25}
25~29	l_{55}/l_{25}
30~34	l_{60}/l_{25}

注：表中初始年龄相同。

如上所述，这些估计值需要针对特定人口的生育水平构建调整因子进行具体调整。与布拉斯法中的调整因子不同，这里的调整因子是根据母亲的平均生育年龄 M^* 计算的，而不是 $\dfrac{P_1}{P_2}$ 值。与式(11.11)的要求不同，M^* 往往是根据当前生育水平 $M^*(t)$ 估计的，而不是根据目前存活的各被访子女队列出生时的生育水平 $M^*(t-y)$ 计算的(当然，如果有后者信息，应当使用后者)。通常情况下，平均生育年龄是根据不同年龄的母亲"上一年生育数"的信息计算的。与年龄别生育模式中平均生育年龄不同，M^* 受妇女年龄结构的影响，因而它并不等于该人口中年龄别生育率对应的平均生

育年龄。考虑到 M^* 是由按妇女当前年龄划分的"上一年生育数"估计而得，妇女的生育年龄比当前年龄平均小半岁，因而用上述步骤估计的平均年龄减去 0.5 才是 M^* 的正确估计值。

希尔和特拉赛尔（Hill and Trussell，1977）提出了以下调整公式，将非孤儿比例转化为常见的存活概率：

$$_y p_{25} = a_y + b_y \cdot M^* + c_y \cdot {}_5\Pi_{y-5} \tag{11.12}$$

其中，$_y p_{25}$ = 女性从 25 岁存活到 $25 + y$ 岁的概率，

$\quad M^*$ = 平均生育年龄，

$\quad {}_5\Pi_{y-5} = y - 5$ 岁到 y 岁人口中母亲存活的比例，

$\quad a_y、b_y$ 和 c_y = 调整因子。

这些调整因子的求解过程也是应用模型年龄别死亡率与生育率模式模拟的。专栏 11.2 以 1986 年斯威士兰数据为例展示了应用孤儿法的具体估计步骤，并列出了这些因子的系数。需要注意 M^* 的系数为正，这就是说，在给定孤儿比例的情况下，母亲生育年龄越大，其对应的生命表存活概率越高。

使用父亲死亡的孤儿信息，也可以用这个方法估计男性死亡率，不过经验结果往往并不令人满意。平均而言，父亲与子女之间的关系不如母亲与子女之间的关系持久，因而关于生父存活状况的数据质量可能更差。

11.2.2　孤儿法的问题与偏差

孤儿法估计的问题之一在于，估计所得的死亡率并不对应特定的时期；该方法估计的是队列死亡率，而不是时期死亡率。在死亡率保持稳定的情况下，这种估计不会带来任何问题；然而多数情况下，这种方法的估计结果反映的是一个较长（而且长度不确定）时期内死亡风险的平均值。布拉斯和巴米博耶（Brass and Bamgboye，1981）提出了一种确定该死亡率估计值对应时期的方法，但这种方法并不像布拉斯法在儿童死亡率估计中的相应方法那样直观。

目前已知的一种估计偏差，是由于只有存活子女才可能汇报其母亲的存活状况。因为同一家庭中各成员的死亡风险之间极有可能存在代际正相关关系，这种选择性效应可能会高估存活比例。贫穷妇女的死亡风险往往高于平均水平，但这种选择性偏差在一定程度上可能被贫穷妇女的较高生育倾向抵消。

孤儿法的最严重缺陷可能是被称为"领养效应"的问题，即被访者如果在生母死亡后被收养，则其提供的有可能是养母而非生母的存活信息。如果不是儿童自己回答问卷，在 15 岁以下的人群中这一效应导致的偏差会相当严重。调查人员通常假设被调查者的母亲健在，由此而导致 15 岁以下人群的母亲死亡率极低。出于这一考虑，孤儿法主要利用 15 岁及以上人群提供的信息。尽管"收养效应"在其他年龄也有影响，但随着年龄的增长，死亡率本身也在上升，该效应的重要性会相对下降。

专栏 11.2　利用孤儿信息估计成人死亡率：

希尔和特拉赛尔的孤儿法变形

数据要求：

$_5N_y = y$ 岁到 $y+5$ 岁被调查者总数

$_5NO_y = y$ 岁到 $y+5$ 岁被调查者中生母健在的人数（非孤儿数量）

$_5B_y = $ 调查时点 y 岁到 $y+5$ 岁妇女过去一年生育的子女数量

中间指数：

$$M^* = \sum_{y=15,5}^{45} (y+2) \cdot {_5B_y} \bigg/ \sum_{y=15,5}^{45} {_5B_y} = 母亲平均生育年龄$$

$$_5\Pi_y = \frac{_5NO_y}{_5N_y} = y \text{ 岁到 } y+5 \text{ 岁被调查者中母亲存活比例}$$

计算公式：

$$_yp_{25} = a_y + b_y \cdot M^* + c_y \cdot {_5\Pi_{y-5}} = 妇女从 25 岁存活到 25+y 岁的概率$$

a_y、b_y、c_y 是估计女性存活概率的系数

应用实例：孤儿法估计 1986 年斯威士兰成人死亡率

年龄 (y)	$_5N_y$	$_5NO_y$	$_5B_y$	$(y+2) \cdot {_5B_y}$	$_5\Pi_y$	系数 a_y	系数 b_y	系数 c_y	$_yp_{25}$	西区死亡水平
15	75,358	71,510	3,234	54,978	0.9489	—	—	—	—	—
20	58,097	52,579	6,576	144,672	0.9050	−0.1798	0.00476	1.0505	0.9444	20.0
25	46,852	39,887	5,240	141,480	0.8513	−0.2267	0.00737	1.0291	0.9018	18.8
30	35,515	27,721	3,403	108,896	0.7805	−0.3108	0.01072	1.0287	0.8518	18.3
35	30,927	21,412	2,146	79,402	0.6923	−0.4259	0.01473	1.0473	0.7856	17.8
40	24,437	14,102	874	36,708	0.5771	−0.5566	0.01903	1.0818	0.7015	17.7
45	22,663	10,837	411	19,317	0.4782	−0.6676	0.02256	1.1228	0.5839	17.4
50	16,096	5,799	—	—	0.3603	−0.6981	0.02344	1.1454	0.4767	18.7
合计	—	—	21,884	585,453	—	—	—	—	—	—

$$M^* = 585,453/21,884 = 26.75（年）$$

$_yp_{25}$ 的计算示例：

$$_{20}p_{25} = a_{20} + b_{20} \cdot M^* + c_{20} \cdot {_5\Pi_{15}} = -0.1798 + 0.00476 \times 26.75 + 1.0505 \times 0.9489$$

$$= 0.9444$$

资料来源：Swaziland. Central Statistical Office. *Report on the 1986 Swaziland Population Census*, *Vol. 1*: *Statistical Tables*. Mbabane, Swaziland, Central Statistical Office, 1988。

孤儿法的另一潜在偏差来自被调查者的年龄误报，而被调查者的年龄是父母对死亡风险历险时期的重要指标。使用这种方法分别分析男女被调查者提供的信息，发现使用女儿汇报信息所估计的母亲死亡率似乎高于儿子汇报的情况（例如在拉丁美洲和南亚）。尽管其原因可能是因为有儿子的母亲存活状况更好，同样也不能排除男女被调查者汇报的年龄存在系统偏差的情况。女性往往倾向于低报自己的年龄，这可能是因为女性试图使自己显得更年轻一些，而男性为了获得社会声望可能高报年龄。

11.2.3 孤儿法的变形

当同一人口有两次孤儿信息的调查数据时，就可以避免应用孤儿法估计的死亡率所对应时期的不确定性，同时也可以计算两次调查之间相应人口的存活概率（Preston and Chen，1984）。这种方法是对第 8 章介绍的变量 r 法的简单扩展。使用风险函数和 t 时点的增长率，t 时点 x 岁非孤儿数量可以表示为：

$$NO(x,t) = NO(0,t) \cdot e^{-\int_0^x [r_{NO}(a,t)+\mu_{NO}(a,t)+\mu_M(a,t)]da} \tag{11.13}$$

其中，$NO(x,t) = t$ 时点 x 岁的非孤儿数量（即生母健在的人数），

$r_{NO}(a,t) = t$ 时点 x 岁非孤儿人数的增长率，

$\mu_{NO}(a,t) = t$ 时点 a 岁非孤儿的死亡力，

$\mu_M(a,t) = t$ 时点 a 岁非孤儿母亲的死亡力。

相应总人口的表达式为：

$$N(x,t) = N(0,t) \cdot e^{-\int_0^x [r(a,t)+\mu(a,t)]da} \tag{11.14}$$

假设 $\mu_{NO}(a,t) = \mu(a,t)$，用式（11.13）除以式（11.14）可得：

$$\frac{NO(x,t)}{N(x,t)} = \Pi(x,t) = e^{-\int_0^x [r_{NO}(a,t)-r(a,t)+\mu_M(a,t)]da} \tag{11.15}$$

公式（11.15）整理可得：

$$\Pi(x) \cdot e^{\int_0^x [r_{NO}(a)-r(a)]da} = e^{-\int_0^x [\mu_M(a)]da}$$

$$\Pi(x) \cdot e^{\int_0^x r_\pi(a)da} = \Pi^*(x) \tag{11.16}$$

其中，$\Pi(x) = x$ 岁时非孤儿比例的观察值（两次调查中 x 岁非孤儿比例的几何平均数），

$r_\pi(a) = a$ 岁非孤儿比例的增长率，

$\Pi^*(x) = $ 按两次调查期间母亲死亡力计算的静止人口中 x 岁的非孤儿比例。

注意，当死亡率和生育年龄保持不变时，所有年龄的 $r_\pi(a)$ 值均为零，这时 $\Pi(x)$ 是 $\Pi^*(x)$ 的无偏估计。在其他情况下，只要有增长率校正，校正后的非孤儿比例就可以作为输入变量用于布拉斯孤儿法的估计。由此估计所得的死亡率反映了两次普查或调查之间的死亡率水平，因而无需再确定这些估计值所对应的时期。

表 11.3 以巴拿马数据为例展示了该方法的应用，并将该方法与传统的孤儿法估计结

果进行了对比。在 1977~1980 年，几乎所有年龄的非孤儿比例均在上升，这表明死亡率在下降。对比两种方法的估计结果可见，布拉斯孤儿法应用增长率校正后的非孤儿比例进行估计，其所得的死亡率明显较低（即相当于西区模型生命表中较高"层次"的死亡率水平），这也证实了传统孤儿法事实上估计的是过去的死亡率。表中第 6 列与第 7 列数据显示，使用未校正的截面数据时，西区模型生命表系统的死亡率"层次"在低龄组被提高，说明死亡状况得到改善，这是因为未校正的数据中低龄组反映了最近的死亡率。相比之下，使用增长率调整后的孤儿比例所对应的死亡率"层次"（见表中第 8 列）则相当稳定。其他应用该方法的实例可参见罗布尔斯（Robles，1996）的相关文献。

表 11.3　利用孤儿法估计 1977~1980 年巴拿马成人死亡率

年龄	非孤儿比例		1977~1980年非孤儿比例增长率	到区间中点的累计增长率	1977~1980年调整后的比例	孤儿比例对应的死亡率"层次"		
	1977 年 7 月 1 日	1980 年 5 月 11 日				1977 年	1980 年	1977~1980 年
	(1)	(2)	(3)	(4)	(5)*			
0~4	0.9960	0.9949	-0.00039	-0.00097	0.9945	—	—	—
5~9	0.9844	0.9903	0.00210	0.00331	0.9906	20.6	21.5	22.4
10~14	0.9753	0.9794	0.00147	0.01224	0.9894	20.7	22.0	23.0
15~19	0.9556	0.9608	0.00191	0.02069	0.9782	20.3	20.9	22.7
20~24	0.9195	0.9316	0.00459	0.03694	0.9604	19.7	20.5	22.6
25~29	0.8908	0.8967	0.00232	0.05422	0.9435	19.9	20.5	22.9
30~34	0.8157	0.8450	0.01240	0.09101	0.9093	18.9	20.1	23.0
35~39	0.7618	0.7746	0.00585	0.13664	0.8806	19.2	19.9	23.5
40~44	0.6166	0.6781	0.03340	0.23477	0.8177	18.0	19.8	23.9

＊　该列数值是由第 1 列与第 2 列的几何平均数乘以第 4 列的指数函数值［exp（第 4 列）］求得。
资料来源：Preston and Chen，1984。

其他旨在规避布拉斯法最初估计步骤中时间不确定性问题的方法，包括收集与已故父母死亡时间相关的其他附加信息。沙基尔和奥雷利亚纳（Chackiel and Orellana，1985）建议直接询问已故父母的死亡时间，从而直接计算死亡率估计值所对应的时间。然而，这些问题往往很难准确回答，因而限制了该方法在一些地区如撒哈拉以南非洲地区的适用性。一种相对可行的做法是，向 25 岁及以上的被调查对象询问其父母是在自己结婚前还是结婚后去世的（Timaeus，1991a）。与沙基尔和奥雷利亚纳建议的问法相比，这种问法不够精确，但在现实中似乎能得到更准确的答案。非洲和拉丁美洲一些国家的研究证明了该方法的适用性（Timaeus，1991b and 1996）。

此外，还有一种应用孤儿法的思路估计成人死亡率的方法，但不需要直接询问关于父母死亡的问题。这种方法使用的是布拉斯法估计儿童死亡率时用到的存活子女数的标准信息。该方法的基本出发点在于，在封闭人口中，母亲所汇报的存活子女数量等于该人口中的非孤儿数量（Preston，1980）。从这一等量关系出发，将人口中母亲健在的比例与女性生命表相联系，可得如下表达式：

$$\frac{NO}{N} = \int_0^\infty c(x) \int_\alpha^\beta v(a) \cdot {}_xp_a \, da \, dx$$

或用离散形式表达为：

$$\frac{NO}{N} = \sum_{x=0}^\infty {}_5c_x \sum_{a=15}^{45} {}_5v_a \cdot \frac{5 \cdot l_{a+5+x}}{{}_5L_a} \tag{11.17}$$

其中，NO/N = 总人口中非孤儿比例，即母亲汇报的存活子女数除以人口总数，

　　$_5c_x$ = 总人口的年龄分布比例，

　　$_5v_a$ = 妇女生育年龄的分布比例，

　　$_5L_a$ 和 l_a = 模型生命表函数。

由于死亡率的下降必然导致式(11.17)等式右边的表达式单调递增，因而生命表体系中有且仅有一个死亡率水平使等式左右两边相等。该方法主要是根据模型生命表体系，对能使式(11.17)等式成立的死亡率水平求解。

与直接使用孤儿法不同，用这种方法得到的仅是成年女性死亡率的一个估计值，该值正对应于 $e°_{25}$ 或 $e°_{30}$。在多数发展中国家，该死亡率估计值对应的时期大约为 10 年前。尽管该方法也受收养效应和漏报现象的影响，但它的主要优点在于所需数据极易获得。因而，这个方法主要是用于没有其他数据情况下的最后选择。

11.3　应用姊妹法估计孕产死亡率

与孤儿法类似的间接估计方法中，也有使用配偶或兄弟姐妹存活信息的方法。这些方法通常受误报的影响较大。由于兄弟姐妹之间的联系可能不如母子间的联系强，有时候人们可能并不确切了解其兄弟姐妹的存活状况；而且，童年时夭折的兄弟姐妹也往往容易被遗忘。离婚后夫妇很可能与对方失去联系，因而并不知道对方的存活状况。

有一种亲人存活信息的估计方法使用广泛，其部分原因在于，人们对孕产死亡给予了越来越多的关注。姊妹法是一种分死因的亲人存活信息估计方法，该方法利用姐妹的存活状况估计一般死亡率（Graham，Brass and Snow，1989）。该方法根据孕产期死亡的姐妹比例数据，在其他死因存在的情况下估计终生孕产死亡风险。

记 i 岁组被调查对象的姐妹中，曾经历孕产死亡风险的姐妹数量为 $N(i)$，其中，因孕产死亡的姐妹数量为 $D^m(i)$。为简单起见，在设立模型时假设生育率与死亡率保持不变。实际操作中，$N(i)$ 可以使用已婚（或 15 岁以上）姐妹数量，$D^m(i)$ 为这些姐妹中在怀孕过程、分娩或产后 6 周内死亡的人数。

这种估计方法将 i 岁被调查者汇报的成年姐妹中孕产死亡的比例 $\Pi^m(i) = \dfrac{D^m(i)}{N(i)}$ 与终生孕产死亡风险 $q^m(w)$ 相联系。假设 50 岁以后不再有生育行为，那么终生孕产死亡风险可以表示为 $q^m(50)$。在建立 $\Pi^m(i)$ 与 $q^m(w)$ 之间联系的过程中，用到了两个人口学

模型：

● 标准年龄别生育率模式和死亡率模式，这些模式可用于拟合被调查对象与其姐妹的年龄差 z 的分布（Hill and Trussell，1977）。事实上，如果被调查者的母亲已完成生育史，z 呈均值为零的对称分布 $\theta(z)$。

● 孕产死亡模型，该模型可以将 i 岁前的孕产死亡概率 $q^m(i)$ 与生育史结束时的孕产死亡概率 $q^m(50)$ 相联系。$q^m(i)$ 与 $q^m(50)$ 之间的关系可以表示为：

$$q^m(i) = c(i) \cdot q^m(50) \tag{11.18}$$

其中，$c(i)$ 反映的是按照标准的年龄别孕产死亡模式，i 岁前的孕产死亡比例。

i 岁被调查者汇报的姐妹孕产死亡比例 $\Pi^m(i)$ 可以表示为：

$$\Pi^m(i) = \int_{-\infty}^{+\infty} \theta(z) q^m(i+z) dz \tag{11.19}$$

将式（11.18）代入式（11.19），$\Pi^m(i)$ 与终生孕产死亡风险 $q^m(50)$ 之间的关系为：

$$\Pi^m(i) = q^m(50) \cdot \int_{-\infty}^{+\infty} \theta(z) \cdot c(i+z) dz \tag{11.20}$$

由式（11.20）可知，$\Pi^m(i)$ 与 $q^m(50)$ 相差一个因子，该因子仅取决于上述两个人口学模型。当被调查者的年龄 i 足够大时，如 60 岁及以上，所有姐妹均已经完成了孕产死亡风险的历险过程。这时，不论 z 取什么值，函数 $c(i+z)$ 均接近或等于 1，相应的 $\Pi^m(i)$ 值是 $q^m(50)$ 的有效估计。然而，当被调查者的年龄低于 60 岁时，姐妹中仍有人处于孕产死亡风险的历险状态，这时，对于某些 z 值，函数 $c(i+z)$ 的值小于 1，相应的 $\Pi^m(i)$ 值对 $q^m(50)$ 存在低估。由此可见，估计终生死亡风险时，需要调整上述孕产死亡的姐妹比例。调整因子 $A(i)$ 由生育和死亡模型计算而得：

$$A(i) = \int_{-\infty}^{+\infty} \theta(z) \cdot c(i+z) dz \tag{11.21}$$

专栏 11.3 给出了适用于任意人口的调整因子 $A(i)$。与上面的分析相一致，$A(i)$ 值在 60 岁以上等于 1.00，在低龄组则不断下降。

对各年龄组孕产死亡的姐妹比例除以相应调整因子，便可得到各年龄组 i 的终生孕产死亡风险 $q^m(50)$ 估计值：

$$q^m(50) = \frac{D^m(i)}{N(i) \cdot A(i)} \tag{11.22}$$

对不同年龄被调查者对应的 $q^m(50)$ 的差异，可以从理论上理解为孕产死亡率随时间变化的趋势。每个估计值对应的时期 T_i，是使用固定的生育和死亡模型计算求得的。这些 T_i 值近似于一种平均值，因而不需要特殊调整便可适用于不同人口。将各年龄组的死亡人数加总，便可对所有年龄求解一个综合的终生孕产死亡风险：

$$Q^m(50) = \frac{\sum_i D^m(i)}{\sum_i N(i) \cdot A(i)} \tag{11.23}$$

专栏 11.3 利用姊妹法估计孕产死亡率

$N(i)$ = i 岁组妇女汇报的已婚姐妹数量

$D^m(i)$ = 已婚姐妹中孕产死亡人数

$A(i)$ = 由生育和死亡模型估计的调整因子

$$q^m(50) = \frac{D^m(i)}{N(i) \cdot A(i)} = i \text{ 岁组妇女姐妹的终生孕产死亡概率}$$

$$Q^m(50) = \frac{\sum_i D^m(i)}{\sum_i N(i) \cdot A(i)} = \text{所有被调查妇女的终生孕产死亡概率}$$

T_i = 由固定的 $\theta(z)$ 和 $q(x)$ 模型估计的死亡率 $q^m(50)$ 所对应的时期

$$T = \frac{\sum_i N(i) \cdot A(i) \cdot T(i)}{\sum_i N(i) \cdot A(i)} (\text{其中 } i < 50) = \text{综合指标 } Q^m(50) \text{ 所对应的时期}$$

应用实例：姊妹法估计的 1987 年冈比亚孕产死亡率

年龄组 i	被调查人数	$N(i)$	$D^m(i)$	$A(i)$	$N(i) \cdot A(i)$	$q^m(50)$	T_i
15 ~ 19	320	493 *	4	0.107	53	0.076	5.7
20 ~ 24	263	405 *	6	0.206	83	0.072	6.8
25 ~ 29	275	427	11	0.343	146	0.075	8.1
30 ~ 34	265	414	11	0.503	208	0.053	9.7
35 ~ 39	214	334	12	0.664	222	0.054	11.7
40 ~ 44	157	238	11	0.802	191	0.058	14.3
45 ~ 49	158	233	10	0.900	210	0.048	17.5
50 ~ 54	140	202	2	0.958	194	0.010	21.2
55 ~ 59	133	215	9	0.986	212	0.042	25.6
60 +	238	373	15	1.000	373	0.040	35.2
合计	—	—	91	—	1,892	0.048	11.7

$Q^m(50)$ = 91/1,892 = 0.048

T = 11.7 年

冈比亚妇女终生孕产死亡风险大约为 1:21，这一死亡风险反映的是调查时点 12 年前的情况。

* 这些年龄组中，最终进入生育年龄的姐妹总数被低估。要进行调整，可以将这些年龄组的被调查者数量乘以 25 岁以上年龄组妇女汇报的达到生育年龄的姐妹数量的平均值，即 1.54。

资料来源：Graham，W. et al.，1988. *Indirect Estimation of Maternal Mortality：The Sisterhood Method.* CPS Research Paper 88 – 1，London School of Hygiene and Tropical Medicine。

格雷厄姆等人（Graham，Brass and Snow，1989）建议使用如下表达式求解该综合死亡风险所对应的时期，表达式中仅使用 50 岁以下妇女提供的信息：

$$T = \frac{\sum_i N(i) \cdot A(i) \cdot T(i)}{\sum_i N(i) \cdot A(i)} \tag{11.24}$$

实践中，T 值往往接近于 12 年，即终生孕产死亡风险的综合指标反映的是调查时点前 12 年左右的死亡率水平。

姊妹法简单易于操作，然而也存在问题（Garenne and Friedberg，1997）。首先，姊妹法的估计结果高度依赖于姐妹数量与各自存活概率相互独立的假设。其次，用来计算调整因子的死亡模型和生育模型可能并不适用于所研究的人口。误报现象可能比较严重，尤其是对于那些多年以前发生的孕产死亡事件。此外，这里的孕产死亡是根据死亡时间与怀孕事件的关系定义的，而不是根据与怀孕相关的具体状况界定的，因此某些与孕产无关的死亡也可能被界定为孕产死亡。多数情况下，调查的样本往往太小，因而无法解释各年龄组间 $q^m(50)$ 的差异。因此，理想的做法是使用终生孕产死亡风险的综合测度 $Q^m(50)$。专栏 11.3 展示了姊妹法的具体应用实例。

鲁腾贝格与沙利文（Rutenberg and Sullivan，1991）提出了利用调查数据估计孕产死亡的另一种方法，该方法使用的是关于姐妹死亡前后具体情况的调查信息。希尔（Hill，1981）利用类似于姊妹法的思路，提出了利用姐妹居住地信息估计外迁规模的方法。

11.4　利用孕产史估计死亡率与生育率

11.4.1　利用完整的孕产史估计儿童死亡率

在缺乏死亡登记信息或相应信息质量较差时，利用完整的孕产史信息估计死亡率是最常用的方法之一。该方法通过调查育龄妇女，询问其所有曾生子女的出生和死亡信息。根据不同队列的存活状况可以直接计算相应的死亡率。

与传统的布拉斯法相比，收集完整孕产史信息耗费的时间更长——前者所需时间约为 2~5 分钟，而后者所需时间约为 20~30 分钟（Sullivan，1990）。尽管如此，利用完整孕产史估计死亡率的方法在世界生育调查（WFS）和人口与健康调查（DHS）项目中已得到广泛应用。该方法的优点在于能够提供儿童死亡率的详细信息（Wunsch，1983），从而有可能计算儿童的年龄别死亡率并直接估计儿童死亡率的变化趋势。

此外，孕产史数据还可以用来分析与儿童死亡相关的因素，包括母亲年龄、胎次、生育间隔等。例如，对世界生育调查（WFS）数据中孕产史的分析表明，生育间隔是影响儿童死亡率的关键因素（Hobcraft et al.，1985）。孕产史往往也包括父母亲及家庭的社会经济特征，因而可以使用风险模型、logit 回归模型等方法进行多元分析。

尽管用孕产史信息可以直接统计出生数和死亡儿童数，从而直接计算儿童死亡率，但本书在间接估计方法一章介绍该方法，是因为这个方法存在一些特殊的偏差，而在传统的直接利用普查和死亡登记信息计算死亡率的方法中不会有这些偏差。

首先，分析孕产史信息可能受选择性偏差的影响。很显然，只有存活的妇女才可能被调查，因此无从得知孤儿的死亡信息。由于孕产史的调查通常把年长的妇女（如 50 岁及以上）排除在外，因此只能依赖相对年轻妇女的早期经历估计距离调查时点较远的儿童死亡率。图 11.1 展示了这种对妇女年龄选择性的影响。假设在 1990 年 1 月 1 日对 15～50 岁的妇女进行调查，那么这些妇女的孕产史信息对应的是 1955～1989 年出生队列的信息。由列克西斯图可见，较早的出生队列是在母亲较年轻时所生，这与调查数据中更具代表性的近期出生的儿童形成明显对比。由于头胎婴儿死亡风险往往较高，所以由此估计的儿童死亡率可能高估了较早时期的死亡率水平，从而高估了死亡率的下降趋势。为了降低相应影响，建议将分析仅限于调查时点前 15 年的儿童死亡率（Hill，1991）。

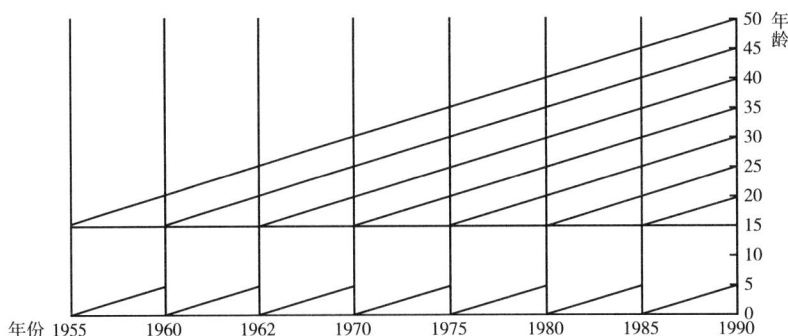

图 11.1　1990 年 15～50 岁女性队列与其 0～5 岁子女的列克西斯图

使用孕产史数据进行分析最突出的问题在于"记忆"误差。收集孕产史数据时，通常要求被调查妇女回忆过去发生的事情，甚至是几十年前发生的事情。因此，被调查妇女有可能对某些胎次的生育完全没有印象，或者不能准确回忆具体的生育时间；妇女汇报的年龄和时间信息也可能被人为取整，从而导致数据误差。年龄取整的问题在计算婴儿死亡率时尤为突出，因为此时必须要准确判断死亡是发生在一周岁前还是一周岁后。当然，如果调查中仅询问了布拉斯法需要的死亡信息，那么完全无法从数据中估计死亡发生时间。

一种类似的方法也应用于成人死亡率估计，它利用一次性调查中户内成员死亡情况的回顾性数据。这种估计方法不如利用孕产史信息有效，因为即使在高死亡率国家，成人死亡率也很低，因而小规模的调查数据难以保证抽样结果的稳定性。加之，这些调查中成人死亡的漏报现象相当普遍，因此很难保证成人死亡率估计结果的准确性（Hill，1991）。

11.4.2　利用完整孕产史数据估计生育率

完整的孕产史数据也可以用于估计生育水平和生育率的变化趋势。在完整孕产史数据可得的情况下，很容易计算不同时期的年龄别生育率。生育率的分子和分母所涵盖的对象必须在妇女年龄、时期的界定方面保持一致。分子为出生数量，分母为相应的人年数。

利用孕产史信息可以有效估计年龄别生育率，但这些信息并不能反映总和生育率的变化趋势。如图 11.1 所示，当样本为 15 ～ 50 岁的妇女时，只能计算最近时期的总和生育率。为了获得一组较长时期内的 TFR 值，调查对象中必须包括 50 岁以上的妇女。另一种方法是使用模型年龄别生育模式。

正如估计儿童死亡率时的情形一样，使用孕产史数据估计生育率的主要偏差在于回顾性数据中的误差。这些偏差主要有两种，即出生漏报和出生时间误报。尽管有时候出生漏报并不严重（Garenne，1994），但欠发达国家的孕产史数据中出生时间误报现象却非常普遍。人口学者已针对这些偏差提出了不同的校正方法（Brass，1975；Potter，1977），然而当偏差较大时，这些校正方法的效果都不能十分令人满意。第 11 章的 5.3 节将介绍利用两次调查时点获得的妇女的年龄别胎次分布数据来估计时期生育率的方法，该方法的优点在于对出生时间误报现象不敏感。

11.5　利用两次普查年龄结构的间接估计方法

不少间接估计方法是利用两次普查时点的人口数据进行的。第 10 章已介绍了利用两次普查数据评估死亡登记数据质量的方法。第 8 章介绍的变量 r 法也是基于对两次普查数据的比较。本节将介绍思路相同的其他估计方法。

所有利用两次普查数据的估计方法，其基本思想都非常简单，都是基于人口增长平衡方程在队列中的应用。在封闭人口中，两次普查时点同一队列的人口规模变化对应于该队列的死亡人数。因此，利用两次普查数据的估计方法主要是跟踪两次普查时点各出生队列的变化，以年龄作为队列标志。如果两次普查之间相隔 10 年，第一次普查时的某一出生队列在第二次普查时年龄增长了 10 岁。当然，年龄误报可能导致队列规模虚假的增减。

利用两次普查数据进行估计的最简单方法是，计算两次普查期间各队列的存活比例（存活比率），这些比率直接对应于两次普查期间的队列生命表函数。例如，当普查间隔为 5 年时，有：

$$\frac{{}_5N_{x+5}(t+5)}{{}_5N_x(t)} = \frac{{}_5L_{x+5}}{{}_5L_x} \tag{11.25}$$

其中，${}_5N_x(t) = t$ 时点 x 岁至 $x+5$ 岁的人数；

${}_5L_x =$ 两次普查期间生命表中 x 岁至 $x+5$ 岁的存活人年数。

将各年龄的存活比率连乘，便可重构 5 岁以上的生命表函数值。构建完整的生命表，还需要用到两次普查期间的新生人口数 $B[t, t+5]$，并计算以下比率：

$$\frac{{}_5N_0(t+5)}{B[t, t+5]} = \frac{{}_5L_0}{5 \cdot l_0} \tag{11.26}$$

在多数情况下，由于两次普查期间的新生人口数不易获得或者数据质量问题较大，这时使用该方法仅能构建从 5 岁开始的生命表。

利用两次普查数据估计成人死亡率的方法看似简单，但实际操作过程并非如此。在不少情况下，两次普查之间的间隔年数使计算存活比率以及对这些比率做连乘运算非常困难。另外，除非对迁移事件进行调整，否则直接估计的死亡人数既有可能因人口净迁出现象而高估实际死亡率水平，也有可能因人口净迁入现象而低估实际死亡率水平。由于成人死亡率相对较低（多数国家的年均死亡率远低于1%），两次普查覆盖范围的微小变化就有可能导致死亡率估计值的明显波动。年龄误报现象也可能导致存活比率明显失常，例如某些存活比率可能高于1，这在现实人口中完全不可能发生。年龄误报是影响该估计方法的重要问题之一，因此本节介绍的方法主要围绕尽量减少年龄误报对死亡估计的影响。

11.5.1 利用累积和预测的方法估计两次普查期间的死亡率

解决年龄误报问题的一种方法是使用模型生命表技术，从而设定年龄别存活率的具体模式。该方法的基本思想是找出与观察数据中各队列存活率最接近的死亡模式，并假设该人口的死亡模式与标准死亡模式完全一致。这一方法是由寇尔和德曼提出的（United Nations，1983：208）。考虑到单个年龄组受年龄误报的影响更大，他们建议使用累积年龄分布。

举例来说，假设收集了某人口在1980年和1990年普查时5岁组的年龄分布数据，这些数据分别为：

$$
\begin{array}{cc}
_5N_0(1980) & _5N_0(1990) \\
_5N_5(1980) & _5N_5(1990) \\
_5N_{10}(1980) & _5N_{10}(1990) \\
\cdots & _5N_{15}(1990) \\
\cdots & \cdots
\end{array}
$$

首先根据1980年该人口中0岁及以上的人存活到1990年10岁及以上的比率，从一系列模型生命表中找出能够较好地反映该存活状况的死亡率水平，确定初始模型生命表（常以出生时的预期寿命为标志）；然后，将1980年0岁及以上人口向前"预测"，得到1990年10岁及以上人口的预测值。例如，若选择 $e_0^o = 50.0$ 作为初始模型生命表，相应的估计公式为：

$$
\begin{aligned}
N_{10+}^{50}(1990) &= {}_5N_{10}^{50}(1990) + {}_5N_{15}^{50}(1990) + {}_5N_{20}^{50}(1990) + \cdots \\
&= {}_5N_0(1980)\frac{{}_5L_{10}^{50}}{{}_5L_0^{50}} + {}_5N_5(1980)\frac{{}_5L_{15}^{50}}{{}_5L_5^{50}} + {}_5N_{10}(1980)\frac{{}_5L_{20}^{50}}{{}_5L_{10}^{50}} + \cdots
\end{aligned}
\tag{11.27}
$$

其中，$N_{10+}^{50}(1990) = 0$ 岁预期寿命为50岁时1990年10岁以上人口数的预测值

$_5L_x^{50} = 0$ 岁预期寿命为50岁对应的模型生命表中，x 至 $x+5$ 岁存活人年数

所选的初始模型生命表对应的0岁预期寿命 v 越大，$N_{10+}^v(1990)$ 值就越大。通过变化模型生命表所对应的死亡率水平，必然能找到一个能够使预测值 $N_{10+}^{v^*}(1990)$ 等于观察值 $N_{10+}(1990)$ 的死亡率水平 v^*。由于年龄误报现象可能将第二次普查时10岁以下和以上的人相混淆，所以该方法的估计结果可能受到影响。鉴于此，有必要选择其他不同的起始年龄重复同样的估计步骤，如第一次普查时5岁、10岁等。寇尔和德曼建议对由此估计

的前 9 个估计值取中位数，从而确定一个 e_0^o 估计值。

该方法的假设条件较少，因而比较容易实施。其假设条件包括，人口为封闭人口（或者已经对净迁移事件进行过调整），两次普查覆盖范围同样完整，该人口的死亡模式与某一族模型生命表一致。实践中，估计总体死亡指标如 10 岁时的平均预期寿命时，不满足第三个假设的影响远没有不满足前两个假设的影响大。

多数国家较为常见的年龄误报现象，也会影响该方法的估计结果。一般而言，年龄高报会导致估计的死亡率水平过低，而且这种偏差在初始估计中随年龄增长而递增；由于低龄组的部分人被错误计入较早的出生队列，两次普查期间存活比例的估计结果会高于实际水平。累积法可以在一定程度上降低高龄组年龄高报现象带来的偏差。

这种方法有时也称为向前预测法，尽管向后预测法使用的并非同一思路。帕洛尼和科明斯基（Palloni and Kominski, 1984）指出，与通常的印象相反，这两种方法所估计的结果可能大相径庭，其原因在于从第二次普查入手进行估计与从第一次普查开始估计，两者使用的年龄分布权重不同。专栏 11.4 展示了应用向前存活法估计印度尼西亚数据的详细实例。霍伊维兰（Heuveline, 1998）使用该方法的一种变形估计了柬埔寨波尔布特统治时期的死亡人数，该地区被认为曾有 25% 的人口在不到 4 年的时间内死亡。假设两次普查

专栏 11.4 预测和累积法估计两次普查期间死亡率
——以普查间隔为 10 年、年龄区间为 5 岁的情况为例

$_5N_x(t)$ = t 时点 x 岁至 $x+5$ 岁人口数

$_5N_x(t+10)$ = $t+10$ 时点 x 岁至 $x+5$ 岁人口数

$N_{x+}(t+10) = \sum_{a=x}^{\infty} {_5N_a(t+10)} = t+10$ 时点 x 岁及以上人口数

$_5L_x^v$ = 死亡率水平 v 对应的模型生命表中，x 岁至 $x+5$ 岁存活人年数

$_5N_x^v(t+10) = {_5N_{x-10}(t)} \cdot \dfrac{_5L_x^v}{_5L_{x-10}^v}$ = 死亡率水平为 v 时，$t+10$ 时点 x 岁至 $x+5$ 岁人口

的预测值

$N_{x+}^v(t+10) = \sum_{a=x}^{\infty} {_5N_a^v(t+10)}$ = 死亡率水平为 v 时，$t+10$ 时点 x 岁及以上人口预

测值

估计方法：

对于每一年龄组，找出满足 $N_{x+}^{v_1}(t+10) \leqslant N_{x+}(t+10) \leqslant N_{x+}^{v_2}(t+10)$ 的 v_1、v_2 值，应用线性内插法估计死亡率水平 v^*，该值取决于 $t+10$ 时点 x 岁及以上人口的观察值。

$$v^* = v_1 + (v_2 - v_1) \cdot \dfrac{N_{x+}(t+10) - N_{x+}^{v_1}(t+10)}{N_{x+}^{v_2}(t+10) - N_{x+}^{v_1}(t+10)}$$

应用实例：1980～1990 年普查期间印度尼西亚男性向前存活法估计（联合国模型生命表南亚模式）

年龄（x）	$_5N_x$ (1980.83)	$_5N_x$ (1990.83)	N_{x+} (1990.83)	$\dfrac{_5L^{51}_x}{_5L^{51}_{x-10}}$	以 $e^o_0=51$ 预测 $_5N^{51}_x$ (1990.83)	N^{51}_{x+} (1990.83)	$e^o_0=53$ N^{53}_{x+} (1990.83)	$e^o_0=55$ N^{55}_{x+} (1990.83)	$e^o_0=57$ N^{57}_{x+} (1990.83)	内插值 e^o_0
0	10,815,974	10,760,859	—	—	—	—	—	—	—	—
5	10,832,383	11,928,095	—	—	—	—	—	—	—	—
10	9,131,871	11,044,127	66,684,518	0.92380	9,991,847	66,639,725	67,020,691	67,388,390	67,743,731	51.2
15	7,512,541	9,520,440	55,640,391	0.97682	10,581,279	56,647,878	56,932,078	57,209,872	57,481,942	<51.0
20	5,978,576	7,583,305	46,119,951	0.98011	8,950,243	46,066,599	46,322,124	46,573,223	46,820,487	51.4
25	5,612,684	7,457,150	38,536,646	0.97621	7,333,848	37,116,356	37,352,495	37,585,409	37,815,628	>57.0
30	4,022,625	6,584,325	31,079,496	0.97116	5,806,184	29,782,509	30,000,090	30,215,514	30,429,300	>57.0
35	4,190,944	5,788,441	24,495,171	0.96359	5,408,333	23,976,325	24,176,263	24,375,046	24,573,150	56.2
40	3,644,053	4,010,254	18,706,730	0.95089	3,825,067	18,567,992	18,747,575	18,927,090	19,106,967	52.5
45	3,012,756	3,723,922	14,696,476	0.93048	3,899,605	14,742,925	14,904,216	15,066,246	15,229,439	<51.0
50	2,717,883	3,289,190	10,972,554	0.89864	3,274,709	10,843,320	10,980,541	11,119,302	11,260,002	52.9
55	1,720,501	2,321,621	7,683,364	0.85235	2,567,910	7,568,611	7,679,611	7,792,683	7,908,167	53.1
60	1,559,230	2,219,069	5,361,743	0.78756	2,140,493	5,000,701	5,085,490	5,172,482	5,261,973	>57.0
65	811,113	1,329,162	3,142,674	0.69878	1,202,250	2,860,208	2,917,461	2,976,641	3,038,008	>57.0
70	689,074	945,876	1,813,512	0.58786	916,605	1,657,958	1,695,242	1,733,987	1,774,398	>57.0
75 +	688,422	867,636	867,636	0.33873 *	741,353	741,353	758,663	776,719	795,636	>57.0

* 0.33873 $= T^{51}_{75}/T^{51}_{65}$

所有男性人口 1980～1990 年期间 e^o_0 的综合估计值：前 9 个 e^o_0 内插值的中位数 $\hat{e}^o_0 = 52.5$ 年。

资料来源：United Nations, *Demographic Yearbook* (various years)；United Nations, 1982. *Model Life Tables for Developing Countries*. New York: United Nations。

之间的死亡估计完全准确，也可以应用同样的思路估计两次普查之间净迁移人数（Shryock and Siegel，1973：595 – 596）。

11.5.2　利用两组年龄分布数据综合进行人口估计的方法

前面介绍的向前预测法是通过选择现成的模型生命表来估计人口死亡率水平的。这里介绍的两次普查数据法则是利用数学关系式，对模型生命表体系中的不同死亡率建立联系。这种方法的其他重要用途还包括对粗出生率的估计以及对真实年龄分布的估计。该方法利用第 9 章介绍的布拉斯 logit 转换，其基本假设是，在模型生命表体系中任一生命表均可以直接被另一生命表所表达：

$$\ln \frac{q(a)}{p(a)} = \alpha + \beta \cdot \ln \frac{q_s(a)}{p_s(a)} \tag{11.28}$$

其中，$q_s(a)$ 和 $p_s(a)$ 分别为"标准"生命表中的 $q(a)$ 和 $p(a)$ 函数，α 和 β 表示标准生命表与其他任一生命表之间关系的参数。α 值越大，相应死亡率相对于标准生命表越高；β 值越高，成人死亡率相对于儿童死亡率越高。用 $1 - p(a)$ 替代 $q(a)$，并在等式两边取指数，式（11.28）便可以简化为：

$$\frac{1 - p(a)}{p(a)} = e^{\alpha} \left[\frac{q_s(a)}{p_s(a)} \right]^{\beta}$$

或者

$$\frac{1}{p(a)} = e^{\alpha} \left[\frac{q_s(a)}{p_s(a)} \right]^{\beta} + 1 \tag{11.29}$$

由第 8 章的内容可知，在封闭人口中有：

$$c(a) = b e^{-\int_0^{\alpha} r(x)\,dx} p(a)$$

或者

$$\frac{1}{p(a)} = \frac{b e^{-\int_0^{\alpha} r(x)\,dx}}{c(a)} \tag{11.30}$$

合并式（11.29）与式（11.30），并设 $e^{\alpha} = K$，$\beta = 1$，则有：

$$\frac{e^{-\int_0^{\alpha} r(x)\,dx}}{c(a)} = \frac{1}{b} + \frac{K}{b} \cdot \frac{q_s(a)}{p_s(a)} \tag{11.31}$$

上述假设 $\beta = 1$ 意味着被研究人口中 $p(a)$ 函数的斜率与标准生命表相同。在实际估计中，由于数据质量往往较差因而无法估计参数 α 和 β 的值，而且研究关注的主要问题是实际人口的死亡率水平相对于标准生命表死亡率水平的高低，因而这一假设往往可以接受。

事实上，式(11.31)是一个简单线性函数，其截距的倒数对应于该人口的出生率，其斜率与截距之比对应于该人口的死亡率水平相对于标准生命表死亡率的大小。等式左边的表达式可以用两次普查的数据计算，等式右边的变量 $q_s(a)/p_s(a)$ 取决于所设定的标准生命表。通过拟合简单线性回归模型便可求解该式的两个参数。函数 $c(a)$ 可以用线性内插法（$(_5c_{a-5}+_5c_a)/10$ 估计。而且如果有独立可靠的儿童死亡率估计值（如使用布拉斯存活子女法的估计值），便可以将分析限定在 5 岁以上，并利用如下公式：

$$\frac{p^*(5)e^{-\int_0^a r(x)dx}}{c(a)} = \frac{1}{b} + \frac{K}{b} \cdot \frac{q_s^5(a)}{p_s^5(a)}, \quad a \geq 5 \tag{11.32}$$

上式中 $p^*(5)$ 为独立估计的存活到 5 岁的概率，q_s^5 和 p_s^5 分别为标准生命表中 5 岁时存活者在 a 岁前死亡的概率及其存活到 a 岁的概率。

该方法曾被用于分析印度和韩国数据（Preston，1983）。与其他利用两次普查数据的估计方法类似，使用该方法估计的死亡率水平会受两次普查之间人口迁移、两次普查覆盖范围的差异以及年龄误报现象的影响。此外，该方法在选择用于拟合线性回归模型的数据点时也存在主观性。

赫里格曼（Heligman，1985）将该方法应用于估计人口的"真实"年龄分布。根据式(11.28)，可用死亡率的估计值重构两次普查之间的完整生命表。利用由此估计的生命表，与出生率的估计值、年龄别增长率的直接计算结果一起，可以代入变量 r 法的基本公式，从而求解年龄分布：

$$_5C_a^* = be^{-\int_0^{a+2.5} r(x)dx} \frac{_5L_a}{l_0} \tag{11.33}$$

将估计的年龄结构与实际观察的年龄结构进行对比（确切地说是与两次普查所观察的年龄分布的均值对比），从而检测年龄分布中的错误，特别是由于年龄误报产生的错误。

11.5.3　应用同队列的迭代内插法估计两次普查之间的年龄别事件发生率

同队列的迭代内插法使用的是同样的理念，即通过对比两次普查时点的人口年龄或期间长度的分布特征，推导两次普查期间特定状态的人口增减状况。相比而言，该方法更具一般性，它适用于不同的数据结构和不同人口过程，包括死亡、生育、婚姻以及迁移。其主要目的在于估计两次普查之间的（未观察到的）事件发生率，这些发生率正是两次普查之间人口的特定状态在不同年龄、不同时期发生变化的原因。该方法使用最大似然估计法。

寇尔（Coale，1984）最早提出同队列的迭代内插法，旨在改进基本的变量 r 方法。这一最早的内插法通过准确估计两次普查期间特定年龄的存活人年数，从而可以放宽关于年龄别增长率在两次普查之间保持不变的假设。与基本的变量 r 法相比，该内插法估计结果的可信度往往更高，特别是在人口结构极不规则的情况下。此后，该方法被推广应用于其他人口过程（Coale et al.，1985）和那些不使用变量 r 公式的人口关系中（Coale，1985）。

后来，斯图普（Stupp，1988）对该方法进行了分类与简化。从本质上来看，迭代特征是该方法相对于其他方法的最大优势。

在介绍该方法的推广应用之前，我们首先根据斯图普的简化做法（Stupp，1988），简要介绍该方法利用各年龄的胎次信息估计年龄别生育率的具体应用。这里需要用到的数据为，两次普查或调查时点人口中各年龄妇女的平均胎次分布。

首先需要注意的是，一个队列在第二次普查时的胎次等于第一次普查时的胎次加上该队列在两次普查期间的年龄别生育率之和。两次普查之间的年龄别、队列别生育率的初始估计可以使用线性插值法，即假设该队列的生育胎次在两次普查之间呈线性增长。实现这一步骤，可以直接将两次普查之间各队列的胎次增量按各年龄的历险时间成比例地分配到每一年龄。由此估计的年龄别、队列别的生育率在各队列之间取值不同。由于该方法旨在对所有队列估计一组生育率，因而，通过对各年龄不同队列的生育率加权平均可以消除这一差异，其权重与队列在各年龄组中的历险时间成比例。由此，可以求得一组"平均"年龄别生育率的初值。

下一步是在两次普查之间将这组"平均"年龄别生育率初值赋予每个队列。由此估计的第二次普查时点某队列的胎次往往与观察值不同，因而，需要估计第二组年龄别、队列别生育率。通过对比每一队列在普查期间胎次变化的观察值与估计值（即基于生育率的估计值）之差，假设这一差异在同期该队列存活的各年龄区间内均存在。由此调整队列生育率，从而获得第二组"平均"年龄—时期生育率。不断重复这一步骤，直到两次迭代所得的生育率不再变化。这时，估计的生育率与两次普查时点的实际平均胎次相吻合。

表 11.4   同队列内插法所适用的事件

事件类型	实例	所需状态变量（两个时点之间）	结果
可重复事件	终生历次生育	按年龄或期间长度划分的平均累计事件发生次数	年龄别或时期别事件发生率
	终生历次迁移		
	终生历次结婚		
不可重复事件	初婚	按年龄或时期划分的经历相应事件的比例	年龄别或时期别事件发生率
	初育		
	死亡		

注：两次普查之间的长度必须是年龄区间长度的整数倍。

这一间接估计方法对不少事件均适用，包括由于没有相关登记资料而无法直接估计的事件。例如，该方法已被成功用来估计某些东亚和欧洲国家子女离家事件的发生率（Zeng et al.，1994），它有效解决了这些国家没有相关事件登记信息的问题。表 11.4 展示了同队列的迭代内插法所适用的事件类型，对于这些类型的事件，如果两次普查或调查收集了其累积发生数量，那么应用同队列迭代内插法便可以估计这些事件的年龄别发生率。

对于可重复发生的事件，该方法可以计算假想的年龄别发生率。在初始条件已知的情况下，该方法可以估计不同年龄对应的相应事件的累积发生频数。出生时点相应事件的累计发生次数为零。类似地，该方法也可以用来估计诸如初婚、初育等非重复性事件的发生比例。在这些情况下，估计年龄别发生率需要假设相应事件的发生概率与普查覆盖的可能性相互独立，即不存在选择性死亡或迁移。

对死亡率的估计而言，由于存活的人从不会被调查其是否已故，因而需要使用一种不同的方法。对于这种情况，同队列内插法应当使用各年龄存活人数的绝对数。假设死亡的发生率在各年龄区间内保持不变，封闭人口中两个时点的存活人数与年龄别死亡率之间可以建立如下联系（由式 3.10 推导而得）：

$$_1N_{x+2}(t+2) = {}_1N_x(t) \cdot e^{-\left(\frac{_1M_x}{2} + {}_1M_{x+1} + \frac{_1M_{x+2}}{2}\right)} \tag{11.34}$$

其中，$_1N_x(t) = t$ 时点 x 岁至 $x+1$ 岁的存活人数，

$_1M_x =$ 两次普查之间 x 岁至 $x+1$ 岁之间的事件发生率。

整理式（11.34）可得：

$$-\ln[_1N_{x+2}(t+2)] = -\ln[_1N_x(t)] + \frac{_1M_x}{2} + {}_1M_{x+1} + \frac{_1M_{x+2}}{2} \tag{11.35}$$

式（11.35）用累加形式展示了存活人数与两次普查之间事件发生率的关系，这样就可以应用同队列内插法。如式（11.35）所示，此时的"状态变量"为 $-\ln(_nN_x)$，与前文实例中的平均胎次相类似。

12

多增减生命表[*]

12.1 引言

第 3 章将生命表作为描述死亡率的工具进行了介绍。实际上生命表可以用于描述任何从一种状态转换到另一种状态的事件。死亡率研究中的事件是死亡，研究的两种状态分别是"存活"（状态 1）和"死亡"（状态 2）。

我们可以将第 3 章介绍的死亡过程视为基于以下假设的模型表达：

（a）简单状态空间：所有个体只可能处于两种状态；

（b）事件是完整的：所有人最终都会从状态 1 过渡到状态 2；

（c）目标状态具有"吸收性"：从状态 1 转换到状态 2 的人不可能再回到状态 1。

这种基本模型无法表达也不能包含很多人口现象中的事件。例如研究婚姻时，就需要将假设（a）修改为包括未婚、已婚、丧偶和离婚等在内的多种状态。这些状态显然也不具有"吸收性"，因为进入状态的人随后还可以离开该状态。

第 4 章介绍了对简单生命表的改进，目的在于将其应用扩展到重要的多种竞争性转化状态。这是一种取消假设（a）的扩展。不过，由于另外两个假设依然存在，多递减模型还是受到限制，即所有目标状态都具有吸收性（不可能逆向转换），且所有事件都应完成，

---

* 威斯康星大学，Alberto Palloni。

即所有人最终都会经历该事件，也就是说所有人都会退出状态1。对于人口学计算而言，这些假设中问题最大的是不能逆向转换。本章第2节将介绍可以研究非吸收性状态和逆向转换事件的多增减生命表模型。第3节介绍一个案例，讨论估计多增减生命表的不同计算方法以及对结果的解释。其余各节建立了多增减生命表中的各项之间的关系并加以概述。

12.2 多增减生命表

本节以三种现象为例，介绍应用一般性多增减生命表可以充分研究的事件。

12.2.1 结婚与离婚

婚姻的组成与解体过程，是应用简单多增减生命表研究相互关联事件的最基础案例。为了叙述简便，此处不考虑协议婚姻，假设所有婚姻都是法定婚姻。婚姻的组成与解体涉及两个人，这会使问题复杂化，也需要简化。以下只考虑有可能结婚的妇女。

在大多数人口中，尽管不一定是全部，但大多数妇女最终都会结婚。这些结婚的妇女中，有些会经历离婚（长期分居）或由于配偶死亡而处于丧偶状态。最终有些婚姻会由于妇女本人死亡而终结。图12.1为这些事件的多状态图示（Schoen，1988）。初次结婚的妇女不可能再回到未婚状态，因此从"未婚"至"已婚"的箭头是单向的。与此不同的是，离婚或分居以及丧偶的人还可以再婚，双向箭头反映了这种可能性。而死亡总是具有吸收性的状态，不可能从"死亡"状态逆向转换。

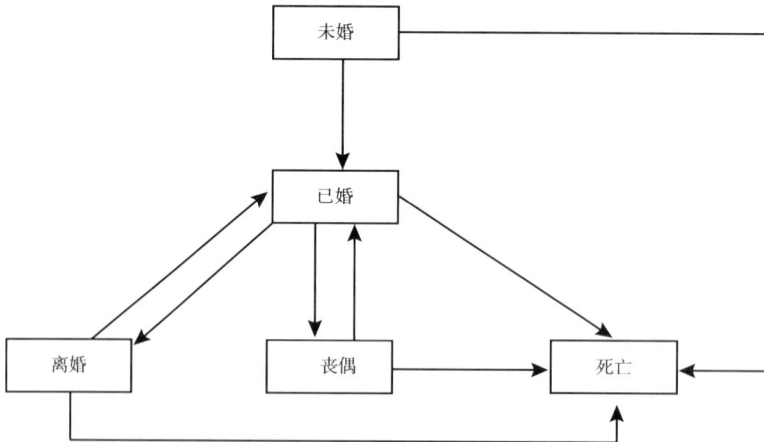

图12.1 结婚和婚姻终止的多状态图示

本例中的时间测量是妇女年龄，且不必将处于每种状态的时期作为研究重点。也就是说，模型假设再婚和离婚取决于用妇女年龄表达的时间，而不取决于处于某种状态的时期。如果这个假设不成立，则需要应用可以同时处理年龄和时期的特殊方法。

对于研究婚姻变动和家庭组建而言，常见的问题是：初婚前预期时间有多长？初次婚姻以离婚终结的概率有多大？一个妇女的终身结婚次数平均是几次？因离婚解体的初婚预期年数有多长？通过回答这些问题，研究者会对家庭形成和组建的社会经济影响有更深入的了解。

12.2.2　艾滋病

艾滋病毒传播的独特性质具有简单的多状态形式（Palloni，1996）。人口中暴露于艾滋病毒感染风险的个体处于三种状态之一：易感状态（未感染）、艾滋病毒阳性但无症状（已感染但没有出现艾滋病症状）、艾滋病（艾滋病症状完全显现）。死亡依然是吸收性状态。图 12.2 为艾滋病的多状态图示。图中的感染力 λ 为瞬时感染率或艾滋病毒感染发病率；潜伏力 δ 是瞬时潜伏率或艾滋病发病率；3 个 μ_i（$i=1,2,3$）分别是易感群体、感染者和艾滋病患者的死亡力。与其他所有生命表应用相同，我们的研究目的是应用观察到的事件，即被感染、发展成艾滋病以及死亡，来估计相应的 λ、δ 和 μ^i。

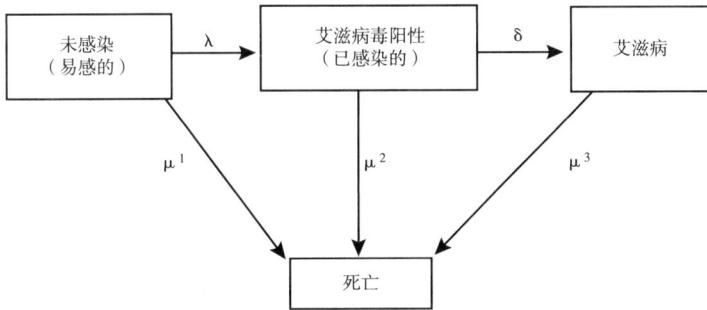

图 12.2　艾滋病的多状态图示

因为感染艾滋病毒者将终身携带病毒，这个例子与简单生命表的表达有共同的重要特征，即没有逆向转换。与此前相同，死亡仍是吸收性状态。不过并不是所有人都可能感染病毒。事实上，需要估计的一个重要指标就是最终可能被感染的比例。

在艾滋病研究中，时间问题比婚姻研究更为复杂。当感染力主要取决于年龄时，潜伏力则受到处于该状态的时期（潜伏时期）和年龄两者同等重要的影响。同理，患艾滋病后的死亡风险 μ^3 几乎完全与感染期相关，而与年龄仅有微弱相关。

与研究婚姻相似，在研究艾滋病的流行状况时，多增减生命表能够提供以下问题的精确答案：一个队列最终会感染艾滋病毒的人口比例会有多大？一个队列人口中感染艾滋病毒的平均年龄会是多少？队列中有多大比例的人会在 x 岁之前感染病毒？队列中有多大比例的人会在 y 岁前患艾滋病？

12.2.3　健康、慢性病和失能

当前在健康和死亡率研究方面的一个重要和活跃的争论焦点，是随着存活和预期寿命的持续改善，那些受益于这些改善而活得更长久的人们可能会有较差的健康状况（Fries，

1980；Singer and Manton，1994）。一般来说，与预期寿命 60 岁左右时相比，现在的患病或失能期确实会更长吗？当婴儿潮一代人退休时，与上一代人同龄时相比，他们会有更高的预期寿命，但也会有更高的不健康和失能比例吗？如果真是如此，在维持良好状态最起码标准的资源需求方面会有什么样的压力？

研究这些事件及其之间的关系并真正着手回答这些问题的简单方法，仍是多增减表述（Rogers et al.，1990）。图 12.3 展示了这种表述。我们假定所有人都从健康状态开始，他们首先可以转换到慢性病状态，然后再转换到失能状态。由于大多数失能原因是慢性病，在此忽略了从健康直接转换到失能的可能性。如同在婚姻研究中一样，这里也可以有逆向转换，因为有人可以从失能或慢性疾病中康复。

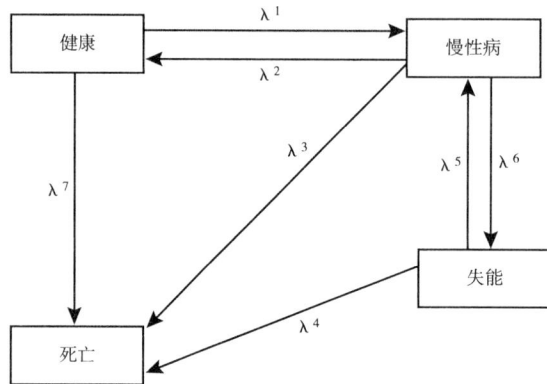

图 12.3　慢性病和失能的多状态表述

回答上文所列问题的关键因素是转换率 λ^1 和 λ^2。它们分别是慢性病的发病率和康复率。如果 λ^1 不随时间变化而 λ^2 下降，则处于慢性病和失能状态的人口比例将会上升。还需要注意到，如果 λ^3 或 λ^4 下降（患者和失能者的死亡率下降）的同时其他率保持不变，也会有相同结果，即慢性病患病率和失能率上升。因此，在是否同意患病率正在上升或患病时间延长的观点方面，了解这些率的决定因素是提供实证依据的关键。

还可以有其他一些实例说明多增减方法的应用，最主要的一个例子是多区域生命表的应用，在这方面的研究中，研究者关注的是建立模型表述地理区域之内和跨区域的迁移以及死亡率（Rogers，1995b）。

12.3　多增减生命表的估计

12.3.1　儿童所经历的结婚、同居和婚姻解体

当前人口学和社会学文献中充满矛盾的一个议题是家庭的建立和解体的发展变动。近 20 年来的协议婚姻急剧增加。有观点认为这种现象导致了非婚生育率的上升。此外，有学者认为协议婚姻更有可能解体，即使有些协议婚姻后来成为正式婚姻，但是仍会有较高

的离婚可能。这些转变必然影响家庭结构和夫妇的物质福祉，而且特别可能会对儿童早年经历产生重要影响。由于儿童的早年经历对他们以后的行为和活动具有潜在的巨大作用，所以了解儿童经历中由父母结合史主导的不同家庭背景的类型显得至关重要。

将不同年龄儿童的经历总结为父母（一方或双方）婚姻状态的函数（Bumpass and Lu，2000），有助于研究这个问题。为简化起见，我们选择只研究儿童母亲的婚姻状态。于是研究对象就是儿童，这些儿童母亲的婚姻史将决定儿童生命中某个时点的家庭背景。因为与子女居住安排相关的最关键因素和儿童早期影响有关，所以研究更关注儿童在确切年龄 $0 \sim 15$ 岁的经历。同理，因为主要假设是，儿童生活经历中有一个单身母亲或协议婚姻的母亲抑或正式结婚的母亲与最重要的差异相关，所以忽略因死亡导致的所有状态。在以上简化之后，就从图 12.4 所示简化后的婚姻过程表达入手。图中的状态依次标号，同时也标记了所有离开和进入状态的转换率，标记中的第一位都代表所离开的状态，第二位代表进入的状态。这些转换的相应率 $\lambda^{ij}(x)$ 与儿童相关，而不与成年妇女或男人直接相关，与这些率相对应的是 x 岁状态 i 的母亲在小年龄区间 $(x, x+\delta x)$ 转移到状态 j 的率。于是，$\lambda^{12}(x)$ 就是与单身母亲同住的儿童在 $x \sim x+\delta x$ 岁期间经历了转换并开始与同居但没有结婚的母亲同住的率。同样，$\lambda^{23}(x)$ 是与协议结婚的母亲同住的儿童在 $x \sim x+\delta x$ 岁期间转换到母亲已婚的家庭背景中的率。

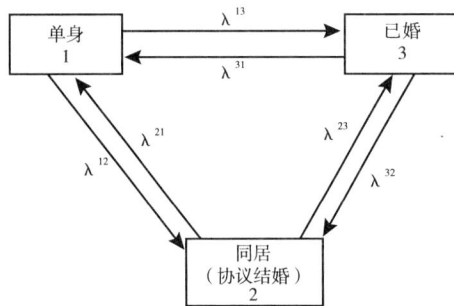

图 12.4 儿童家庭背景经历的多状态表达

与此前婚姻的例子相比，图 12.4 呈现的状态空间既更简化又更复杂。由于明确考虑了存在与正式婚姻不同的协议婚姻，所以对状态的表述更为复杂。这种复杂化的原因是协议婚姻日益重要，有越来越多的儿童与没有正式结婚的同居父母同住。

然而，因为完全忽略了死亡的作用，这个状态空间表达也更为简单。事实上，我们不仅忽略了（儿童的）死亡这个吸收性状态，也忽略了配偶或伴侣死亡的单身母亲和离婚或分居的单身母亲对孩子影响的差别。由于研究范围是生育年龄（15 ~ 55 岁）现象的变化，而这个年龄段的成人死亡率非常低，所以这种忽略可能并不会有重要影响。于是，λ^{21} 和 λ^{31} 主要反映了（从协议婚姻）分居和（从正式婚姻）离婚的风险。同理，我们没有区分单身妇女在前一个状态的性质，而是将离婚母亲与此前为同居的妇女混为一谈。这样做等同于假设可以正当忽略离开该状态（单身）的转换率中存在的任何异质性，也就是说，假设此前同居者与此前合法结婚者组建新的婚姻过程基本相同。如果这个假设不符合实际（而且十之八九不怎么符合），就应当区分两种婚姻解体状态。

12.3.2　各种率的估计

全国家庭成长调查（The National Survey of Family Growth，NSFG）是美国国家卫生统计中心定期开展的对全美有代表性的住户调查。调查目的是收集生育和健康的相关信息。1995 年实施的 NSFG – 5 调查包括 10,847 名当年年龄在 15 ~ 44 岁的妇女（Potter et al.，1997）。由于 NSFG – 5 询问了被调查妇女的婚姻和生育史，所以可以据此重构她们的子女在同居、结婚和婚姻解体方面的经历（Bumpass and Lu，2000）。根据 1990 ~ 1994 年所发生事件的回顾性信息，我们为图 12.4 中的所有流向和相关年龄计算了调查的单岁组年龄别率。将这些率记为 $_1M_x^{ij}$，相当于调查到的 $x \sim x + 1$ 岁从状态 i 到 j 的转换率（$_1D_x^{ij}$）与同年龄组状态 i 的期中人口估计值（$_1N_x^i$）之比，$_1D_x^{ij}/_1N_x^i$。表 12.1 列出了这些率[①]。正如第 3 章中定义的死亡率 $_1M_x$ 是两状态生命表的基础那样，这些 $_1M_x^{ij}$ 就是图 12.4 中各状态生命表的基础。因此，在这个应用中，将包括一个母亲为单身（状态 1 "单身"）的儿童生命表，一个母亲为协议婚姻或同居（状态 2 "同居"）的儿童生命表，一个母亲为已婚（状态 3 "已婚"）的儿童生命表。如第 3 章所述，这些表的中心元素是经历这些事件的相应概率。

表 12.1　与图 12.4 相应的状态与转换的 $_1M_x^{ij}$ 观察值

| 年　龄 | 年龄区间的初始状态 | | | | | |
| | 1（单身）转换目标状态 | | 2（同居）转换目标状态 | | 3（已婚）转换目标状态 | |
	2	3	1	3	1	2
0	0.0777	0.0421	0.0968	0.1460	0.0121	0.0086
1	0.0858	0.0405	0.0984	0.1411	0.0211	0.0082
2	0.1068	0.0350	0.0759	0.1468	0.0196	0.0069
3	0.1054	0.0354	0.0829	0.1639	0.0210	0.0045
4	0.0832	0.0475	0.0656	0.1282	0.0216	0.0084
5	0.0939	0.0497	0.0555	0.1433	0.0214	0.0076
6	0.0617	0.0469	0.0506	0.1229	0.0251	0.0022
7	0.0808	0.0580	0.0471	0.1326	0.0201	0.0078
8	0.0507	0.0305	0.0655	0.1387	0.0196	0.0027
9	0.0621	0.0375	0.0815	0.1430	0.0215	0.0031
10	0.0854	0.0411	0.0508	0.1370	0.0201	0.0049
11	0.0435	0.0343	0.0855	0.1149	0.0186	0.0032
12	0.0656	0.0521	0.0880	0.0896	0.0260	0.0043
13	0.0427	0.0313	0.0812	0.1307	0.0204	0.0071
14	0.0837	0.0314	0.0851	0.0712	0.0260	0.0066

资料来源：NSFG – 5。也可参见 Bumpass and Lu，2000。

---

①　标记 $_1M_x^{ij}$ 对应于 x、$x + 1$ 年龄组在状态 i 和 j 之间的转换率；$\lambda^{ij}(x)$ 是 $_1M_x^{ij}$ 的连续形式。

回顾只有初始和终点两状态且只能单向转换的生命表计算步骤。在此仅关注退出或离开初始状态的描述值。为此，先计算 $_1M_x$ 的各个值，且为了估计 $_1q_x$、$_1d_x$ 和 $_1L_x$ 而附加一个关于潜在风险行为的假设。例如，假设 $l(x)$ 在一年中为线性分布，就可以从各年龄组的 $_1M_x$ 估计中得到唯一的 $_1q_x$，然后推导出 $_1d_x$ 和 $_1L_x$。[1] 尽管在介绍计算步骤时没有明言，但可以说对生命表中的每个年龄（除了 0 岁）都有 3 个未知数的方程。在线性条件下的这 3 个方程是：

$$l(x+1) = l(x) - {}_1d_x$$
$$_1d_x = {}_1M_x \cdot {}_1L_x$$
$$_1L_x = 0.5[l(x) + l(x+1)] \tag{12.1}$$

因为已知每个年龄 x 的 $l(x)$，这是从任意基数或 $l(0)$ 值开始递推的结果，3 个未知量是 $l(x+1)$、$_1d_x$ 和 $_1L_x$，所以很容易证明 $_1d_x$ 的解为：

$$_1d_x = l(x) \cdot \frac{_1M_x}{1 + 0.5\,_1M_x}$$

或相等的有：

$$l(x+1) = l(x) \cdot \frac{1 - 0.5\,_1M_x}{1 + 0.5\,_1M_x} \tag{12.2}$$

也就意味着有：

$$_1q_x = \frac{_1M_x}{1 + 0.5\,_1M_x}$$

这是第 3 章两状态生命表的实际解的核心。

再进一步用与多状态情况相仿的方法，不同的是每个年龄都会有一种以上的转换目标。为了更有效地操作，以下介绍更多的标记定义：

$l^i(x)$ 为确切年龄 x 岁处于状态 i 的人数；

$_1d_x^{ij}$ 为 x 至 $x+1$ 岁从状态 i 转换至状态 j 的人数；

$_1L_x^i$ 为 x 至 $x+1$ 岁状态 i 的存活人年数。

读者应能证明以下等式对所有年龄适用：

$$l^i(x-1) = l^i(x) + \sum_j {}_1d_x^{ji} - \sum_j {}_1d_x^{ij} \qquad \text{I 类方程}$$
$$_1d_x^{ij} = {}_1M_x^{ij} \cdot {}_1L_x^i \qquad \text{II 类方程} \tag{12.3}$$
$$_1L_x^i = 0.5[l^i(x) + l^i(x+1)] \qquad \text{III 类方程}$$

由于在图 12.4 中有 3 种不同状态，所以对于每个年龄组都需要有 3 个 I 类方程和 3 个 III 类方程；同理，因为一共有 6 个流向或转换，所以需要有 6 个 II 类方程。加起来总共

---

[1] 读者应当记得，假设 $l(x)$ 在一年期间为线性，相当于假设 $_1a_x = 0.5$，且 $\mu(x)$ 是 x 的单调递增函数。

有 12 个方程。未知量为 $l^i(x+1)$ 的 3 个值、$_1L_x^i$ 的 3 个值以及 $_1d_x^{ij}$ 的 6 个值；或相应的条件概率 $_1q_x^{ij}$ 的 6 个值[①]。

为了得到所需要的估计值 $_1q_x^{ij}$，必须对每个年龄 12 个未知量的 12 个方程系统求解。这当然不轻松，不过也不是很困难的工作。事实上，如下所示，求解的计算应用了矩阵求逆的连续运算，每个年龄组一个矩阵（0 岁除外）。尽管矩阵求逆运算并不总是平滑的，但有几种软件可以有效处理这项工作（见本章第 7 节）。

我们应用表 12.1 的率对每个年龄组解这个方程系统，然后对所有 3 种相应的状态计算 $l^i(x)$、$_1d_x^{ij}$ 和 $_1L_x^i$。全部计算都根据对所有 i 都相同的基数 $l^i(0)=1,000$，即假设初始队列有 3,000 名 0 岁儿童，每种状态 1000 人。当然为了估计精确，应当知道新生儿在这些状态的实际分布。

表 12.2 列出了 $_1q_x^{ij}$ 值，表 12.3 为 $l^i(x)$ 和 $_1d_x^{ij}$ 值。表 12.2 中每三列的第一列值与每个状态相应于每年末处于该状态的条件概率相关。于是，状态 1 的第一个年龄组第一列的值为 0.8902 （ $=1-0.0657-0.0441$ ）。$_1L_x^i$ 的值隐含在表 12.3 中而没有列出，是为了避免杂乱。表 12.4 列出了各个状态的 0 岁预期停留时期估计值[②]。

表 12.2　与图 12.4 相应的状态与转换的 $_1q_x^{ij}$ 估计值

年龄	年龄区间的初始状态								
	1（单身）转换目标状态			2（同居）转换目标状态			3（已婚）转换目标状态		
	1	2	3	1	2	3	1	2	3
0	0.8902	0.0657	0.0441	0.0823	0.7868	0.1308	0.0117	0.0080	0.9802
1	0.8850	0.0724	0.0427	0.0841	0.7898	0.1261	0.0199	0.0080	0.9721
2	0.8711	0.0900	0.0381	0.0651	0.8032	0.1317	0.0183	0.0070	0.9747
3	0.8723	0.0879	0.0398	0.0705	0.7839	0.1456	0.0196	0.0049	0.9756
4	0.8800	0.0715	0.0485	0.0574	0.8259	0.1167	0.0202	0.0083	0.9714
5	0.8686	0.0800	0.0514	0.0485	0.8217	0.1298	0.0199	0.0077	0.9724
6	0.8988	0.0540	0.0472	0.0455	0.8418	0.1127	0.0236	0.0027	0.9738
7	0.8723	0.0696	0.0581	0.0416	0.8371	0.1213	0.0187	0.0078	0.9735
8	0.9237	0.0443	0.0320	0.0583	0.8162	0.1254	0.0187	0.0029	0.9784
9	0.9076	0.0533	0.0391	0.0712	0.8003	0.1285	0.0204	0.0033	0.9763
10	0.8832	0.0736	0.0432	0.0449	0.8304	0.1247	0.0188	0.0052	0.9760
11	0.9270	0.0381	0.0349	0.0758	0.8195	0.1047	0.0178	0.0032	0.9789
12	0.8918	0.0571	0.0511	0.0775	0.8394	0.0832	0.0244	0.0046	0.9710
13	0.9304	0.0374	0.0322	0.0720	0.8102	0.1178	0.0197	0.0067	0.9736
14	0.8945	0.0736	0.0318	0.0756	0.8582	0.0663	0.0245	0.0070	0.9685

资料来源：NSFG - 5。也可参见 Bumpass and Lu，2000。

[①]　式（12.3）中的方程系统基于 M_x^{ij} 已知的假设，这一点至关重要。这个假设通常要求观察到的率与相应静止人口的率相等。

[②]　表 12.2、12.3 和 12.4 列出的值是应用本章后面讨论的矩阵法获得的。这些估计值与对各年龄组解 12 个方程系统的估计结果略有差异。因为有这些不同，所以估计值（诸如 $_1d_x^{ij}$ 和 M_x^{ij}）之间的实际关系不完全与式（12.3）中的表达式所反映的相同。

表 12.3　与图 12.4 相应的状态与转换的 $l^i(x)$ 和 $_1d_x^{ij}$ 估计值

| 年龄 | 状态 i | | | | | | | | |
| | $i=1$（单身） | | | $i=2$（同居） | | | $i=3$（已婚） | | |
	$l^1(x)$	$_1d_x^{12}$	$_1d_x^{13}$	$l^2(x)$	$_1d_x^{21}$	$_1d_x^{23}$	$l^3(x)$	$_1d_x^{31}$	$_1d_x^{32}$
0	1,000	66	44	1,000	82	131	1,000	12	8
1	984	71	42	861	72	109	1,155	23	9
2	966	87	37	760	49	100	1,274	23	9
3	915	80	36	706	50	103	1,378	27	7
4	875	63	42	641	37	75	1,484	30	12
5	837	67	43	604	29	78	1,559	31	12
6	787	43	37	576	26	65	1,637	39	4
7	772	54	45	531	22	64	1,696	32	13
8	728	32	23	512	30	64	1,761	33	5
9	736	39	29	454	32	58	1,810	37	6
10	737	54	32	409	18	51	1,854	35	10
11	704	27	25	403	31	42	1,893	34	6
12	717	41	37	363	28	30	1,920	47	6
13	714	27	23	355	26	42	1,931	38	13
14	728	54	23	327	25	22	1,945	48	14
15	724	—	—	348	—	—	1,928	—	—

注：根据表 12.2 计算。注意每行的 $l^i(x)$ 求和应等于 3,000，如有差异是因为四舍五入。

资料来源：NSFG-5。也可参见 Bumpass and Lu，2000。

表 12.4　初始状态下各状态的预期停留时期（或等待时间）

| 初始状态（0 岁） | 存活于状态 j 的存活年数 | | |
	1（单身）	2（同居）	3（已婚）
合　　计	4.0	2.7	8.3
1	8.0	2.5	4.6
2	2.8	5.3	6.9
3	1.3	0.6	13.1

注：第一行根据表 12.3 计算。由于四舍五入，每行求和不一定等于 15.0。

12.3.3　对估计值的解释

对于每种初始状态 i 和每个年龄 x，表 12.2 中的转换状态条件概率 $_1q_x^{ij}$ 的总和应当是 1.0。因此，例如一个有单身母亲的 0 岁儿童就有三种母亲状态转变的可能：（a）母亲继续保持在该状态，概率为 0.8902；（b）母亲同居，概率为 0.0657；（c）母亲结婚，概率为 0.0441。每个状态 i 的基数为 $l^i(0)=1,000$，将表 12.2 的条件概率综合起来，得到表 12.3 的数值。根据这个表，确切年龄 5 岁的儿童有 837 人处于状态 1，有 604 人处于状态 2，还有 1,559 人处于状态 3。注意这些数加起来等于 3,000，因为这个表达式中没有考虑儿童死亡率，初始队列的所有 3,000 名儿童在各岁都必须处在这三种状态之一。

对 $_1d_x^{ij}$ 列也有直接的解释。顺着 $_1d_x^{12}$ 列往下，可以看到在确切年龄为 5 岁的 837 名与单身母亲同住的儿童中，67 人的母亲改变为同居状态。类似的，初始的 837 名 5 岁在状态 1 的儿童中，有 43 人在第 5 至第 6 生日期间开始与已婚的母亲同住。相似的解释也适用于其他列。

函数 $l^i(x)$ 并不总是单调递减，这反映了各年龄各状态都既有增也有减。因此应当明确无法使用 $l^i(x)/l^i(0)$ 测量状态 i 的新生儿在 x 岁仍处于状态 i 的概率。比率 $l^i(x+k)/l^i(x)$ 也不能测量维持在状态 i 的条件概率。不过可以应用比率：

$$l^i(x) \bigg/ \sum_i l^i(0)$$

代表一个新生儿在 x 岁处于状态 i 的概率。例如，一个新生儿在 10 岁将与已婚母亲居住的概率为 0.618（ $=1854/3000$ ）。

从多增减生命表可以得到两类预期寿命或预期等待时间。第一类是无条件的预期时间，表示不考虑最初状态在某种状态下存活的平均时期。根据表 12.4 的结果，这个假想队列的成员在状态 1、2、3 下的预期年数分别为 4.0 年、2.7 年和 8.3 年。也就是说，初始队列的成员（无论其初始状态如何）预期在 0～15 岁期间有 4.0 年与单身母亲居住，2.7 年与同居的母亲居住，其余年则与已婚母亲居住。这些数加起来等于 15.0，也就是生命的头 15 年都已填满。

第二种等待时间或处于某种状态的时期称为"有条件的"，分清无条件和有条件的等待时间或时期非常重要（Schoen，1988）。年龄 x 在状态 j 的无条件时期或预期寿命 $e^j(x)$ 是 x 岁以后处于状态 j 的存活人年数，可以根据表 12.3 中隐含的 $_1L_y^j$（ $y \geqslant x$ ）值直接计算。这些值在结构上来说是可加的。特别是：

$$\sum_j e^j(0) = e(0)$$

因为本例没有考虑儿童死亡问题，所以总共是 15 年。

条件预期寿命或条件时期与此不同，$\Psi^{ij}(x)$ 是确切年龄 x 岁处于状态 i 的人预期存活在状态 j 的年数，这个指标必须应用确切年龄 x 岁处于状态 i 的队列成员的变动轨迹估计，然后计算处于状态 j 的时间。这些计算比较繁琐但并不十分困难。

假设有 $l^i(x)$ 名确切年龄 x 岁处于状态 i 的儿童，然后为有 $l^i(x)$ 名成员的队列估计一套新的生命表，这些成员的初始状态为 i，且初始年龄并不是 0 岁而是 x 岁。从这套新估计的生命表，可以获得所有 j 状态的无条件预期值或 $e^j(y)$ 值，$y \geqslant x$。这些值与新初始队列中的 $l_i(x)$ 儿童相关，而不是最初的儿童队列。为了避免混淆，将这些无条件预期值记为 $\in^j(y)$，$y \geqslant x$。随后可得到 $\Psi^{ij}(x)$，其实就是 $\in^j(x)$ 值。还可以推导出，x 岁处于状态 i 的儿童在 x 岁以后的存活年数必定等于：

$$\sum_j \Psi^{ij}(x)$$

表 12.4 第一行的值对应于 $e^j(0)$，其余行的值则对应于 $\Psi^{ij}(0)$。[①] 这些数值揭示了一个值得注意的特点，即已婚母亲的孩子在他们生命的最初 15 年中大部分时间将会保持在这个状态，单身母亲或同居母亲的孩子也会在最初 15 年的相当多时间分别保持在相同状态。

12.4　函数之间的关系及概述

本节更深入地研究 $l^i(x+1)$ 和 $_1d_x^{ij}$ 函数的性质，并探讨它们之间的主要关系。

12.4.1　$_1d_x^{ij}$ 的性质

表中的 $_1d_x^{23}$ 是什么？这是儿童人数，这些儿童在确切年龄 x 岁时母亲处于同居状态，当他们满 $x+1$ 岁时母亲结婚了。这个值是多重流动的结果，有些只涉及一次转换，有些转换了多次，有些离开状态 3，其他人进入状态 3。例如，这个值包括 x 岁时母亲处于同居状态的儿童，然后在 $x+\delta(0<\delta<1)$ 岁母亲结婚了，直到 $x+1$ 岁仍维持在已婚状态。但是它还包括母亲转换经历更复杂的儿童，例如，当儿童 x 岁时母亲为同居，在儿童 $x+\delta(0<\delta<1)$ 岁时母亲结婚，当儿童 $x+\delta'(\delta<\delta')$ 岁时母亲离婚，当儿童 $x+\delta''(\delta<\delta'')$ 岁时母亲再次同居，最终母亲结婚并在儿童满 $x+1$ 岁前保持已婚状态。于是，$_1d_x^{23}$ 不仅受到进入状态 3 的影响，而且还受到离开该状态的影响。因此，这个值不包括从状态 2 开始、转换到状态 3、然后离开直到 $x+1$ 岁前都未进入的人；也不包括如上所述多次转换的人，即再次离开状态 3 直到 $x+1$ 岁前都未进入的人。显然，如果离开状态 3 的退出率较低，则 $_1d_x^{23}$ 值会较高。

在多数应用中，时间间隔非常短或转换率很低，因此个体在一个时间间隔内经历多次事件的可能性很小。但是即使在最保守的情况下，即在只允许每人每时期仅转换一次的情况下，也不再视 $_1d_x^{ij}$ 为纯递减的测量，除非 j 是吸收性状态。

12.4.2　$l^i(x+1)$ 的性质

前文已经提到表 12.3 中的 $l^i(x+1)$ 并不是严格地随年龄增长而下降的。例如，根据 7 岁的 $l^3(x)$ 得到的值（1696）表达了相对于 $l^3(6)$（1637）的上升。这是因为 $l^3(x)$ 反映了婚姻以及其他现象的起落变化。在状态 3 的情况下，6 岁和 7 岁之间因离婚减少了 39 人，另有因转向同居减少了 4 人。但是也增加了 37 人和 65 人，分别从状态 1 和状态 2 进入。显然，函数 $l^i(x+1)$ 既受到转换率（进入或退出该状态）幅度的影响，也受到 i 以外的所有 j 的函数 $l^j(x)$ 的影响。

12.4.3　一般关系

如果构建一个矩阵，其中包括每个状态 i 的增减原因，将会更充分地表达不同状态之

---

① 要注意，对表中的每个 j 而言，$e^j(0)$ 不等于加权平均值 $\Psi^{ij}(0)$，其中 $i=1,2,3$。

间的关系。这个矩阵记为 $l(x+1)$，其元素为 $^il^j(x+1)$ 值，即确切年龄 x 岁曾处于状态 i 并在 $x+1$ 岁转换到状态 j 的人数。在 $i \neq j$ 的情况下，函数 $^il^j(x+1)$ 相当于 $_1d_x^{ij}$；这些值其实代表了在年龄区间从状态 i 转换到状态 j 的人数。所不同的是，函数 $^il^j(x+1)$ 的值代表 x 岁状态 i 这个初始队列的存活人数。因此其必然是年龄的严格递减函数，一方面取决于初始值 $^il^i(x)$，另一方面取决于离开状态 i 的退出人数，即：

$$\sum_{j \neq i} {}_1d_x^{ij}$$

现在可以通过 $_1d_x^{ij}$ 建立 $l(x+1)$ 和 $l(x)$ 的元素之间的联系。在最一般的情况下，有非吸收性状态 $i=1,2,3,\cdots,k$，则：

$$l(x+1) = l(x) - D(x) \tag{12.4}$$

或不用缩写标记，则为：

$$\begin{pmatrix} {}^1l^1(x+1) & {}^1l^2(x+1) & \cdots & {}^1l^k(x+1) \\ {}^2l^1(x+1) & {}^2l^2(x+1) & \cdots & {}^2l^k(x+1) \\ \vdots & \vdots & \vdots & \vdots \\ {}^kl^1(x+1) & {}^kl^2(x+1) & \cdots & {}^kl^k(x+1) \end{pmatrix} =$$

$$\begin{pmatrix} {}^1l^1(x) & 0 & \cdots & 0 \\ 0 & {}^2l^2(x) & \cdots & 0 \\ \vdots & \vdots & \vdots & \vdots \\ 0 & 0 & \cdots & {}^kl^k(x+1)① \end{pmatrix} - \begin{pmatrix} \sum_j {}_1d_x^{1j} & -{}_1d_x^{12} & \cdots & -{}_1d_x^{1k} \\ -{}_1d_x^{21} & \sum_j {}_1d_x^{2j} & \cdots & -{}_1d_x^{2k} \\ \vdots & \vdots & \vdots & \vdots \\ -{}_1d_x^{k1} & -{}_1d_x^{k2} & \cdots & \sum_j {}_1d_x^{kj} \end{pmatrix}$$

矩阵 $D(x)$ 是增减矩阵。对角线上的 (i,i) 元素随状态 i 递减（对所有 $_1d_x^{ij}$ 或退出状态 i 的人数求和）；非对角线上的 (i,j) 元素随状态 i 增加。

矩阵方程（12.4）包含了式（12.3）中 I 类方程的所有信息。由于 D 矩阵的对角线值都是递减的，矩阵 $l(x+1)$ 的对角线元素总是小于相应的 x 岁元素值，与简单死亡过程中的 $l(x)$ 相似②。$x+1$ 岁状态 i 的人数 $l^i(x+1)$ 必须等于矩阵 $l(x+1)$ 相应列的元素总和。例如 $l^1(x+1)$ 就是 $l(x+1)$ 第一列元素的总和，即 $^1l^1(x+1) + {}^2l^1(x+1) + \cdots + {}^kl^1(x+1)$。不过，与简单生命表的相似之处仅此而已。与单递减生命表的情况非常不同的是，所有 x 岁退出状态 i 的总和不等于 $l^i(0)$。因为每个 $_1d_x^{ij}$ 值代表了事件的频度，其对存活年数或时期 $(x,x+1)$ 内总历险之比代表了一个率。用生命表的符号表达应当有：

$$_1m_x^{ij} = \frac{_1d_x^{ij}}{L_x^i}$$

---

① 原文如此，"$x+1$" 疑为"x"之误。——译者注
② 因为 $D(x)$ 是增减矩阵，没必要给式（12.4）加个负号。我们也可以写为 $l(x) + D(x)$，并改变矩阵 $D(x)$ 中的元素符号。

其中，$_{11}d_x^{ij}$ 是年龄区间内从状态 i 到 j 的转换次数，$_1L_x^i$ 是静止人口中该年龄区间状态 i 的总存活人年数，而 $_1m_x^{ij}$ 是静止人口的转换率。

与 $_1m_x^{ij}$ 相应的观察值为 $_1M_x^{ij}$，或该年龄区间从 i 到 j 的观察得到转换人数与同年龄组期中人口的估计值之比（$_1D_x^{ij}/_1N_x^i$）。

对矩阵中的 $_1d_x^{ij}$ 值做相应整理，可以得到观察的转换率 $_1M_x^{ij}$ 值的矩阵：

$$M(x) = \begin{pmatrix} \sum_j {}_1M_x^{1j} & -{}_1M_x^{12} & -{}_1M_x^{13} & \cdots & -{}_1M_x^{1k} \\ -{}_1M_x^{21} & \sum_j {}_1M_x^{2j} & -{}_1M_x^{23} & \cdots & -{}_1M_x^{2k} \\ \vdots & \vdots & \vdots & \vdots & \vdots \\ -{}_1M_x^{k1} & -{}_1M_x^{k2} & -{}_1M_x^{k3} & \cdots & \sum_j {}_1M_x^{kj} \end{pmatrix} \tag{12.5}$$

将矩阵 $D(x)$ 中的值除以相应的历险值就得到以上矩阵。这个矩阵方程相当于式（12.3）中的 Ⅱ 类方程。

假设代表各状态存活数的函数在两个年龄之间为线性，即 $l^i(x)$ 和 $l^i(x+1)$ 的平均值是 $_1L_x^i$。同样假设 $_1L_x^{ij} = 0.5 \, l^i(x+1)$ 值能准确表达在年龄区间 $(x, x+1)$ 从状态 i 转换到 j 的存活人年数。于是可以整理矩阵中的 $_1L_x^{ij}$ 值，再应用矩阵符号得到下式：

$$L(x) = 0.5[l(x) + l(x+1)] \tag{12.6}$$

该矩阵相当于式（12.3）中的 Ⅲ 类方程。

将式（12.6）代入式（12.5），得到 $l(x+1)$ 的解如下：

$$l(x+1) = l(x)[I - 0.5M(x)][I + 0.5M(x)]^{-1} \tag{12.7}$$

其中，I 是单位矩阵，上标"-1"表示逆矩阵。这是对式（12.4）介绍的联立方程的正式解。注意到，当

$$l(x+1) = l(x) \cdot \frac{1 - 0.5\,_1M_x}{1 + 0.5\,_1M_x}$$

时，式（12.7）相当于两状态解的矩阵。

为了计算与 $l^i(x+1)$ 相关联的各状态，需要应用式（12.7）对各年龄组的相应值求解。如同在两状态的情况下，这些值足以计算研究所需要的其他值。不过，需要定义一个基数 $l^i(0)$，才能开始计算步骤，本例中设定所有状态 j 的基数为 $l^j(0) = 1,000$。

此前已经展示构造多增减生命表所需要的计算步骤，至少从原则上来说相当简单：只需要分别求所有相关年龄组或时间间隔的逆矩阵，再从估计结果计算所需要的值。然后将这些值填入每个状态的生命表。如果状态不多（少于四种状态）且年龄组也不太多，矩阵求逆问题不大，可以用计算器很快完成。但是当状态种类和年龄组较多时，矩阵求逆就变得复杂，最好用计算机来处理。本章最后一节就处理这种问题的相关软件提出了一些建议。

12.4.4 死亡或其他吸收性状态的介绍

尽管在本节的案例中原则上忽略了吸收性状态的存在，但在应用中并不总是如此。例

如在艾滋病模型或老年健康状况的应用中，需要明确引入死亡状态。

引入吸收性状态并不会增加难度，但是需要对矩阵和向量做相应的重新设计，这种设计可以更好地解释和简化数字运算。如果在儿童的家庭生活经历中引入死亡，就应当增加一个新的状态和所有相关转换。通常会重新安排矩阵，将死亡作为最后一个状态（矩阵 $l(x)$、$l(x+1)$ 和 $M(x)$ 的最后一行）。依照惯例将矩阵 $l(x+1)$、$D(x)$ 和 $M(x)$ 的最后一行置零，来反映吸收性状态的非活跃性。除了这些矩阵设计的变化之外，不需要其他修改。

12.4.5 多状态表的闭合

如同在简单生命表中，计算最后一个年龄组或时期值会有些困难。在第 3 章中，生命表的闭合需要假设高龄 ω 以上的人口为静止人口。于是可以设定下式对存活人年数的未知值求解：

$$_\infty L_\omega = \frac{l(\omega)}{_\infty M_\omega} \tag{12.8}$$

在多状态情况下的做法相似。所不同的是需要处理多种状态，$i=1$，2，$\cdots$，k。于是，对于婚姻组成和解体的应用案例，因为要求解 3 个 $_\infty L_\omega^i$ 值，所以需要应用式（12.8）3 次。读者应当已经想到了，相关运算就是矩阵相乘：

$$L(\omega) = l(\omega) \cdot [M(\omega)]^{-1} \tag{12.9}$$

其中，$L(\omega)$ 和 $l(\omega)$ 是对角矩阵，$M(\omega)$ 是只考虑 k 种非吸收状态的 $(k \times k)$ 矩阵。

12.5 最简单案例：两状态系统

本节简要回顾两状态情况下的明确解。回顾的原因是，相关值的表达式揭示了部分隐含假设的过程和后果。

假设一个不考虑吸收性状态的两状态系统。在 $x \sim x+1$ 岁保持在状态 1 和状态 2 的条件概率（$_1p_x^{11}$ 和 p_x^{22}）以及在 $x \sim x+1$ 岁从状态 1 转换到状态 2 和从状态 2 转换到状态 1 的条件概率（$_1q_x^{12} = 1 - {}_1p_x^{11}$ 和 $_1q_x^{21} = 1 - {}_1p_x^{21}$）的解，分别为：

$$_1p_x^{11} = \frac{1 + 0.5\,_1M_x^{21} - 0.5\,_1M_x^{12}}{1 + 0.5\,_1M_x^{21} + 0.5\,_1M_x^{12}} \qquad _1q_x^{12} = \frac{_1M_x^{12}}{1 + 0.5\,_1M_x^{21} + 0.5\,_1M_x^{12}}$$

$$_1p_x^{22} = \frac{1 + 0.5\,_1M_x^{12} - 0.5\,_1M_x^{21}}{1 + 0.5\,_1M_x^{21} + 0.5\,_1M_x^{12}} \qquad _1q_x^{21} = \frac{_1M_x^{21}}{1 + 0.5\,_1M_x^{21} + 0.5\,_1M_x^{12}}$$

读者可以证明，根据以下 2×2 矩阵 $M(x)$，从式（12.7）可以推导出上式，

$$M(x) = \begin{pmatrix} _1M_x^{12} & -_1M_x^{12} \\ -_1M_x^{21} & _1M_x^{21} \end{pmatrix}$$

将本例中的条件存活概率与简单生命表中的相应概率比较，很有启示意义。简单生命表中从状态 1 转向状态 2 的条件概率表达式是比率 $_1M_x/(1 + 0.5_1M_x)$，约等于 $_1M_x \cdot (1 - 0.5_1M_x)$。该乘积直接表达出隐含的线性假设，它相当于要求所有事件发生在区间中点，该时点应当有约初始存活者的 $(1 - 0.5_1M_x)$ 部分面临由 $_1M_x$ 设定的减员。

对于具有两种流向的两状态系统，可以同样解释从状态 1 流向状态 2 的条件概率。首先应用 $(1 - 0.5_1M_x^{12})$，令 x 岁状态 1 的人都存活到 $(x, x + 1)$ 区间中点。然后应用率 $_1M_x^{12}$ 和因子 $(1 - 0.5_1M_x^{21})$，后者是考虑有些从状态 1 转换到状态 2 的人会回到初始状态。于是确切年龄 x 岁状态 1 的某个人在 $x + 1$ 岁处于状态 2 的概率 $_1q_x^{12}$ 为：

$$_1M_x^{12} \cdot (1 - 0.5_1M_x^{21}) \cdot (1 - 0.5_1M_x^{12})$$

当这些率取值都很小时，约等于：

$$\frac{_1M_x^{12}}{(1 + 0.5_1M_x^{21} + 0.5_1M_x^{12})}$$

相同的推导结果也可得到求 $_1q_x^{21}$ 的第二个方程。

12.6　其他解决方法：恒定率的情况

式(12.7)表达的解是基于在单位时期内函数 $^il(x)$ 为线性的假设。这意味着单位时期内的潜在风险 $\mu^{ij}(a)(x \le a \le x + 1)$ 是上升的。有些情况下，假定时期内的率近似恒定可能更为贴切且更简便。这就是说 $l(x)$ 是年龄的非线性函数（指数函数）。在多状态情况下相应的结果是，所有 $^il(x + 1)$ 成为率 M_x^{ij} 的指数式函数。唯一需要注意的是，多状态情况下计算的是函数的一个矩阵，所有表达式都涉及矩阵而不是标量。这个矩阵 $l(x + 1)$ 的解实际上是：

$$l(x + 1) = l(x) \cdot \exp[-M(x)] \tag{12.10}$$

其中 $l(x + 1)$、$l(x)$ 和 $M(x)$ 与此前定义的矩阵相同。没有对矩阵值的指数函数定义，表达式(12.10)在某种程度上来说没有意义。与一维情况相同，可以用无穷级数的形式 $(1 + q + q^2/2! + q^3/3! + \cdots)$ 表达函数 $\exp(q)$，其中 q 是任意实数，于是就可能定义 $\exp(Q)$ 如下（其中 Q 是 $n \times n$ 矩阵）

$$\exp(Q) = I + Q + Q^2(1/2!) + Q^3(1/3!) + \cdots$$

大多数情况下这些率都足够小，所以级数的第一个或头两个元素就已经很接近等式左边的值了。若是这样，多状态生命表系统的解要比假设 $l(x + 1)$ 为线性时更为简单。因为不需要对矩阵求逆，而且最多只要求一次矩阵相乘。

怎样在不同计算方法中选择一种来估计多增减生命表的条件概率呢？合理的答案应当是，在最一般的情况下，考虑计算简便和容易，建议使用线性方法。不过众所周知，当潜在风险快速下降时，线性假设会导致相当大的偏差（Schoen，1988），且当某些或所有转换率很大时，甚至会导致明显是不可能的负值（Hoem and Funck-Jesen，1982；Nour and Suchindran，1984）。所以在考虑一致性时，应当选择指数法，或称为平均转换时期法（Schoen，1988）。

12.7　计算多增减生命表的程序

有多个计算机程序可以计算多增减生命表。20世纪70年代后期，Willekens编制了线性方法的一般性程序，遗憾的是这个程序并不是普遍可得。Robert Schoen设计和制作了第一个普遍可得的程序，他在书中发表了这个完整的Fortran程序编码（Schoen，1988）。这个程序的主要局限是仅能估计和计算四种以下的多状态系统。

最近，多增减生命表应用的先驱Andrei Rogers编制了DOS兼容的程序，可以相当广泛地用于线性假设下的计算（Rogers，1995b）。由于这个程序可以在任何个人电脑上应用，只有最小内存要求，所以是个颇具吸引力的选择。它的局限是生命表估计的输出功能很有限。

两位威斯康星大学人口学和生态学中心的前博士生Pete Tiemeyer和Glen Ulmer编制了C++程序，可以在任何个人电脑上运行，只要求最小内存和硬盘空间。该程序应用了现行方法，并可以处理任意多的状态和时期分组（Tiemeyer and Ulmer，1991）。最后还有大量函数和输出功能。可以从作者处免费获得该程序及其安装和运行指南。

显然，每种实际应用软件都会有特殊条件、数据输入和输出要求。大多数现有软件都不具有足够普遍的适用性和灵活性来处理非常广泛的应用需求或运行不同的估计方法（如用指数方法而不是线性方法）。因此，多数情况下要依靠研究者为估计和计算多增减生命表制作自己的工具。我们的建议是应用常用的软件包，如STATA，S - PLUS或MATLAB等，这些软件适合综合使用现有程序（如矩阵求逆）和用户定义的子程序（如需要估计条件预期寿命）。

参考文献

Alho, J. M. 1998. A *Stochastic Forecast of the Population of Finland*. Helsinki: Statistics Finland.

Arriaga, Eduardo. 1968. *New Life Tables for Latin American Populations in the Nineteenth and Twentieth Centuries*. Population Monograph Series No. 3. Berkeley: Institute of International Studies, University of California.

—. 1984. "Measuring and Explaining the Change in Life Expectancies," *Demography*, 21(1): 83 – 96.

—. 1989. "Changing Trends in Mortality Decline During the Last Decades," pp. 105 – 129 in Lado Ruzicka, Guillaume Wunsch, and Penny Kane, eds., *Differential Mortality*: *Methodological Issues and Biosocial Factors*. Oxford, England: Clarendon Press. International Studies in Demography.

Arthur, W. B. and J. W. Vaupel. 1984. "Some General Relationships in Population Dynamics," *Population Index*, 50(2): 214 – 226.

Bailar, A. B. 1985. "Comment to Ericksen and Kadane," *Journal of the American Statistical Association*, 80(389): 109 – 114.

Bennett, N, G. and S. Horiuchi. 1981. "Estimating the Completeness of Death Registration in a Closed Population," *Population Index*, 47(2): 207 – 221.

Bernardelli, H. 1941. "Population Waves," *Journal of the Burma Research Society*, 31(1): 1 – 18.

Bhat, M. P. 1987. *Mortality in India*: *Levels, Trends, and Patterns*. Unpublished Ph. D. Dissertation, University of Pennsylvania.

Bhrolchain, M, N. 1992. "Period Paramount? A Critique of the Cohort Approach to Fertility," *Population and Developpement Review*, 18(4): 599 – 619.

Bogue, D. J., E. E. Arriaga, D. L. Anderton, and G. W. Rumsey. 1993. *Readings in Population Research Methodology*. New York: United National Population Fund.

Bongaarts, J. 1978. "A Framework for Analyzing the Proximate Determinants of Fertility," *Population and Development Review*, 4(1): 105 – 132.

— . 1982. "The Fertility-inhibiting Effects of the Intermediate Fertility Variables," *Studies in Family Planning*, 13(6 – 7): 179 – 189.

— . 1994. "Population Policy Options in the Developing World," *Science*, 263: 771 – 776.

Bongaarts, J. and G. Feeney. 1998. "On the Quantum and Tempo of Fertility," *Population and Development Review*, 24: 271 – 291.

Bongaarts, J. and S. Greenhalgh. 1985. *An Alternative to the One – child Policy in China*. New York: Population Council. Center for Policy Studies Working Paper No. 115.

Bonynge, Francis. 1852. *The Future Wealth of America*. New York.

Booth, H. 1984. "Transforming the Gompertz for Fertility Analysis: The Development of A Standard for the Relational Gompertz," *Population Studies*, 38(3): 495 – 506.

Bourgeois – Pichat, J. 1946. "De la Mesure de la Mortalite Infantile," *Population*, 1(1): 53 – 68.

—. 1951. "La Mesure de la MortaHte Infantile. II, Les Causes de Deces," *Population*, 6 (3): 459 – 480.

—. 1963. "Application of Factor Analysis to the Study of Mortality," in *Emerging Techniques in Population Research*, proceedings of around table of the thirty-ninth annual conference of the Milbank Memorial Fund, Sept. 18 – 19, 1962. New York: Milbank Memorial Fund.

Bourgeois – Pichat, J. and S. A. Taleb. 1970. "Un Taux D'accroissement Nul pour les Pays en Voie de Développement en L'an 2000. Rêve ou Réalité ?," *Population*, 25(5): 951 – 974.

Brass, William. 1971. "On the Scale of Mortality," pp. 69 – 110 in W. Brass, ed. , *Biological Aspects of Demography*. London: Taylor and Francis Ltd; New York: Barnes & Noble Inc.

—. 1975. *Methods of Estimating Fertility and Mortality from Limited and Defective Data*, *Based on Seminars Held 16 – 24 September 1971 at the Centro Latinoamerico De Demografia (Celade) San Jose*, *Costa Rica*. Chapel Hill, NC: International Program of Laboratories for Population Statistics.

—. and E. A. Bamgboye. 1981. *The Time Location of Reports of Survivorship: Estimates for Maternal and Paternal Orphanhood and the Ever-widowed*. London, England, University of London, London School of Hygiene and Tropical Medicine, Centre for Population Studies. CPS Working Paper no. 81 – 1.

—. and S. Macrae. 1984. "Childhood Mortality Estimated from Reports on Previous Births Given by Mothers at the Time of a Maternity: Preceding – births Technique," *Asian And Pacific Census Forum*, 11(2): 5 – 8.

Brostrom, G. 1985. "Practical Aspects on the Estimation of the Parameters of Coale's Model for Marital Fertility," *Demography*, 22(4): 625 – 631.

Bumpass, Larry L. and Hsien – Hen Lu. 2000. "Trends in Cohabitation and Implications for Children's Family Contexts in the United States," *Population Studies*, 54(1): 29 –41.

Caldwell, J. C. 1966. "A Study of Age Misstatement among Young Children in Ghana," *Demography*, 3(2): 477 –490.

Cannan, E. 1895. "The Probability of a Cessation of the Growth of Population in England and Wales during the Next Century," *The Economic Journal*, 5: 505 –515. Also in *Population and Development Review*, 4(4): 695 –704.

Carnes, B. A., S. J. Olshansky, and D. Grahn. 1996. "The Search for a Law of Mortality," *Population and Development Review*, 22(2): 231 –264.

Chackiel, J. and H. Orellana. 1985. "Adult Female Mortality Trends from Retrospective Questions about Maternal Orphanhood Included in Censuses and Surveys," pp. 39 – 51 in *International Population Conference, Florence, 1985, 5 – 12 June*. Congres International de la Population, Volume 4. Liege, Belgium, International Union for the Scientific Study of Population.

Chandrasekar, C. and W. E. Deming. 1949. "On a Method of Estimating Birth and Death Rates and the Extent of Registration," *Journal of the American Statistical Association*, 44: 101 – 115. Laboratories of Population Statistics Reprint Series No. 1.

Chiang, C. L. 1968. *An Introduction to Stochastic Processes in Biostatistics*. New York: Wiley.

—. 1978. *Life Table and Mortality Analysis*. Geneva: World Health Organization.

Coale, Ansley J. 1957. "A New Method for Calculating Lotka's r – The Intrinsic Rate of Growth in a Stable Population," *Population Studies*, 11(1): 92 –94.

—. 1969. "The Decline of Fertility in Europe from the French Revolution to World War II," in S. B. Behrman, L. Corsa, and R. Freedman, eds., *Fertility and Family Planning: A World View*, Ann Arbor: University of Michigan Press.

—. 1971. "Age Patterns of Marriage," *Population Studies*, 25(2): 193 –214.

—. 1972. *The Growth and Structure of Human Populations*. Princeton: Princeton University Press.

—. 1974. "The History of Human Population," *Scientific American*, 123(3): 41 –51.

—. 1981. "A Reassessment of World Population Trends," pp. 35 – 38 in *International Population Conference, Manila 1981, 1983 Proceedings*. Liege: International Union for the Scientific Study of Population.

—. 1984. "Life Table Construction on the Basis of Two Enumerations of a Closed Population," *Population Index*, 50(2): 193 –213.

—. 1985. "An Extension and Simplification of a New Synthesis of Age Structure and Growth," *Asian And Pacific Census Forum*, 12(1): 5 –8.

— and P. Demeny, with B. Vaughan. 1983. *Regional Model Life Tables and Stable Populations*. New York: Academic Press.

— and G. Guo. 1989. "Revised Regional Model Life Tables at Very Low Levels of Mortality," *Population Index*, 55(4): 613 – 643.

—, A. M. John, and T. Richards. 1985. "Calculation of Age-specific Fertility Schedules from Tabulations of Parity in Two Censuses," *Demography*, 22(4): 611 – 623.

—. and D. R. McNeiL 1972. "The Distribution by Age of the Frequency of First Marriage in a Female Cohort," *Journal of the American Statistical Association*, 67(340): 743 – 749.

—. and J. Trussell. 1974. "Model Fertility Schedules: Variations in the Age Structure of Childbearing in Human Populations," *Population Index*, 40(2): 185 – 258.

— and — . 1977. "Annex I: Estimating the Time to Which Brass Estimates Apply," *Population Bulletin of the United Nations*, No. 10: 87 – 89.

— and — . 1978. "Technical Note: Finding Two Parameters that Specify a Model Schedule of Marital Fertility," *Population Index*, 44(2): 202 – 213.

— and C. Y. Tye. 1961. "The Significance of Age – patterns of Fertility in High Fertility Populations," *Milbank Memorial Fund Quarterly*, 39(4): 631 – 646.

Collett, D. 1994. *Modeling Survival Data in Medical Research.* London: Chapman & Hall.

Condran, G. A., C. Himes, and S. H. Preston. 1991. "Old Age Mortality Patterns in Low – mortality Countries: An Evaluation of Population and Death Data at Advanced Ages, 1950 to the Present," *Population Bulletin of the United Nations*, No. 30: 23 – 60.

Cox, D. R. 1972. "Regression Models and Life Tables," *Journal of the Royal Statistical Society*, Series B, No. 34: 187 – 220.

Das Gupta, P. 1993. *Standardization and Decomposition of Rates: A User's Manual.* Washington, DC: US Government Printing Office.

David, P. A., T. A. Mroz, W. C. Sanderson, K. W. Wachter, and D. R. Weir. 1988. "Cohort Parity Analysis: Statistical Estimates of the Extent of Fertility Control," *Demography*, 25 (2): 163 – 188.

Day, J. C. 1996. *Projections of the Population of the United States, by Age, Sex, Race, and Hispanic Origin: 1995 to 2050.* Bureau of the Census Current Population Reports Series P – 25/ 1130. Washington, DC: US Government Printing Office.

Deparcieux, A. 1746. *Essai sur les Probabilités de la Durée de la Vie Humaine.* Paris: Guérin Fréres.

Dorn, H. F. 1950. "Pitfalls in Population Forecasts and Projections," *Journal of the American Statistical Association*, 45(251): 311 – 334.

Easterlin, R. 1980. *Birth and Fortune.* New York: Basic Books.

Elandt – Johnson, R. C. and N. L. Johnson. 1980. *Survival Models and Data Analysis.* New York: Wiley.

Elo, I. T. and S. H. Preston. 1994. "Estimating African-american Mortality from Inaccurate

Data," *Demography*, 31(3): 427 – 458.

— and— . 1997. "Racial and Ethnic Differences in Mortality at Older Ages," pp. 10 – 42 in L. Martin, and B. Soldo, eds. , *Racial and Ethnic Differences in the Health of Older Americans*. Washington, DC: National Academy Press.

Ericksen, E. P. and J. B. Kadane. 1985. "Estimating the Population in a Census Year: 1980 and Beyond," *Journal of The American Statistical Association*, 80(389): 98 – 109.

Ewbank, D. C. 1981. *Age Misreporting and Age-selective Underenumeration: Sources, Patterns, and Consequences for Demographic Analysis*. Washington, DC, National Academy Press, Committee on Population and Demography Report No. 4.

—. 1982. "The Sources of Error in Brass's Method for Estimating Child Survival: The Case of Bangladesh," *Population Studies*, 36(3): 459 – 474.

Ewbank, D. C. 1993. "Coarse and Refined Methods for Studying the Fertility Transition in Historical Populations," pp. 345 – 360 in D. Reher and R. Schofield, eds. , *Old and New Methods in Historical Demography*. Oxford: Clarendon Press.

—, J. C. Gomez de Leon, and M. A. Stoto. 1983. "A Reducible Four-parameter System of Model Life Tables," *Population Studies*, 37(1): 105 – 127.

Feeney, G. 1991. "Child Survivorship Estimation: Methods and Data Analysis," *Asian and Pacific Population Forum*, 5(2 – 3): 51 – 55, 76 – 87.

Feeney, G. and W. Feng. 1993. "Parity Progression and Birth Intervals in China: The Influence of Policy in Hastening Fertility Decline," *Population and Development Review* 19(1): 61 – 101.

Fries, J. F. 1980. "Aging, Natural Death and the Compression of Morbidity," *New England Journal of Medicine*, 303: 130 – 135.

Garenne, Michel. 1994. "Do Women Forget Their Births? A Study of Maternity Histories in a Rural Area of Senegal (Niakhar)," *Population Bulletin of the United Nations*, No. 36: 43 – 54.

— and F. Friedberg. 1997. "Accuracy of Indirect Estimates of Maternal Mortality: A Simulation Model," *Studies in Family Planning*, 28(2): 132 – 142.

Gini, C. 1924. "Premières Recherches sur la Fécondité de la Femme," pp. 889 – 892 in *Proceedings of the International Mathematics Congress*, vol. 2.

Gompertz, B. 1825. "On the Nature of the Function Expressive of the Law of Mortality," *Philosophical Transactions*, 27: 513 – 585.

Grabill, W. H. , C. V. Kiser, and P. K. Whelpton. 1958. *The Fertility of American Women*. New York: Wiley.

Graham, W. , W. Brass, and R. W. Snow. 1989. "Estimating Maternal Mortality: The Sisterhood Method," *Studies in Family Planning*, 20(3): 125 – 135.

Graunt, J. 1662. *Natural and Political Observations Mentioned in a Following Index, and Made Upon the Bills of Mortality.* London. Republished with an Introduction by B. Benjamin in the *Journal of the Institute of Actuaries*, 90：1 – 61（1964）.

Greville, T. N. E. 1943. "Short Methods of Constructing Life Tables," *Record from the American Institute of Actuaries*, No. 32：29 – 42.

Hajnal, J. 1953. "Age at Marriage and Proportion Marrying," *Population Studies*, 7（2）：111 – 136.

Halley, E. 1693. "An Estimate of the Degrees of the Mortality of Mankind," *Philosophical Transactions*, 17：596 – 610, 653 – 656.

Heligman, Lawrence. 1985. *The Modelling of Age Patterns of Mortality and the Use of Such Models to Evaluate the Quality of Recorded Census Age Distributions.* Dissertation in Demography. Philadelphia：University of Pennsylvania.

Heligman, L. and J. H. Pollard. 1980. "The Age Pattern of Mortality," *Journal of the Institute of Actuaries*, vol. 107, Part I, No. 434：49 – 80.

Henry, Louis. 1953. *Fécondité des Mariages：Nouvelle Méthode de Mesure.* Travaux et Documents de l'INED, Cahier No. 16. Paris：Presses Universitaires de France.

—. 1957. "Fécondité et Famille. Modèles Mathématiques（I）," *Population*, 12（3）：413 – 444.

—. 1960. "Mesure Indirecte de la Mortalité des Adultes," *Population*, 15（3）：457 – 466.

—. 1961a. "Some Data on Natural Fertility," *Eugenics Quarterly*, 8（2）：81 – 91.

—. 1961b. "Fécondité et Famille. Modèles Mathématiques（II）," *Population*, 16（1）：27 – 48 and 16（2）：261 – 282.

—. 1964. "Mortalité Intra-utérine et Fécondabilité," *Population*, 19（5）：899 – 940.

—. 1969. "Schéma de Nuptialité：Déséquilibre des Sexes et Âge au Mariage," *Population*, 24（6）：1067 – 1122.

Heuveline, Patrick. 1998. "'Between One and Three Million'：Towards the Demographic Reconstruction of a Decade of Cambodian History（1970 – 1979）," *Population Studies*, 52（1）：49 – 65.

Hill, Kenneth. 1981. "A Proposal for the Use of Information on Residence of Siblings to Estimate Emigration by Age," *IUSSP Papers*, 18：19 – 34.

—. 1987. "Estimating Census and Death Registration Completeness," *Asian and Pacific Population Forum*, 1（3）：8 – 13.

—. 1991. "Approaches to the Measurement of Childhood Mortality：a Comparative Review," *Population Index*, 57（3）：368 – 382.

— and M. E. Figueroa. 1999. *Child Mortality Estimation by Time Since First Birth.* Baltimore, Md.：Hopkins Population Centers on Population WP 99 – 05.

— and J. Trussell. 1977. "Further Developments in Indirect Mortality Estimation," *Population Studies*, 31(2): 313 – 334.

Himes, Christine L. and Clifford C. Clagg. 1992. "An Overview of Demographic Analysis as a Method for Evaluating Census Coverage in the United States," *Population Index*, 58(4): 587 – 607.

—, S. H. Preston, and G. A. Condran. 1994. "A Relational Model of Mortality at Older Ages in Low Mortality Countries," *Population Studies*, 48(2): 269 – 291.

Hobcraft, J. , J. W. McDonald, and S. O. Rutstein. 1985. "Demographic Determinants of Infant and Early Child Mortality: A Comparative Analysis," *Population Studies*, 39(3): 363 – 385.

Hoem, J. M. 1972. "Inhomogeneous Semi-Markov Processes, Select Actuarial Tables, and Duration Dependence in Demography," pp. 251 – 296 in T. N. Greville, ed. , *Population Dynamics*. New York: Academic Press.

— and U. Funck – Jensen. 1982. "Multistate Life Table Methodology: A Probabilistic Critique," in K. C. Land and A. Rogers, eds. , *Multidimensional Mathematical Demography*. New York: Academic Press.

Hoogendyk, C. G. and G. F. Estabrook. 1984. "The Consequences of Earlier Reproduction in Declining Populations," *Mathematical Biosciences*, 71: 217 – 235.

Horiuchi, Shiro and A. J. Coale. 1982. "A Simple Equation for Estimating the Expectation of Life at Old Ages," *Population Studies*, 36(2): 317 – 326.

—and — . 1990. "Age Patterns of Mortality for Older Women: An Analysis Using the Age specific Rate of Mortality Change with Age," *Mathematical Population Studies*, 2(4): 245 – 267.

— and S. H. Preston. 1988. "Age – Specific Growth Rates: The Legacy of Past Population Dynamics," *Demography*, 25(3): 429 – 441.

Kalbfleisch, J. D. and R. L. Prentice. 1980. *The Statistical Analysis of Failure Time Data*. New York: Wiley.

Kannisto, Vaino. 1994. *Development of Oldest – old Mortality*, 1950 – 1990: *Evidence from 28 Developed Countries*. Odense Monographs on Population Aging; no. 1. Odense: Odense University Press.

— . 1996. *The Advancing Frontier of Survival: Life Tables for Old Age*. Odense Monographs on Population Aging, No. 3. Odense: Odense University Press.

Kannel, P. H. 1947. "The Relation Between Male and Female Reproduction Rates," *Population Studies*, 1(3): 249 – 274.

Keyfitz, Nathan. 1966. "A Life Table that Agrees with the Data," *Journal of the American Statistical Association*, 61(314): 305 – 312.

—. 1968a. "A Life Table that Agrees with the Data II," *Journal of the American Statistical*

Association，63（324）：1252 - 1268.

—. 1968b. *Introduction to the Mathematics of Population.* Reading，Mass.：Addison - Wesley.

—. 1971. "On the Momentum of Population Growth," *Demography*，8（1）：71 - 80.

—. 1972. "On Future Population," *Journal of the American Statistical Association*，67（338）：347 - 363.

—. 1981. "The Limits of Population Forecasting," *Population and Development Review*，7（4）：579 - 593，728 - 729.

—. 1985（2nd edn.）. *Applied Mathematical Demography.* New York：Wiley.

— and W. Flieger. 1968. *World Population：An Analysis of Vital Data.* Chicago：University of Chicago Press.

Keyfitz，Nathan and W. Flieger. 1990. *World Population Growth and Aging：Demographic Trends in the Late Twentieth Century.* Chicago and London：University of Chicago Press.

— and J. Frauenthal. 1975. "An Improved Life Table Method," *Biometrics*，No. 31：889 - 899.

Kim，Young J. and Robert Schoen. 1993. "Crossovers that Link Populations with the Same Vital Rates," *Mathematical Population Studies*，4（1）：1 - 19.

—. 1997. "Population Momentum Expresses Population Aging," *Demography*，34（3）：421 - 428.

—. 2000. "On the Quantum and Tempo of Fertility：Limits to the Bongaarts-Feeney Adjustment," *Population and Development Review*，26（2），forthcoming.

—，Robert Schoen，and P. Sandara Sanna. 1991. "Momentum and the Growth-Free Segment of a Population," *Demography*，28（1）：159 - 176.

Kiser，C. V.，W. H. Grabill，and A. A. Campbell. 1968. *Trends and Variations in Fertility in the United States.* Cambridge：Harvard University Press.

Kitagawa，E. M. 1955. "Components of a Difference between Two Rates," *Journal of the American Statistical Association*，50（272）：1168 - 1194.

Knodel，J. 1988. *Demographic Behavior in the Past：A Study of Fourteen German Village Populations in the Eighteenth and Nineteenth Centuries.* New York：Cambridge University Press.

— and H. Kinner. 1977. "The Impact of Breast Feeding Patterns on Biometric Analysis of Infant Mortality," *Demography*，14（4）：391 - 409.

Krotki，K. J. 1978. "The Role of PGE/ER AD/ECP Surveys among Endeavors to Secure Improved Demographic Data," pp. 1 - 52 in K. J. Krotki，ed.，*Developments in Dual System Estimation of Population Size and Growth.* Edmonton，Canada：University of Alberta Press.

Lantoine，C. and R. Pressat. 1984. "Nouveaux Aspects de la Mortalité Infantile," *Population*，39（2）：253 - 264.

Le Bras，Hervé. 1968. "Nouvelles Tables de Mortalité：Présentation d'un Cahier de I'I.

N. E. D. ," *Population*, 23(4): 739 – 744.

—, 1976, "Lois de Mortalité et Âge Limite": *Population*, 31(3): 655 – 692.

Ledermann, Sully. 1969. *Nouvelles Tables-types de Monalité*. INED Travaux et documents, cahiers no. 53. Paris: Presses Universitaires de France.

— and J. Breas. 1959. "Les Dimensions de la Mortalité," *Population*, 14(4): 637 – 682.

Lee, R. D. 1993. "Modeling and Forecasting the Time Series of US Fertility: Age Distribution, Range, and Ultimate level," *International Journal of Forecasting*, 9(2): 187 – 202.

—. 1998. "Probabilistic Approaches to Population Forecasting," pp. 156 – 190 in W. Lutz, J. W. Vanpel, and D. A. Ahlburg, eds. , *Frontiers of Population Forecasting*, supplement to *Population and Development Review*, vol. 24.

— and L. R. Carter. 1992. "Modeling and Forecasting US Mortality," *Journal of the American Statistical Association*, 87(419): 659 – 671.

— and S. Tuljapurkar. 1994. "Stochastic Population Forecasts for the United States: Beyond High, Medium, and Low," *Journal of the American Statistical Association*, 89(428): 1175 – 1189.

— and S. Tuljapurkar. 1998. "Uncertain Demographic Futures and Social Security Finances," *American Economic Review*, 88(2): 237 – 241.

Leridon, H. 1977. *Human Fertility: The Basic Components*. Chicago: University of Chicago Press.

Leslie, P. H. 1945. "On the Use of Matrices in Certain Population Dynamics," *Biometrika*, 33: 183 – 212.

Lewis, E. G. 1942. "On the Generation and Growth of a Population," *Sankhya*, 6: 93 – 96.

Lexis, W. 1875. *Einleitung ein die Theorie der Bevölkerungs-Statistik*. Strasbourg: Trubner.

Lopez, Alvaro. 1961. *Problems in Stable Population Theory*. Office of Population Research, Princeton University, Princeton, New Jersey.

Lotka, A. J. 1939. *Théorie Analytique des Associations Biologiques. Part. II. Analyse Démographique avec Application Particulière à l'Espèce Humaine*. Actualités Scientifiques et Industrielles, No. 780. Paris: Hermann et Cie.

Luther, Nonnan Y, and Robert D. Retherford. 1988. "Consistent Correction of Census and Vital Registration Data," *Mathematical Population Studies*, 1(1): 1 – 20.

Lutz, W. and S. Scherbov. 1992. "Sensitivity of Aggregate Period Life Expectancy to Different Averaging Procedures," *Population Bulletin of The United Nations*, No. 33: 32 – 46.

Makeham, W. M. 1860. "On the Law of Mortality and the Construction of Annuity Tables," *Assurance Magazine*, 8: 301 – 310.

Manton, K. G. and E. Stallard. 1997. "Non-white and White Age Trajectories of

Mortality: Evidence from Extinct Cohort Analyses, 1950 to 1992," pp. 15 – 40 in K. S. Markides and M. R. Miranda, eds., *Minorities, Aging, and Health.* Thousand Oaks, Calif.: Sage Publications.

Marks, E. S. 1978. "The Role of Dual System Estimation in Census Evaluation," pp. 156 – 188 in K. J. Krotki, ed., *Developments in Dual System Estimation of Population Size and Growth.* Edmonton, Canada: University of Alberta Press.

Martin, L. G. 1980. "A Modification for Use in Destabilized Population of Brass's Technique for Estimating Completeness of Death Registration," *Population Studies*, 34(2): 381 –395.

McFarland, David. 1969. "On the Theory of Stable Population: A New and Elementary Proof of the Theorems under Weaker Assumptions," *Demography*, 6(3): 301 – 322.

Menken, J. A. 1977. "Current Status of Demographic Models," *Population Bulletin of the United Nations*, No. 9: 22 – 34.

Merli, Giovanna. 1998. "Mortality in Vietnam, 1979 – 1989," *Demography*, 35 (3): 345 – 360.

Mode, C. J. 1985. *Stochastic Processes in Demography and their Computer Implementation.* Berlin and New York: Springer Verlag.

National Center for Health Statistics [NCHS]. 1968. "United States Life Tables by Causes of Death: 1959 – 1961," *Life Tables: 1959 – 1961*, vol. 1, no. 6. Washington, DC.

—. 1996. *Vital statistics of the United States, 1992. Volume II, Mortality, Part A.* Hyattsville, Md.

National Research Council. 1999. *Measuring a Changing Nation.* National Academy Press, Washington DC.

National Research Council. 2000. *Beyond Six Billion: Forecasting the World's Population.* National Academy Press, Washington DC, forthcoming.

Newcombe, Howard B. 1988. *Handbook of Record Linkage: Methods for Health and Statistical Studies, Administration, and Business.* Oxford, New York: Oxford University Press.

Nour, E. S. and C. M. Suchindran. 1984. "The Construction of Multi-State Life Tables: Comments on the Article by Willekens et al.," *Population Studies*, 38: 325 – 328.

Okun, B. S. 1994. "Evaluating Methods for Detecting Fertility Control: Coale and Trussell's Model and Cohort Parity Analysis," *Population Studies*, 48(2): 193 –222.

Organization for Economic Cooperation and Development [DECD]. 1979. *Mortality Project Annotated Bibliography on the Sources of Demographic Data*, vols. 1 – 3. Paris, Organization for Economic Cooperation and Development.

Page, H. J. 1977. "Patterns Underlying Fertility Schedules: A Decomposition by Both Age and Marriage Duration," *Population Studies*, 31(1): 85 – 106.

Palloni, Alberto. 1996. "Demography of HIV/AIDS," *Population Index*, 62 (4): 601

– 652.

— and R. Kominski. 1984. "Estimation of Adult Mortality Using Forward and Backward Projections," *Population Studies*, 38(3): 479 – 493.

Parlett, B. 1970. "Ergodic Properties of Populations, I: the One Sex Model," *Theoretical Population Biology*, 1: 191 – 207.

Pearl, R. 1933. "Factors in Human Fertility and their Statistical Evaluation," *The Lancet*, 225: 607 – 611.

— and L. J. Reed. 1920. "On the Rate of Growth of the Population of the United States since 1790 and its Mathematical Representation," *Proceedings of the National Academy of Science*, 6: 275 – 288.

Perks, W. 1932. "On Some Experiments in the Graduation of Mortality Statistics," *Journal of the Institute of Actuaries*, 63: 12 – 57.

Pollard, J. H. 1982. "The Expectation of Life and its Relationship to Mortality," *Journal of the Institute of Actuaries*, 109: 225 – 240.

—. 1988. "On the Decomposition of Changes in Expectation of Life and Differentials in Life Expectancy," *Demography*, 25(2): 265 – 276.

Potter, F. J., F. G. Iannachione, W. D. Mosher, R. E. Mason, J. D. Kavee, and S. L. Botman. 1997. "National Survey of Family Growth Cycle 5: Design, Estimation and Inference," *Vital and Health Statistics*, *Series* 2. Hyattsville, Md. US National Center for Health Statistics [NCHS].

Potter, J. E. 1977. "Problems in Using Birth-history Analysis to Estimate Trends in Fertility," *Population Studies*, 31(2): 335 – 364.

Pressat, Roland. 1972. *Demographic Analysis: Methods, Results, Applications*. Chicago: Aldine-Atherton.

—. 1995. *Eléments de Démographie Mathématique*. Paris, France: Association Internationale des Démographes de Langue Française [AIDELF].

Preston, Samuel H. 1972. "Interrelations Between Death Rates and Birth Rates," *Theoretical Population Biology*, 3: 162 – 185.

—. 1974. "Effect of Mortality Change on Stable Population Parameters," *Demography*, 11 (1): 119 – 130.

—. 1976a. *Mortality Patterns in National Populations*. New York: Academic Press.

—. 1976b. "Family Sizes of Children and Family Sizes of Women," *Demography*, 13(1): 105 – 114.

—. 1980. "Estimating Adult Female Mortality from Reports on Number of Children Surviving," *Asian and Pacific Census Forum*, 6(4): 5 – 8.

—. 1983. "An Integrated System for Demographic Estimation from Two Age Distributions,"

Demography, 20(2): 213 – 226.

—. 1986. "The Relation between Actual and Intrinsic Growth Rates," *Population Studies*, 40(3): 343 – 351.

—. 1987a. "Estimation of Certain Measures in Family Demography Based upon Generalized Stable Population Relations," pp. 40 – 62 in J. Bongaarts, ed., *Family Demography: Methods and Their Application*. Cambridge: Cambridge University Press.

—. 1987b. "Relations Among Standard Epidemiologic Measures in a Population," *American Journal of Epidemiology*, 126(2): 336 – 345.

—. 1988. "Reply to Wachter," *Population Studies*, 42(3): 495 – 501.

— and N. Bennett. 1983. "A Census-Based Method for Estimating Adult Mortality," *Population Studies*, 37(1): 91 – 104.

— and N. Chen. 1984. *Two-census Orphanhood Methods for Estimating Adult Mortality, with Application to Latin America*. Unpublished manuscript.

— and A. J. Coale. 1982. "Age Structure, Growth, Attrition and Accession: A New Synthesis," *Population Index*, 48(2): 217 – 259.

— , I. T. Elo, A. Foster, and H. Fu. 1998. "Reconstructing the size of the African-American Population by Age and Sex, 1930 – 1990," *Demography*, 35(1): 1 – 21.

— , I. T. Elo, I. Rosenwaike, and M. Hill. 1996. "African-American Mortality at Older Ages: Results of a Matching Study," *Demography*, 33(2): 193 – 209.

— and M. Guillot. 1997. "Population Dynamics in an Age of Declining Fertility," *Genus*, 53(3 – 4): 15 – 31.

— and K. Hill. 1980. "Estimating the Completeness of Death Registration," *Population Studies*, 34(2): 349 – 366.

— , C. Himes and M. Eggers. 1989. "Demographic Conditions Responsible for Population Aging," *Demography*, 26(4): 691 – 704.

— , N. Keyfitz, and R. Schoen. 1972. *Causes of Death: Life Tables for National Populations*. New York: Seminar Press.

— , A. McDaniel, and C. Grushka. 1993. "New Model Life Tables for High-Mortality Populations," *Historical Methods*, 26(4): 149 – 159.

— and A. Palloni. 1977. "Fine-tuning Brass-type Mortality Estimates with Data on Ages of Surviving Children," *Population Bulletin of the United Nations*, No. 10: 72 – 91.

— and Michael Strong. 1986. "Effects of Mortality Declines on Marriage Patterns in Developing Countries," pp. 88 – 100 in United Nations, *Consequences of Mortality Trends and Differentials*. United Nations Population Study, No. 95, United Nations. New York.

Pritchett, H. S. 1891. "A Formula for Predicting the Population of the United States," *Quarterly Publication of the American Statistical Association*, No. 2: 278 – 286.

Reed, L. and M. Merrell. 1939. "A Short Method for Constructing an Abridged Life Table," pp. 43 – 51 in D. Smith and N. Keyfitz, eds., *Mathematical Demography*. New York: Springer Verlag, 1977.

Robles, A. 1996. "Mortalidad adulta entre poblaciones indígenas y no indígenas de Guatemala y Bolivia," *Notas De Población*, 24(64): 33 – 61.

Rodrigncz, G. and J. Cleland. 1988. "Modelling Marital Fertility by Age and Duration: An Empirical Appraisal of the Page Model," *Population Studies*, 42(2): 241 – 257.

— and J. Trussell. 1980. "Maximum Likelihood Estimation of the Parameters of Coale's Model Nuptiality Schedule," *World Fertility Survey Technical Bulletin*, No. 7. Woorburg: International Statistical Institute.

Rogers, A. 1995a. "Population Projections: Simple vs. Complex Models," *Mathematical Population Studies*, 5(3): 197 – 292.

— . 1995b. *Multiregional Demography*. Chichester, West Sussex: John Wiley & Sons.

— and L. J. Castro. 1981. *Model Migration Schedules*. International Institute for Applied Systems Analysis, Laxenburg, Austria.

—, R. Rogers, and A. Belanger. 1990. "Longer Life but Worse Health? Measurement and Dynamics," *The Gerontologist*, 30: 640 – 649.

Rutenberg, N. and J. M. Sullivan. 1991. "Direct and indirect estimates of maternal mortality from the sisterhood method," pp. 1, 669 – 696 in *Demographic and Health Surveys World Conference*, *August* 5 – 7, 1991, *Washington*, *DC*, proceedings, vol. 3. Columbia, Maryland.

Ryder, N. 1965. "The Cohort as a Concept in the Study of Social Change," *American Sociological Research*, 30: 854 – 861.

— . 1986. "The History of Cohort Fertility in the United States," *Population and Development Review*, 12(4): 617 – 644.

Schoen, Robert. 1988. *Modeling Multigroup Populations*. New York: Plenum Press.

Sheps, M. C. and J. A. Menken. 1973. *Mathematical Models of Conception and Birth*. Chicago: University of Chicago Press.

Shryock, H. and J. Siegel. 1973. *The Methods and Materials of Demography*. Washington, DC: US Government Printing Office.

Singer, B. S. and K. Manton. 1994. "What's the Fuss About the Compression of Morbidity?," *Chance*, 7(4): 21 – 30.

Smith, D. P. and N. Keyfitz (eds.). 1977. *Mathematical Demography*: *Selected Papers*. Berlin: Springer Verlag.

Smith, H. L., S. P. Morgan, and T. Koropecky-Cox. 1996. "A Decomposition of Trends in the Nonmarital Fertility Ratios of Blacks and Whites in the United States," *Demography*, 33(2): 141 – 151.

Stoto, M. 1983. "The Accuracy of Population Projections," *Journal of the American Statistical Association*, 78(381): 13 – 20.

Stover, J. 1998. "Revising the Proximate Determinants of Fertility Framework: What Have We Learned in the Past Twenty Years?," *Studies in Family Planning*, 29(3): 255 – 267.

Stupp, P. W. 1988. "Estimating Intercensal Age Schedules by Intracohort Interpolation," *Population Index*, 54(2): 209 – 224.

Sullivan, J. M. 1972. "Models for the Estimation of the Probability of Dying between Birth and Exact Age of Early Childhood," *Population Studies*, 26(1): 79 – 97.

Sullivan, J. M. 1990. "The Collection of Mortality Data in WFS and DHS Surveys," pp. 48 – 63 in Jacques Vallin, Stan D'Souza, and Alberto Palloni, eds., *Measurement and Analysis of Mortality: New Approaches*, New York/Oxford, England: Oxford University Press.

Suller, Jean and Léon Tabah. 1952. "La Mortalité, Phénomène Biométrique", *Population*, 7(1): 69 – 94.

Tiemeyer, Peter and Glen Ulmer. 1991. *MSLT: A Program for the Computation of Multistate Life Tables.* Center for Demography & Ecology working paper 91 – 34. University of Wisconsin-Madison, Nov.

Timaeus, Ian M. 1991a. "Estimation of Adult Mortality from Orphanhood Before and since Marriage," *Population Studies*, 45(3): 455 – 472.

— . 1991b. "Measurement of Adult Mortality in Less Developed Countries: A Comparative Review," *Population Index*, 57(4): 552 – 568.

— . 1996. "New Estimates of the Decline in Adult Mortality since 1950," in Ian Timreus, J. Chackiel, and L. Ruzicka, eds., *Adult Mortality in Latin America.* International Studies in Demography. Oxford: Clarendon Press.

Trussell, J. 1975. "A Re-estimation of the Multiplying Factors for the Brass Technique for Determining Childhood Survivorship Rates," *Population Studies*, 29(1): 97 – 107.

Trussell, J. and T. Guinnane. 1993. "Techniques of Event History Analysis," pp. 181 – 205 in D. Reher and R. Schofield, eds., *Old and New Methods in Historical Demography.* Oxford: Clarendon Press.

— , J. Menken, and A. J. Coale. 1982. "A General Model for Analyzing the Effect of Nuptiality on Fertility," pp. 7 – 27 in L. T. Ruzicka, ed., *Nuptiality and Fertility.* Liège: Ordina Editions.

— , J. Strickler, and B, Vaughan. 1993. "Contraceptive Efficacy of the Diaphragm, the Sponge and the Cervical Cap," *Family Planning Perspectives*, 25(3): 100 – 105.

Tuljapurkar, S. 1992. "Stochastic Population Forecasts and Their Uses," *International Journal of Forecasting*, Special Issue, 8(3): 385 – 391.

United Nations. 1955. *Age and Sex Patterns of Mortality: Model Life Tables for Underdeveloped*

Countries. New York： United Nations.

— . 1958. *Multilingual Demographic Dictionary.* United Nations Population Studies， No. 29.

— . 1967. *Manual IV： Methods of Estimating Basic Demographic Measures from Incomplete Data.* New York： United Nations.

— . 1982. *Model Life Tables for Developing Countries.* New York： United Nations. Population Studies no. 77.

— . 1983. *Manual X： Indirect Techniques for Demographic Estimation.* New York： United Nations.

— . 1989. *World Population Prospects，* 1988. New York： United Nations.

— . 1991. *World Population Prospects，* 1990. New York： United Nations.

— . 1994. *The Age and Sex Distribution of the World Population： The 1994 Revision.* New York： United Nations.

— . 1995. *World Population Prospects： The 1994 Revision.* New York： United Nations.

— . 1996. *Demographic Yearbook* 1994. New York： United Nations.

— . 1997. *World Population Prospects： The 1996 Revision.* New York： United Nations.

— . 1999. *World Population Prospects： The 1998 Revision.* New York： United Nations.

Van Imhoff， E. and N. Keilman. 1991. *LIPRO* 2. 0： *An Application of a Dynamic Demographic Projection Model to Household Structure in the Netherlands.* Publications of the Netherlands Interdisciplinary Demographic Institute（NIDI）and the Population and Family Study Centre（CBGS）No. 23. Berwyn， Penn. /Lisse， Netherlands： Swets and Zeitlinger.

Vaupel， J. W. 1997. "The Remarkable Improvements in Survival at Older Ages，" *Philosophical Transactions of the Royal Society of London，* series B， 352（1363）： 1799 – 1804.

— ， K. G. Manton， and E. Stallard. 1979. "The Impact of Heterogeneity in Individual Frailty on the Dynamics of Mortality，" *Demography，* 16（3）： 439 – 454.

Verhulst， P. F. 1838. "Notice sur la Loi que la Population Suit dans son Accroissement，" *Correspondance mathématique et physique，* 10： 113 – 121.

Vmcent， Paul. 1951. "La Mortalité des Vieillards，" *Population，* 6（2）： 181 – 199.

Wachter， K， W. and C. E. Finch. 1997. *Between Zeus and the Salmon： The Biodemography of Longevity.* Washington， DC： National Academy Press.

Ward， Patrick and Basia Zaba. 1998. *The Effect of HIV – 1 on the Estimation of Child Mortality Using the Children Ever Born /Children Surviving Technique.* Paper presented at the International Union for the Scientific Study of the Population［IUSSP］seminar on Measurement of Risk and Modeling the Spread of AIDS. Copenhagen， 2 – 4 June， 1998.

Whelpton， P. K. 1928. "Population of the United States， 1925 – 1975，" *The American Journal of Sociology，* 31： 253 – 270.

— . 1936. "An Empirical Method for Calculating Future Population，" *Journal of the*

American Statistical Association，31：457 – 473.

White，K. M. and S. H. Preston. 1996. "How many Americans are alive because of twentieth-century improvements in mortality?," *Population and Development Review*，22(3)：415 – 429，603，605.

World Health Organization. 1977. *Manual of Mortality Analysis*：*A Manual on Methods of Analysis of National Mortality Statistics for Public Health Purposes*. Geneva，World Health Organization，Division of Health Statistics，Dissemination of Statistical Information.

Wunsch，G. 1983. "Maternal and Child Health in the Developing Countries：Problems of Data Collection," *World Health Statistics Quarterly. Rapport Trimestriel De Statistiques Sanitaires Mondiales*，36(1)：62 – 71.

Xie，Y. 1990. "What is Natural Fertility? The Remodeling of a Concept," *Population Index*，56(4)：656 – 663.

— and E. E. Pimentel. 1992. "Age Patterns of Marital Fertility：Revising the Coale-Trussell Method," *Journal of the American Statistical Association*，87(420)：977 – 984.

Zeng，Y.，A. J. Coale，M. K. Choe，L. Zhiwu，and L. Li. 1994. "Leaving the Parental Home：Census-based Estimates for China，Japan，South Korea，United States，France，and Sweden," *Population Studies*，48(1)：65 – 80.

索　引

267

译　后　记

　　把一本好外文教科书翻译成中文、使更多的中文读者受益，是我们翻译此书的初衷。感谢原书作者的许可和中国社会科学院重点学科建设项目的资助，使我们得以组织翻译和出版此书。本书的翻译是团队工作的成果，由郑真真（第 1 章、第 2 章、第 12 章）、牛建林（第 6 章、第 8 章、第 11 章）、林宝（第 5 章）、李玉柱（第 3、4 章和索引）、茅倬彦和左欣（第 7 章）、田丰（第 9 章、第 10 章）翻译，郑真真统稿，张妍负责全书的文字编辑和校对。特别感谢郭志刚教授对第 7 章译稿的校对和封婷博士对全书的审校。

　　感谢社会科学文献出版社对本书出版的支持，从获得版权到编辑出版都贯穿着他们的努力和帮助。

　　本书的翻译过程也是译者学习的过程，难免会有理解不透和翻译不当之处。读者有任何指教或问题，欢迎和我们联系。

郑真真

2011 年 7 月于北京

修订版后记

　　本书是人口统计学的经典之作，中文译本于 2012 年 1 月出版后，被国内不少人口统计学课程列为教材或主要参考书，不久售罄。之后，不断有读者询问购书事宜，经与作者、出版社沟通，我们启动了本书的第二次印刷前的修订工作。

　　我们在第二次印刷前，对第一版中译本翻译不够贴切之处或明显文字错误进行了修订，对原文的明显问题做了勘误或注释。我们的修订原则是：如果翻译有错误一定修改，如果可改可不改就不改；原文尽量不改，如果认为原文确实有误，则以"译者注"的方式提出我们的理解。这次修订是团队合作的方式，有些修订经过了反复讨论，最终共有 100 多处修订或注释。特别要感谢封婷对全书的再次审校。

　　感谢中国社会科学院人口与劳动经济研究所的支持和社会科学文献出版社的努力，中译本得以再次印刷。

　　希望更多读者能够从这本书中受益！

郑真真

2022 年 3 月

图书在版编目(CIP)数据

人口统计学：人口过程的测量与建模／（美）普雷斯顿，
（美）霍伊维兰，（美）吉略特著；郑真真等译. －－北京：社会
科学文献出版社，2012.1（2022.5重印）

ISBN 978 - 7 - 5097 - 2968 - 7

Ⅰ.①人…　Ⅱ.①普…　②霍…　③吉…　④郑…　Ⅲ.①人口
统计学 - 研究　Ⅳ.①C921

中国版本图书馆 CIP 数据核字（2011）第 264017 号

人口统计学
——人口过程的测量与建模

著　　者／〔美〕塞缪尔·普雷斯顿　〔美〕帕特里克·霍伊维兰　〔美〕米歇尔·吉略特
译　　者／郑真真 等

出 版 人／王利民
组稿编辑／邓泳红　姚冬梅
责任编辑／姚冬梅　韩祎然
责任印制／王京美

出　　版／社会科学文献出版社·皮书出版分社（010）59367127
　　　　　　地址：北京市北三环中路甲29号院华龙大厦　邮编：100029
　　　　　　网址：www. ssap. com. cn
发　　行／社会科学文献出版社（010）59367028
印　　装／三河市龙林印务有限公司

规　　格／开 本：787mm × 1092mm　1/16
　　　　　　印 张：18.5　字 数：419 千字
版　　次／2012 年 1 月第 1 版　2022 年 5 月第 3 次印刷
书　　号／ISBN 978 - 7 - 5097 - 2968 - 7
著作权合同
登 记 号／图字 01 - 2022 - 1902 号
定　　价／58.00 元

读者服务电话：4008918866

🏛 版权所有 翻印必究